LITTÉRATURE ET CENSURE
sous la direction de Jean-Baptiste Amadieu
7

La Création artistique et littéraire en procès

Ouvrage publié avec le soutien de Sorbonne Université

Anna Arzoumanov

La Création artistique et littéraire en procès

1999-2019

PARIS
CLASSIQUES GARNIER
2022

Anna Arzoumanov est maîtresse de conférences habilitée à diriger des recherches à l'UFR de langue française de Sorbonne Université. Membre de l'équipe STIH, elle a d'abord travaillé sur les lectures à clefs sous l'Ancien Régime. Ses recherches actuelles portent sur la liberté d'expression à l'époque contemporaine, dans ses volets judiciaire et médiatique, en France et en Amérique du Nord.

ISBN 978-2-406-13277-6 (livre broché)
ISBN 978-2-406-13278-3 (livre relié)
ISSN 2493-691X

INTRODUCTION

La rencontre entre le droit et la création artistique peut générer des conflits, dont témoigne l'abondant contentieux judiciaire au fil des siècles. En effet, nombreux sont les romanciers ayant dû répondre de leurs œuvres devant un tribunal[1] : les frères Goncourt, Baudelaire, Flaubert, Barbey d'Aurevilly, Sue, Zola, Maupassant, Aragon, et bien d'autres, si l'on se réfère à la seule période postérieure à la Révolution française, date de l'abolition du régime juridique des privilèges en France. Certaines périodes ont été plus intenses en procès que d'autres : la Restauration, le Second Empire ou encore le régime de Vichy. Le contentieux ne disparaît jamais totalement, mais sa fréquence varie au cours de l'histoire selon que le régime en place est plus ou moins répressif et/ou que la littérature ou l'art est plus ou moins transgressif. Or, pour la période contemporaine, on observe une certaine convergence de discours qui y voient un moment particulier des relations entre droit et création artistique. L'époque verrait une judiciarisation croissante des productions artistiques et littéraires. Cette thèse qui assimile le droit à une menace pesant sur la création artistique et littéraire est portée par de nombreuses voix d'artistes[2], d'éditeurs[3], de journalistes, d'universitaires provenant de champs disciplinaires variés[4], de militants d'ONG[5], etc. Elle est aussi soutenue par plusieurs juristes[6], dont certains militent en

---

1 Nombre de ces procès sont répertoriés par Yvan Leclerc dans son livre, *Crimes écrits. La littérature en procès au XIXe siècle*, Paris, Plon, 1991, rééd. Paris, Garnier, 2021.

2 Dominique Noguez, *Houellebecq, en fait*, Paris, Fayard, 2003.

3 Livre blanc *Justice et Édition* du Syndicat National de l'Édition (SNE), 2002.

4 Isabelle Barbéris, *L'Art du politiquement correct*, Paris, PUF, 2019 et Carole Talon-Hugon, *L'Art sous contrôle. Nouvel agenda sociétal et censures militantes*, Paris, PUF, 2019.

5 Ce discours est régulièrement tenu par les porte-parole de la Ligue des droits de l'homme, *via* son Observatoire de la liberté de création.

6 Sylvain Goudemare et Emmanuel Pierrat, *L'Édition en procès*, Paris, Léo Sheer, 2003 ; Agnès Tricoire, « La censure en toute légalité », article publié sur le site de la *LDH* au moment de la création de l'observatoire le 31 mars 2003, [en ligne] URL : http://www.ldh-france.org/La-censure-en-toute-legalite/, consulté le 4 avril 2022 ; Id. « Les dangers

faveur d'une modification de la loi pénale et de la mise en place d'un régime d'exception protégeant mieux la création littéraire.

Si tous les juristes ne souscrivent pas à cette représentation du droit comme un obstacle à la création[7], ils sont nombreux à avoir noté une évolution récente des relations entre droit et création artistique et littéraire et à pointer du doigt les nouveaux défis que cette évolution pose. Les limites de la liberté d'expression telles qu'elles sont définies par le droit de la presse sont interrogées par plusieurs genres artistiques qui sont apparus récemment dans le paysage culturel et connaissent un vif succès depuis une trentaine d'années. Au premier rang d'entre eux figure ce que les juristes ont pris l'habitude d'appeler la « fiction du réel[8] », qui regroupe l'autofiction, le docu-fiction et la fiction biographique

---

du relativisme pour la liberté de l'art », *L'Étrangère*, n° 21-22, 2009, p. 120-156 ; Id., *Petit traité de la liberté de création*, Paris, Éditions la Découverte, 2011 ; Id., « L'art, la censure et les droits de l'homme », *Légipresse*, n° 196, novembre 2012, p. 148-157 ; « Liberté de création : quelles menaces ? quelles avancées ? » Entretien avec Agnès Tricoire, propos recueillis par Lisa Pignot, Observatoire des politiques culturelles, *L'Observatoire*, 2015/1, n° 46, p. 3-9.

7 Pour Pascal Mbongo par exemple, l'augmentation des procès littéraires et artistiques n'a jamais été factuellement démontrée (« Réflexions sur l'impunité de l'écrivain et de l'artiste », dans *Légipresse*, n° 213, 1er juillet 2004). Selon cette lecture, le sentiment de judiciarisation de l'art et de la littérature reposerait sur une tendance à l'extrapolation à partir de quelques décisions et sur une confusion entre les prétentions à la limitation de la création par des parties civiles et les décisions rendues par les juges.

8 Armelle Fourlon, « "Toute ressemblance avec des personnages existant ou ayant existé…" est-elle constitutive d'une atteinte aux droits de la personnalité ? Étude de la jurisprudence rendue en matière de fictions du réel », *Communication commerce électronique*, mars 2007, consulté le 4 avril 2022 ; Nathalie Mallet-Poujol, « De la biographie à la fiction : la création littéraire au risque des droits de la personne », *Légicom* n° 24, 1er janvier 2001, p. 107-121 ; Charles-Édouard Renault, « Le roman de non-fiction sanctionné par le droit de la presse », *Légipresse* n° 247, 1er décembre 2007, [en ligne] URL : http: https://www.legipresse.com/011-44490-LE-ROMAN-DE-NON-FICTION-SANCTIONNE-PAR-LE-DROIT-DE-LA-PRESSE.html ; Mathieu Simonet, « L'autofiction : un malentendu entre le droit et la littérature », *Légipresse* n° 299, 1er octobre 2012, [en ligne] URL : https://www.legipresse.com/011-46715-Autofiction-un-malentendu-entre-le-droit-et-la-litterature.html, consulté le 4 avril 2022 ; Agnès Tricoire, « L'honneur sauvé de Jean-Marie Le Pen », *Légipresse*, n° 255, octobre 2008, p. 179-184 ; Id., « *L'enfant d'octobre*, "roman", face à son "sujet", les époux Villemin », *Légipresse*, n° 261, mai 2009 ; Id. « Christine Angot et Lionel Duroy versus leurs personnages », *Légipresse* n° 310, 1er novembre 2013, [en ligne] URL : https://www.legipresse.com/011-47178-Christine-Angot-et-Lionel-Duroy-versus-leurs-personnages.html, consulté le 4 avril 2022 ; Valérie Varnerot, « La fictionnalisation de la vie privée », *Revue interdisciplinaire d'études juridiques*, vol. 64, n° 1, 2010, p. 183-244 ; Gérard Welzer, « Les docu-fictions : entre respect de la vie privée et liberté d'expression », *AJ Pénal*, 2007, p. 12.

notamment. Le genre du rap également a été à l'origine de nombreux contentieux[9] depuis son importation en France dans les années 1990[10].

Or, en droit de la presse, le règlement des contentieux repose sur l'interprétation des énoncés litigieux. Les magistrats ont donc pour mission de les analyser pour en déterminer le sens et les effets. Ils prêtent ainsi attention aux procédés d'écriture ou d'expression et peuvent être dans la nécessité de statuer sur les effets d'un discours rapporté, d'une écriture pamphlétaire, de l'actualisation verbale, ou encore du contexte de production d'un énoncé. Quand le discours examiné relève de la création artistique et littéraire, les magistrats sont amenés, pour interpréter, à utiliser des catégories génériques ou stylistiques telles que la *fiction*, l'*autofiction*, le *rap*, la *satire*, la *parodie*, *l'effet de réel*, etc., ce qui les conduit à en décrire les caractéristiques avec plus ou moins d'acuité.

En outre, afin d'éviter des condamnations systématiques, certains juristes ont réfléchi aux conditions de possibilité d'un principe de liberté augmentée pour les artistes et les écrivains, reconnu aujourd'hui par le législateur sous le nom de *liberté de création*[11] et appliqué par les juridictions françaises et européennes depuis une vingtaine d'années[12]. Si le principe est dans l'ensemble assez unanimement salué au nom de la protection d'une valeur fondamentale pour le bon fonctionnement de la démocratie, son application implique une réflexion sur les catégories

9 Nathalie Droin, « Le juge et le rap », *Revue du droit public et de la science politique en France et à l'étranger*, 2016/5, p. 1377 et *sq.* ; Agathe Lepage., « Le rap à l'épreuve de la loi de 1881 ou… la loi de 1881 éprouvée par le rap », Revue *Commerce électronique*, n° 6, 2006, comm. 102, p. 41-42.

10 Karim Hammou, « La pénalisation politique du rap en France », dans *Une Histoire du rap en France*, Paris, La Découverte, 2014, p. 250-258.

11 Loi LCCAP, 2016.

12 Isabelle Pignard, *La Liberté de création*, Thèse de droit, Université Nice Sophia Antipolis, 2013 (NNT : 2013NICE0020. tel-00868027) ; Arnaud Latil, « La Cour européenne des droits de l'homme renforce la liberté de création artistique face à la protection de la morale », *Revue trimestrielle des droits de l'homme (RTDH)*, n° 83, 2010, p. 769-780 ; Id., « La liberté du photographe », *Juris art etc.*, n° 4, 2013, p. 24 et suiv. ; Id., *Création et droits fondamentaux*, LGDJ, « Bibl. droit Privé ; n° 224 », 2014 ; Pascal MBongo, *La Liberté d'expression en France. Nouvelles questions et nouveaux débats*, Paris, Mare et Martin, 2011 ; Édouard Treppoz, « La liberté de création, nouvelle limite au droit d'auteur ? », *Juris art etc.*, 2015, p. 6 ; Id., « Contrefaçon – Photographie – La liberté de création, nouvelle limite au droit d'auteur ? », *Juris art etc.*, n° 26, 2015, p. 6 ; Id., « Black M indigne de la France ! », *Juris art etc.*, n° 36, 2016, p. 3 ; Id., « Retour sur la liberté de création : à propos de l'affaire Koons », *Juris art etc.*, 2017, p. 3 ; Agnès Tricoire, « Les œuvres et les visages : la liberté de création s'affirme contre le droit à la vie privée et le droit à l'image », *Recueil Dalloz*, 2008, p. 57-63.

permettant de l'appliquer et d'accorder à l'artiste et à l'écrivain une protection supérieure. Or, nous y reviendrons, l'art et la littérature ne sont pas des catégories pertinentes pour le droit, qui définit la création uniquement par le critère de l'originalité, sans aucun tri des œuvres selon leur valeur esthétique, leur artisticité[13] ou leur littérarité. C'est pourquoi il n'est pas rare de voir certains juristes sortir de leur cadre disciplinaire pour aller vers dans d'autres champs disciplinaires, comme la théorie littéraire, la linguistique et l'histoire de l'art[14], pour essayer d'y trouver des outils conceptuels et des catégories spécifiques à l'art et la littérature. Plusieurs notions sont ainsi travaillées au carrefour de ces disciplines, parmi lesquelles celle de *fiction* occupe une place de choix, car elle est souvent vue comme la clé d'arbitrage du contentieux artistique et littéraire en raison de la « distanciation » qui lui serait inhérente[15]. Ainsi, les points de contact entre les champs du droit d'une part, de la littérature et de l'art d'autre part apparaissent multiples en raison du contentieux qui se présente devant les tribunaux, mais aussi parce que le droit a développé une réflexion inédite sur les manières les plus adéquates d'apporter une protection supérieure aux artistes. Cette réflexion conduit donc les juristes à s'aventurer sur le terrain d'autres disciplines. Pourtant, l'étude du contentieux artistique et littéraire reste encore trop souvent une spécialité essentiellement juridique, sur le terrain de laquelle peu de non-juristes osent s'aventurer.

---

13 Nous entendons par *artisticité* le caractère artistique d'une expression.

14 Sarah Chirsen, *Fiction et vie privée*, mémoire de master 2 en droit de la communication, Université Panthéon-Assas, 2015 ; Thomas Hochmann, « L'application des limites de la liberté d'expression aux "assertions de feintise partagée" et plus particulièrement aux énoncés fictionnels », dans Nassim Amrouche et al. (dir.), *Censures. Les violences du sens*, Publications de l'Université de Provence, 2011, p. 147-164 ; Id., « L'interprétation juridictionnelle du texte littéraire », dans Christine Baron (dir.), *Transgression, littérature et droit*, Rennes, Presses universitaires de Rennes, « La Licorne », 2013, p. 23-34 ; Agnès Tricoire, « Quand la fiction exclut le délit », *Légipresse*, n° 240, avril 2007, p. 72-79 ; Édouard Treppoz, « L'œuvre en droit et en littérature », dans Anna Arzoumanov, Arnaud Latil et Judith Sarfati Lanter (dir.), *Le Démon de la catégorie. Retour sur la qualification en droit et en littérature*, Mare et Martin, 2017, p. 101-115 ; Agnès Tricoire, « L'honneur sauvé de Jean-Marie Le Pen », *Légipresse*, n° 255, octobre 2008 ; Id., « Quand la fiction exclut le délit », *Légipresse*, n° 240, avril 2007, p. 72-79 ; Id., *Petit traité de la liberté de création*, Paris, Éditions la Découverte, 2011 ; Édouard Treppoz, « Pour une attention particulière du droit à la création : l'exemple des fictions littéraires », *Recueil Dalloz*, 2011, p. 2487.

15 Agnès Tricoire, *Petit traité de la liberté de création*, *op. cit.* Voir aussi Anna Arzoumanov, « Les catégories de l'identification et de la distanciation dans les procès de fictions », dans Id., Arnaud Latil et Judith Sarfati Lanter (dir.), *Le Démon de la catégorie*, *op. cit.*, p. 197-210.

En effet, le non-juriste qui s'intéresse à ces questions se heurte à plusieurs obstacles. Le premier vient de la difficulté à identifier et quantifier les procès artistiques et littéraires de la période contemporaine et, du même coup, à mettre en lumière les points sur lesquels apporter une expertise. Plusieurs raisons l'expliquent. D'une part, les données judiciaires sur la création artistique sont peu accessibles et trop peu classées. Les études qui y sont consacrées reposent donc sur un nombre limité de cas et sur des données insuffisamment représentatives. D'autre part, le passage du champ du droit aux autres disciplines s'opère souvent à partir de catégories aux contours trop flous pour décrire la réalité de ce qui se passe devant les tribunaux (la censure par exemple[16]), ou encore de catégories qui ne revêtent pas la même définition à l'intérieur et à l'extérieur du champ du droit (la création artistique et littéraire par exemple). Le deuxième obstacle est lié à une certaine réticence des juristes à accepter que des non-juristes travaillent sur des données qui renvoient en première analyse à de la matière juridique. Travailler sur le volet judiciaire de la liberté de création sans être juriste peut en effet apparaître paradoxal, voire être suspecté de reposer sur un contresens fondamental sur ce qu'est le droit. En effet, le droit est une discipline positive, que certains juristes ont tendance à considérer comme un système clos sur lui-même « dont le développement ne peut être compris que selon sa dynamique interne[17] », ou comme une « forteresse isolée, plantée en plein milieu du champ de la connaissance[18] » et impénétrable de l'extérieur, à cause de sa technicité.

16 Je reviendrai sur l'usage massif dans le débat public de la notion de *censure* dans le chapitre 1.

17 Pierre Bourdieu, « La force du droit », dans *Actes de la recherche en sciences sociales*, vol. 64, septembre 1986, [en ligne] URL : www.persee.fr/doc/arss_0335-5322_1986_num_64_1_2332, p. 3, consulté le 4 avril 2022.

18 Pierre Noreau décrit cette autocensure en ces termes : « Il existe en effet une forme de timidité (d'autocensure) qui fait des non-juristes des étrangers en pays juridique. L'étanchéité apparente du champ, l'ancienneté de la discipline, la spécificité du lexique élaboré par plusieurs générations de juristes, l'esprit de corps qui caractérise les acteurs du champ et même la tendance des juristes à imposer leur pensée au monde par les voies d'une qualification systématique, en viennent à limiter les prétentions des sociologues, des anthropologues, des historiens ou des économistes à faire du droit leur objet d'étude. Il s'ensuit que plusieurs de ceux qui prétendent faire œuvre d'interdisciplinarité sont souvent eux-mêmes (d'abord et avant tout) juristes. » (Pierre Noreau dans Id. (dir.) *In the Eye of the Beholder*, Montréal, Thémis, 2005, p. 4). Pour une étude de ces résistances au

Pourtant, malgré ces difficultés, le postulat de cet ouvrage est le suivant : la liberté de création n'a pas vocation à être la chasse-gardée du droit et la question se doit d'être enrichie d'un regard extérieur. Les disciplines impliquées dans le contentieux de la création ont en effet tout à y gagner. Pour les juristes, cette approche externe permet non seulement d'apporter un recul par rapport à leurs propres pratiques. Pour les spécialistes du discours, de la littérature et de l'art, le contentieux littéraire et artistique constitue un bon observatoire de la réception des œuvres et des conflits qu'elles peuvent générer, le droit leur offrant « un miroir exceptionnel des transformations sociales et politiques des sociétés ainsi qu'une des clefs pour en comprendre la signification[19] ». Selon cette perspective, enquêter sur la liberté de création telle qu'elle est définie et réglementée par l'instance judiciaire peut permettre d'observer les mutations plus globales des sensibilités propres à une époque et les évolutions des pratiques artistiques et littéraires. Les procès de l'art et de la littérature sont également un lieu où sont mises à l'épreuve certaines de leurs théorisations, qui sont parfois trop essentialisantes et déconnectées de toute perspective pragmatique.

À ce titre, cet ouvrage se veut d'abord un plaidoyer en faveur d'une approche externe et de ses apports pour comprendre la situation de la création artistique et littéraire en France et mettre en lumière les questions qui se posent aux juges. Il entend en outre contribuer à la réflexion épistémologique sur les possibles croisements entre des champs disciplinaires qui, s'ils ont encore du mal à dialoguer, sont amenés à collaborer plus étroitement. En témoigne la naissance ou l'importation en France de nouvelles disciplines, comme la linguistique légale[20] ou

---

regard extérieur sur le droit, voir également le livre de Jacques Commaille, *À quoi nous sert le droit ?*, Paris, Gallimard, 2015.

19 Jacques Commaille, *À quoi nous sert le droit ?*, Paris, Gallimard, 2015, p. 159.

20 La linguistique légale est une discipline théorisée notamment par William Labov (« La théorie linguistique à l'épreuve de la justice », *Actes de la Recherche en Sciences Sociales* n° 76-77, 1989, p. 104-114). Elle est désormais bien implantée en Amérique du Nord et dans les pays de la *Common law*. Au Canada, elle est représentée par Diane Vincent qui travaille sur l'interprétation des actes de langage qui génèrent des litiges juridiques (« Mésinterprétation, plagiat, insulte et diffamation : objets de litiges et matériaux de linguistes », *Langage et société*, n° 132, 2010/2, p. 35-50, [en ligne] URL : https://www.cairn.info/revue-langage-et-societe-2010-2-page-35.htm, consulté le 4 avril 2022) ou encore Marty Laforest qui utilise des outils linguistiques pour la détection des appelants dissimulateurs à un service d'urgence téléphonique (« Les appels à l'aide téléphoniques

forensique[21], qui entend offrir au droit le secours des outils linguistiques, ou encore le mouvement « droit et littérature[22] » qui tend à promouvoir des études au carrefour des deux disciplines. On peut noter enfin une augmentation de projets interdisciplinaires, en particulier au Canada, consacrés aux procès de l'art et de la littérature, mais aussi à la liberté d'expression et aux limites que lui fixe le droit[23]. Ces nouvelles perspectives de recherche qui ont un objet commun appellent en effet la définition d'un espace méthodologique partagé, capable d'intégrer la perspective de chaque discipline, ce qui implique de déterminer les résultats qu'elle peut produire.

---

en situation d'urgence. Une négociation des cadres », *Langues et linguistique*, vol. 34, p. 37-48). En France, la discipline est portée par la linguiste Dominique Lagorgette : elle plaide en faveur de la contribution des linguistes à l'arbitrage des crimes de parole. Voir notamment le collectif sous sa direction *Linguistique légale et demande sociale : les linguistes au tribunal*, *Langage et société*, vol. 2, n° 132, 2010 et son article « Plaidoyer pour la linguistique judiciaire », dans Sandrine Chassagnard Pinet, (dir.), *Droit, arts, sciences humaines et sociales : (dé)passer les frontières*, Lille, Presses de l'Université de Lille 1, 2014, p. 157-201. Dominique Lagorgette et Marty Laforest ont créé une école d'été de linguistique légale qui entend former les chercheurs à des modèles d'analyses linguistiques pour répondre à des besoins légaux.

21 Voir Laurène Renaut, Laura Ascone et Julien Longhi, « De la trace langagière à l'indice linguistique : enjeux et précautions d'une linguistique forensique », *Éla. Études de linguistique appliquée*, n° 188, 2017/4, p. 423-442. DOI : 10.3917/ela.188.0423.

22 Le mouvement « Droit et Littérature » est né aux États-Unis au milieu des années 1970 après les travaux précurseurs de Benjamin Nathan Cardozo dans les années 1920. Il se développe en France dans les années 2000. Il comprend deux branches principales. Tout d'abord, il vise l'étude des œuvres littéraires pour nourrir la réflexion des juristes dans la lignée des travaux de John Henry Wigmore afin « d'initier le juge aux *realia* sociales et de lui faire prendre conscience de l'idée que se forgent les citoyens de la justice » et d'amener les juristes à réinterpréter « au miroir de la littérature et des enjeux rhétoriques » le « dispositif et les enjeux du procès ainsi que le rôle des acteurs du droit ». Pour une présentation générale du mouvement « Droit et littérature » et de ses fondateurs, voir Christine Baron et Judith Sarfati Lanter (dir.), *Droit et littérature*, Paris, Société Française de Littérature Générale et Comparée, SFLGC/Lucie Éditions, 2019. Voir également les deux récents livres de Christine Baron, *Contextes littéraires, émotions judiciaires*, Paris, Garnier, 2021 et *La Littérature à la barre*, Paris, CNRS Éditions, 2021.

23 On peut citer par exemple les deux projets successifs pilotés par Mathilde Barraband et financés par le CRSH (« L'art en procès. Conflits de normes autour de la liberté de création » et « Les écrivains en procès. Approches littéraire, linguistique et juridique de la liberté de création littéraire au Québec et en France aujourd'hui »), le projet Libex (Liberté de conscience, liberté d'expression et liberté de création : recherches interdisciplinaires en diachronie et synchronie) piloté par Dominique Lagorgette et financé par l'ANR (2021-2025) ; et le projet Librart que nous portons (« Liberté de création, arts, censure : états des lieux de la situation française ») qui est en cours d'évaluation.

Ce livre a en outre la visée de clarifier les enjeux parfois confus de la régulation de l'art et de la littérature par le droit. Il présente les résultats d'une enquête inédite sur les procès de l'art et de la littérature, qui place au cœur de la démarche scientifique un corpus presque exclusivement juridique, dans une perspective essentiellement empirique. Il a pour but de mettre en lumière les problématiques qui sont en jeu plus que d'apporter des réponses tranchées. À cette fin, il propose une approche descriptive et analytique des procès littéraires et artistiques, qui répond à trois objectifs complémentaires : réunir et présenter des données fiables et représentatives ; les exploiter et les classer en privilégiant un point de vue quantitatif ; décrire qualitativement le protocole interprétatif du droit de la presse et mettre au jour les questions qu'il soulève. Si le corpus relève en première analyse du champ du droit du point de vue de son ancrage institutionnel, professionnel et symbolique, les méthodes d'analyse mises en œuvre dans l'ouvrage prennent donc en compte une série de paramètres qui ne relèvent pas tous de la discipline juridique, mais qui s'inspirent des outils et des méthodes issus des disciplines linguistiques et littéraires pour décrire les jugements rendus par nos tribunaux. En ce sens, il espère apporter une réponse à l'appel du juriste Thomas Hochmann qui, déplorant l'absence d'analyse littéraire des jugements français, souhaite voir se développer une « critique littéraire de la censure ». Il entend par là une « analyse des jugements qui restreignent la liberté d'expression » et définie comme « littéraire » parce que « l'attention porte [...] sur la manière dont il est rédigé, sur les techniques utilisées pour présenter les divers arguments[24] ».

Trois parties composent cet ouvrage : une explication du cheminement intellectuel qui aboutit à la constitution d'un objet d'étude inédit et *ad hoc* ; une analyse du corpus dans son intégralité ; une observation du protocole d'interprétation suivi par le juge.

Ainsi dans une première partie, notre enquête porte d'abord sur les procès de l'art et de la littérature du point de vue du débat public (chapitre 1), puis du discours juridique (chapitre 2). À partir d'une analyse des discours qui leur sont consacrés, sont identifiés les principaux arguments qui sont à l'œuvre et les termes en usage pour évoquer le

24 Thomas Hochmann, « Censure et critique. Quelques pistes de recherches en droit », dans Laurence Macé et al., *Censure et Critique*, Paris, Classiques Garnier, « Littérature et censure, 2 », 2015, p. 157-170, p. 158.

contentieux littéraire et artistique. Cette étude met en lumière leur inscription dans un registre essentiellement polémique dans le débat public, et l'usage de catégories insuffisamment discriminantes pour les appréhender dans le domaine juridique. Au terme de ce parcours initial, inspiré des méthodes d'analyse des discours, un cadrage méthodologique (chapitre 3) explique les choix adoptés pour sortir de cette impasse : la constitution d'un corpus selon des critères systématiques, à la fois endogènes et exogènes au droit, et le recours à des entretiens avec des acteurs des procès de l'art et de la littérature (magistrats, avocats et responsables de services juridiques).

Dans une deuxième partie, c'est une approche quantitative du corpus qui est privilégiée afin de proposer un panorama des lieux de rencontre entre le droit et la création artistique, tant au moment du procès qu'en amont du procès. Quatre critères d'analyse du contentieux sont mobilisés, lesquels sont empruntés à plusieurs champs disciplinaires : les fondements juridiques (chapitre 4), les genres des œuvres contestées (chapitre 5), les caractéristiques des parties en présence (chapitre 6) et les peines et mesures prononcées par les tribunaux (chapitre 7). Le chapitre 8 propose ensuite une enquête sur les autres lieux et modalités d'intervention du droit sur la littérature, en se concentrant sur le rôle des avocats dans les maisons d'édition.

Enfin, une troisième partie se focalise sur la fabrique de l'interprétation juridique. À partir d'une étude des motifs donnés par les tribunaux pour justifier leurs décisions, l'enquête porte plus précisément sur l'une des étapes de l'interprétation des juges, à l'œuvre dans la majorité des contentieux : l'identification du référent du discours litigieux. Il s'agit de mettre en lumière et de discuter les critères que les juges mobilisent pour déterminer si l'identification est effective. Trois types de litiges sont abordés, en fonction du travail opéré par le juge pour identifier : ceux où il vérifie que l'œuvre vise bien un particulier qui est désigné par son nom (chapitre 9), ceux où il détermine si un particulier est visé sans être nommé dans l'œuvre (chapitre 10), ceux où il cherche à établir si une communauté protégée par la loi de 1881 est bien identifiable (chapitre 11).

Pour résumer, cet ouvrage propose tout autant les résultats d'une enquête sur les procès de l'art et la littérature qu'il constitue un plaidoyer en faveur d'un double décentrement disciplinaire. Il appelle les linguistes et les littéraires à s'emparer du matériau juridique qu'est le contentieux littéraire et artistique, et les spécialistes du droit à davantage s'ouvrir à des analyses littéraires et linguistiques.

Je tiens à remercier celles et ceux qui m'ont soutenue pour mener à bien la publication de ce livre : G. Siouffi, Ch. Baron, T. Hochmann, D. Lagorgette, D. Maingueneau, G. Sapiro, A. Wrona, C. Arzoumanov, A. Latil, N. Droin, J. Piat et H. Dubucs. Ma gratitude va aussi aux professionnelles et aux professionnels du droit qui m'ont généreusement accordé des entretiens.

PREMIÈRE PARTIE

LES DROITS DE L'ART ET DE LA LITTÉRATURE

DU DÉBAT PUBLIC À LA RÉALITÉ JURIDIQUE

INTRODUCTION
À LA PREMIÈRE PARTIE

Les questions liées aux droits de l'art et de la littérature sont très diverses. Elles engagent des acteurs, des thématiques, des enjeux et des modes d'expression variés. Elles peuvent être posées non seulement devant un tribunal, mais aussi dans un débat académique, dans des polémiques publiques, dans la presse culturelle, dans des rapports d'experts, etc. Cette multiplicité des lieux d'application et de négociation des droits de l'art jette un certain flou sur la réalité des pratiques. Plusieurs éléments d'explication peuvent être donnés pour comprendre la confusion qui règne sur les lieux et les modes d'intervention du droit sur les champs littéraire et artistique. Premièrement, les modalités de discussion des droits de l'art dans le débat public introduisent un biais qui empêche de les objectiver et d'appréhender les relations entre droit et arts sans les envisager en termes de conflits. Deuxièmement, dans le champ juridique, si le principe d'une liberté de création artistique et littéraire renforcée recueille un certain consensus, sa définition reste floue et ne permet pas suffisamment de cartographier les lieux où le droit exerce un pouvoir sur les champs de l'art et de la littérature. C'est pourquoi il est apparu nécessaire de construire un corpus d'analyse *ad hoc* dont les méthodes de constitution et d'analyse sont présentées dans le chapitre 3.

LES DROITS DE L'ART ET DE LA LITTÉRATURE DANS LE DÉBAT PUBLIC

Dans le débat public, la question des droits de l'art et de la littérature dépasse la dimension judiciaire. Elle est engagée à chaque fois qu'est abordée la question des limites de l'expression littéraire et artistique. Elle est le plus souvent abordée sous l'angle de la polémique, ce qui a pour effet une radicalisation et une simplification des enjeux et des prises de position publiques, ainsi qu'un amalgame entre des situations très variées. Tout ce qui se rattache à la question des droits de l'art et de la littérature peut être ainsi qualifié d'« univers aux réactions épidermiques et passionnées » pour reprendre les mots d'une ancienne présidente de la 17e chambre du TGI de Paris, Fabienne Siredey-Garnier[1]. Il s'agit donc de s'interroger sur les raisons de cette capacité à générer des conflits : son caractère indissociable de la liberté d'expression d'une part, et son articulation avec le concept d'autonomie des biens culturels d'autre part. Enfin, on montrera que ce discours anti-censure circule entre le champ juridique et le débat public et qu'il existe certains points de passage de l'un à l'autre.

UNE QUESTION POLÉMIQUE INDISSOCIABLE DE LA LIBERTÉ D'EXPRESSION

La liberté de création est indissociable de la liberté d'expression dans le débat public. Les deux questions sont intrinsèquement imbriquées, car la seconde inclut la première en tant qu'elle définit la liberté qu'a

1 Fabienne Siredey-Garnier, « Le regard du juge de presse sur la liberté de création », *LEGICOM* 2017/1, n° 58, p. 65-73, p. 65.

chaque individu de s'exprimer librement en public, qu'il soit artiste ou simple citoyen. Le scénario des échanges est à ce titre souvent identique. Il relève de la polémique, telle qu'elle est définie par Ruth Amossy[2], dont il présente les principales caractéristiques : il s'agit d'un « sujet d'intérêt public[3] » qui crée un « dissensus » et implique une « disqualification de l'adversaire[4] », qui passe en l'occurrence par le prisme de la censure.

UN SUJET D'INTÉRÊT PUBLIC

La liberté de création est un sujet d'intérêt public, en tant qu'elle relève de la liberté d'expression. Or, la liberté d'expression est un concept central de la vie politique. Elle est un droit fondamental considéré comme le garant des autres libertés, qui permet aux sociétés et aux individus de se développer et de faire valoir l'ensemble des droits humains. Pour cette raison, la question dépasse largement l'échelle individuelle de la querelle entre personnes[5], car elle n'a de sens que par son exercice collectif.

La liberté de création est constamment surveillée par des associations internationales de défense des droits humains qui voient en elle un observatoire du bon fonctionnement des régimes politiques. *Amnesty international* par exemple en a fait l'une de ses priorités. La liberté de création est également scrupuleusement scrutée en tant que telle par certaines associations ou instances nationales ou internationales : en France, la *Ligue des droits de l'homme* (ci-après LDH) à travers son « Observatoire de la liberté de création[6] », l'Unesco, Freemuse[7], etc. Le concept de

---

2 Ruth Amossy, *Apologie de la polémique*, Paris, PUF, 2014.

3 *Ibid.*, p. 48.

4 *Ibid.*, p. 61.

5 En témoigne par exemple la polémique engendrée par le baiser de *Blanche neige* en mai 2021, qui a porté sur les ravages de la *cancel culture*. Pourtant le point de départ est un article publié dans une revue confidentielle et écrit à l'occasion de la réouverture de Disneyland aux États-Unis. Il faisait l'éloge de la nouvelle attraction *Blanche-neige* et évoquait le film pour témoigner d'un regret face à la scène du baiser non consenti, interprété comme l'emblème des messages cachés de la domination patriarcale. Voir André Gunthart, « Rire avec Fox news », dans « L'image sociale, carnet de recherches », 7 mai 2021, [en ligne] URL : https://imagesociale.fr/9777, consulté le 4 avril 2022.

6 L'Observatoire de la liberté de création a été créé en 2003. Il publie régulièrement des communiqués qui dénoncent des atteintes à la liberté de création. URL : https://www.ldh-france.org/sujet/observatoire-de-la-liberte-de-creation/, consulté le 4 avril 2022.

7 "Security, creativity, tolerance and their co-existence : the new agenda of European freedom of artistic expression", *Freemuse* report, 2020, [en ligne] URL : http://www.live-dma.eu/wp-content/uploads/2020/01/

liberté de création est donc, à l'image de la *liberté d'expression*, un concept qui implique une généralisation du cas individuel, qui est doté d'un intérêt collectif et dont personne ne remet en cause la valeur en soi.

La question est d'autant plus d'intérêt public que lorsqu'elle est mise en une de l'actualité, elle entre en conflit avec des questions liées aux grandes évolutions ou problématiques sociétales qui traversent la France des années 2000 à 2020 : la protection de la vie privée, la liberté de croyance, le racisme ou encore le droit des femmes.

Il n'est pas en effet une rentrée littéraire sans polémique opposant la liberté de création au respect de la vie privée. L'exemple de ces deux dernières années le montre. En 2020, on a pu observer plusieurs affrontements publics, entre l'auteur à succès Emmanuel Carrère et son ex-épouse qui, par le biais d'un droit de réponse, l'accusait de porter atteinte à sa vie privée dans son dernier roman *Yoga*[8], ou encore entre le philosophe Raphaël Enthoven et son ex-beau-père Isi Beller, qui l'assignait en justice pour diffamation, injure et atteinte à la vie privée dans son roman *Le Temps gagné*[9]. En 2019, les médias ont révélé le conflit entre l'écrivain Yann Moix et sa famille, laquelle l'accusait d'avoir menti sur son enfance martyre et d'avoir nui à son image dans son livre autobiographique *Orléans*[10].

La liberté d'expression est aussi régulièrement au centre de débats sur le droit au blasphème ou le droit à heurter les « sensibilités religieuses[11] ». Le

---

SECURITY-CREATIVITY-TOLERANCE-AND-THEIR-CO-EXISTENCE.pdf, consulté le 4 avril 2022.

8 Emmanuel Carrère, *Yoga*, Paris, POL, 2020. Pour une synthèse de la polémique, voir Raphaëlle Leyris « Controverse autour du livre d'Emmanuel Carrère, "Yoga". L'ex-épouse de l'écrivain, Hélène Devynck, estime que celui-ci n'a pas respecté le contrat selon lequel elle ne devait pas figurer dans son roman », *Le Monde*, 2 octobre 2020, en ligne URL : https://www.lemonde.fr/culture/article/2020/10/02/controverse-autour-du-livre-d-emmanuel-carrere-yoga_6054576_3246.html, consulté le 4 avril 2022.

9 Raphaël Enthoven, *Le Temps gagné*, Paris, Éditions de l'Observatoire, 2020. Sur l'assignation en justice, voir Caroline Michel-Aguirre, « L'ex beau-père de Raphaël Enthoven assigne en justice l'éditeur de l'écrivain », *Le Nouvel Obs*, 4 septembre 2020, en ligne URL : https://www.nouvelobs.com/justice/20200904.OBS32899/exclusif-l-ex-beau-pere-de-raphael-enthoven-assigne-en-justice-l-editeur-de-l-ecrivain.html.

10 Yann Moix, *Orléans*, Paris, Grasset, 2019. Sur la polémique, voir Jérôme Dupuis, « Yann Moix attaqué en justice par son frère Alexandre », *L'Express*, 9 janvier 2020, en ligne URL : https://www.lexpress.fr/culture/livre/yann-moix-attaque-en-justice-par-son-frere-alexandre_2113784.html, consulté le 4 avril 2022.

11 Sur ce point, voir Jeanne Favret-Saada : « Entre dévots, l'on parle toujours de façon explicite de "blasphème", mais dans l'espace public ne sont évoquées que des "sensibilités" ou

respect des croyances d'autrui peut-il constituer une limite à l'expression ? La séquence des caricatures de Mahomet publiées par l'hebdomadaire *Charlie Hebdo* en 2006, tragiquement marquée par les attentats perpétrés dans ses locaux en janvier 2015, puis un procès sous haute tension à l'automne 2020, a ainsi été emblématique de la manière dont le débat public met en jeu et en scène un conflit entre la liberté d'expression et la liberté de croyance. L'attentat a conduit à une réponse collective massivement favorable à la première. En témoignent les immenses manifestations qui ont suivi, lesquelles ont contribué à la fois à la réaffirmer comme valeur constitutive de la République française et à en souligner la vulnérabilité. La réponse n'a pourtant pas toujours été aussi univoque au moment de la publication des caricatures par le journal satirique[12], qui a pu être interprétée comme ayant franchi les limites de la liberté d'expression. Sans atteindre cette violence extrême, d'autres polémiques ont également incarné l'affrontement entre les libertés d'expression et de religion. On peut penser par exemple à l'affaire *Golgotha picnic* qui a opposé des traditionnalistes catholiques au monde du théâtre et de la culture en 2011[13] et a bénéficié d'une large couverture médiatique. Les uns arguaient que la pièce heurtait leurs sensibilités religieuses et multipliaient les manifestations pour exprimer leur point de vue, quand les autres faisaient valoir le principe de la liberté de création. Cette affaire

des "convictions religieuses blessées", et une "communauté chrétienne diffamée" » (*Les Sensibilités religieuses blessées. Christianismes, blasphèmes et cinéma 1965-1988*, Paris, Fayard, « Histoire de la pensée », 2017, p. 9).

12 Le président Jacques Chirac par exemple s'était exprimé sur la question lors d'un conseil des ministres le 8 février en affirmant que le respect des sensibilités religieuses devait être une limite à la liberté d'expression : « Les provocations manifestes susceptibles d'attiser dangereusement les passions. Tout ce qui peut blesser les convictions d'autrui, en particulier les convictions religieuses, doit être évité. La liberté d'expression doit s'exercer dans un esprit de responsabilité ». Voir le compte-rendu par l'AFP « Caricatures : Chirac réprouve les provocations manifestes », en ligne URL : https://www.lefigaro.fr/international/2006/02/08/01003-20060208ARTFIG90263-caricatures_chirac_reprouve_les_provocations_manifestes_.php., consulté le 4 avril 2022.

13 Pour rappel, il s'agissait d'une pièce de l'auteur argentin Rodrigo García mise à l'affiche du Festival d'automne au théâtre du Rond-Point à Paris. Comme le suggère le titre, la religion catholique n'y était pas représentée sous son meilleur jour. La figure de Jésus Christ notamment était mise à mal, qualifiée de despotique et égocentrique, de « messie du SIDA » qui « brandit la menace de la peste et de maladies en tout genre » (Rodrigo García, *Golgotha picnic*, Besançon, Les Solitaires Intempestifs, 2011, p. 22.). Sur cette polémique, voir Anna Arzoumanov et Mathilde Barraband (dir.), *Polémique autour d'un blasphème. Regards croisés sur l'affaire* Golgotha picnic, revue *Contextes* n° 26, 2020, [en ligne] URL https://doi.org/10.4000/contextes.8617, consulté le 4 avril 2022.

a connu plusieurs volets judiciaires qui ont donné tort aux premiers[14]. Quelle que soit l'issue de chacune de ces polémiques, elles interrogent les conditions de possibilité d'une coexistence harmonieuse entre liberté de croyance et liberté d'expression et posent la question des frontières qu'il faut imposer à l'une et à l'autre.

D'autres débats portent sur la question des minorités culturelles et voient s'opposer les tenants de la liberté d'expression à des associations de défense et de lutte contre les discriminations. Qu'on pense par exemple à l'annulation au nom de l'antiracisme de la représentation à la Sorbonne des *Suppliantes* le 25 mars 2019[15]. Le metteur en scène avait choisi de faire jouer à des acteurs blancs le rôle de personnages noirs et de leur faire porter un masque sombre. Plusieurs associations antiracistes[16] et étudiantes[17] ont dénoncé une pratique raciste, le *black-face*, « issu[e] d'un passé colonial, où la caricature des personnes noires était commune pour divertir un public blanc[18] ». Elles ont appelé au boycott et à des manifestations pour empêcher la représentation. À l'opposé, de nombreux acteurs du monde culturel et universitaire se sont érigés en défenseurs de la liberté de création et d'expression. Par le biais notamment de tribunes et d'interviews dans la presse, ils ont alerté l'opinion sur ce qu'ils estimaient constituer une atteinte à la liberté des artistes, aussi absurde que dommageable. Ainsi, la querelle sur la mise en scène des *Suppliantes* a opposé à l'origine une compagnie de théâtre et un service culturel universitaire d'une part, et quelques

14 La pièce a été au centre de plusieurs procédures, toutes initiées par l'*AGRIF* : devant le tribunal administratif de Toulouse (novembre 2011), devant le tribunal des référés et devant la 17e chambre du tribunal de grande instance de Paris (TGI Paris, 17e ch., 10 décembre 2015, n° 12305023020, cité dans *Légipresse*, n° 334, 2016, p. 15), la cour d'appel de Paris (CA Paris, 22 juin 2016, cité dans Frédéric Gras, « Censure et ordre public : les associations procureurs », dans *Légipresse*, n° 343, 2016, p. 591) et la Cour de cassation (Cass. crim., 14 novembre 2017, n° 16-84945, cité dans *Légipresse*, n° 355, 2017, p. 592).

15 Pour un rappel de cette affaire, voir par exemple Laurent Carpentier, « À la Sorbonne, la guerre du *blackface* gagne la tragédie grecque », *Le Monde*, 27 mars 2019, URL : https://www.lemonde.fr/culture/article/2019/03/27/a-la-sorbonne-la-guerre-du-blackface-gagne-la-tragedie-grecque_5441663_3246.html, consulté le 4 avril 2022.

16 La Ligue de défense noire africaine (LDNA), la Brigade anti-négrophobie et le Conseil représentatif des associations noires (CRAN).

17 L'Union Nationale des Étudiants de France (UNEF).

18 Communiqué de l'UNEF publié sur Twitter, « Non au *blackface* dans nos facs : la nécessité d'une lutte antiraciste au quotidien », 23 mars 2019, [en ligne] URL : https://twitter.com/UNEFsorbonneU/status/1109456904093351936/photo/1, consulté le 4 avril 2022.

associations étudiantes et de défense des noirs d'autre part, mais elle a pris une dimension de polémique publique et nationale. Elle a mis au centre du débat des notions générales ancrées dans l'actualité, la *liberté de création*, le *blackface* permettant d'opérer des connexions avec d'autres polémiques contemporaines et d'en faire un événement médiatique. De la même façon, un an plus tard, à l'été 2020, la presse s'est fait l'écho d'une polémique qui a fait réagir les défenseurs de la liberté de création face à une décision éditoriale prise au nom de l'antiracisme : l'éditeur français du célèbre roman d'Agatha Christie, *Les dix petits Nègres*, avait choisi d'emboîter le pas à ses éditeurs anglais en le republiant sous un nouveau titre, *Ils étaient dix*, qui efface le substantif jugé offensant *nègres*. Pour les uns, ce geste éditorial a été interprété comme une victoire contre les discriminations induites par la langue et la littérature. D'autres y ont vu une atteinte scandaleuse à la liberté de création, doublée d'une défiguration du patrimoine littéraire[19].

Les débats relatifs à la liberté de création peuvent aussi mettre en jeu des questionnements relatifs aux mœurs sexuelles. Pour ces dernières années, deux affaires Polanski et Matzneff[20] en témoignent de manière particulièrement aiguë. L'affaire Polanski, qui a eu lieu en 2020, a amené à s'interroger sur la légitimité d'une consécration aux Césars d'un réalisateur de cinéma condamné pour pédocriminalité quelque 30 ans plus tôt[21]. Cette voix a été portée notamment par l'actrice Adèle Haenel lors de la cérémonie des Césars de 2020[22] et la romancière Virginie Despentes dans une tribune publiée dans le journal *Libération*[23]. Dans le camp adverse, on a fait valoir la liberté de l'art et la dissociation de l'homme et de l'artiste. L'affaire Matzneff ensuite a questionné les limites de la liberté de création du point de

19 Mélanie Hennebique, « La réédition des *Dix petits* Nègres fait déjà polémique », *Vanity Fair*, [en ligne] URL : https://www.vanityfair.fr/actualites/articles/la-reedition-des-dix-petits-negres-ne-convient-toujours-pas/80993, consulté le 4 avril 2022.

20 Pour une analyse des arguments qui se sont échangés lors de ces deux polémiques, voir Gisèle Sapiro, *Peut-on dissocier l'œuvre de l'auteur ?*, Paris, Le Seuil, 2020, p. 101-130.

21 Le réalisateur a été condamné pour rapports sexuels avec une mineure en 1977. Condamné à 90 jours de prison, il n'en a fait que 42 et a fui les États-Unis pour éviter une nouvelle condamnation.

22 Le 28 février 2020, à l'annonce du César de la Meilleure réalisation attribué à Roman Polanski pour son film *J'accuse*, l'actrice quitte la salle Pleyel, en criant : « La honte ! ».

23 Virginie Despentes, « Désormais on se lève et on se barre », *Libération*, 1er mars 2020, [en ligne] URL : https://www.liberation.fr/debats/2020/03/01/cesars-desormais-on-se-leve-et-on-se-barre_1780212/, consulté le 4 avril 2022.

vue de « l'éthique de responsabilité de l'écrivain et des instances de production et de diffusion qui régulent le champ littéraire[24] ». Cette polémique a été lancée avec la parution du livre de Vanessa Springora, *Le Consentement*, en 2020, qui a mis en lumière les pratiques pédocriminelles que l'écrivain décrivait dans ses livres sur la base de son expérience vécue.

Les questions qui sont en jeu dans les débats sur la liberté de création présentent donc un intérêt public incontestable. Elles relèvent de grandes problématiques sociétales et morales très diverses et concernent tous les champs artistiques, le cinéma, la peinture, la littérature, les expositions, etc. Les acteurs qui interrogent les limites de la création sont également variés et s'expriment selon des modalités tout aussi contrastées, qui vont de la tribune dans un journal à l'appel au boycott, en passant par la modification du titre d'un livre, la manifestation publique d'une indignation ou encore l'action judiciaire. Pourtant, malgré cette grande hétérogénéité des configurations, on repère une constante dans le débat public, la forte polarisation des discours et une tendance à la disqualification de ceux qui sont présentés comme des adversaires de la liberté de création.

LA DISQUALIFICATION DE L'ADVERSAIRE : LE PRISME DE LA CENSURE

Dans ces débats, l'argument de la liberté de création est mobilisé de manière polémique, dans une logique de *dissensus* et de « polarisation[25] », qui implique une « division sociale[26] ». Ses usagers du jour l'emploient pour dessiner une opposition entre deux camps bien distincts : les défenseurs de la liberté de création et ses adversaires. Fonctionnant comme critère de démarcation entre « nous » (les civilisés) et les « autres » (les obscurantistes), la liberté de création, comme la liberté d'expression, renvoie à une « dramaturgie du duel inégal : celle du philosophe contre l'Église, du penseur face aux dogmes, de l'écrivain contre les tartuffes[27] ». Cette dichotomisation rend problématique la quête d'un accord et peut prendre des formes parfois très violentes.

24 Gisèle Sapiro, *Peut-on dissocier l'œuvre de l'auteur ?*, *op. cit.*, p. 116.

25 Ruth Amossy, *Apologie de la polémique*, *op. cit.*, p. 58.

26 *Ibid.*

27 Denis Ramond. *La Bave du crapaud. Petit traité de liberté d'expression*, Paris, L'Observatoire, 2018, p. 13.

L'argument de la liberté de création permet en outre de renforcer l'identité du groupe en présentant de manière péjorative le camp adverse. Cette disqualification des autres en une figure unique de l'adversaire de la liberté de création a pour effet d'homogénéiser les discours adverses, les instances qui le portent et de réduire les débats à une simple expression antagoniste du *pro* et du *contra.* Par cette « division en groupes antagonistes », « chacun pose son identité sociale, en s'opposant, et en faisant de l'autre le symbole de l'erreur et du mal[28] ». S'il est facile d'identifier dans les polémiques autour de la liberté d'expression ceux qui prennent la parole pour la défendre, il s'avère plus complexe de déterminer la nature exacte de l'ennemi contre lequel ils se battent, car il est en général non assimilable à des acteurs précis. Cette polarisation du débat et cette disqualification de l'adversaire s'opère en grande partie par le recours au terme de *censure* et à son dérivé *censeur.e.*

L'omniprésence du discours de dénonciation de la censure

Nombreux sont les ouvrages ou discours qui abordent la question des procès de l'art et de la littérature en ayant recours à la notion de *censure*[29]. On ne compte plus les observateurs qui, depuis une vingtaine d'années, dénoncent une censure grandissante du monde des arts. La presse par exemple s'en émeut régulièrement, comme en témoignent de nombreux articles consacrés à ce que certains appellent les « nouveaux censeurs », relayant notamment les propos alarmistes de l'avocat Emmanuel Pierrat, pour qui « il ne s'écoule plus une semaine sans qu'elle [la censure] fasse la une, d'affaire en affaire, dans un monde où l'art et l'information connaissent de moins en moins de frontières et, paradoxalement, de plus en plus de restrictions[30] ».

28 Ruth Amossy, *Apologie de la polémique*, *op. cit.*, p. 61.

29 Sur l'omniprésence de la catégorie de la censure pour appréhender les procès de l'art et de la littérature, voir aussi Mathilde Barraband, « Censure, censure, censure », *Postures*, Dossier « De l'Index au droit d'auteur : scandales et procès littéraires », n° 32, 2020. [en ligne] URL : http://revuepostures.com/fr/articles/barraband-32, consulté le 4 avril 2022.

30 Emmanuel Pierrat et Béatrice Chapaux, *Le Livre noir de la censure*, Paris, Le Seuil 2008, 4e de couv. Voir aussi les très nombreuses publications d'Emmanuel Pierrat, dont voici quelques titres, *Nouvelles morales, nouvelles censures*, Paris, Gallimard, 2018 ; *La liberté sans expression ? Jusqu'où peut-on tout dire, écrire, dessiner*, Paris, Flammarion, 2015 ; « Littérature et faits divers », *Livres hebdo*, 18 mai 2014 [en ligne], URL : http://

Plusieurs phénomènes sont pointés du doigt, comme la mainmise du droit sur l'art et la littérature, le rôle croissant des avocats dans les maisons d'édition, la pression qu'exerceraient des associations et des particuliers dans un contexte interprété, selon les affaires, comme un retour du puritanisme ou l'avènement du communautarisme. Une menace ample et polymorphe pèserait ainsi sur les arts et la liberté de création, appauvrissant dramatiquement la créativité d'artistes contraints à l'autocensure. La *Ligue des droits de l'homme* (ci-après *LDH*) en a fait son combat en créant en 2003 l'Observatoire de la liberté de création. Sa vocation est de défendre spécifiquement la liberté de création, distincte de la liberté d'expression, et de « lutter contre la censure des œuvres et de leur diffusion ». Dans un manifeste fondateur, ses membres revendiquent l'ambition de recenser et d'analyser tous les cas de « censure » de l'art, et de « montre[r] la face cachée de[s] lois pour mieux en présenter les absurdités[31] ». Le *Syndicat national de l'édition* (ci-après *SNE*) affiche la même préoccupation en 2003, dans son livre blanc intitulé *Justice et Édition*. Il y dénonce un « développement considérable[32] » des affaires de presse concernant des livres et alerte « les magistrats, mais aussi la presse, les milieux politiques et le public, sur la nature et les effets d'un phénomène qui ne cesse de prendre de l'ampleur : la fréquence du recours au juge en matière éditoriale[33] ». Selon ce rapport, la mainmise du droit sur la littérature « nui[rai]t à la créativité littéraire » et conduirait l'auteur et l'éditeur à « s'autocensurer[34] ». Un point de vue assez similaire est exprimé par Dominique Noguez, écrivain médiatique et grand défenseur de Michel Houellebecq, lorsqu'il affirme que « la critique littéraire est devenue une branche de l'éloquence judiciaire » et que la littérature est désormais « une affaire de robes[35] ». Ce discours de dénonciation de la censure a cependant beaucoup évolué ces dernières années. S'il était au départ surtout centré sur la judiciarisation de l'art, il a tendance aujourd'hui à embrasser davantage la question des appels au boycott et de toutes formes de polémiques mettant en jeu la publication même des œuvres artistiques et littéraires. Plusieurs

---

www.livreshebdo.fr/article/litterature-et-faits-divers ; *Le Sexe et la Loi*, Paris, Arléa, 1996, consulté le 4 avril 2022.

31 Agnès Tricoire, « La censure en toute légalité », article publié sur le site de la *LDH* au moment de la création de l'Observatoire le 31 mars 2003, [en ligne] URL : http://www.ldh-france.org/La-censure-en-toute-legalite/, consulté le 4 avril 2022.

32 Livre blanc *Justice et Édition* du Syndicat National de l'Édition (SNE) 2002, p. 15.

33 *Ibid.*, p. 15.

34 *Ibid.*, p. 16.

35 Dominique Noguez, *Houellebecq, en fait*, Paris, Fayard, 2003, p. 19.

universitaires ont ainsi récemment relayé ces craintes. Ils dénoncent, non plus une censure d'État, mais une prolifération des censeurs, une tendance globale de la société à limiter le pouvoir des créateurs en fonction des sensibilités de telle ou telle communauté[36].

Une « catégorie infamante »

Au singulier, le terme de *censure* est à la fois doté d'un sens large, désignant l'action de critiquer quelqu'un ou quelque chose, et d'un sens restreint, désignant l'« examen d'une doctrine, d'un écrit ou d'une activité par une autorité instituée à cet effet[37] ». Il est systématiquement péjoratif. Dans ses usages en discours, il constitue une « catégorie infamante[38] » et immédiatement disqualifiante. Il peut désigner n'importe quelle situation où la parole publique est limitée par un tiers. Il est également utilisé couramment pour disqualifier des débats sur des expressions publiques, même lorsqu'il n'est jamais question de les empêcher. Le mot fonctionne comme un « *buzzword*[39] » qui donne de la visibilité à un débat, en simplifie les termes, uniformise les cas et gomme la diversité des instances en jeu – l'institution judiciaire, des associations, des particuliers, etc. – et de leurs modes opératoires – expression dans une tribune, action en justice, condamnation, manifestation, boycott. Il est donc utilisé dans des situations très diverses qui relèvent plutôt du sens élargi. Néanmoins, le sens restreint intervient systématiquement dans l'interprétation du terme et implique la représentation d'une parole empêchée par une institution dotée d'une autorité. Le mot est en effet chargé d'une « légende noire[40] », tout spécialement incarnée dans la figure d'Anastasie[41]. S'y rassemblent pêle-mêle les pires heures des régimes politiques autoritaires et intolérants, l'Inquisition espagnole et ses autodafés, l'absolutisme français

36 Voir par exemple Isabelle Barbéris, *L'Art du politiquement correct*, Paris, PUF, 2019 et Carole Talon Hugon, *L'Art sous contrôle. Nouvel agenda sociétal et censures militantes*, Paris, PUF, 2019.

37 D'après le CNRTL, [en ligne] URL : https://www.cnrtl.fr/definition/censure, consulté le 4 avril 2022/.

38 Thomas Hochmann, « Censure et critique. », art. cité, p. 157.

39 Il s'agit d'une formule de Pascal Mbongo, « La banalisation du concept de *censure* », *Pouvoirs*, n° 130, 2009/3, p. 17-30.

40 *Ibid.*

41 Voir Christian Delporte, « Anastasie : L'imaginaire de la censure dans le dessin satirique (XIXe-XXe siècles) », dans Pascal Ory, *La censure en France à l'ère démocratique (1848-…)*, Bruxelles, Éditions Complexe, 1997.

et son contrôle politique et moral de l'imprimé, l'Allemagne nazie ou encore la Russie soviétique. Lorsque le terme est utilisé pour désigner une limitation de la création littéraire, la figure du procureur Pinard est ainsi régulièrement convoquée, en tant que parangon du censeur myope et aveugle, qui a failli faire interdire deux monuments du patrimoine littéraire français, *Les Fleurs du mal* et *Madame Bovary*. C'est pourquoi le terme est souvent directement associé à l'argument de la pente glissante. Pour dénoncer, on montre les conséquences désastreuses auxquelles peut conduire une limitation de la liberté d'expression. Critiquer la censure va donc de soi, et l'usage du terme parasite la réflexion sur la liberté d'expression et les restrictions qui doivent l'accompagner.

Si le terme de *censure* semble apolitique et se trouve manié dans le débat par des acteurs variés du point de vue des opinions, il est particulièrement utilisé par les milieux réactionnaires[42]. Le magazine *Valeurs actuelles* par exemple y a régulièrement recours pour dénoncer une chape de plomb idéologique qui empêcherait toute parole vraie et réaliste sur la situation politique et sociale de la France. Cette censure est également abordée par une série de termes connexes qui assimilent cette censure à la pensée dite dominante de gauche. On relève ceux de *bien-pensance*[43] et de *politiquement correct*[44] qui sont utilisés de manière péjorative et ironique pour désigner une censure des idées et des opinions que l'élite intellectuelle refuserait d'admettre : l'échec de l'intégration à la française, la montée de l'islamisme, le trouble moral occasionné par le mariage pour tous, etc. C'est cette dernière lecture qui est utilisée par exemple dans la presse conservatrice à propos des multiples actions judiciaires intentées contre le polémiste Éric Zemmour pour injures à caractère racial et provocation à la haine raciale[45]. L'argument de la

42 Pour une description de cette évolution politique de l'argument de la liberté d'expression, voir Denis Ramond, *La Bave du crapaud*, *op. cit.*, p. 13-21.

43 Le terme de *bien-pensance* est utilisé de manière péjorative et ironique pour désigner une censure des idées et des opinions afin de se conformer au politiquement correct. Le terme étant marqué très à droite dans le discours public, on observe son remplacement de plus en plus fréquent par le terme de « *cancel culture* », probablement moins connoté politiquement pour le moment.

44 L'expression *politiquement correct* est un calque de l'anglais *politically correct*. Elle est utilisée pour désigner « un discours, un comportement visant à bannir tout ce qui pourrait blesser les membres de catégories ou de groupes minoritaires en leur faisant sentir leur différence comme une infériorité ou un motif d'exclusion » (*Larousse de la langue française*).

45 Voir par exemple la réception dans la presse conservatrice de la condamnation de Éric Zemmour le 27 septembre 2019 à 10 000 euros d'amende pour injure et provocation à la

censure est brandi pour dénoncer les prétentions des minorités à museler les propos qui ne leur conviennent pas. C'est ce même discours qui sous-tend l'ouvrage d'Isabelle Barbéris, *L'Art du politiquement correct*, consacré à la question de la limitation du discours artistique en France. Elle y dénonce « l'institutionnalisation du langage totalitaire qu'est le politiquement correct "de gauche" », qui exercerait une censure sur tous les arts qui ne porteraient pas ce discours. Il y aurait ainsi une censure de gauche à notre époque contemporaine qui musèlerait tout ce qui ne relève pas de la pensée dite dominante.

L'apparition plus récente dans les polémiques du terme de *cancel culture* pour remplacer celui de *censure* témoigne également de cette appropriation réactionnaire et du fait que la liberté d'expression est devenue une valeur parfois nettement marquée à droite. Héritée de la droite américaine et « adoptée par les néoconservateurs français pour mieux disqualifier les interpellations progressistes[46] », l'expression *cancel culture* désigne une culture de la censure qui aurait envahi la pensée de gauche, notamment dans les universités[47], et nous mènerait vers une « dictature des identités[48] », tout droit importée des États-Unis. D'après ce concept, l'auteur de discours offensants envers les minorités raciales, sexuelles et religieuses, est dénoncé et expulsé, « annulé », de ses cercles

haine (le 28 septembre 2019, lors de la convention de la droite, il avait proféré une violente diatribe contre les musulmans et ce qu'il considère comme une islamisation de la société). Dans *Valeurs actuelles* par exemple (Grégory Roose, « Éric Zemmour, condamné pour blasphème envers l'islam », *Valeurs actuelles*, 27 septembre 2020, [en ligne] URL : https://www.valeursactuelles.com/societe/roose-eric-zemmour-condamne-pour-blaspheme-envers-lislam-124058, consulté le 4 avril 2022), la décision de justice est présentée comme une atteinte à la liberté d'expression du polémiste, à son « droit à porter un jugement sur une religion ». L'utilisation de plus en plus fréquente d'autres termes empruntés à l'anglais et d'apparition récente dans le débat public français renvoie également à cette culture de la censure héritée des États-Unis : *trigger warning*, *sensitivity readers*, *woke* et *wokisme*.

46 André Gunthert, « Rire avec Fox news », dans « L'image sociale, le carnet de recherches d'André Gunthert », 7 mai 2021, [en ligne] URL : https://imagesociale.fr/9777, consulté le 4 avril 2022.

47 Sur cette question, voir Laurent Dubreuil, *La Dictature des identités*, Paris, Gallimard, 2019.

48 *Ibid.* Selon la lecture de Laurent Dubreuil, le terme « identités » renvoie à une catégorie déterministe qui, « rapportant l'identité à un être social collectif ou individuel prédéfini et référentiel, ne peut plus penser un changement ». L'essayiste vise plus particulièrement un phénomène dans les universités américaines, consistant pour des groupes dits « identitaires » à militer contre l'usage de certains mots et de certaines situations qu'ils considèrent offensants. Il y voit un acte de « censure », la marque de la montée d'une nouvelle dictature, la « dictature des identités ».

sociaux ou professionnels. Or là encore, le terme dilue les instances et masque une réalité plus complexe.

Pour récapituler, on repère dans le débat public une très forte similitude dans les manières dont la liberté de création et la liberté d'expression sont abordées. Le discours de dénonciation d'une situation dégradée est omniprésent. Le prisme déformant de la censure a pour effet de disqualifier d'emblée toute entreprise de régulation de la parole et de mélanger des situations variées dans une même, superficielle et définitive, condamnation. Il ne permet ni la nuance, ni la description objective des questions, des acteurs et des instances en jeu. Dans cet amalgame général, l'intervention du droit pour limiter l'expression est donc largement déconsidérée. Du point de vue des scénarios de la polémique et des questions qui sont soulevées, la liberté de création est donc une question qui se confond avec celle de la liberté d'expression.

Cependant, un argument supplémentaire, propre à l'art et à la littérature, est identifiable dans les débats : l'autonomie artistique et littéraire.

LE PRISME DE L'AUTONOMIE ARTISTIQUE ET LITTÉRAIRE

La liberté de création n'est pas un simple synonyme du terme de *liberté d'expression*. Elle est aussi revendiquée au nom de l'autonomie des arts et de la littérature.

L'AUTONOMIE DE L'ART ET DE LA LITTÉRATURE AU CŒUR DE L'ARGUMENT DE LA LIBERTÉ DE CRÉATION

L'autonomie des arts et de la littérature est revendiquée par les représentants des champs littéraire et artistique depuis le XIXe siècle[49].

---

49 Voir Pierre Bourdieu, « Le marché des biens symboliques », *L'Année sociologique*, n° 22, 1971, p. 49-126, et *Les Règles de l'art. Genèse et structure du champ littéraire*, Paris, Le Seuil, « Libre examen », 1992 ; Paul Bénichou, *Le Sacre de l'écrivain*, Paris, Corti, 1973 ; Alain Viala, *Naissance de l'écrivain. Sociologie de la littérature à l'âge classique*, Paris, Minuit, 1985 ; Gisèle Sapiro, *La Responsabilité de l'écrivain*, Paris, Le Seuil, 2011. Pour une réflexion récente sur la question de l'autonomie des biens culturels et artistiques, voir le numéro 4 de la revue *Biens symboliques* coordonné par Jérôme Pacouret et Mathieu Hauchecorne,

Cette notion a été utilisée originellement par les sciences sociales pour « décrire, d'un point de vue historique, la différenciation de champs fonctionnant selon des logiques propres[50] », qui s'opère généralement vis-à-vis d'autres champs comme les champs religieux, politique ou économique. En vertu de cette autonomie, la création artistique s'est singularisée par rapport aux autres formes d'expression. Elle suppose des intentions propres, des codes de réception distincts fondés sur des valeurs esthétiques. Toute intrusion d'autres valeurs dans le champ de l'art, comme celles relevant de l'éthique, du juridique, apparaît ainsi comme un malentendu sur le statut même de l'œuvre d'art, une réception dite « hétéronome ». Cette conception implique par conséquent de placer la création artistique en dehors ou au-dessus des lois, selon un principe que l'on nomme communément l'exception artistique[51]. Toute opposition entre les normes artistiques et les normes juridiques est perçue comme un conflit qui met à mal les valeurs mêmes du monde de l'art et repose sur une incompréhension de ses règles. C'est pourquoi les procès d'artistes et d'écrivains choquent l'opinion publique et font l'objet d'une veille associative et militante qui a été particulièrement active ces vingt dernières années. L'art et la littérature sont réputés devoir bénéficier d'une protection renforcée par rapport aux autres discours, que chaque intervention du droit méconnaitrait.

Ainsi lorsque la notion de *liberté de création*[52] est utilisée dans le débat public, elle jette un discrédit sur toute tentative de définition des frontières de l'admissible en art, laquelle est interprétée comme un malentendu fondamental sur les normes de l'art et/ou de la littérature. Intimement liée au principe de l'impunité littéraire, l'exception de fiction est également souvent brandie comme argument défensif, la fiction étant, comme l'a rappelé Olivier Caïra dans son livre *Définir la*

Autonomies des arts et de la culture, mis en ligne le 27 juin 2019, [en ligne] URL : https://revue.biens-symboliques.net/327, consulté le 4 avril 2022. Voir tout particulièrement dans ce même numéro la synthèse de Gisèle Sapiro, « Repenser le concept d'autonomie pour la sociologie des biens symboliques ».

50 Jérôme Pacouret et Mathieu Hauchecorne, « Autonomies des arts et de la culture », *Biens Symboliques*, n° 4, 2019, [en ligne] URL : http://journals.openedition.org/bssg/326 ; DOI : https://doi.org/10.4000/bssg.326, consulté le 4 avril 2022.

51 Pour une histoire et une analyse de ce concept, voir Guillaume Artous-Bouvet, *L'Exception littéraire*, Paris, Belin, « L'extrême contemporain », 2012.

52 D'apparition récente, elle fait pourtant régulièrement l'actualité médiatique, par le biais de polémiques nombreuses et variées.

fiction[53], largement appréhendée comme une « zone de non-droit », close sur elle-même et donc autonome. Ce principe repose sur l'idée que le procès d'une fiction constitue un malentendu sur ses règles du jeu, sur le « pacte de feintise ludique partagée[54] » qu'elle met en place avec son lecteur. Selon cette interprétation, juger une fiction revient à lui appliquer des protocoles herméneutiques conçus comme des contresens logiques (la confusion entre univers fictionnel et univers réel).

La situation de la création artistique en France est donc appréhendée à travers deux prismes : le premier d'ordre manichéen, consistant à opposer la censure et la liberté d'expression/de création ; le second d'ordre théorique et revendicatif, obéissant à une logique de constitution et de préservation d'un champ. Selon cette conception, la liberté de création est brandie comme un principe fondamental permettant d'exempter les artistes des devoirs des citoyens ordinaires. Pourtant, cette représentation d'une création artistique et littéraire coupée du monde apparaît de plus en plus mise à mal au regard de l'évolution des pratiques des artistes et des écrivains.

UN ARGUMENT ANACHRONIQUE ?

Plusieurs études[55] ont mis en avant le fait que, si l'argument de l'exception artistique et littéraire résiste et s'il reste un présupposé qui sous-tend la défense à tout prix de l'art contemporain, l'autonomie de l'art et de la littérature s'est considérablement affaiblie sous l'influence des pratiques contemporaines.

La sociologue Nathalie Heinich notamment s'est attachée à ce qu'elle considère comme un imaginaire victimaire et simplificateur de la liberté de création qui, loin de refléter la réalité des pratiques, est fondé sur des présupposés théoriques sur l'art et la littérature qui seraient tout bonnement

53 Olivier Caïra, *Définir la fiction. Du roman au jeu d'échec*, Paris, EHESS, 2011, spécialement p. 153-168.

54 Jean-Marie Schaeffer, « De l'imagination à la fiction », *Vox Poetica*, [en ligne] URL : http://www.vox-poetica.org/t/articles/schaeffer.html#:~:text=a)%20La%20feintise%20ludique&text=Cette%20fonction%20agonistique%20a%20donc,et%20non%20pour%20de%20vrai%C2%BB, consulté le 4 avril 2022.

55 Voir par exemple Nathalie Heinich, *Le triple Jeu de l'art contemporain, Sociologie des arts plastiques*, Paris, Éditions de Minuit, 1998 ; Id., *L'Élite artiste. Excellence et singularité en régime démocratique*, Paris, Gallimard, 2005 ; Carole Talon-Hugon, *Morales de l'art*, Paris, PUF, 2009 ; ou encore Alexandre Gefen, *L'Idée de littérature. De l'art pour l'art aux écritures d'invention*, Paris, Corti, 2021.

anachroniques. La question serait même prise à l'envers par ceux qui dénoncent de graves atteintes à la liberté de création à notre époque contemporaine : il n'y aurait pas d'« augmentation des cas de censure[56] », mais plutôt une « forte délégitimation de la censure[57] » qui lui donnerait « une visibilité inédite par les nombreuses protestations qu'elle entraîne[58] » et serait le résultat d'une « augmentation des infractions, conforme à la logique de plus en plus transgressive des propositions artistiques[59] ». L'analyse de la situation de la liberté de création et de sa remise en cause dans le débat public est donc ici étroitement corrélée au paradigme de l'art contemporain fondé sur le franchissement « [d]es frontières non plus de l'art, du musée et de l'authenticité, mais de la morale[60] ». Par conséquent, l'idée d'une impunité pénale de l'artiste est ici dénoncée comme ayant un train de retard et n'apportant plus aucune réponse adéquate aux questions juridiques que pose l'art contemporain. Dans son volet juridique, l'exception artistique reviendrait tout simplement à « demander au droit de [lui] donner les moyens juridiques de transgresser le droit[61] », ce que Bernard Edelman et Nathalie Heinich appellent « un paradoxe permissif ».

De la même façon, la littérature a vu son autonomie mise à mal depuis une quarantaine d'années. Ayant été le corollaire d'un autotélisme qui n'est plus de mise, l'argument de l'autonomie ne paraît là encore plus adapté à une partie de la littérature contemporaine qui est redevenue transitive et politique depuis qu'elle a pris le tournant dans les années 1980 du « retour au réel[62] ». Après plusieurs décennies de théorisation de l'aréférentialité de la littérature, l'apparition, le développement ou la métamorphose de certains genres marquent ce grand retour de la référentialité : le récit de soi, le roman reportage, le roman social ou encore le roman tiré d'un fait divers, qui reposent sur l'emprunt au réel

56 Nathalie Heinich, *L'Élite artiste*, *op. cit.*, p. 328.

57 *Ibid.*

58 *Ibid.*

59 *Ibid.*

60 *Ibid.* pour toutes les citations qui précèdent.

61 Nathalie Heinich et Bernard Edelman, *L'Art en conflits*, Paris, La Découverte, 2002, p. 253.

62 Dominique Viart, « Fiction et fait divers » dans D. Viart et B. Vercier, *La Littérature française au présent. Héritage, modernité, mutations*, Paris, Bordas, 2008, p. 235-251 ; Id., « Fictions en procès », dans B. Blanckeman, A. Mura-Brunel et M. Dambre (dir.), *Le Roman français au tournant du XXIe siècle*, Paris, Presses Sorbonne Nouvelle, 2004, p. 289-303 ; Alexandre Gefen, *L'Idée de littérature*, *op. cit.*

de personnages, de lieux et d'intrigues, et font vaciller les frontières entre le fait et la fiction. Plusieurs études ont montré que cette sortie de la fiction[63] rendait la littérature plus judiciarisable et condamnable. Ainsi, là encore, l'évolution des pratiques est interprétée comme la cause principale d'une multiplication de procès littéraires et non le résultat d'une censure grandissante exercée par les tribunaux.

Si l'explication est différente, puisqu'elle consiste à incriminer les productions culturelles elles-mêmes, ce discours confirme l'impression générale d'une augmentation des contentieux en France et donc d'une relation nouvelle entre le droit, l'art et la littérature qui s'opère selon la modalité du conflit.

ENTRE DÉBAT PUBLIC ET RÉALITÉ JUDICIAIRE
La confusion des genres ?

Parmi les nombreuses figures qui dénoncent une censure grandissante en France, deux sont particulièrement remarquables : les avocats Agnès Tricoire et Emmanuel Pierrat. Leur positionnement est intéressant pour observer la circulation de ce discours entre le champ du droit et le débat public. Si les itinéraires de ces deux acteurs majeurs de la densification du discours sur la judiciarisation de la littérature et de l'art sont indépendants, ils présentent un certain nombre de points communs : une thèse – la censure grandissante de l'art –, une forte visibilité dans le débat public et un discours qui mêle expertise et engagement en faveur des artistes.

L'avocat Emmanuel Pierrat tout d'abord est devenu un « champion » du « couplet automatique de la dénonciation de la censure[64] », terme dont il fait un usage récurrent dans le débat public. S'il exerce une activité de conseil de nombreux artistes et écrivains en France[65], pour laquelle

63 Nathalie Heinich, « Les limites de la fiction », art. cité, p. 57-76 ; Id., *Des Valeurs. Une approche sociologique*, Paris, Gallimard, 2017, p. 313-316 ; Jean-Louis Jeannelle, « Le procès de l'autofiction », *Études*, tome 419, n° 9, 2013, p. 221-230 ; Pierre Jourde, « Scandale, censure et procès dans le champ littéraire contemporain », dans Marie Dollé (dir.), *Quel scandale !*, Vincennes, PUV, « Culture et Société », 2006, p. 167-190.

64 Françoise Lavocat, *Fait et Fiction. Pour une frontière*, Paris, Le Seuil, 2016, p. 275.

65 Il a défendu entre autres Michel Houellebecq, Édouard Louis, Gabriel Matzneff, François Ozon.

il se sert beaucoup des médias afin de mobiliser l'opinion publique, ses confrères soulignent surtout sa tendance à être partout, en particulier en dehors du tribunal depuis les années 2000. Il est ainsi devenu un habitué des plateaux de télévision et des émissions de radio, au point d'être parfois surnommé « avocat BFM[66] ». Son discours oscille entre explication experte du régime juridique de la création en France[67] et recension des polémiques culturelles et artistiques qu'il désigne par le terme de *censure*[68], au prix d'une confusion entre le tribunal judiciaire et le tribunal de l'opinion. Il contribue ainsi à entretenir l'idée que la liberté de création connait de graves restrictions et à rendre flous les lieux où elles s'exercent.

Le positionnement de l'avocate Agnès Tricoire spécialiste du droit de la presse et de la propriété intellectuelle est lui aussi intéressant pour comprendre la confusion qui s'opère entre les différents espaces et modalités de « censure » de la création, car il oscille entre défense des artistes au tribunal et défense de la liberté de création artistique dans l'espace public et médiatique. Ce glissement de l'un à l'autre lui a permis de vulgariser auprès du grand public la notion juridique de *liberté de création*.

En tant qu'avocate, Agnès Tricoire a d'abord une activité de conseil juridique. À plusieurs reprises, elle a ainsi plaidé au tribunal en faveur d'artistes ou de collectionneurs en son nom propre ou au nom de la Ligue des droits de l'homme[69]. Elle publie par ailleurs de nombreux articles dans des revues spécialisées en droit de la presse (*Legipresse*, *Legicom* notamment[70]), dont plusieurs commentaires d'arrêts ou de

66 Voir Raphaëlle Rérolle, « Emmanuel Pierrat, maître en provocations », *Le Monde*, 14 avril 2019, en ligne URL : https://www.lemonde.fr/m-le-mag/article/2019/04/14/emmanuel-pierrat-maitre-en-provocations_5450002_4500055.html, consulté le 4 avril 2022.

67 Il tient par exemple une chronique hebdomadaire sur *Livre Hebdo* où, s'il y traite de sujets plus larges ayant trait aux droits de l'art et de l'édition, il répertorie les conflits propres aux limites juridiques de la création artistique.

68 Parmi ses très nombreux livres, plusieurs sont consacrés à la censure : Emmanuel Pierrat, *Accusés Baudelaire, Flaubert, levez-vous !* Bruxelles, Versailles, 2010 ; Id., *100 livres censurés*, Paris, Chêne, 2010 ; Id., *100 œuvres d'art censurées*, Paris, Chêne, 2012 ; Id., *La Liberté sans expression ? jusqu'où peut-on tout dire, écrire, dessiner*, Paris, Flammarion, 2015 ; Id. (dir), *Le Livre noir de la censure*, Paris, Le Seuil, 2016 ; Id., *Nouvelles morales, nouvelles censures*, Paris, Gallimard, 2018 ; Id. (dir.), *Le grand livre de la censure*, Paris, 2018, Plon.

69 Elle a entre autres défendu l'artiste Jean-Marc Bustamante devant le tribunal de Marseille en 1995, Steven Cohen devant le TGI de Paris en 2014, et la collection Lambert contre l'AGRIF devant le tribunal d'Avignon en 2011.

70 Voir la liste de ses publications dans la bibliographie finale.

décisions de première instance, rendus dans des affaires où elle n'a pas été sollicitée en tant que conseil. Au-delà de l'analyse de cas d'espèces, elle y développe une même thèse consistant à affirmer que, d'une part, l'art est malmené par les juges et que, d'autre part, il doit bénéficier d'une liberté supérieure à celle accordée aux autres expressions. Dans ce cadre, elle propose aux juristes une méthode de raisonnement propre à la création, qui s'appuie sur la notion centrale de *fiction*[71]. Elle reconduit donc l'argument de l'autonomie pour appréhender les droits de l'art.

Or l'avocate a acquis une audience qui dépasse le cadre de la presse spécialisée en droit et des colloques de juristes. Elle est régulièrement l'invitée d'émissions radiophoniques ou télévisuelles : France culture, France inter, Europe 1, etc. Elle publie également dans de nombreux journaux ou revues : *Le Quotidien de l'art*[72], *Le Monde*, *Libération*, *Les Inrocks*, *Rue 89*[73]. Si l'on se fonde sur la liste donnée sur son propre site, elle comptabilise en effet environ 150 interviews et articles parus dans la presse. Elle intervient en outre dans des colloques de littéraires, de sociologues ou d'historiens de l'art[74]. Elle a publié plusieurs livres comme co-autrice ou comme autrice unique[75]. Si la liberté de création n'est pas son seul domaine d'intervention, elle occupe une large place dans les thématiques abordées, comme en témoignent certains des titres de ses interviews ou articles[76]. En outre, l'avocate a fondé en 2003 l'Observatoire de la liberté de création[77], qui joue un rôle de veille de la situation de la création en France. Il y consacre plusieurs communiqués annuels publiés sur son site et relayés par les médias et contribue à alimenter l'idée d'un art en conflit avec le droit et avec une société de moins en

71 Agnès Tricoire, « Quand la fiction exclut le délit », *Légipresse*, n° 240, avril 2007, p. 72-79.

72 Elle y a publié pas moins de 30 articles depuis le 28 janvier 2014.

73 Voir la liste donnée sur sa page personnelle, [en ligne] URL : http://agnestricoire-avocat.fr/actualites, consulté le 4 avril 2022.

74 Voir la liste des colloques où elle est intervenue sur sa page personnelle en ligne : http://agnestricoire-avocat.fr/colloques-formations--symposia-trainings.

75 Agnès Tricoire, *Du chaos social à l'ordre moral*, Lormont, Le Bord de l'eau, 2004 ; Id., *Petit traité de la liberté de création*, Paris, La Découverte, 2011 ; Id., *La création est-elle libre ?* Lormont, Le Bord de l'eau, 2020.

76 Par exemple « Les œuvres doivent rester libres », *Libération*, 27 décembre 2006.

77 Cette création de l'observatoire est présentée par sa fondatrice Agnès Tricoire comme une réponse à une multiplication des attaques contre les créations littéraires et artistiques. Elle explique notamment que sa volonté de créer une instance de veille des censures littéraires et artistiques est née en 1995, lorsqu'elle a été chargée de défendre devant le tribunal de Carpentras l'artiste Jean-Marc Bustamante, mais qu'elle s'est confirmée en 2002 au moment de l'affaire *Rose bonbon*.

moins permissive. Dans son manifeste fondateur du 28 février 2003[78], l'association affiche sa vocation à rendre compte des « formes de censures ou de restrictions imposées aux œuvres et aux artistes ». Elle y plaide en faveur d'une exception artistique, qui reprend un certain nombre de justifications de l'exception littéraire et essentialise l'œuvre d'art[79]. Là encore, l'Observatoire recense à la fois des affaires portées devant les tribunaux et des polémiques culturelles et artistiques. Son discours contribue donc lui aussi à entretenir le flou sur la réalité judiciaire de la liberté de création et à alimenter l'idée que le droit est une menace pour l'art et la littérature.

Dans le débat public, la liberté de création est donc une question polémique et émotionnelle. Le principe consistant à accorder une liberté sans limites aux artistes et écrivains répond à la fois à une conception sacralisée de la liberté d'expression et à une logique de protection d'un champ considéré comme autonome. Dans ce cadre, les espaces où se discute la question des limitations de la création sont souvent homogénéisés et simplifiés par le prisme d'un concept unique et disqualifiant, aux contours flous, la *censure*. Pour cette raison, les relations entre le droit, d'une part, et la littérature et l'art, d'autre part, sont donc interprétées en termes de conflits entre des logiques inconciliables : hétéronomie *versus* autonomie, censure *versus* liberté. Opérant une mainmise illégitime sur des champs autonomes, le juriste qui leur fixe des limites fait figure d'oppresseur qui menace la liberté de création. À cause de cette dimension polémique de la question, la réalité des enjeux, des instances impliquées, des modalités de questionnement de la liberté de création et de ses limites par le droit, apparaît peu documentée factuellement.

---

78 « À propos du livre de Nicolas Jones-Gorlin », communiqué du 29 août 2002, Observatoire de la liberté de création, [en ligne] URL : https://www.ldh-france.org/a-propos-du-livre-de-nicolas-jones-gerlin-rose-bonbon/, consulté le 4 avril 2022.

79 « L'œuvre d'art, qu'elle travaille les mots, les sons ou les images, est toujours de l'ordre de la représentation. Elle impose donc par nature une distanciation qui permet de l'accueillir sans la confondre avec la réalité. C'est pourquoi l'artiste est libre de déranger, de provoquer, voire de faire scandale. Et c'est pourquoi son œuvre jouit d'un statut exceptionnel, et ne saurait, sur le plan juridique, faire l'objet du même traitement que le discours qui argumente, qu'il soit scientifique, politique ou journalistique… » (Observatoire, manifeste du 28 février 2003).

LA LIBERTÉ DE CRÉATION SELON LE DROIT

La manière dont le droit aborde la liberté de création apparaît en décalage avec le débat public pour plusieurs raisons. D'une part, si la notion de *censure* est usitée dans le débat public pour l'appréhender, la plupart des juristes expriment leurs réticences à son égard[1]. Pour eux, elle désigne une restriction préventive de la liberté d'expression qui n'existe pas en France. Elle renvoie donc soit à une période de l'histoire révolue, où l'imprimé était sous le contrôle de l'État, notamment en France par le biais de l'attribution de privilèges royaux ou de permissions tacites[2], soit à l'ailleurs, au système en vigueur dans des régimes politiques autoritaires où l'expression est muselée.

D'autre part, les lois qui encadrent l'expression en France n'ont pas prévu d'exception artistique. Ce sont les mêmes lois qui s'appliquent quelle que soit la forme de discours, une publication *Facebook* ou un extrait de roman. En ce sens, le droit semble s'être montré imperméable à l'autonomisation des champs artistique et littéraire. Cependant, depuis les années 2000, on note une évolution. Face à cette totale absence de discrimination entre les différents types d'expressions, l'idée d'une protection supérieure de la liberté de création a émergé chez les juristes et a fait l'objet d'une intense réflexion. Il s'agit d'abord de donner quelques repères sur les aspects législatifs et jurisprudentiels de cette évolution[3], tout en mettant en lumière le flou attaché à la notion de *création* en droit.

---

1 Voir par exemple Pascal Mbongo, « La banalisation du concept de *censure* », *Pouvoirs*, n° 130, 2009/3, p. 17-30 et Thomas Hochmann, « Censure et critique. Quelques pistes de recherches en droit », art. cité, p. 159.

2 Pour une histoire de la censure d'État sous l'Ancien Régime, voir notamment les travaux de l'historien Robert Darnton, en particulier *De la Censure. Essai d'histoire comparée*, Paris, Gallimard, 2014.

3 Il ne s'agit pas ici de faire une synthèse d'expert juridique sur la question, mais de donner quelques repères sur la liberté de création dans le domaine du droit. Pour une approche plus approfondie, on se reportera aux travaux de juristes, notamment ceux d'Arnaud Latil

LA LIBERTÉ DE CRÉATION D'UN POINT DE VUE LÉGISLATIF

D'un point de vue législatif, la création artistique et littéraire n'avait pas jusqu'en 2016 de statut qui la distinguait des autres formes d'expressions. L'écrivain et l'artiste étaient ainsi traités dans la loi comme les autres citoyens et leurs œuvres protégées au nom de la liberté d'expression.

L'ÉCRIVAIN ET L'ARTISTE PROTÉGÉS PAR LA LIBERTÉ D'EXPRESSION

La liberté de création n'est protégée en tant que telle par aucun texte au niveau supranational. On considère en général qu'elle est comprise dans la liberté d'expression. Elle relève donc des mêmes textes de loi que les autres formes d'expression. La liberté d'expression est par ailleurs une notion assez récemment inscrite dans le droit français en tant que telle. Elle ne connait un essor dans le vocabulaire juridique et le langage courant qu'au lendemain de la seconde guerre mondiale[4]. Elle est ainsi mentionnée explicitement dans la Déclaration universelle des droits de l'homme de 1948 qui dispose que « tout individu a droit à la liberté d'opinion et d'expression, ce qui implique le droit de ne pas être inquiété pour ses opinions et celui de chercher, de recevoir et de répandre, sans considération de frontières, les informations et les idées par quelque moyen d'expression que ce soit ». Au niveau européen ensuite, l'article 10 de la Convention européenne des droits de l'homme (désormais CEDH) rédigé en 1950 affirme la liberté d'expression en disposant que « Toute personne a droit à la liberté d'expression. Ce droit comprend la liberté d'opinion et la liberté de recevoir ou de communiquer des informations ou des idées sans qu'il puisse y avoir ingérence d'autorités publiques et sans considération de frontière ».

(*Création et droits fondamentaux*, Issy les Moulineaux, LGDJ, 2014) et d'Isabelle Pignard (*La Liberté de création*, Thèse de doctorat en droit, Université Nice Sophia Antipolis, 2013).

4 Sur ce point, voir Denis Ramond, *La Bave du crapaud*, *op. cit.*, et François Héran, *Lettre aux professeurs d'histoire-géo ou comment réfléchir en toute liberté sur la liberté d'expression*, *La Vie des idées*, 30 octobre 2020, [en ligne] URL : https://laviedesidees.fr/Lettre-aux-professeurs-d-histoire-geo-Heran.html, republié dans *Lettre aux professeurs sur la liberté d'expression*, Paris, La Découverte, 2021, consulté le 4 avril 2022.

Si l'expression *liberté d'expression* est d'apparition assez récente, le droit qui protège l'expression est pour sa part beaucoup plus ancien. Il remonte à la Déclaration des droits de l'homme et du citoyen, adoptée le 24 août 1789, qui dispose dans son article 11 que « la libre communication des pensées et des opinions est un des droits les plus précieux de l'Homme : tout Citoyen peut donc parler, écrire, imprimer librement, sauf à répondre de l'abus de cette liberté, dans les cas déterminés par la Loi ». Depuis 1958, la Déclaration des droits de l'homme et du citoyen est inscrite dans le préambule de la Constitution française et fait donc partie du bloc de constitutionnalité, ce qui signifie qu'aucune loi ne peut lui être attentatoire. Le droit qui la régule a été majoritairement élaboré à la fin du XIXe siècle, avant l'apparition de la collocation *liberté d'expression*. Il porte le nom de « droit de la presse ». Ce droit repose en grande partie sur une loi régulant toutes les formes d'expression, la loi du 29 juillet 1881, intitulée « Loi sur la liberté de la presse », qui a connu de nombreux remaniements et ajouts tout au long de son histoire. À l'origine, celle-ci a été principalement rédigée pour affirmer la liberté de l'imprimerie et de la librairie[5]. Il s'agit d'une « loi générale sur la liberté d'expression publique qui s'applique à tous les médias[6] », qui relève du droit pénal et qui excède les domaines de l'art et de la littérature, jamais explicitement mentionnés comme tels. La loi concerne ainsi autant les « discours, cris ou menaces proférés dans des lieux ou réunions publics » que « les écrits, imprimés, dessins, gravures, peintures, emblèmes, images ou tout autre support de l'écrit, de la parole ou de l'image vendus ou distribués, mis en vente ou exposés dans des lieux ou réunions publics », « les placards ou des affiches exposés au regard du public » et, depuis 2004, « tout moyen de communication au public par la voie électronique[7] ». C'est une loi qui protège et régule les discours, quels que soient leurs formes et leurs supports d'expression, sans jamais les distinguer. C'est ce qui permet à la loi d'être toujours actuelle alors même que les canaux d'expression ont évolué depuis sa promulgation. Une infraction peut aussi bien être constatée dans un placard, dans un article de presse, dans un roman, que dans un film, ou encore une publication sur les réseaux sociaux.

5 L'article 1 dispose ainsi que « l'imprimerie et la librairie sont libres ».

6 Christophe Bigot, *Pratique du droit de la presse. Presse écrite – Édition – Télévision – Radio – Internet*, Paris, Victoire, « Légipresse », 2017, p. 13.

7 Loi du 29 juillet 1881 sur la liberté de la presse, article 23.

Le droit de la presse s'applique donc aux différents types de discours artistiques en tant qu'expressions publiques, qu'ils relèvent entre autres des arts plastiques, du cinéma, de la chanson ou de la littérature.

VERS UNE RECONNAISSANCE LÉGISLATIVE DE LA LIBERTÉ DE CRÉATION

Les textes internationaux de protection des droits de l'homme comportent quelques mentions de l'art, sans jamais avoir recours à la notion de *liberté de création*. L'article 27 de la Déclaration universelle des droits de l'homme de 1948 évoque « le droit de prendre part librement à la vie culturelle de la communauté » et de « jouir des arts[8] » et dispose que « chacun a droit à la protection des intérêts moraux et matériels découlant de toute production scientifique, littéraire ou artistique dont il est l'auteur ». L'article 19 du Pacte international relatif aux droits civils et politiques (PIDCP) de 1966 désigne « des idées de toute espèce », « sous une forme orale, écrite, imprimée ou artistique[9] ».

Au niveau européen ensuite, la *liberté de création* n'est jamais nommée comme telle. Cependant l'article 10§ 1 de la Convention qui proclame la « liberté d'expression » mentionne « les entreprises de radiodiffusion, de cinéma ou de télévision ». Cette référence au cinéma a ainsi pu être lue comme une reconnaissance implicite par la CEDH de la liberté de création comme branche spécifique de la liberté d'expression. La Charte des droits fondamentaux de l'Union européenne de 2000 (Charte DFUE) fait également référence, dans son article 13, aux arts et à la liberté qui s'y rattache : « Les arts et la recherche scientifique sont libres. La liberté académique est respectée ». Cependant, comme l'explique Arnaud Latil, la liberté de création n'y a pas de véritable autonomie, car « une note du Présidium explicatif de la charte DFUE précise que "ce droit est déduit en premier lieu des libertés de pensée et d'expression[10]" ».

À ce titre, la France s'est singularisée en mentionnant pour la première fois explicitement la notion de *liberté de création* dans une loi du 7 juillet

8 « Toute personne a le droit de prendre part librement à la vie culturelle de la communauté, de jouir des arts et de participer au progrès scientifique et aux bienfaits qui en résultent ».

9 Pacte international relatif aux droits civils et politiques, adopté et ouvert à la signature, à la ratification et à l'adhésion par l'Assemblée générale dans sa résolution 2200 A (XXI) du 16 décembre 1966. Entrée en vigueur le 23 mars 1976, conformément aux dispositions de l'article 49.

10 Arnaud Latil, *Création et droits fondamentaux*, *op. cit.*, p. 34.

2016, dite LCAP[11] (Loi relative à la liberté de création, à l'architecture et au patrimoine), qui semble s'inspirer directement de la formulation de la DFUE en disposant en son article premier que « la création artistique est libre ». Cependant, cette loi l'autonomise davantage par rapport à la liberté d'expression. C'est d'ailleurs un élément central de sa justification politique. En témoigne cette déclaration de la ministre de la Culture et de la Communication de l'époque Fleur Pellerin, qui a beaucoup œuvré en faveur de l'adoption de cette nouvelle loi :

> ... il s'agissait d'inscrire dans la loi une nouvelle liberté : la liberté de création. Nous avons voulu que ce principe général ait force de loi, comme la liberté d'expression ou la liberté de conscience. Parce que ce texte entend libérer toute pratique artistique ou culturelle de ce qui l'entrave. Parce qu'il entend faire progresser la participation et l'implication de tous les citoyens dans la vie culturelle – car la liberté de création n'a de sens que si elle bénéficie à tous[12].

La proclamation de la liberté de création artistique permet notamment de prévoir le délit d'entrave à la liberté de création. Il a pour visée de lui apporter une protection spécifique et de rappeler que « la censure doit demeurer à l'état d'exception ». Cette évolution montre donc un intérêt nouveau pour la liberté de création et lui donne une assise législative dont elle n'avait jusqu'à présent jamais bénéficié. Qu'est-ce qui explique la proclamation de cette nouvelle loi ? À quelle volonté répond-elle ?

Les travaux de l'Observatoire de la liberté de création semblent avoir joué un rôle non négligeable dans la création de cette loi. En effet, avant qu'elle ne soit promulguée, l'association a cherché à peser sur la campagne présidentielle[13]. En 2012, elle a demandé aux candidats de s'engager « contre la censure » et de prendre une série de mesures concrètes « législatives et réglementaires » qui synthétisent un certain

---

11 Loi n° 2016-925 du 7 juillet 2016 relative à la liberté de la création, à l'architecture et au patrimoine. Pour une analyse de cette loi, voir notamment Pierre Sirinelli, « Premières vues sur la loi Création », Dalloz IP/IT, 2017, p. 193 ; Philippe Mouron, « La liberté de création artistique au sens de la loi du 7 juillet 2016 », RDLF, 2017, chron. n° 30.

12 [en ligne] URL : http://www.culture.gouv.fr/Presse/Archives-Presse/Archives-Communiques-de-presse-2012-2017/Annee-2015/Declaration-de-Fleur-Pellerin-a-l-occasion-de-l-adoption-du-projet-de-loi-Liberte-de-creation-architecture-et-patrimoine-en-premiere-lecture-a-l-Assemblee-Nationale (déclaration citée par Arnaud Montas, « Le juge et la liberté de création artistique », *Les Cahiers de la Justice*, Dalloz, 2018, p. 735-751, p. 739, n. 10).

13 Agnès Tricoire en fait le récit dans son article, « L'autonomie de la liberté de création ? », *Legicom*, n° 58, 2017/1, p. 49-53, en ligne URL : https://www.cairn-int.info/revue-legicom-2017-1-page-49.htm, consulté le 4 avril 2022.

nombre des combats menés par la LDH : la « censure » au nom de la protection de l'enfance[14], de la provocation aux crimes et délits ou à la discrimination, à la haine ou à la violence[15], la modification du Code du cinéma « afin qu'il ne soit plus possible d'interdire des films aux mineurs de plus de 15 ans », etc. Le futur président François Hollande a alors promis de protéger la liberté d'expression artistique par la modification de la législation en vigueur, ce qui revenait à faire sien le présupposé que « trop d'artistes ou d'organisateurs de manifestations artistiques ont fait l'objet d'attaques et de remise en cause[16]. » En 2013, peu de temps après l'élection du candidat du Parti socialiste, le gouvernement a proposé son projet de loi relative à la liberté de création, qui sera définitivement promulguée en 2016 et deviendra la *Loi relative à la liberté de création, à l'architecture et au patrimoine.* Ses deux premiers articles, qui portent uniquement sur la « liberté de création artistique », répondent directement à l'appel lancé par l'Observatoire de la liberté de création, tout en donnant raison au discours de dénonciation de la censure. On se risquera même à dire que l'avocate Agnès Tricoire a joué un rôle de premier plan dans l'« élaboration » législative d'une liberté de création artistique à la française et que la loi porte son empreinte.

LA LIBERTÉ DE CRÉATION DANS LA JURISPRUDENCE FRANÇAISE

Si certains se félicitent du fait que la loi de 2016 permette de penser la liberté de création comme un droit de l'artiste « autonome », « émancipée de la liberté d'expression » et opposable[17] », d'autres estiment au contraire

14 « vous engager à abroger l'article 14 de la loi du 16 juillet 1949 sur les publications destinées à la jeunesse, qui permet au ministre de l'Intérieur de censurer la littérature au prétexte de la protection de l'enfance ».

15 « vous engager à exclure les œuvres du champ d'application de l'article 24 de la loi de 1881 sur la liberté de la presse, et des articles 227-23 et 227-24 du Code pénal, dispositions permettant aujourd'hui des poursuites pénales contre les œuvres de cinéma, d'art plastique, de musique, de littérature, etc. »

16 Réponse de François Hollande citée par Agnès Tricoire dans « L'autonomie de la liberté de création », art. cité.

17 Arnaud Montas, « Le juge et la liberté de création artistique », art. cité, p. 740.

qu'elle ne fait qu'entériner un principe que la jurisprudence appliquait déjà depuis longtemps[18]. En effet, la formulation de ce principe dans les décisions s'est systématisée depuis 20 ans en France, bien avant la promulgation de la loi. Cette évolution a été remarquée par de nombreuses publications juridiques[19] qui y voient une influence de la jurisprudence européenne. En effet, depuis 1988, la liberté de création est reconnue par la CEDH, depuis un arrêt considéré comme fondateur[20], l'arrêt *Müller c/ Suisse*[21]. Cet arrêt rattache la création à l'article 10 de la convention et formule le principe selon lequel « de par son activité créatrice, l'artiste exprime non seulement sa vision personnelle du monde, mais aussi l'idée qu'il se fait de la société dans laquelle il vit ». Il ajoute que la création joue un rôle social de « formation » et d'« expression de l'opinion publique » et que l'art peut « amener le public à une confrontation avec les grandes questions de son époque ».

Au niveau national, les juridictions ont suivi la CEDH en s'appuyant explicitement sur son article 10, et l'interprétation qu'en a fait l'arrêt *Müller c/ Suisse*, et sur l'article 11 de la Déclaration des droits de l'homme et du citoyen. La Cour de cassation a retenu en 1990, soit deux ans après l'arrêt *Müller c/ Suisse*, le « principe de la liberté d'expression, notamment en matière de création artistique[22] ». Mais il faut attendre plusieurs

18 Les avocats et les juges rencontrés lors de cette enquête ont fait part presque unanimement de leur scepticisme à son égard.

19 Nombreuses sont les publications juridiques consacrées à la liberté de création depuis les années 2000. Outre les références déjà mentionnées dans ce chapitre, l'on peut citer par exemple Nicolas Bonnal, « Les conflits entre les droits de la personnalité et la liberté de création et d'illustration », *Légicom*, n° 43, 2009/2, p. 23-28 ; Christophe Bigot, « La liberté de création artistique prévaut, dans certaines limites, sur le droit à l'image », *Recueil Dalloz*, 2009, p. 470 ; Édouard Treppoz, « Pour une attention particulière du droit à la création : l'exemple des fictions littéraires », *Recueil Dalloz*, 2011, p. 2487 ; Id., « L'œuvre en droit et en littérature », dans Anna Arzoumanov, Arnaud Latil et Judith Sarfati Lanter (dir.), *Le démon de la catégorie*, *op. cit.*, p. 101-115 ; Fabienne Siredey-Garnier, « Le regard du juge de presse sur la liberté de création », *LEGICOM* 2017/1, n° 58, p. 65-73.

20 Arnaud Latil a montré que cet arrêt a été fondateur puisque, entre 1988 et 2011, six arrêts de la CEDH y ont fait directement référence (Arrêts *Karatas c. Turquie* du 8 juillet 1999, *Alinak et a. c. Turquie*, 4 mai 2006, *Vereinigung Bildender Kunstler c. Autriche*, 25 janvier 2007, *Ulusoy et a. c. Turquie*, 3 mai 2007, *Lindon Otchakovsky-Laurens et July c. France*, 22 octobre 2007 et *Akdas c.* Turquie, 16 février 2010). En outre, deux arrêts se rapportent indirectement aux expressions artistiques en traitant conjointement de la liberté satirique et artistique (*Leroy c. France*, 2 octobre 2008 et *Alves Da Silva c. Portugal*, 20 octobre 2010).

21 CEDH, *Müller c/ Suisse*, 24 mai 1988, n° 10737/84.

22 Cass. 1re civ., 29 octobre 1990, « *La dernière tentation du Christ* », *Bull.*, n° 226, *Recueil Dalloz*, 1992, p. 72, note T. Hassler, (cité par Arnaud Latil, *Création et droits fondamentaux*, *op. cit.*, p. 37).

années pour que cet attendu de principe de la liberté accrue des artistes soit énoncé dans des décisions françaises. C'est seulement en 2004 que la chambre de la presse du TGI de Paris (17e chambre) rend un jugement fondateur dans un litige concernant un photographe de l'agence Magnum, Luc Delahaye, qui avait publié un livre de photographies de visages d'anonymes prises dans le métro parisien[23], cosigné avec Jean Baudrillard. L'un de ses portraiturés, M. Bensalah, avait découvert son portrait par hasard, car il avait été repris dans le film de Michaël Haneke *Code inconnu.* Estimant que cette photographie lui portait préjudice, il avait assigné son auteur et son éditeur pour violation de son droit à l'image. Il invoquait « l'exploitation mercantile de ses traits à laquelle il n'a jamais entendu se prêter », fustigeant « l'expression de tristesse qui se dégage du portrait et le ridiculise et les répercussions négatives sur son équilibre familial qu'ont eues ces publications[24] ». L'auteur assigné avait alors fait valoir sa démarche artistique. Le tribunal lui avait donné raison et avait débouté le plaignant au motif que le droit à l'image doit céder devant la liberté de « recevoir et communiquer des idées qui s'expriment spécialement dans le travail d'un artiste » :

> … ce droit [à l'image] n'est pas absolu et cède, notamment, devant le droit à l'information, droit fondamental protégé par la Convention européenne des droits de l'homme, qui autorise la publication d'images de personnes impliquées dans un événement, sous réserve du respect de la dignité de la personne humaine ; qu'il doit en être de même lorsque l'exercice par un individu de son droit à l'image aurait pour effet de faire arbitrairement obstacle à la liberté de recevoir ou communiquer des idées qui s'expriment spécialement dans le travail d'un artiste[25].

Si le principe n'est pas encore exprimé par la notion de *liberté de création*, il y a là une reconnaissance d'une liberté spécifique pour l'artiste, ce qui fait dire à Christophe Bigot dans le commentaire qu'il fait de cette motivation du tribunal : « Après l'exception d'information, l'exception pédagogique, voici l'exception artistique[26] ». L'avocat souligne d'ailleurs d'emblée la difficulté que cette nouvelle liberté introduit pour les

---

23 Luc Delahaye et Jean Baudrillard, *L'Autre*, Londres, Phaidon,1999.

24 TGI Paris, ch. 17, 2 juin 2004, M. Bensalah c/ L. Delahaye Magnum, Éditions Phaidon Presse Limited et SA Mk2.

25 *Ibid.*

26 Christophe Bigot, « La liberté de l'image dans tous ses états », *Légipresse* n° 214, 1er septembre 2004, [en ligne] URL : https://www.legipresse.com/011-42846-LA-LIBERTE-DE-L-IMAGE-DANS-TOUS-SES-ETATS.html, consulté le 4 avril 2022.

juges, parce qu'elle leur demande de « cerner la ligne de partage entre la photo "artistique" et celle qui ne l'est pas[27] ». Depuis, la formulation de ce principe s'est systématisée et l'on trouve une mention explicite de la *liberté de création* dans la plupart des décisions rendues sur des œuvres artistiques et littéraires. Ainsi, dans une décision concernant le contentieux qui opposait le romancier Nicolas Fargues à son ancienne compagne, les juges soulignent que « la liberté de création doit être considérée comme la forme la plus aboutie de la liberté d'expression dans un régime démocratique et, comme telle, doit être protégée de manière à pouvoir s'exercer dans les meilleures conditions de sécurité[28] ». La formulation « forme la plus aboutie de la liberté d'expression », là encore, laisse entendre une supériorité de l'art sur les autres expressions. Dans le jugement de l'écrivain Régis Jauffret et de son éditeur, poursuivis pour diffamation par Dominique Strauss-Kahn, il est aussi question de la « spécificité » de la « création artistique ». Les juges formulent le principe qu'« elle ne peut être soumise aux normes régissant d'autres pans de l'activité humaine » et qu'elle « doit être protégée ». Enfin, le jugement rendu à l'égard d'Olivier Frébourg (dans le contentieux qui l'opposait à son épouse) fait également référence à la liberté de création, en la rattachant cette fois explicitement à l'article L.121-2 du Code de la propriété intellectuelle et aux dispositions du paragraphe 2 de l'article 27 de la Déclaration des droits de l'homme et du citoyen, ainsi qu'à l'article 11 de la Déclaration universelle des droits de l'homme de 1948. Si les textes cités pour établir la spécificité de la liberté de création varient, le principe reste cependant exactement identique. Ce jugement évoque en outre explicitement la nécessité de « créer sans crainte d'être l'objet d'une quelconque censure[29] », car si celle-ci était trop systématique, elle aurait pour effet de conduire les écrivains à s'autocensurer.

La 17e chambre n'est pas la seule à reconnaître la liberté de création artistique et littéraire. Ses décisions sont dans l'ensemble bien suivies par les cours d'appel[30]. La cour d'appel de Paris, par exemple, a confirmé sa décision de ne pas condamner le photographe François-Marie Banier et en a validé l'attendu de principe. Elle relève que « ceux qui créent, interprètent, diffusent ou exposent une œuvre d'art contribuent à

---

27 *Ibid.*

28 TGI Paris, ch. 17, RG 11/03128, Tudiesche c/ Fargues, POL éditeur, 16 mai 2012.

29 TGI Paris, Guérard ép. Frébourg c/ Frébourg, Mercure de France, 5 juin 2013.

30 J'y reviendrai dans le chapitre 7.

l'échange d'idées et d'opinions indispensables à une société démocratique » et conclut que « le droit à l'image doit céder devant la liberté d'expression chaque fois que l'exercice du premier aurait pour effet de faire arbitrairement obstacle à la liberté de recevoir ou de communiquer des idées qui s'expriment spécialement dans le travail d'un artiste[31] ».

Dans le cadre de la création musicale également, la cour d'appel de Versailles fonde son arrêt sur le même principe d'autonomie de la liberté de création lorsqu'elle juge le rappeur Orelsan, accusé de provocation à la haine des femmes :

> Le domaine de la création artistique, parce qu'il est le fruit de l'imaginaire du créateur, est soumis à un régime de liberté renforcée afin de ne pas investir le juge d'un pouvoir de censure qui s'exercerait au nom d'une morale nécessairement subjective de nature à interdire des modes d'expression souvent minoritaires, mais qui sont aussi le reflet d'une société vivante et qui ont leur place en démocratie[32].

Le renforcement de la liberté de création s'est donc imposé dans les attendus de principe des décisions qui concernent des œuvres artistiques et littéraires. Cependant, le droit et le grand public ne s'accordent pas exactement sur le champ d'application de la notion. Si, pour le grand public, la liberté de création renvoie à l'idée que l'artiste et l'écrivain doivent bénéficier d'une liberté supérieure aux autres artistes, qu'en est-il du droit ? Quelle place accorde-t-il à ces deux statuts professionnels ? Selon quels critères une œuvre bénéficie-t-elle du statut de création ?

QU'EST-CE QU'UNE CRÉATION EN DROIT ?

Aussi paradoxal que cela puisse paraître au regard de l'évolution d'une jurisprudence qui la mentionne de plus en plus et d'une loi qui la protège, la création n'est jamais précisément définie par le droit, pas plus que les notions d'*écrivain* et d'*artiste*. Que faut-il entendre alors par *création* ?

---

31 CA Paris, ch. 11 sect. A, 5 nov. 2008, I. de Chastenet de Puységur c/ Éd. Gallimard, La nouvelle revue française et F.-M. Banier.

32 CA Versailles 18 février 2016 Cotentin/PC.

D'APRÈS LE CODE DE LA PROPRIÉTÉ INTELLECTUELLE

Le Code de la propriété intellectuelle[33] (désormais CPI) fait usage des catégories sur lesquelles repose la liberté de création. C'est donc là qu'il faut aller chercher des précisions pour comprendre ce qu'elle recouvre exactement.

Tout d'abord, le CPI distingue deux types de domaines où s'applique la notion de propriété intellectuelle : la propriété littéraire et artistique d'une part (première partie), la propriété industrielle d'autre part (deuxième partie). On pourrait donc s'attendre à ce qu'il précise les adjectifs *littéraire* et *artistique* en en donnant une définition, mais il ne le fait jamais.

Dans cette première partie, le CPI mentionne seulement la création sans davantage la définir. Elle est appréhendée comme un processus permettant l'élaboration d'une *œuvre de l'esprit* : « L'auteur d'une œuvre de l'esprit jouit sur cette œuvre, du seul fait de sa création, d'un droit de propriété incorporelle exclusif et opposable à tous[34] ». Or l'*œuvre de l'esprit* n'est pas plus définie par le législateur : elle est envisagée dans le cadre d'une relation de propriété qui l'unit à son auteur. Le CPI guide cependant l'interprétation de son champ d'application en en dressant une liste non exhaustive :

> Sont considérés notamment comme œuvres de l'esprit au sens du présent code :
> 1° Les livres, brochures et autres écrits littéraires, artistiques et scientifiques ;
> 2° Les conférences, allocutions, sermons, plaidoiries et autres œuvres de même nature ;
> 3° Les œuvres dramatiques ou dramatico-musicales ;
> 4° Les œuvres chorégraphiques, les numéros et tours de cirque, les pantomimes, dont la mise en œuvre est fixée par écrit ou autrement ;
> 5° Les compositions musicales avec ou sans paroles ;
> 6° Les œuvres cinématographiques et autres œuvres consistant dans des séquences animées d'images, sonorisées ou non, dénommées ensemble œuvres audiovisuelles ;
> 7° Les œuvres de dessin, de peinture, d'architecture, de sculpture, de gravure, de lithographie ;

33 Le Code de la propriété intellectuelle a été créé par la loi n° 92-597 du 1er juillet 1992 relative au Code de la propriété intellectuelle, publié au *Journal officiel* du 3 juillet 1992. Il regroupe la plupart des anciennes lois régissant les deux branches de la propriété intellectuelle, que constituent la propriété industrielle et la propriété littéraire et artistique. Il est régulièrement mis à jour par le Parlement. La dernière version de ce texte est une version consolidée datant du 22 décembre 2014.

34 Article L111-1 modifié par Loi n° 2006-961 du 1 août 2006 – art. 31 JORF 3 août 2006.

> 8° Les œuvres graphiques et typographiques ;
> 9° Les œuvres photographiques et celles réalisées à l'aide de techniques analogues à la photographie ;
> 10° Les œuvres des arts appliqués ;
> 11° Les illustrations, les cartes géographiques ;
> 12° Les plans, croquis et ouvrages plastiques relatifs à la géographie, à la topographie, à l'architecture et aux sciences ;
> 13° Les logiciels ;
> 14° Les créations des industries saisonnières de l'habillement et de la parure. Sont réputées industries saisonnières de l'habillement et de la parure les industries qui, en raison des exigences de la mode, renouvellent fréquemment la forme de leurs produits, et notamment la couture, la fourrure, la lingerie, la broderie, la mode, la chaussure, la ganterie, la maroquinerie, la fabrique de tissus de haute nouveauté ou spéciaux à la haute couture, les productions des paruriers et des bottiers et les fabriques de tissus d'ameublement[35].

Cet inventaire à la Prévert ne donne pas de définition juridique de ce qu'est une *œuvre de l'esprit*. La catégorie inclut des œuvres littéraires, des œuvres musicales[36] et théâtrales[37], des œuvres artistiques visuelles (peinture, sculpture, décor, éclairage, architecture, photographie, cinéma, etc.), des logiciels, des jeux vidéo, des sites web, ou encore des cartes géographiques. Aucune hiérarchie n'est établie entre ces *œuvres de l'esprit*, qui bénéficient de cette qualification, « quels qu'en soient le genre, la forme d'expression, le mérite ou la destination[38] ». Le CPI prescrit donc une égalité de traitement de toutes les œuvres répertoriées et impose au juge de les appréhender « d'une façon radicalement neutre[39] ». Ainsi, tout livre est nécessairement inclus dans la catégorie, que ce soit un roman, un essai ou un livre d'actualité. Autrement dit, le processus d'élaboration d'une œuvre de l'esprit, la *création*, a un champ d'application maximaliste. Cette absence de hiérarchisation entre, par exemple, « les livres », « les brochures » ou « autres écrits littéraires, artistiques ou scientifiques »,

35 Article L112-2. Modifié par Loi n° 94-361 du 10 mai 1994 – art. 1 JORF 11 mai 1994.

36 « La propriété porte sur la mélodie, l'harmonie ou le rythme » (Nicolas Binctin, *Droit de la propriété intellectuelle*, Paris, LDGJ, 4ᵉ édition, 2016, p. 62).

37 « En ce qu'il y a une exécution, les œuvres théâtrales se rapprochent des œuvres musicales. Le CPI désigne les œuvres dramatiques pour évoquer cette catégorie de créations, et cite aussi les œuvres dramatico-musicales, l'opéra, l'opéra-comique, les comédies musicales. On ajoute à cette catégorie les chorégraphies, […] les numéros de cirque, […] la mise en scène » (*Ibid.*).

38 Article L112-1. Créé par Loi 92-597 1992-07-01 annexe JORF 3 juillet 1992.

39 Bernard Edelman, *La Propriété littéraire et artistique*, Paris, PUF, « Que sais-je ? », 2008, 4ᵉ édition, p. 10.

tous inclus dans une même catégorie, a pour résultat que le juge n'a théoriquement pas à se prononcer sur l'artisticité ou la littérarité d'un livre. Cela lui permet d'éviter d'attribuer aux œuvres contentieuses un statut relatif, conditionnel, qui dépend largement du choix du récepteur.

La catégorie de l'*œuvre de l'esprit* a été précisée par la jurisprudence. Elle suppose à la fois « une activité intellectuelle », « incluant aussi bien ce qui relève de l'intelligence que ce qui relève de la sensibilité » et une « mise en forme des idées[40] ». Dans la mesure où « les idées sont de libre parcours », qu'« elles ne sont pas, en tant que telles, appropriables », c'est leur mise en forme singulière, leur « matérialisation[41] » qui leur confère la qualification d'*œuvre de l'esprit*. Prédominent donc les critères de la « forme originale » et de « l'empreinte de la personnalité de son auteur[42] ». Selon cette conception, tout travail intellectuel ne peut être qualifié de *création* et tout discours ne vaut pas œuvre.

La question du champ d'application d'une telle définition se pose régulièrement dans les différents litiges en propriété intellectuelle que les juges doivent arbitrer. Un exemple, étudié par Hélène Maurel-Indart[43], met en lumière les questions qui sont régulièrement posées aux juges pour délimiter les contours des catégories du droit d'auteur, de la création et de l'œuvre d'esprit. En 2003, le film documentaire *Être et avoir* de Nicolas Philibert reçoit le César du meilleur réalisateur et rencontre un grand succès critique et public. Il montre un maître d'école, Georges Lopez, dans sa classe unique en Auvergne. L'instituteur, présent dans chaque scène du film, n'a touché aucun droit sur le film. Furieux de cette situation, il intente une action en justice contre le réalisateur et ses diffuseurs en revendiquant un statut d'artiste-interprète pour faire valoir son droit moral. À cette fin, il essaie, en vain, de convaincre les juges de « l'originalité de sa méthode pédagogique et du caractère inédit de ses choix d'exercices et de textes[44] », ce qui revient à dire que ses cours sont une œuvre de l'esprit caractérisée par une « mise en forme originale », portant l'empreinte de la personnalité de l'instituteur. L'affaire est allée

40 Jean-Luc Piotraut, *Droit de la propriété intellectuelle*, Paris, Ellipses, 2010, 2e édition, p. 37.
41 *Ibid.*, p. 38.
42 Bernard Edelman, *La Propriété littéraire et artistique*, *op. cit.*, p. 15.
43 Hélène Maurel-Indart, « La transmission de l'œuvre », *Médium*, n° 39, 2014/2, p. 107-125, [en ligne] URL : https://www.cairn.info/revue-medium-2014-2-page-107.htm, consulté le 4 avril 2022.
44 *Ibid.*, p. 113.

jusqu'à la Cour de cassation, qui a définitivement débouté Georges Lopez dans un arrêt du 13 novembre 2008[45]. Elle n'a fait que confirmer les décisions des juges d'appel et de première instance, lesquelles avaient conclu que l'instituteur n'avait fait qu'exercer son métier et que ses leçons n'avaient pas le statut de créations originales.

C'est également en vertu d'une telle définition de l'œuvre de l'esprit que le 27 mars 2014, le TGI de Paris a rendu un délibéré déboutant la maison d'édition Droz dans le contentieux qui l'opposait aux éditions Classiques Garnier et CG Numérique[46]. La première reprochait à la seconde d'avoir publié en ligne, sans autorisation préalable, 197 textes médiévaux qu'elle avait édités bruts, sans appareil critique ni commentaire. Le TGI de Paris a débouté les plaignants au motif qu'ils n'avaient pas apporté la preuve que le travail intellectuel produit par ceux qui avaient établi les textes constituait une création originale. Dans cette logique, l'édition d'un texte ne peut être reconnue comme relevant du droit d'auteur qu'à la condition de porter l'empreinte originale d'un créateur.

Pour conclure, dans le CPI, la notion si commune d'œuvre artistique – qu'elle soit littéraire, plastique ou audio-visuelle – ne constitue donc pas une catégorie. Elle n'est que l'une des formes possibles des productions intellectuelles soumises à l'examen du juge. La qualité même d'œuvre d'art n'a donc qu'une valeur descriptive et secondaire. Elle n'engage pas d'approche juridique spécifique. Le critère qui prévaut en propriété intellectuelle pour définir une création est celui de l'originalité, et la notion de *création* englobe l'art et la littérature sans s'y restreindre[47].

Une même définition de la création par le critère de l'originalité, et non par celui de l'art et de la littérature, s'observe dans le discours des magistrats, des avocats et des juristes spécialistes de droit de la presse.

---

45 TGI Paris 3e chambre, Lopez c/ Philibert, 27 septembre 2004, CA Paris, Lopez c. Philibert, 29 mars 2006, Cass, Lopez c/ Philibert, 13 novembre 2008.

46 Sur ce contentieux, voir la synthèse de Denise Pierrot, « Quel droit d'auteur pour les éditeurs de source ? », [en ligne] URL : https://cahier.hypotheses.org/files/2012/09/Jugement-Droz-Garnier.pdf, consulté le 4 avril 2022.

47 Isabelle Pignard opère le même constat dans sa thèse consacrée à la liberté de création ; voir Isabelle Pignard, *La Liberté de création*, *op. cit.*, p. 4-5.

SELON LES PRATICIENS DU DROIT DE LA PRESSE

Dans les entretiens que nous avons menés[48], les juges et les avocats ont le plus souvent adopté une définition maximaliste, conforme à celle qui se déduit du CPI. En effet, un décalage systématique est apparu entre nos questions, telles que nous les entendions, et les réponses qui y ont été apportées. Il semble témoigner d'une conception conforme en tous points à celle du CPI. En effet, alors que notre grille d'entretiens mobilisait les notions d'*art* et de *littérature*, les enquêtés ont tous évoqué des contentieux impliquant des œuvres qui ne correspondaient en rien aux représentations communes de l'art et de la littérature. Ainsi, ont pu être cités comme exemples de littérature des biographies, des romans, des témoignages ; et comme exemples d'œuvres visuelles, des photographies de presse tout autant que des photographies artistiques. Anne-Marie Sauteraud a par exemple fait référence au contentieux concernant le livre *Cécilia* de Anna Bitton-Cabana[49], portrait de l'ex-épouse de Nicolas Sarkozy, ou encore celui de *L'Affaire Flactif. Enquête sur la tuerie du Grand-Bornand* de Christine Kelly[50], pourtant classé par son éditeur dans la catégorie « Documents, actualité, société ». De la même façon, Fabienne Siredey-Garnier a rapporté le contentieux qui a conduit son tribunal à interdire la publication de *Revenge Porn – Foot, sexe, argent : le témoignage de l'ex de Samuel Eto'o*. Écrit par Nathalie Koah[51], une ancienne petite amie du célèbre footballeur international, ce livre n'affichait aucune dimension littéraire et relevait sans ambiguïté du témoignage. Les deux responsables du service juridique du groupe *Madrigall* ont quant à elles mentionné un documentaire sur le roi du Maroc Hassan II, *Notre ami le roi*, de Gilles Perrault et Christine Daure-Jouvin[52]. Elles ont également fait référence à la collection « Au vif

48 Ces entretiens sont présentés dans le chapitre 3, p. 58-60.

49 Ce roman, paru chez Gallimard le 10 janvier 2008, avait attiré les foudres de Cécilia Sarkozy qui en avait sollicité l'interdiction. L'affaire a été jugée par le juge des référés de la 17e chambre le 11 janvier 2008 qui a rejeté la demande.

50 Le vendredi 2 juin 2006, la juge des référés du tribunal de Paris a ordonné la suspension de la commercialisation du livre paru chez Calman-Lévy en 2006 pour atteinte à la présomption d'innocence de David Hotyat, qui devait comparaître du 12 au 30 juin devant la cour d'assises de Haute-Savoie.

51 Nathalie Koah, *Revenge Porn – Foot, sexe, argent : le témoignage de l'ex de Samuel Eto'o*, Paris, éditions du moment, interdit.

52 Gilles Perrault et Christine Daure-Jouvin, *Notre ami le roi*, Paris, Gallimard, 1990. Ce livre qui portait sur Hassan II avait fait l'objet d'un litige avec le Roi du Maroc qui avait été jugé le 12 juin 1991 par la première chambre du tribunal civil de Paris.

du sujet » de Gallimard, qui publie des livres d'actualité, et ont cité les œuvres du photographe François-Marie Banier ou le roman *Rose bonbon* de Nicolas Jones-Gorlin[53], pourtant paru dans la prestigieuse « Collection blanche ». Selon ces réponses, la littérature semble donc dotée d'une définition maximaliste qui inclut tout le champ de l'édition. Parmi l'ensemble des livres imprimés, les « écrits littéraires », au sens restreint du terme et selon la formulation du CPI, ne forment qu'un sous-ensemble. Il en va de même lorsque la juge Florence Lasserre-Jeannin cite comme « œuvres photographiques » les photographies produites par un paparazzi pour un magazine *people* comme celles réalisées par un photographe professionnel dont l'ambition est de donner à ses clichés un statut artistique.

Ces discours des enquêtés révèlent une conception de la création homogène, conforme à celle du CPI, qui ne suppose pas de décider ce qui relève de l'art et ce qui n'en relève pas. Celle de la jurisprudence, qui paraît viser explicitement la protection de l'art et de la littérature, est toutefois moins englobante. En témoignent dans les attendus de principe des décisions rendues par la 17e chambre l'utilisation d'un lexique littéraire et artistique d'une part, une mention sélective de la liberté de création d'autre part. En effet, les juges ont pris l'habitude de distinguer différents genres d'ouvrages, à savoir les enquêtes, les témoignages et les œuvres littéraires, ces dernières étant parfois appelées fictions. C'est ce qui explique l'emploi d'un lexique littéraire et artistique pour qualifier l'œuvre contestée, comme dans l'exemple ci-dessous où le juge qualifie l'œuvre, tout en formulant le principe qui va guider son raisonnement :

> Par ailleurs, il est constant que le livre litigieux est une œuvre littéraire – dont il n'appartient pas au juge d'apprécier la valeur –, que la liberté de création de l'écrivain est essentielle dans une société démocratique et que le droit à la vie privée ne peut prévaloir que si la victime d'une telle atteinte justifie de l'existence d'un préjudice d'une particulière gravité[54].

Le juge classe l'œuvre dans la catégorie des œuvres littéraires et rappelle qu'il la jugera en tant que telle, quelle que soit la valeur que l'on puisse

---

53 Nicolas Jones-Gorlin, *Rose bonbon*, Paris, Gallimard, 2006. Ce roman, qui se présente comme les mémoires d'un pédophile fictif, a attiré l'attention de plusieurs associations de protection de l'enfance et du ministre de l'Intérieur de l'époque, Nicolas Sarkozy. Le juge saisi a estimé que l'infraction n'était pas constituée.

54 TGI Paris, ch. 17, ref, 16 janvier 2014, RG 13/59470, Nelly N. et Laura Moury c/ Didier Moury et société Édilivre.

lui attribuer. On reconnait là le principe de « neutralité esthétique », abordée plus haut, qui interdit au juge de « se poser en arbitre du bon goût ni de se prétendre expert en genres artistiques[55] » et de hiérarchiser les œuvres littéraires selon leur valeur.

Le principe d'une protection renforcée de la création littéraire et artistique est donc mentionné par les juges surtout lorsqu'ils motivent des décisions rendues à propos d'œuvres littéraires et artistiques au sens commun du terme. Ainsi, dans le jugement rendu en référé à l'égard de Samuel Eto'o, qui avait assigné les Éditions du Moment alors qu'elles s'apprêtaient à publier *Revenge porn*[56]*, la notion de liberté de création* n'est jamais mobilisée dans les attendus de principe. Il y est question du droit « d'informer sur tout sujet susceptible d'entrer dans le champ de l'intérêt légitime du public », qui est souvent la définition donnée par la jurisprudence de la liberté d'information propre aux journalistes. À l'inverse, la même juridiction évoque la liberté de création dans les motivations qu'elle rédige à la même époque pour justifier la condamnation de l'écrivain reconnu Régis Jauffret. Le tribunal constate ainsi que son roman est « une œuvre littéraire relevant de l'expression artistique » et doit bénéficier à ce titre d'une « très large liberté de création[57] ». En outre, certaines notions issues des champs littéraires et artistiques accompagnent la mention de la liberté de création dans les décisions, notamment celle de *fiction* et la *distanciation* qui lui serait intrinsèque[58].

Ainsi, les catégories de l'art et de la littérature ne sont certes pas affichées comme telles dans le CPI, et ne sont pas vraiment opératoires pour les juristes en théorie. Néanmoins, elles réapparaissent dans le détail des décisions, quand il s'agit d'appliquer le principe d'une liberté de création renforcée.

---

55 TGI Paris, ch. 17, Dominique Strauss-Kahn c/ Régis Jauffret et Olivier Bétourné, 2 juin 2016.

56 L'affaire est évoquée plus en détails, p. 131.

57 TGI Paris, ch. 17, 2 juin 2016, Dominique Strauss-Kahn. c/ Régis Jauffret et Olivier Bétourné.

58 Sur ce point, voir : Agnès Tricoire, *Petit traité de la liberté de création*, *op. cit.* ; Anna Arzoumanov, « Les catégories de l'identification et de la distanciation dans les procès de fiction », dans Id., Arnaud Latil et Judith Sarfati-Lanter (dir.), *Le Démon de la catégorie*, *op. cit.*, p. 197-210 ; Id., « Le discours indirect libre au tribunal. Aperçu de la jurisprudence contemporaine en droit de la presse », *Fabula / Les colloques, Marges et contraintes du discours indirect libre* ; [en ligne] URL : http://recherche.fabula.org/colloques/document5412.ph, consulté le 4 avril 2022 ; Id. « Freedom of the art in French legal proceedings : a discourse analysis perspective », *Legal Meanings and Language Rights International, Social and Philosophical Perspectives*, de Gruyter, « Foundations in Law and Language Series », 2021, p. 19-32.

Ce panorama montre donc une situation assez paradoxale concernant les droits de l'art et de la littérature. D'une part, l'art et la littérature sont des catégories qui intéressent peu le droit et dont le système législatif semble avoir pu se passer presque intégralement jusqu'en 2016. L'artiste et l'écrivain doivent rendre compte de leurs œuvres devant les tribunaux comme n'importe quel autre citoyen ayant dépassé les limites de la liberté d'expression. Ce constat a pu être opéré à différentes échelles. Que ce soit dans le domaine du droit de la presse ou dans celui de la propriété intellectuelle, d'autres catégories englobent la création littéraire et artistique : la liberté d'expression et l'œuvre de l'esprit principalement. Pour cette raison, les œuvres artistiques et littéraires ne bénéficient d'aucun traitement à part et sont jugées par une même juridiction au même titre que tous les autres types de discours. Les données qui concernent les procès de l'art et de la littérature apparaissent donc éparpillées.

D'autre part, les procès de l'art et la littérature sont abordés depuis les années 2000 avec pour attendu de principe le renforcement de la liberté de création. La reconnaissance de cette nouvelle liberté fondamentale donne ainsi une actualité nouvelle à l'argument de l'autonomie de l'art et de la littérature. Que ce soit au tribunal, à l'Assemblée, dans les cabinets ministériels, dans les médias ou sur les réseaux sociaux, nombreux sont ceux qui souhaitent lui réserver un sort particulier en lui accordant une protection supérieure. Pour autant, la notion de *création* reste très imprécise et ne recouvre pas totalement les catégories de l'art et de la littérature, parce qu'elle est davantage définie par le critère de l'originalité que celui de l'artisticité et de la littérarité.

Enfin, cette évolution, à l'œuvre à la fois d'un point de vue législatif et jurisprudentiel, semble témoigner d'une inquiétude commune associée à une volonté de limiter le contrôle exercé par le droit sur la création littéraire et artistique. Elle peut être interprétée comme une manière de reconnaître que le droit de la presse présente un risque de museler la parole des écrivains et des artistes et accrédite la thèse d'un « art sous contrôle[59] » du droit. En ce sens, cette loi donne du crédit au couplet systématique de la censure qui circule dans le débat public. C'est donc cette représentation qu'il faut mettre au défi de l'analyse en la confrontant à des données judiciaires.

---

59 Cette formule est empruntée à Carole Talon-Hugon, *L'Art sous contrôle. Nouvel agenda sociétal et censures militantes*, Paris, PUF, 2019.

CADRAGE MÉTHODOLOGIQUE

Recueillir des données factuelles sur les procès d'écrivains et d'artistes

Quand il s'agit d'appréhender la liberté de création et ses modalités d'application au tribunal, la recherche se heurte à un écueil massif : le manque de données disponibles et la difficile constitution de corpus d'études. En effet, les décisions de justice qui sont rendues par nos tribunaux restent souvent confidentielles et s'avèrent difficiles à obtenir, surtout lorsqu'elles proviennent d'une juridiction de première instance. Bien qu'ayant une vocation publique, elles sortent encore trop peu des archives des greffes. C'est pour répondre à cette lacune qu'a été adoptée une approche fondée sur la combinaison de plusieurs sources et méthodes. Elle consiste tout d'abord à travailler à partir de l'étude d'un corpus de décisions de justice rendues par la 17e chambre du TGI de Paris entre 1999 et 2019. Afin d'expliquer le choix d'un tel centrage de l'analyse sur celle que l'on connait également sous le nom de « chambre de la presse », nous commencerons ici par présenter cette juridiction, son histoire et ses caractéristiques spécifiques qui l'ont fait devenir le « tribunal des mots[1] » de ces vingt dernières années. Nous exposerons ensuite les données sur lesquelles se fonde notre enquête : un corpus de décisions de justice construit *ad hoc* et des entretiens avec des acteurs de la 17e chambre. Nous finirons par la description des documents juridiques sur lesquels porte notre étude, car ils ne sont pas familiers aux lecteurs non-juristes.

1 Cette formule est empruntée à Pascale Robert-Diard, « La chambre des libertés », *Le Monde*, article publié le 29 novembre 2013, mis à jour le 24 novembre 2016 à 16h42, [en ligne] URL : https://www.lemonde.fr/m-actu/article/2013/11/29/17e-chambre-un-tribunal-tres-mediatique_3521728_4497186.html, consulté le 4 avril 2022.

LA 17e, LE « TRIBUNAL DES MOTS »

Le système judiciaire français est très fortement hiérarchisé. La 17e chambre relève du premier niveau de juridiction, ce qui signifie que ses décisions bénéficient d'une autorité moindre : elles peuvent être infirmées par une cour d'appel, laquelle peut voir à son tour ses arrêts cassés par la juridiction suprême française, la Cour de cassation. Une enquête centrée sur la 17e peut donc sembler à première vue reposer sur un malentendu fondamental quant à la hiérarchie des juridictions et leur pouvoir de construire le droit. En effet, le droit est une discipline où le système de références s'effectue en fonction de la position hiérarchique des juridictions qui rendent les décisions, parfois même aux dépens de leur intérêt heuristique. En outre, la jurisprudence de la 17e chambre ne reflète pas l'intégralité du domaine de la liberté de création littéraire et artistique, notamment parce qu'elle n'arbitre pas le contentieux de la propriété artistique et littéraire[2], ni n'inclut le droit administratif[3].

Pourquoi donc un tel choix ? La jurisprudence de cette chambre nous a paru être le point de départ idéal pour un travail empirique. D'un point de vue quantitatif tout d'abord, c'est elle qui concentre le

2 La propriété littéraire et artistique comprend entre autres le droit d'auteur. Elle couvre par exemple les contentieux qui relèvent de la contrefaçon.

3 La question des limitations par le droit des expositions ou des spectacles vivants relève le plus souvent du droit administratif au nom du maintien de l'ordre public. Pour avoir un panorama plus complet des procédures intentées contre des œuvres d'art visuel et performatif ainsi qu'aux spectacles vivants en France, il faudrait donc proposer une étude équivalente pour ces deux domaines, qui montrerait probablement que les contentieux administratifs ne sont pas très courants dans le domaine de l'art et surtout que les condamnations y sont rares et les peines légères. Ainsi par exemple le cas *Exhibit B* est souvent cité comme un exemple de censure de l'art en France. Accueillie par le *Centquatre* en 2014, cette exposition/installation du sud-africain Brett Bailey comprend douze tableaux vivants représentant des scènes de l'histoire coloniale et postcoloniale, qui rappellent les zoos humains et suscitent des réactions indignées de plusieurs associations antiracistes. Deux d'entre elles choisissent la voie judiciaire pour s'en plaindre et tentent d'obtenir une interdiction. Cependant, du tribunal administratif au Conseil d'État, aucune condamnation n'a été prononcée. D'un point de vue strictement juridique, cette affaire illustre donc davantage la liberté que le droit confère à la création qu'elle n'illustre une limitation de l'art par le droit. Pour un aperçu de ce volet administratif, voir Anaïs Gaulthier, « Le juge administratif et l'art : entre protection de la liberté de création et impératifs d'ordre public », *La Gazette de l'IDPA, Revue de l'institut de droit public des affaires*, n° 36, janvier 2019, p. 15-20.

plus grand nombre d'affaires. D'un point de vue qualitatif ensuite, ses décisions sont un bon support d'analyse, car elles sont réputées pour la précision de leurs motivations, et bénéficient d'une grande autorité dans le domaine du droit de la presse.

UNE JURIDICTION QUI CONCENTRE LA MAJORITÉ DES AFFAIRES DE PRESSE EN FRANCE

Les procès intentés contre des créations littéraires et artistiques peuvent avoir lieu sur tout le territoire français. Par exemple, c'est à Carpentras que les juges ont pu arbitrer les deux conflits successifs qui ont opposé l'association *Promouvoir* aux écrivains Louis Skorecki et Michel Houellebecq et à leurs éditeurs[4]. De même, certains procès de rappeurs ont lieu devant d'autres tribunaux (Rouen, Lyon par exemple), et les créations diffusées à la télévision sont souvent jugées à Nanterre. Cependant la majeure partie des procès d'écrivains et d'artistes[5] ont lieu à Paris, devant la « très médiatique[6] » 17e chambre, dite aussi « chambre de la presse ». Cela s'explique par les « règles du droit commun de la compétence[7] » (articles 382 du Code de procédure pénale et 42 du Code de procédure civile). Ils prescrivent que le lieu où sont jugées les créations soit déterminé en fonction du domicile du prévenu ou défendeur : le siège d'une maison d'édition pour un livre, celui d'une société de diffusion ou de production pour une œuvre audiovisuelle, etc. Or, à l'exception du domaine audiovisuel, qui est implanté majoritairement dans les Hauts de Seine et relève dès lors de la compétence du tribunal de grande instance de Nanterre, beaucoup de ces sièges sociaux sont situés à Paris.

Une autre explication de l'importante place prise par la 17e dans les procès littéraires et artistiques est liée à la réorganisation qu'elle a connue en septembre 1999. Depuis cette date, elle accueille à la fois les procédures pénales (pour diffamation ou provocation par exemple)

---

4 TGI Carpentras, 7 mars 2003, Consorts Bonnet et autres c/ L. Scheer, TGI Carpentras, 25 avril 2002, consorts Bonnet, et autres c/ Flammarion, Houellebecq, 25 avril 2002, *Légipresse* n° 129, juin 2000/I, p. 76.

5 À l'exception des procédures intentées dans le cadre de la propriété intellectuelle, qui sont jugées par la 3e chambre du TGI de Paris, et de quelques autres arbitrées par d'autres juridictions, principalement de province.

6 *Ibid.*

7 Art. 382 du Code de procédure pénale et 46 du Code de procédure civile.

et les procédures civiles (pour atteinte à la vie privée entre autres) qui relèvent traditionnellement de chambres différentes (correctionnelles pour les premières, civiles pour les secondes). L'ancien président de la 17e chambre, Nicolas Bonnal, explique cette mesure rare en ces termes :

> La Cour de cassation a étendu aux actions de presse engagées devant le juge civil les règles processuelles de la loi du 29 juillet 1881 sur la liberté de la presse, qui relevaient du juge pénal. Les magistrats des chambres civile et pénale concernées ont alors convaincu le président du tribunal de la nécessité, dans ces conditions, d'unir leurs forces et de rassembler ces contentieux en une formation unique. Ce souhait a été également nourri d'une réflexion sur le montant des dommages et intérêts alloués, souvent plus généreusement par la 1re chambre civile que par la 17e chambre correctionnelle[8].

Pour des raisons d'homogénéisation des procédures, sont donc réunies dans cette même 17e chambre toutes les procédures de presse, qui sont jugées par les mêmes magistrats. Cette spécialisation de la chambre a entrainé du même coup une spécialisation du contentieux de presse, qui est admise par tous les praticiens. Elle a conduit à une certaine harmonisation des procédures pénale et civile et des manières dont les juges abordent les débats de fond. Ainsi, le droit de la presse s'apparente à un droit spécialisé, qui a d'ailleurs ses propres revues juridiques, *Legipresse, Recueil Dalloz, Communication, Commerce électronique*. Néanmoins, il ne bénéficie que d'un seul lieu sur tout le territoire français qui lui soit dédié exclusivement.

Enfin, parce qu'elle traite principalement des mots échangés dans les médias, la 17e chambre voit défiler de nombreuses personnalités politiques et médiatiques, qui doivent venir répondre des « mots imprimés ou lancés dans un lieu public, mots qui accusent, désignent, blessent ou injurient[9] ». La famille Le Pen, Dieudonné, René Faurisson et Éric Zemmour en sont des habitués. C'est là qu'a été jugée l'affaire célèbre des caricatures de Mahomet en 2008, qui s'est soldée par la relaxe du directeur de publication de *Charlie Hebdo*, Philippe Val. Plus généralement, c'est devant cette chambre que la plupart des grands quotidiens nationaux doivent

8 Nicolas Bonnal, « Un exemple de spécialisation : la chambre de la presse du Tribunal de Grande Instance de Paris », dans *La spécialisation des juges*, Toulouse, Presses de l'Université Toulouse 1 Capitole, 2012, [en ligne] URL : http://books.openedition.org/putc/527, consulté le 4 avril 2022.

9 Pascale Robert-Diard, « La chambre des libertés », art. cité.

régulièrement répondre de leurs mots maladroits. C'est ce qui fait dire à la chroniqueuse judiciaire du *Monde* Pascale Robert-Diard que c'est un véritable « club mondain » où toutes les personnalités « pourraient avoir leur plaque sur les bancs des prévenus ». S'y croisent « les plus grands avocats[10], quelques vraies stars et beaucoup de starlettes, une cohorte de journalistes et, désormais, des blogueurs et des lanceurs d'alerte[11] », des écrivains célèbres tels que Michel Houellebecq, Christine Angot, Régis Jauffret, et de nombreuses personnalités polémiques, comme l'humoriste Dieudonné.

UNE JURISPRUDENCE QUI FAIT AUTORITÉ

La 17e chambre bénéficie d'une certaine notoriété. Elle a un pouvoir d'attraction, voire de fascination, sur le public. C'est ainsi que l'on peut interpréter le choix éditorial du magazine *Le Monde* du 30 novembre 2013 de lui réserver un large dossier et l'exclusivité de sa une. Elle fait par ailleurs l'unanimité chez les juristes spécialistes de la presse. Tous rendent en effet hommage à « l'esprit de la 17e ». Les avocats confient préférer qu'un dossier soit plaidé devant la 17e chambre que devant n'importe quel autre tribunal, afin d'avoir la certitude d'être face à de véritables experts. Ils font état de leur attachement à cette institution, où l'on dispose de plus de temps qu'ailleurs pour examiner les dossiers, comme le souligne l'avocat Antonin Levy interrogé par le magazine *Le Monde* :

> Nulle-part ailleurs, on ne jouit d'une aussi grande liberté de preuves et d'argumentation. C'est un salon de justice comme on le dirait d'un salon littéraire, un endroit où la réflexion, la remise en cause et l'examen des idées non conventionnelles sont permis et encouragés[12].

Une audience peut ainsi durer plusieurs heures pour déterminer si un mot dépasse les limites de la liberté d'expression. À ce titre, la 17e est parfois considérée comme le tribunal des riches, notamment à cause de la comparaison de la durée de ses audiences avec celle de juridictions qui

10 On peut citer parmi les avocats les plus connus Robert Badinter, Richard Malka, Henri Leclerc, ou encore Georges Kiejmann.

11 Toutes les citations de ce paragraphe proviennent du même article de Pascale Robert Diard, « La chambre des libertés », art. cité.

12 Antonin Lévy cité par Pascale Robert Diard, « La chambre des libertés », art. cité.

jugent des affaires de délinquance comme le vol ou le trafic de drogue, et doivent travailler dans l'urgence.

Ainsi, malgré son statut de première instance, la 17e a une capacité à « construire vraiment le droit », car « beaucoup de ses jugements font autorité et sont confirmés en appel et jusqu'à la Cour de cassation[13] ». Selon Basile Ader, c'est là que, « décision après décision, évoluent, s'effacent ou s'affermissent les frontières de nos interdits[14] ». Chacun des jugements rendus concernant des artistes met donc à l'épreuve la liberté de création, soit en lui imposant des limites, soit au contraire en lui accordant des droits supérieurs. C'est pourquoi les motivations que les juges de la 17e rédigent sont scrutées à la loupe par les associations de défense des créateurs et sont souvent l'objet d'une reconnaissance admirative de la part des juristes. Ceux-ci sont nombreux à évoquer une « jurisprudence novatrice[15] ».

Ces différents facteurs, liés à la fois à la concentration à la 17e des procédures de presse et au rôle important que les juristes lui accordent en matière de création du droit, font de la 17e « le gardien de la liberté d'expression en France[16] ». Elle apparaît donc comme un observatoire idéal des conflits que les libertés d'expression et de création occasionnent.

UNE « JURISPRUDENCE HAUTEMENT CONTEXTUELLE »

La jurisprudence du droit de la presse a la réputation d'être particulièrement casuistique, pour des raisons liées à la méthode que les juges doivent mettre en œuvre pour rendre leur jugement. Cette méthode est appelée couramment la balance des intérêts[17]. Dans les procès artistiques et littéraires, il y a souvent deux droits fondamentaux qui entrent en conflit : la liberté de création d'un côté, et toute une série de droits qui ont une identique valeur normative (les droits de la personnalité, la liberté de croyance, etc.). Il revient alors au juge de les mettre en balance, ce

13 Basile Ader cité par Pascale Robert Diard, *Ibid.*

14 *Ibid.*

15 Arnaud Latil, *Création et droits fondamentaux*, *op. cit.*, p. 49.

16 Henri Leclerc, cité par Pascale Robert-Diard, « La chambre des libertés », art. cité.

17 La méthode de la balance des intérêts est préconisée par la CEDH. Le respect de la vie privée et la liberté d'expression sont tous deux protégés par la Convention européenne des droits de l'homme (article 8 pour le premier et article 10 pour la seconde). Voir Christophe Caron, « Utilisation de la balance des intérêts pour résoudre les conflits de droits fondamentaux », *Recueil Dalloz* 2004 p. 1633.

qui signifie qu'il n'existe pas de solution *a priori* et qu'il doit se livrer à une analyse factuelle des intérêts de chaque partie. Soit l'atteinte aux droits de la personnalité pèse plus lourd que la liberté de création et il condamne, soit c'est l'inverse, et il ne condamne pas. Une telle mise en balance des intérêts relève donc de la casuistique ; elle est opérée au cas par cas, en fonction d'éléments concrets d'appréciation du litige, des circonstances particulières de l'espèce.

Lorsque les actions en justice sont fondées sur les limites imposées par la loi de 1881, ce n'est pas la méthode de la balance des intérêts qui est appliquée. Néanmoins, le juge doit appliquer une méthode qui s'en approche, celle du contrôle de proportionnalité. Il s'agit d'une méthode utilisée à l'origine par la CEDH pour juger « des droits à protection relative[18] » : lorsqu'un « droit est tout à la fois garanti dans le premier paragraphe de ces dispositions, mais en même temps limité par le deuxième paragraphe où des ingérences peuvent être justifiées si elles sont *prévues par la loi*, poursuivent un *but légitime* et sont *nécessaires* dans une société démocratique pour la réalisation de cet objectif[19] ». Les juridictions nationales y ont recours également afin de « vérifier concrètement que l'application d'une règle de droit interne ne conduit pas à porter une atteinte disproportionnée à un droit fondamental garanti par une convention internationale ou par une norme nationale au regard du but légitime poursuivi par cette règle[20] ». En l'occurrence, la liberté de création est un droit fondamental garanti par l'article 10 de la Convention européenne qui garantit la liberté d'expression. Si le juge décide de la restreindre, il faut qu'il contrôle si l'« ingérence » qu'il fait dans ce droit « a une base légale claire et accessible en droit interne » et « est justifiée par un but légitime » d'une part, si la condamnation qu'il prononce ne constitue pas « une atteinte disproportionnée au droit à la liberté d'expression » d'autre part.

Si les méthodes sont distinctes selon que la procédure relève du civil ou du pénal, elles reposent toutes les deux sur une évaluation et

18 Articles 8 à 11 de la CEDH.

19 Françoise Tulkens, « Les conflits entre droits fondamentaux », [en ligne] URL : https://www.ies.be/files/Fr.Tulkens.Notes_de_support_au_cours_du_16_février_2007.pdf, p. 1-29, p. 11, consulté le 4 avril 2022.

20 Entretien avec Pascal Chauvin, « Contrôle de proportionnalité : Une nécessaire adaptation aux exigences de la jurisprudence européenne », [en ligne] URL : https://www.gazette-du-palais.fr/wp-content/uploads/2017/12/895.pdf, consulté le 4 avril 2022.

une pondération au cas par cas. Les juristes s'accordent à dire que les méthodes qu'elles supposent sont loin d'être unifiées, ne serait-ce qu'à cause de « l'incommensurabilité des droits fondamentaux[21] ». Françoise Tulkens, ancienne juge puis vice-présidente de la CEDH, parle ainsi de « jurisprudence hautement contextuelle[22] », où les critères d'interprétation et de décision dépendent non seulement des cas examinés, mais aussi des juridictions et de leurs sensibilités particulières en faveur de telle ou telle liberté[23]. En effet, l'analyse des énoncés litigieux est certes encadrée par des lois qui définissent des infractions ou des atteintes à des personnes, mais celles-ci sont très générales et guident peu les juges dans la manière dont ils doivent les appliquer. L'interprétation est donc au centre du travail des magistrats, aussi bien quand il s'agit de comprendre l'esprit d'une loi, que lorsqu'il s'agit d'évaluer si les énoncés litigieux constituent des infractions ou des atteintes. Ainsi, malgré un contexte normatif, l'interprétation des énoncés litigieux reste très libre pour les juges.

Le raisonnement des juges est cependant fondé sur des paramètres similaires qui guident les étapes de leurs analyses. Ils déterminent d'abord la nature du préjudice ou de l'infraction, puis, dans un deuxième temps, évaluent les circonstances qui apparaissent les légitimer ou en atténuer la portée. Cette analyse repose sur des critères variables comme l'auteur (son statut et ses intentions), la victime des propos litigieux (personne publique et politicien, fonctionnaire, gouvernement), la forme et le contenu des propos, le but poursuivi, la gravité de l'atteinte, etc.

Ainsi, bien qu'étant individuelles et « concern[ant] d'abord les plaideurs en cause[24] », les décisions mettent en œuvre des raisonnements qui se retrouvent d'une espèce à l'autre, en particulier parce qu'elles émanent d'une seule et même juridiction. Alors que le droit de la presse est une matière essentiellement casuistique, l'étude comparative des décisions permet de mettre en lumière des techniques et méthodes d'interprétation qui subsument les cas d'espèces.

21 Françoise Tulkens, « Les conflits entre droits fondamentaux », art. cité, p. 16.

22 *Ibid.*, p. 15.

23 *Ibid.*, p. 15.

24 Gérard Cornu, *Linguistique juridique*, 3e édition, Paris, Montchrestien, 2005, p. 334.

PRÉSENTATION DU CORPUS ET DE LA MÉTHODE DE COLLECTE

Où et comment trouver des décisions souvent difficiles d'accès ? Sur quels critères différencier les procès de l'art et de la littérature des autres procès ? Comment les identifier parmi plusieurs milliers d'affaires portées devant la 17e chambre ?

Nous avons choisi d'enquêter sur les deux dernières décennies en fixant comme *terminus a quo* septembre 1999. Tout d'abord, il s'agissait de construire un corpus maîtrisable, dont chaque décision puisse être analysée qualitativement. Par ailleurs, cette date de 1999 correspond à la création de la 17e chambre telle qu'on la connaît désormais, à savoir regroupant les contentieux civil et pénal. Il y a donc une homogénéité des pratiques sur cette période. En outre, ce choix a été motivé par la récurrence, au début des années 2000, de discours dénonçant la judiciarisation de l'art et de la littérature. Ce bornage chronologique a été conforté par le fait que les juristes voient dans cette période un moment où la liberté de création émerge en tant que telle dans la jurisprudence et se distingue de la liberté d'expression.

L'élaboration de ce corpus s'est heurtée à deux difficultés majeures : la première relevant de la collecte proprement dite, en raison d'un défaut d'accessibilité des décisions, la seconde consistant à discriminer parmi les décisions ce qui relève de la création artistique et littéraire et ce qui n'en relève pas, alors que le tribunal ne le fait pas lui-même.

COLLECTER

Afin de recueillir un maximum de décisions, plusieurs méthodes de collecte ont été adoptées. La première a consisté en une collecte directe auprès du greffe de la 17e chambre, de huit avocats spécialisés en droit de la presse[25], de quatre juges qui y ont exercé pendant cette période[26] et du service juridique du groupe Madrigall[27]. Ce travail de collecte a été

---

25 Christophe Bigot, Laurent Merlet, Emmanuel Pierrat, Simon Tahar, Benjamin Domange, Michel Rasle, Agnès Tricoire et David Appelbaum.

26 Anne-Marie Sauteraud, Fabienne Siredey-Garnier, Marie Mongin-Heuze et Florence Lasserre-Jeannin.

27 Inès Gautier et Isabelle Weygand.

complété par l'interrogation régulière de la base de données juridiques générales (*doctrine.fr, Dalloz, Lexis Nexis, Extenso, Lamy*), et d'une base de données spécialisée en droit de la presse, « Legipresse », à partir de plusieurs mots-clés (*création artistique, création littéraire, liberté de création, roman*, *fiction*, *théâtre*, *musique* et *rap*). Cette méthode a abouti à un corpus foisonnant et hétérogène de données[28], qu'il a fallu trier et discriminer.

DISCRIMINER

Deux corpus légèrement différents ont été isolés de l'ensemble des décisions récoltées : un premier sur lequel se fonde l'étude quantitative de la deuxième partie, un second qui permet d'observer le juge en situation de déterminer si l'œuvre identifie la personne ou l'association qui affirme s'y reconnaitre.

Le corpus de la deuxième partie : le critère de l'artisticité ou de la littérarité

La *création littéraire et artistique* est une notion qui existe en droit et qui se distingue du sens commun. En effet, on l'a vu, elle est dotée d'une extension maximale qui permet aux juristes de ne pas avoir à décider de ce qui est littéraire ou artistique, en se référant par exemple au critère de la valeur. Ainsi, tout livre relève *a priori* de la création littéraire, tout film, qu'il soit documentaire ou fictionnel, de la création artistique.

Pour pouvoir aborder les procès de créations qui se situent explicitement dans ces champs et revendiquent les valeurs du monde de l'art[29], il a fallu introduire des catégories exogènes au droit. Or l'art et la littérature ont des frontières particulièrement labiles, lesquelles sont historiquement, sociologiquement et contextuellement variables. Comment trancher ? Comment constituer un corpus qui permette d'apporter une connaissance sur les droits et devoirs des écrivains et des artistes, tels qu'ils sont modelés par le tribunal ? Pour cela, le critère de sélection le plus intuitif et le moins arbitraire consiste en la mise en avant par les auteurs, au moment du procès, de leur qualité d'artiste et d'écrivain,

---

28 À titre d'exemple, le 1er octobre 2020, une recherche dans cette base de données avec le mot-clé « Liberté de création » produit 1217 résultats pour la seule jurisprudence.

29 Sur les valeurs du monde de l'art, voir notamment les travaux de Nathalie Heinich répertoriés dans la bibliographie finale.

qui va de pair avec la revendication du caractère artistique ou littéraire de l'œuvre contestée. À cette fin, ont été retenues les décisions où l'on repère un vocabulaire appartenant au lexique de l'art ou de la littérature ; en l'occurrence, pour les décisions collectées, *fiction/autofiction* et leurs dérivés, *œuvre d'art, artiste, artistique*, *littéraire* (termes employés en dehors de la collocation *création littéraire et artistique*), *écrivain*, *romancier*, *rap*, *roman*, *chanson*, *littérature*, *théâtre/théâtral*, *poésie/poétique*, etc. Une telle méthode a conduit à exclure les œuvres documentaires et journalistiques dont les auteurs ne s'affichent pas comme des artistes ou des écrivains. De la même façon, ce choix a abouti à l'élimination de la jurisprudence Dieudonné, pourtant très abondante à la 17e chambre. En effet, ce n'est pas tant la liberté de l'artiste que le comique revendique, mais la liberté humoristique. Ainsi les décisions rendues à l'égard de Dieudonné sont motivées par des principes tels que le droit à l'humour, qui peut aussi bien être mobilisé pour juger un humoriste que pour juger un homme politique. Parmi les affaires recensées, 46 remplissaient les critères fixés : 31 décisions civiles et 15 pénales.

Le corpus de la troisième partie : le critère du débat sur l'identification référentielle

La troisième partie de ce livre propose une enquête sur la fabrique de l'interprétation juridique, dont la méthode n'est pas quantitative, mais qualitative. L'objectif est de montrer les juges en situation d'analyser des énoncés. Le choix a été fait d'observer comment ils appliquent un des critères majeurs d'arbitrage en droit de la presse, l'identification, afin de mettre en lumière les indices sur lesquels ils se fondent et les discuter. Pour cette raison, le corpus choisi est légèrement différent de celui de la seconde partie. Il ne s'agit pas cette fois d'un corpus fermé que l'enquête s'attache à décrire de manière systématique et quantifiée, mais d'un corpus ouvert fondé sur le critère du débat sur l'identification référentielle. Pour cette raison, si les décisions commentées et analysées sont surtout celles de la 17e chambre, certaines proviennent d'autres juridictions. En outre, le corpus englobe parfois des décisions exclues du corpus de la deuxième partie et qui relèvent de la création entendue au sens large des juristes : des décisions rendues à l'égard de l'humoriste Dieudonné ou encore dans l'affaire des caricatures de Mahomet.

UNE DIMENSION MÉCONNUE
Le point de vue des acteurs juridiques

Il a paru important dans cette enquête portant sur la 17e de donner la parole à ceux qui en sont des acteurs. Cette idée a été motivée par plusieurs constats. Tout d'abord, on entend peu ceux qui y jouent un rôle majeur : les magistrats qui arbitrent les débats. Certains procès ayant eu lieu à la 17e sont en effet célèbres, comme celui des caricatures de Mahomet, mais le nom et la personnalité des magistrats restent presque systématiquement anonymes (à ce titre, il y a un écart important entre la pratique française et celle d'un pays de *Common law* comme les États-Unis, où les juges sont parfois de véritables stars). En outre, ce sont rarement eux qui s'expriment et commentent leurs propres décisions. Quant aux avocats, s'ils ont une audience un peu plus large auprès du grand public que les magistrats, l'on observe un décalage entre l'omniprésence de certains d'entre eux dans les médias ou les débats publics, Agnès Tricoire ou Emmanuel Pierrat au premier chef, et la place qu'ils occupent effectivement dans les procès de l'art et de la littérature ; à l'inverse, des avocats qui interviennent régulièrement dans ces contentieux ont très peu la parole dans le débat public. C'est pourquoi une grande place a été accordée aux discours de quatre juges de la 17e chambre, de huit avocats spécialistes du droit de la presse et de deux responsables du service juridique de Gallimard. Ils n'ont donc pas été considérés uniquement comme une source d'informations pour la collecte du corpus : ils ont accepté de se prêter entre 2016 et 2019 à des entretiens semi-directifs d'une heure environ.

La consigne de départ a porté sur le sujet très large des contentieux artistiques et littéraires, sur lequel il a été demandé à l'enquêté de s'exprimer librement, sans autre direction de l'entretien. L'enquêté a été plusieurs fois relancé et guidé par des questions servant à introduire, lorsqu'ils n'étaient pas spontanément abordés, des thèmes établis à l'avance en fonction des objectifs de l'enquête (dresser un panorama des procès d'artistes et d'écrivains, de leurs fondements juridiques et des catégories mobilisées par les juges) et du questionnement de départ consistant à interroger la validité d'une autonomisation de la liberté de création et d'une judiciarisation de l'art et de la littérature.

Grille d'entretiens semi-directifs[30]

– Quels sont les procès littéraires et artistiques dans lesquels l'enquêté.e a été impliqué.e ?
– Quels en ont été les fondements juridiques ?
– L'enquêté.e les a-t-il/elle appréhendés d'une manière particulière ?
– Considère-t-il/elle que les œuvres littéraires et artistiques sont abordées avec une méthode et des catégories d'interprétation spécifiques ? Si oui, lesquelles ?
– Use-t-il/elle de la catégorie de la fiction ? Si oui, dans quels cadres et de quelles manières ?
– Pense-t-il/elle que la création doive bénéficier d'une protection supérieure ?
– Estime-t-il/elle que la liberté de création est un principe qui s'est émancipé de la liberté d'expression du point de vue du droit ?
– Quelles sont les étapes du raisonnement ?
– Éprouve-t-il/elle un malaise face à ses procès ? Si oui, pourquoi ?
– Y a-t-il selon lui/elle une judiciarisation du monde de l'art ?
[Questionnement additionnel pour les avocat.e.s] :
– Quel rôle joue-t-il/elle avant une publication ?
– Quels manuscrits, films, chansons ou toutes formes d'œuvres d'art est-il/elle chargé.e de lire, visionner, écouter ? Pour quelles raisons ?
– Y a-t-il des genres particulièrement sensibles ?
– Comment procède-t-il/elle concrètement ?
– Est-il/elle intervenu.e d'une autre manière qu'en modifiant l'œuvre ? A-t-il/elle des exemples de transaction signée entre les parties, ou autres ?

Ces entretiens ont été en outre complétés par plusieurs événements au cours desquels certains de ces acteurs ont été amenés à parler plus longuement : une table ronde entre les avocats Christophe Bigot et Emmanuel Pierrat consacrée aux procès littéraires[31], au cours de laquelle ils ont été interrogés sur leur pratique, ainsi qu'une journée d'études en juin 2017, au cours de laquelle la juge Fabienne Siredey-Garnier et la responsable du service juridique de Madrigall, Isabelle Weygand, ont été invitées à proposer une conférence d'une heure chacune sur le thème « Écrivains au prétoire[32] », sans que ne leur soient données plus de précisions.

30 Les grilles d'entretiens ont été construites à partir des recommandations des manuels généraux de méthodologie de l'entretien en sociologie, en particulier Alain Blanchet et Anne Gottman, *L'Enquête et ses méthodes. L'entretien*, Paris, Armand Colin, 2005.

31 « Table ronde *les écrivains en procès* », dans Anna Arzoumanov, Arnaud Latil et Judith Sarfati Lanter, *Le Démon de la catégorie. Retour sur la qualification en droit et en littérature*, *op. cit.*

32 Journée d'études « Écrivains au prétoire », Sorbonne Université, Paris, 7 mai 2017 (organisation Anna Arzoumanov, Arnaud Latil et Judith Sarfati Lanter).

LIRE ET INTERPRÉTER DES DÉCISIONS DE JUSTICE

Notre enquête est essentiellement empirique, car fondée sur la description et l'analyse d'un corpus juridictionnel. Le pari a été de prendre en compte les documents juridiques collectés dans leur globalité, contrairement aux méthodes mises en œuvre par les juristes dans les commentaires d'arrêts ou les études de doctrine. En effet, il s'est agi d'inclure dans l'analyse les parties des décisions de justice considérées comme purement informatives et circonstancielles et le plus souvent passées sous silence dans les études doctrinales. En outre, l'objectif de l'enquête a été de mettre en lumière la fabrique de l'interprétation juridique. C'est pourquoi il a semblé indispensable de la faire porter sur un autre type de documents, délaissés dans les études juridiques : les conclusions d'avocats. Un tel choix méthodologique implique de décrire au préalable les deux documents sur lesquels est centrée cette enquête : la décision de justice et les conclusions d'avocats.

LA DÉCISION DE JUSTICE

Une décision de justice est un acte juridique d'autorité, accompli par une institution judiciaire, « un organe étatique investi du pouvoir (et du devoir) de juger[33] ». En l'occurrence, les décisions étudiées ici ont été majoritairement rendues par la 17e chambre du TGI de Paris, que ce soit dans sa formation pénale, civile ou en référé. Par ailleurs une décision de justice est un « acte de réalisation du droit » qui « n'est ni général, ni souverain ». Les juges y appliquent la loi aux réalités d'une espèce. C'est donc une « application particulière de la loi ». Les juges saisis ont toujours l'obligation de trancher. S'ils ne le font pas, ils commettent un déni de justice. Ils doivent également motiver leurs décisions. À défaut, ils risquent la cassation. Une décision s'appelle *jugement* lorsqu'elle est rendue par une juridiction de premier degré ; elle s'appelle *ordonnance* lorsqu'elle est rendue en référé ; elle s'appelle *arrêt* lorsqu'elle est rendue par une juridiction supérieure, une cour d'appel, la Cour de cassation ou la Cour européenne des droits de l'homme (CEDH).

---

33 Gérard Cornu, *Linguistique juridique*, *op. cit.*, p. 333. Toutes les citations du paragraphe sont issues de la même page.

Une décision de justice est un texte hétérogène composé de plusieurs étapes obligatoires. On distingue ainsi :

- Le chapeau ou en-tête qui contient deux types d'informations :
  a. des informations relatives à la juridiction : l'indication de la juridiction, les noms des juges, le nom du représentant du ministère public s'il a assisté au débat, le nom du greffier et la date du délibéré ;
  b. des informations relatives aux parties en présence : la décision doit mentionner les noms des demandeurs et défendeurs au civil ou des prévenus et du ministère public au pénal. Y figurent aussi les noms des éventuelles parties civiles et des avocats des parties[34].

Au pénal, le chapeau est suivi d'une description de la procédure d'audience, parfois appelée *débat*, qui n'existe pas au civil.

- L'exposé du litige : Dans cette partie, le tribunal expose le litige. Il présente les faits[35], la procédure (les dates des différents actes juridiques précédant la décision, tels que l'assignation au civil, la citation à comparaître au pénal, l'ordonnance de renvoi devant le tribunal correctionnel, etc.). Cette partie relève d'une « narration brève » et « porte les marques d'un récit en forme de résumé ». Au civil et conformément au « principe dispositif[36] », l'exposé présente

34 L'en-tête contient donc des indications relatives à la vie privée des parties. C'est pourquoi le tribunal peut en publier des copies plus ou moins partielles, qui ne comportent pas toutes ces informations. Les documents sur lesquels porte ce travail sont ainsi soit le jugement original, tel qu'il a été conservé par le Greffe (les minutes), soit une copie dont le chapeau ou en-tête a pu être tronqué.

35 Cet exposé commence par la présentation des faits constants (ceux qui ne sont pas contestés par les parties) et pertinents (« ceux dont la connaissance est utile et nécessaire à la compréhension et à la solution du litige »). Il est rédigé au passé composé ou à l'imparfait et au style direct. « Sont ainsi des faits constants, les faits qui ne sont pas contestés par les parties, c'est-à-dire les faits spécialement invoqués par les parties au soutien de leurs prétentions, mais aussi les faits non spécialement invoqués par les parties mais qui ressortent de la lecture du dossier ou des documents produits. » (*Méthodologie du jugement civil*, [Fascicule destiné aux étudiants de l'École nationale de la magistrature], Pôle civil, 2013, p. 8, [en ligne] URL : https://www.portail-droit-social.fr/wp-content/uploads/2014/06/Methologiedujugement-civil.pdf, consulté le 4 avril 2022).

36 Il s'agit d'un principe selon lequel au civil les parties ont l'initiative du procès et en déterminent le contenu.

les prétentions[37] et les moyens[38] respectifs des parties, tels qu'ils sont formulés dans les conclusions des avocats. Au pénal, il décrit l'action publique, l'action civile le cas échéant et les moyens sur lesquels elle(s) repose(nt).

En droit de la presse, où les litiges portent sur des mots, cette partie doit rappeler les mots contestés. Elle comprend la plupart du temps une liste des extraits litigieux, dont la longueur peut varier d'un mot à plusieurs paragraphes, mais qui est en moyenne de quelques lignes.

– Les motifs : La partie consacrée aux motifs s'apparente à une démonstration, elle réunit les arguments *ad hoc*, qui sont l'explicitation des raisons qui aboutissent à une décision. Elle comprend à la fois des motifs de droit, qui relèvent de l'application de principes juridiques (des attendus de principe par exemple), la référence à une jurisprudence et des motifs de fait, qui relèvent de l'examen du fait et peuvent reposer sur des considérations d'un tout autre ordre. C'est pourquoi cette partie « s'appuie sur un riche éventail de références[39] » non juridiques et intègre des paramètres et des données variés. Ces derniers peuvent être très généraux, historiques, sociologiques, scientifiques, linguistiques, littéraires, etc., ou relatifs à l'espèce, comme l'évaluation du préjudice de la victime (en faisant par exemple référence à une expertise psychologique), le passé du prévenu, etc. Cette partie est donc un observatoire précieux pour comprendre le raisonnement mis en œuvre par les juges. C'est sur elle majoritairement que se fonderont les analyses qualitatives de cet ouvrage. En l'occurrence, c'est la partie où les juges développent

37 « La prétention c'est l'objet de la demande. Ainsi, contrairement à ce que les mots suggèrent, ce que l'on demande au juge d'accorder ce n'est pas la demande mais la prétention que l'on soumet au juge au moyen d'une demande ou d'une défense. » (*Ibid.*, p. 11)

38 « Le moyen peut être défini comme l'énonciation par une partie d'un acte ou d'un texte d'où par un raisonnement juridique, elle prétend déduire le bien-fondé d'une demande, d'une défense, d'une fin de non-recevoir ou d'une exception » (André Perdriau, *Juris Classeur procédure civile fascicule* 790 ; cité dans *Méthodologie du jugement civil*, *op. cit.*, p. 11). On distingue les « moyens de fait » (« circonstances de fait invoquées par la partie au soutien de ses prétentions et qui tendent à l'application des règles juridiques permettant d'accueillir leurs prétentions », *Ibid.*) et les « moyens de droit » (« considérations d'ordre juridique invoquées à l'appui des prétentions et qui tendent à l'application de règles juridiques permettant d'accueillir leurs prétentions », *Ibid.*).

39 Gérard Cornu, *Linguistique juridique*, *op. cit.*, p. 341.

leurs propres analyses des énoncés qu'ils ont à juger, sans utiliser d'outils linguistiques spécialisés. En ce sens, les juges y produisent des analyses qui peuvent s'apparenter à une linguistique *folk* ou *populaire* ou encore à une linguistique de *sens commun*[40]. Elles s'en différencient cependant en ce qu'elles reposent sur des catégories préétablies, non spontanées, que toute la communauté juridique partage.

– Le dispositif est l'expression de la décision de la juridiction. Il énonce les infractions dont les personnes sont déclarées coupables ou responsables, ainsi que la peine, les textes de loi appliqués et les condamnations civiles (l'allocation de dommages et intérêts ; les mesures compensatoires, telle l'obligation de publier un encart).

Il s'agira donc de mener une approche globale de la décision de justice, qui permettra d'en appréhender toutes les informations et pas seulement les points de doctrine. Certaines données, susceptibles d'être chiffrées, classées et catégorisées peuvent nourrir une approche quantitative : le type de fondements juridiques, les parties en cause, le genre des œuvres contestées, la décision rendue, etc. D'autres données demandent une analyse plus qualitative : les motifs proposés par les avocats et les motifs qui assortissent la décision de justice, ce qui permet d'identifier le raisonnement, de repérer les catégories d'analyse et d'observer la fabrique de l'interprétation et de la décision juridique.

LES CONCLUSIONS

Le discours juridictionnel est un discours où « le juge tranche en fait et en droit le litige de deux adversaires présents[41] ». Il est donc fortement tributaire des fondements de l'action judiciaire et des motifs développés par les avocats. C'est pourquoi il est polyphonique, avec une référence omniprésente[42] aux discours des parties. Si « la réponse vient du juge »,

40 Sur la question de la *folk linguistique*, voir notamment la synthèse produite par Marie-Anne Paveau, « Linguistique populaire et enseignement de la langue : des catégories communes ? », *Le français aujourd'hui*, n° 151, 2005/4, p. 95-107, [en ligne] DOI : 10.3917/lfa.151.0095. URL : https://www.cairn.info/revue-le-francais-aujourd-hui-2005-4-page-95.htm, consulté le 4 avril 2022 ; voir aussi l'introduction de la 3e partie, p. 160-161.

41 Gérard Cornu, *Linguistique juridique*, *op. cit.*, p. 335.

42 Sur ce point, voir *Ibid.*, p. 351.

il « adopte les moyens et arguments des plaideurs[43] ». Quand cela a été possible, les décisions de justice ont donc été analysées à la lumière d'un autre document juridique, les conclusions des avocats[44], lorsque ces derniers ont accepté de les communiquer. Une telle comparaison a ainsi permis de saisir l'argumentation développée par les parties elles-mêmes et ce que les juges en ont retenu.

Les conclusions désignent les échanges écrits entre les avocats des parties à l'occasion d'une procédure judiciaire. Elles sont obligatoires dans les procédures civiles et facultatives dans les procédures pénales. Plusieurs conclusions peuvent être notifiées par les avocats, et les échanges entre les parties peuvent se poursuivre jusqu'aux conclusions dites récapitulatives, qui sont communiquées aux juges. Les conclusions ne se substituent pas à la plaidoirie le jour de l'audience. C'est là que les avocats déroulent leur stratégie argumentative. En droit de la presse, les conclusions proposent des analyses des énoncés contestés. Elles se structurent autour de trois parties :

- L'exposé des faits : l'avocat y rappelle les circonstances de l'espèce, son contexte. Il informe le juge des détails de l'affaire ;
- Les motifs : c'est la partie argumentative à proprement parler. L'avocat y développe ses prétentions et les moyens qui les fondent ;
- Les prétentions : l'avocat termine ses conclusions en détaillant les prétentions de son client. Concrètement, il chiffre le montant des dommages et intérêts, il sollicite des mesures compensatoires…

La confrontation des décisions de justice et des conclusions permet donc de saisir quelque chose du travail d'interprétation et d'arbitrage du juge, de son raisonnement souvent tâtonnant pour parvenir à concilier de la manière la plus acceptable possible des principes opposés et de même valeur.

Si l'objet de cette enquête est le même que celui sur lequel se fondent un certain nombre de travaux juridiques à portée doctrinale, tel le commentaire d'arrêt, la méthode mise en œuvre et les objectifs fixés sont donc différenciés. Le corpus a été établi de manière systématique et raisonnée à partir de critères externes au droit, ce qui a supposé de

43 *Ibid.*, p. 340.
44 Nous n'avons pas pu collecter de plaintes ou d'assignations.

ne pas tenir compte de critères fondamentaux pour les juristes, comme celui de l'autorité juridictionnelle par exemple. Les données ont été analysées et classées dans une perspective quantitative et qualitative qui se démarque là encore des études juridiques, dans la mesure où elle intègre à l'analyse des données délaissées par le droit et propose une approche non doctrinale des décisions. En outre, le corpus retenu pour cette étude comporte des documents juridiques traditionnellement écartés dans les études juridiques, les conclusions d'avocats. Enfin, un des objectifs de l'enquête a été de donner la parole aux professionnels du droit qui sont chargés d'appliquer les lois relatives à la liberté d'expression car, paradoxalement, ce ne sont pas eux qui s'expriment le plus sur les droits de l'art et de la littérature dans le débat public.

DEUXIÈME PARTIE

LA LIBERTÉ DE CRÉATION À L'ÉPREUVE DU DROIT

PANORAMA GÉNÉRAL

INTRODUCTION À LA DEUXIÈME PARTIE

Pour pouvoir aborder de manière globale les points de contact entre le droit d'une part et l'art et la littérature d'autre part, l'enquête a d'abord été menée dans une logique quantitative à partir d'un corpus de 46 décisions rassemblées sur les critères exogènes de l'artisticité et de la littérarité. Cette quantité est très faible au regard du nombre de contentieux que la 17e arbitre. Cette chambre du TGI ne produit malheureusement pas de statistiques globales auxquelles comparer ce chiffre, mais on dispose de quelques données qui permettent de se faire une idée de ce qu'il représente au regard du reste du contentieux de presse. Pour la seule année 2010 par exemple, le juge Nicolas Bonnal indique que la 17e a rendu 237 décisions pénales[1]. On peut faire l'hypothèse que ce chiffre reflète une moyenne annuelle, ce qui permet d'en déduire que la 17e a rendu environ 4740 décisions pénales en 20 ans. Le nombre de décisions pénales collectées pour ce corpus (15) apparaît donc restreint au regard de ce chiffre. Il est par ailleurs probable que le contentieux civil soit au moins équivalent d'un point de vue quantitatif. En outre, si l'on se fie aux chiffres donnés par l'une des juges interrogées, la 17e donne environ cinq audiences par semaine, auxquelles il faut ajouter deux ou trois audiences hebdomadaires en référé. Le cumul de ces chiffres porte ainsi à quelque 450 le nombre d'audiences annuel, ce qui représente environ 9000 sur la période étudiée (1999-2019). Avec 46 affaires instruites en 20 ans, les procès d'artistes relèvent donc de l'exception, ce que confirment les quatre juges et les huit avocats interrogés. Cependant, si ce total de 46 procédures en 20 ans semble faible rapporté à la masse

1 Ce chiffre est donné par Nicolas Bonnal dans son article « Les chausse-trappes procédurales de la loi de 1881 : mythe ou réalité ? Essai d'étude statistique », *Légipresse* n° 289, 1er décembre 2011, [en ligne] URL : https://www.legipresse.com/011-46290-Les-chausse-trappes-procedurales-de-la-loi-de-1881-mythe-ou-realite-Essai-d-etude-statistique.html, consulté le 4 avril 2022.

d'affaires instruites sur la période, il n'en a pas moins suffi à marquer les esprits des acteurs des champs littéraire et artistique et a pu conforter le sentiment d'une judiciarisation de l'art et de la littérature.

Cette relative fréquence des procès de l'art et de la littérature témoigne-t-elle d'une évolution législative qui permet au monde juridique de davantage exercer son contrôle sur l'art ? Il importe d'analyser les modalités exactes de ces procès à partir de plusieurs entrées successives : les fondements juridiques, les genres des œuvres contestées, les parties qui s'opposent ainsi que les peines et les mesures prononcées par les juges. Enfin, ce corpus n'épuise pas tous les points de contact entre le droit d'une part et la littérature d'autre part. Il existe en effet d'autres lieux et moments où le droit rencontre l'art et la littérature, comme la programmation d'une exposition artistique, la production d'un film, ou la publication d'un livre. Le dernier chapitre de cette partie propose donc de présenter un panorama de ces lieux et des modalités d'intervention du droit en se focalisant sur le seul cas de l'édition.

FONDEMENTS JURIDIQUES DES PROCÉDURES

Les polémiques sur l'art et la littérature sont très variées. Elles mettent en jeu des questions diverses : un auteur peut-il révéler des éléments de la vie privée d'autrui ? Comment lutter contre les représentations racistes ou sexistes en art ? Peut-on blasphémer en art ? Faut-il publier un auteur à l'idéologie raciste ou qui a commis des infractions pénales ? « Faut-il dissocier l'homme de l'artiste[1] » ? De telles questions sur les problèmes éthiques que posent la promotion et la publication de certaines œuvres d'art sont régulièrement soumises au jugement du public par le biais de polémiques qui peuvent enflammer les médias et les réseaux sociaux. Quel rôle joue le droit dans l'arbitrage de ces polémiques ? Quel est son périmètre d'action ? Les limites que le droit impose à l'expression sont-elles à même d'arbitrer les polémiques contemporaines relatives à la liberté de création ? Il s'agit ici à la fois d'expliquer et de quantifier les différents fondements juridiques qui permettent de lancer une action en justice contre une œuvre d'art ou une œuvre littéraire.

Un premier constat s'impose. Si les polémiques artistiques et littéraires de ces vingt dernières années sont récurrentes et tellement nombreuses qu'elles sont impossibles à recenser de manière exhaustive, peu d'entre elles relèvent du domaine de la justice. Les 46 décisions rendues en 20 ans par la 17e chambre en sont un indice suffisant. Pour que le droit arbitre ces conflits, il faut en effet à la fois que les faits questionnés s'inscrivent dans son domaine de compétence et qu'il y ait une action en justice. L'œuvre controversée doit remplir des critères qui la rendent judiciarisable et la procédure intentée doit nécessairement reposer sur des fondements juridiques existants. Quels sont-ils ?

Conformément à la typologie juridique, on distinguera ici les procédures pénales et les procédures civiles.

---

1 Cette question est souvent formulée dans les polémiques sous la forme de ce quasi-slogan. Sur ce sujet, voir l'étude de Gisèle Sapiro, *Faut-il dissocier l'œuvre de l'auteur ?*, *op. cit.*

VERSANT PÉNAL
Infractions relevant de la loi du 29 juillet 1881 sur la presse

Les procès faits aux artistes et aux écrivains à la 17e chambre relèvent du droit de la presse, qui encadre la liberté d'expression en France de manière globale. Bien que l'expression soit libre en France, le droit lui fixe un certain nombre de limites. La loi de 1881 prévoit ainsi divers types d'infractions pénales, parmi lesquelles l'injure, la diffamation, l'offense, la provocation à un crime ou à un délit, la haine envers une communauté et l'apologie du crime ou du délit[2].

L'INJURE

L'article 29 alinéa 2 de la loi du 29 juillet 1881 pénalise l'injure, définie comme « toute expression outrageante, termes de mépris ou invective qui ne renferme l'imputation d'aucun fait ». Elle correspond le plus souvent à ce que l'on nomme couramment une insulte, expression dégradante qui porte atteinte à l'honneur d'un individu, mais elle doit être distinguée de la diffamation en ce qu'elle ne renferme l'imputation d'aucun fait[3]. Ainsi, dire d'un politicien qu'il est corrompu peut relever de l'injure, mais si le mot est accompagné de faits explicatifs (par exemple *il est corrompu parce qu'il se sert dans les caisses de l'État depuis qu'il est au pouvoir*), il relève de la diffamation. Les injures peuvent viser trois catégories de personnes : « une personne morale de droit public ou assimilée telle, une personne physique exerçant certaines fonctions d'intérêt public ou enfin un simple particulier[4] ». Lorsque l'injure se double d'une caractérisation raciale, homophobe ou sexiste, les peines peuvent être aggravées. Enfin, l'injure s'apprécie au regard du contexte

2 Seuls les fondements utilisés dans le corpus sont répertoriés. Pour plus de précisions sur les autres infractions, voir Christophe Bigot, *Pratique du droit de la presse*, *op. cit.*

3 Pour une étude croisée entre linguistique et droit des notions d'injure, d'insulte et de diffamation, voir Dominique Lagorgette, « Insulte, injure et diffamation : de la linguistique au Code pénal ? », *Argumentation et Analyse du Discours*, n° 8, 2012, [en ligne] mis en ligne le 15 avril 2012. URL : http://journals.openedition.org/aad/1312 ; DOI : https://doi.org/10.4000/aad.1312, consulté le 4 avril 2022.

4 Christophe Bigot, *Pratique du droit de la presse*, *op. cit.*, p. 119.

dans lequel elle s'inscrit, sans se fonder sur la perception personnelle de la personne qui s'estime en être la victime.

Parmi les 46 procédures analysées, ce fondement est utilisé neuf fois : deux fois envers un particulier[5], trois fois envers un corps constitué[6] et quatre fois elle se double d'une caractérisation raciale ou sexiste[7].

L'injure envers un particulier

Parmi les cas d'injure publique envers un particulier, un contentieux oppose en 2011 le polémiste Éric Zemmour d'un côté et le rappeur Youssoupha et ses diffuseurs de l'autre[8]. Dans la chanson « À force de le dire », issue de l'album *Sur les chemins du retour*, le chanteur dénonce les interventions « à la télé » des « chroniqueurs » qui ne cessent de stigmatiser les « banlieusards », leur attribuant systématiquement les violences urbaines :

> À force de juger nos gueules les gens le savent
> Qu'à la télé souvent les chroniqueurs diabolisent les banlieusards
> Chaque fois que ça pète on dit que c'est nous
> Je mets un billet sur la tête de celui qui fera taire *ce con de Zemmour*[9].

À la suite de la publication de cette chanson, Éric Zemmour saisit le tribunal sur le fondement de l'injure envers un particulier. Malgré les réquisitions du procureur en faveur d'une relaxe, le tribunal retient l'infraction d'injure envers un particulier en l'interprétant au regard du reste de la phrase. Considérant que « le mot *con* ne constitue pas et *a fortiori* dans une chanson de rap une expression outrageante », il estime que « le groupe de mots qui précède », *je mets un billet sur la tête de celui qui fera taire*, lui « confère une portée outrageante et méprisante en ce qu'il s'insère en point d'orgue d'une menace implicite ou d'un appel à faire taire un individu ». Il prononce donc une peine d'amende pour réprimer l'infraction et alloue des dommages et intérêts à la partie civile pour le préjudice moral que cette chanson a pu lui occasionner. Il ordonne par ailleurs la suppression de l'ensemble de la phrase dans

---

5 Lalie Walker et Youssoupha.

6 Abdul X (« tirez sur les keufs »), Jo le Phéno, Abdul X et Cortex.

7 Houellebecq, Bénier-Bürckel, Orelsan (« Perdu d'avance »), Zep.

8 TGI Paris, ch. 17, 25 octobre 2011, Éric Zemmour c/ Marin, Mabiki, Kocher, Queinnec.

9 Youssoupha, « À force de le dire », *Sur les chemins du retour*, 2009.

le mois qui suit le jugement définitif. Le rappeur interjette appel, et la cour d'appel de Paris lui donne raison en infirmant le jugement. Elle motive son arrêt par le fait, entre autres[10], que Éric Zemmour est une « personne publique vis-à-vis duquel une plus grande tolérance s'impose ». Ce principe lié au statut public d'un individu est couramment appliqué par la jurisprudence. On peut y lire l'influence de la jurisprudence de la CEDH, qui considère que « les limites de la critique admissible sont plus larges à l'égard d'un homme politique, agissant en sa qualité de personnage public, que d'un simple particulier[11] ».

L'injure raciste ou sexiste

L'injure publique peut viser une personne ou un groupe de personnes à raison de leur identité, qu'elle soit de race, de genre, d'orientation sexuelle, de religion. Elle sert à poursuivre le rappeur Orelsan, en 2013 pour « délit d'injure publique envers une personne ou un groupe de personnes à raison de leur sexe[12] », en l'occurrence envers les femmes. Les paroles litigieuses sont issues d'un spectacle donné au Bataclan en 2009, où le chanteur avait interprété les chansons de son album *Perdu d'avance*. Huit chansons étant visées, on ne les citera pas toutes, mais on donnera à titre d'exemple la chanson « Courez, courez » :

> Les féministes me persécutent, me prennent pour Belzébuth
> Comme si c'était d'ma faute si les meufs c'est des putes.
> Elles ont qu'à arrêter d'se faire péter l'uc.
> Et m'dire merci parce que j'les éduque j'leur apprends des vrais trucs.
> (…)
> Cherche pas la mienne est plus grosse que la tienne
> J'parle de la chienne que j'ai fait aboyer la veille.
> J'me rappelle plus d'sa tête.
> J'sais juste qu'elle était dégueulasse.
> (…) J'suis veilleur de nuit slash baiseur de truie.

Seul le segment *les meufs c'est des putes* est retenu par le tribunal comme constitutif d'une injure sexiste, « les propos à portée générale

10 Elle tient également compte du genre artistique de l'œuvre en cause, le rap, on le verra.

11 Oberschlick c/ Autriche (n° 1) – 11662/85. Arrêt 23.5.1991.

12 TGI Paris, 17e chambre, Ministère public c. Cotentin (dit Orelsan), 31 mai 2013. Il a été également poursuivi pour provocation à la haine, on y reviendra. Les juges ont reconnu le délit d'injure.

[…] visant, de manière outrageante, méprisante et totalement gratuite, les femmes dans leur ensemble ».

C'est également sur le délit d'injure publique, mais cette fois à caractère racial, que se fonde en partie le procès du groupe de rap Zep, qui donne lieu à un long feuilleton judiciaire à partir de 2015. Cette fois, une plainte de l'AGRIF (Alliance générale contre le racisme et le respect de l'identité française et chrétienne) vise des paroles issues à la fois d'un disque (*Devoir d'insolence*) et d'un livre (*Nique la France. Devoir d'insolence*[13]), du groupe Zep (Zone d'expression populaire), plus particulièrement issue de la chanson « NLF ». Le refrain est cité intégralement :

> Nique la France, et son passé colonialiste,
> Ses odeurs, ses relents et ses réflexes paternalistes
> Nique la France et son histoire impérialiste
> Ses murs, ses remparts et ses délires capitalistes.

Ces paroles sont interprétées par l'AGRIF comme des propos « outrageants et donc injurieux pour la communauté des Français blancs dits de souche[14] ». Elle y ajoute une série de segments textuels localisés très hétérogènes, tous qualifiés d'injures raciales : *nazillons* ; *bidochons décomplexés* ; *gros beaufs qui ont la haine de l'étranger* ; *ton pays est puant, raciste et assassin* ; *petit donneur de l'çons, petit Gaulois de souche, arrête ton arrogance, arrête d'ouvrir la bouche. Le racisme est dans vos murs et dans vos livres scolaires, dans vos souv'nirs, dans votre histoire, dont vous êtes si fiers. Omniprésent, il est banal et ordinaire, il est dans vos mémoires et impossible de s'en défaire*, etc. Pour la partie civile, l'injure peut par conséquent tout aussi bien être portée par des qualificatifs que par des phrases complètes de portée générale, voire des unités textuelles plus vastes. En outre, l'AGRIF incrimine la couverture du disque, qui représente une personne d'origine maghrébine faisant un doigt d'honneur et affiche le titre *Nique la France*. Elle voit dans l'ensemble un propos « outrageant et méprisant », qui « constitue incontestablement une injure envers la communauté visée des Français blancs dits de souche, par opposition aux arabes, aux noirs et aux musulmans[15] ». En l'occurrence, le tribunal ne juge aucune de ces expressions constitutives de l'infraction d'injure à

13 Zep, *Nique la France. Devoir d'insolence*, ZEP, 2010.

14 Cette question a été ensuite au centre des débats à la cour d'appel et à la Cour de cassation.

15 Extrait des conclusions de la partie civile.

caractère racial, car il considère que la catégorie des Français blancs dits de souche ne renvoie pas à l'ensemble de la communauté française, on le verra[16]. Cette décision sera confirmée par la cour d'appel de Paris, puis cassée par la Cour de cassation, qui renverra le procès devant la cour d'appel de Lyon, laquelle retiendra l'infraction. La Cour de cassation relaxera définitivement le rappeur en 2018.

L'injure envers un corps constitué

Dans le cadre du « délit d'injure publique envers un corps constitué, un fonctionnaire, un dépositaire de l'autorité ou un citoyen chargé d'un service public par parole, écrit, image ou moyen de communication par voie électronique », on peut citer deux procédures intentées contre un rappeur, Abdul X. En 2011[17], le débat juridique porte sur l'emploi du mot *tarbas* (*bâtards* en verlan) pour désigner des policiers, dans un vidéo-clip intitulé « Tirez sur les keufs ». Les juges ne retiennent pas l'infraction, estimant que le mot a « perdu de sa portée outrageante » sans en préciser les raisons. Cette interprétation est probablement fondée sur des critères contextuels liés à l'usage du mot et à l'évolution de la société. Le mot est d'emploi très courant, ce qui a entraîné sa désémantisation progressive. En outre, l'illégitimité d'une naissance apparaît moins infamante qu'elle ne l'était auparavant[18], ce qui réduit sa capacité à porter atteinte à l'honneur de quelqu'un.

En 2012, un second procès implique le rappeur. Il porte sur sa chanson « Tu sais qui on est », publiée le 20 septembre 2012, et sur ses propos tenus lors d'une interview promotionnelle, sur le fondement de l'injure envers des personnes dépositaires de l'autorité publique, les

16 Voir chapitre 11.

17 TGI Paris, ch. 17, 16 juin 2011, Ministère public c/ Benzerrouk Henry. Les juges ont considéré que l'injure n'était pas constituée. Le rappeur était poursuivi également pour provocation et apologie à la commissions d'atteintes volontaires à la vie ou à l'intégrité de la personne au préjudice des fonctionnaires de la police nationale.

18 Cette interprétation de l'insulte « bâtard » comme moins infâmante au regard de l'évolution qu'ont connu le mariage et les naissances hors mariage ignore pourtant l'évolution sémantique du mot, qui est devenu un terme péjoratif « ne renvoyant plus à l'état de naissance mais aux tares qui lui seraient associées » et s'est considérablement « désémantis(é) », voir Dominique Lagorgette « Bâtard et fils a putain : du titre à l'insulte », dans Carole Avignon (dir.), *Bâtard et bâtardises dans l'Europe médiévale et moderne*, Rennes, Presses universitaires de Rennes, « Histoire », 2018, [en ligne] URL : https://books.openedition.org/pur/44790?lang=fr, consulté le 4 avril 2022.

fonctionnaires de police. Cette fois, la prévention ne vise plus un mot ou un ensemble de mots, mais l'ensemble d'une strophe de la chanson :

> Tu sais qui on est Abdul X, Cortex, Fuck,
> Médiatiques depuis que les keufs et les ministres, on les baise,
> Une balle dans leur race, une balle dans leur race à l'aise.
> Cortex, Abdul X, on baise la politique, les flics
> Si y'a pas le choix, j'irai tirer sur les keufs, gros

Là encore, le tribunal ne retient pas l'infraction, car il interprète les paroles de la chanson au regard du contexte générique, le rap, dont le « vocabulaire est volontairement grossier, agressif et provocateur » et ne « doi[t] pas être pris au sens propre ». Par conséquent, il estime que « la portée réelle [...] perd ainsi de son caractère outrageant[19] ».

Deux autres séquences sont poursuivies pour injures publiques, envers un membre du gouvernement cette fois, en l'espèce le ministre de l'Intérieur, Brice Hortefeux : la première toujours dans la même chanson (*Wesh, Monsieur le ministre de l'Intérieur, lyrical coup de bite en direction de son postérieur*) et la seconde dans une interview promotionnelle de la chanson (*Hortefeux ! Ma grosse bite dans ta bouche, ma grosse bite de noir dans ta bouche*). Le tribunal lit la première de la même façon que les autres extraits cités plus haut, considérant que le genre du rap lui fait perdre son caractère outrageant. Pour la seconde en revanche, il estime que l'extrait de la vidéo est plus personnalisé et que, ne s'intégrant pas dans une chanson de rap, il « perd ainsi de (sa) distance avec le réel ». Il retient donc le délit d'injure publique pour cet unique extrait et condamne le chanteur à une amende.

L'infraction d'injure, telle qu'elle est définie par le droit, peut donc qualifier des expressions très hétérogènes, plus ou moins étendues. Elle est appréciée à la fois au regard de son contexte étroit – son environnement textuel immédiat, parfois le genre textuel – mais aussi de son contexte élargi, social, celui de l'évolution des mœurs et de la société. Elle n'a donc pas de frontières précises, fixées en amont par le droit ; chaque cas fait l'objet d'analyses propres à l'espèce, dont les critères d'appréciation sont variables et mouvants. L'injure est souvent définie par opposition à une autre infraction qui en est proche, la diffamation.

---

19 TGI Paris, ch. 17, 8 novembre 2012, Ministère public c/ Henry, Gozlin.

LA DIFFAMATION

La diffamation est un délit prévu par l'article 29 de la loi du 29 juillet 1881. Plus courante que l'injure, elle « représente vraisemblablement trois quarts du contentieux de presse issu de la loi du 29 juillet 1881[20] ». Elle se définit comme une « allégation ou imputation d'un fait qui porte atteinte à l'honneur ou à la considération de la personne ou du corps auquel le fait est imputé[21] ». De la même manière que pour l'injure, on distingue trois cas selon la cible : un particulier, « une personne physique exerçant certaines fonctions d'intérêt public » ou « une personne ou un groupe de personnes à raison de leur origine ou de leur appartenance ou de leur non-appartenance à une ethnie, une nation, une race ou une religion déterminée[22] ». L'abondante jurisprudence a précisé les cadres de cette infraction, en opérant une distinction entre faits et opinion et en admettant une excuse de bonne foi selon quatre critères qu'elle a progressivement forgés[23]. Deux éléments sont donc essentiels pour constituer une diffamation : l'imputation de faits précis et l'atteinte à l'honneur ou à la considération.

Premièrement, un fait précis doit pouvoir « faire l'objet d'une preuve et d'un débat contradictoire ». Pour comprendre ce critère, voici un exemple donné par Christophe Bigot :

> Affirmer qu'un homme politique n'est pas digne d'être nommé ministre ne peut constituer une diffamation, car c'est une appréciation subjective purement personnelle. En revanche, soutenir qu'il n'est pas digne d'être nommé ministre parce qu'il a enfreint la loi ou parce qu'il a commis des faits dénotant une moralité douteuse, constitue une diffamation, car il y a là matière à un débat probatoire sur le comportement de la personne[24].

En d'autres termes, pour fonder une action en diffamation, le fait imputé doit pouvoir faire l'objet d'un débat consistant à évaluer son degré de vérité. Ce n'est pas le cas de l'injure où, pour reprendre le cas de la procédure intentée par Éric Zemmour contre Youssoupha, on ne

---

20 Christophe Bigot, *Pratique du droit de la presse*, *op. cit.*, p. 119.

21 Loi du 29 juillet 1881, article 29.

22 *Ibid.*

23 Ces quatre critères sont un motif légitime d'information, l'existence d'une enquête sérieuse, la prudence et l'objectivité du propos et l'absence d'animosité du personnelle, voir Christophe Bigot, *Pratique du droit de la presse*, *op. cit.*, p. 151.

24 *Ibid.*, p. 124.

peut débattre, sur le terrain de la vérité, de l'énoncé *ce con de Zemmour*, le degré d'adhésion à cet énoncé relevant de l'opinion.

Enfin, l'imputation d'un fait ne peut être jugée diffamatoire que si elle porte atteinte à l'honneur et à la considération de la personne. Si la loi utilise une expression très générale pour définir ce critère, il a été précisé par la jurisprudence, qui a introduit un critère d'objectivité. Selon Christophe Bigot :

> … on apprécie ce que l'on est en droit d'attendre, idéalement, du comportement d'un citoyen moyen, abstrait… Dès lors, imputer à une personne des faits contraires à son honneur ou à sa considération, c'est affirmer qu'elle s'est comportée contrairement à la probité ou à la morale qu'on pourrait attendre d'un homme de bien – standard abstrait – placé dans sa situation[25].

Les notions d'*homme de bien*, de *citoyen moyen* sont certes relatives et souvent discutées, mais elles permettent de définir les contours des faits considérés comme portant à l'honneur et à la considération. Il peut ainsi s'agir de l'imputation d'une infraction pénale, comme un viol par exemple.

Un dernier critère utilisé par les juges, sur lequel la troisième partie reviendra plus longuement, est que la personne soit identifiable dans l'écrit litigieux. En d'autres termes, si une personne se reconnaît dans un roman ou une œuvre artistique qui lui impute des faits précis et attentatoires à son honneur et à sa considération, elle peut attaquer en diffamation. Dans le corpus, le fondement juridique de la diffamation envers un particulier est utilisé sept fois, celui de la diffamation raciale une seule fois.

La diffamation envers une personne

Dans le cadre de la diffamation envers un particulier, on citera l'exemple de la procédure intentée en 2016 par Dominique Strauss-Kahn contre le romancier Régis Jauffret et son éditeur, à la suite de la publication du « roman » (d'après la couverture) intitulé *La Ballade de Rikers Island*. Le texte retrace l'enquête de l'auteur, qui cherche une autre vérité sur la très célèbre et médiatique affaire du Sofitel, au cours de laquelle l'ex-président du FMI avait été accusé de viol par une femme de chambre, Nafissatou Diallo. Or le roman, inspiré des thèses post-coloniales, consacre un chapitre entier à l'acte sexuel, décrit comme un acte

25 *Ibid.*, p. 128.

violent marqué par la soumission à l'homme blanc[26]. Il y a donc dans ce roman l'imputation d'un fait précis (un viol), susceptible d'une offre de preuve (les tribunaux américains avaient conclu à un non-lieu), qui porte atteinte à l'honneur et à la considération de Dominique Strauss-Kahn (car il y a imputation d'une infraction pénale). C'est pourquoi le tribunal retient l'infraction de diffamation et condamne l'auteur et son éditeur.

L'action en diffamation est également susceptible d'être menée au nom de la protection de la réputation d'une personne morale. À cet égard, un contentieux est particulièrement remarquable, parce qu'il interroge les conditions de possibilité d'ancrer une fiction dans un lieu réel. Il oppose la romancière Lalie Walker à la société qui exploite le marché Saint Pierre à Paris, Village d'Orsel, ainsi qu'au président de son conseil d'administration, Salomon Elbaz et son directeur général Robert Gabbay[27]. L'œuvre contestée s'intitule *Aux malheurs des dames*, roman policier dont l'intrigue se déroule en grande partie dans le célèbre magasin de tissus parisien. L'action est intentée sur le double fondement de la diffamation et de l'injure à l'égard de la personne morale qui apparaît sous le nom d'usage « Marché Saint-Pierre », et de deux personnes physiques, dont les noms ne sont jamais mentionnés dans le roman. La question qui est posée aux juges est de déterminer si le roman porte « atteinte à la renommée du magasin » réel. Le tribunal déboute pour plusieurs raisons. Premièrement, il considère que certains extraits sont « des notations purement descriptives qui ne renferment en elles-mêmes l'imputation d'aucun fait ». Deuxièmement, si certains extraits sont bien narratifs et imputent des faits, ils sont dépourvus d'« effet de réel », car ils sont purement fictionnels. Pour cette raison, le roman ne peut imputer des faits susceptibles de « faire l'objet d'une preuve et d'un débat contradictoire », les situant entièrement dans un univers fictionnel où il est possible d'asserter des choses fausses. Enfin, le tribunal applique le critère de l'atteinte à la réputation pour affirmer que l'infraction n'est pas constituée dans d'autres extraits où le narrateur « évoque plus directement des réflexions sur la bonne marche des affaires ».

---

26 TGI Paris, ch. 17, 2 juin 2016, Dominique Strauss-Kahn c/ Régis Jauffret et Olivier Bétourné. Sur l'analyse de ce procès, voir mon article « Le fait-divers au tribunal, une jurisprudence stylisticienne ? », dans Laetitia Gonon et Pascal Roux (dir.), « Le fait divers dans la fiction contemporaine. Approches stylistiques », *Recherches et travaux* 2018/1, https://journals.openedition.org/recherchestravaux/955.

27 TGI Paris, ch. 17, 19 novembre 2010, Village d'Orsel, Elbaz, Gabbay c/ Besse, Ayadi, Magdelonnette.

Il estime que ces considérations « suscite[nt] la sympathie au regard des difficultés du métier » et ne sont donc pas « attentatoires à l'honneur ou à la considération ». Au-delà de ces motivations propres à l'espèce, qui soulignent combien l'action était fondée sur des éléments insuffisamment probants pour constituer une diffamation (pas d'imputation de faits précis, pas d'atteinte à la réputation), cette affaire montre qu'il est tout à fait possible de poursuivre un auteur qui situe son intrigue fictive dans un lieu réel et nous rappelle qu'il est susceptible d'être condamné[28]. Elle révèle néanmoins que les juges peuvent adapter les critères de la diffamation, en tenant compte du statut fictionnel des énoncés contestés.

La diffamation envers une communauté

Une affaire du corpus relève de la diffamation envers une communauté. Il s'agit du contentieux provoqué par l'affiche du film *Amen* de Costa-Gavras en 2002, réalisée par l'ancien publicitaire de Benetton, Oliveiro Toscani. Le film dénonce l'attitude du pape Pie XII pendant la Seconde Guerre mondiale ; l'affiche représente une croix gammée incomplète, dans laquelle semble se dessiner une croix chrétienne, et les photographies d'un prêtre et d'un officier allemand, avec au centre le titre « Amen ». Une telle mise en relation de symboles et représentants catholiques et nazis suscite la colère de plusieurs associations et personnalités de l'Église, parmi lesquelles le cardinal Jean-Marie Lustiger, archevêque de Paris, et le président de la conférence des évêques de France, Mgr Jean-Pierre

28 Une autre affaire jugée par la 17e en 1998 en témoigne. Elle concerne l'utilisation du nom d'un camping libertaire, « L'Espace du possible », par Michel Houellebecq qui y situe huit chapitres de son roman *Les Particules élémentaires*. Il le décrit comme un « lieu privilégié de liberté sexuelle devenu, au fil des années, lieu de dépression et d'amertume » (p. 134), où de « vieilles putes » et des « pouffiasses karmiques » (p. 137) viennent pleurer leur jeunesse et regretter la grande époque de leur libération sexuelle. Il en donne donc une image dévalorisante, qui ne poserait aucun problème si ce nom n'était pas celui d'une société qui gère un camping naturiste, situé dans un petit village de Charente Maritime près de Royan. C'est ce qui conduit l'association et le propriétaire du camping réel à déposer une plainte pour diffamation contre l'auteur et son éditeur, Flammarion, et à demander la saisie et la destruction du livre au motif qu'il donne une vision dégradante du lieu. L'affaire est jugée en référé par le tribunal de grande instance de Paris le 4 septembre 1998 et la décision est rendue trois jours plus tard, le 7 septembre. Si l'association n'obtient pas l'interdiction du livre, elle se voit accorder par le tribunal 5000 francs de dommages et intérêts et ses demandes de modifications apportées à la deuxième édition : le camping deviendra « L'espace du changement », et sera déplacé du secteur de Royan à celui de Cholet. Il y a donc bien ici la reconnaissance par le tribunal de la possible diffamation d'une personne morale dans un roman.

Ricard. L'association traditionaliste AGRIF porte l'affaire devant les tribunaux, en faisant valoir qu'il s'agit là d'une affiche diffamatoire envers les catholiques, car elle suggère qu'ils ont approuvé et même soutenu le nazisme, ce qui revient à leur imputer un fait précis pouvant faire l'objet d'un débat probatoire. En l'espèce, le tribunal des référés[29] considère que l'assimilation entre les croix nazie et chrétienne n'est pas patente et qu'il n'y a donc pas de diffamation. La décision est confirmée par le TGI de Paris en 2003[30] et la cour d'appel de Paris en 2004[31].

LA PROVOCATION

La provocation aux crimes et délits

Le délit de provocation aux crimes et délits est encadré par les articles 23 (provocations suivies d'effets) et 24 (provocations non suivies d'effets) de la loi de 1881, qui ont été remaniés à de nombreuses reprises. La provocation non suivie d'effets, cas très majoritaire dans le contentieux de presse, désigne une incitation directe à commettre les infractions suivantes : atteintes volontaires à la vie ou à l'intégrité de la personne, agressions sexuelles, vols, extorsions et destructions, dégradations et détériorations volontaires dangereuses pour les personnes, crimes et délits portant atteinte aux intérêts fondamentaux de la nation[32]. Le même article 24 prévoit également le délit d'apologie des crimes ci-dessus et « des crimes de guerre, des crimes contre l'humanité, des crimes de réduction en esclavage ou d'exploitation d'une personne réduite en esclavage ou des crimes et délits de collaboration avec l'ennemi, y compris si ces crimes n'ont pas donné lieu à la condamnation de leurs auteurs ».

Dans le corpus, ce fondement est utilisé dans l'une des deux affaires Orelsan. En 2012, le rappeur est poursuivi pour provocation à la commission d'atteintes volontaires à la vie, à l'intégrité corporelle des personnes et d'agressions sexuelles envers une personne ou un groupe de personnes à

29 TGI Paris, ch. 17, ord. ref., RG02/5185, 21 février 2002, AGRIF c/ Société Renn Productions, Constantin Costa-Gavras, Société Pathé Distributions.

30 TGI Paris, ch. 17, 13 mai 2003, AGRIF c/ Société Renn Productions, Constantin Costa-Gavras, Société Pathé Distributions.

31 CA Paris, 11e chambre, section A, 3 novembre 2004, RG 03/03/443, Costa Gavras, Seydoux, Toscani c/ AGRIF.

32 Nous reprenons la liste donnée par Christophe Bigot, *Pratique du droit de la presse*, *op. cit.*, p. 248.

raison de leur sexe. Pour rappel, en 2006, Orelsan publie sur le réseau social *Myspace* une chanson intitulée « Sale pute », qui ne provoque pas particulièrement de réactions. Il la republie en février 2009 sur son blog et sur *dailymotion*. C'est alors que naît la polémique, notamment parce que la blogueuse Kokolat publie un billet où elle dénonce un appel à la violence conjugale[33]. En avril 2009, l'association « Ni putes ni soumises » porte plainte. La chanson raconte l'histoire d'un homme trompé par sa *poupée*, à laquelle il adresse une litanie d'insultes et d'invectives : « T'es juste bonne à te faire péter le rectum, t'es juste une sale pute, J'te déteste, je veux que tu crèves lentement, j'te collerai contre un radiateur en te chantant Tostaky ou j'ai la haine, j'rêve de te voir souffrir baby ». Dans la plainte déposée par les parties civiles, la chanson est citée presque en entier. En l'occurrence, le tribunal considère que le délit n'est pas constitué. Bien que violents, les propos s'adressent à une « femme particulière et fictive » et les paroles « n'incitent nullement autrui à commettre de tels actes. » La provocation doit donc viser une personne ou un groupe de personnes réelles[34].

Le rappeur Nick Conrad est également poursuivi en 2018-2019 pour provocation publique à la commission d'une atteinte à la vie contre les personnes de couleur blanche[35]. Dans son vidéo-clip « Pendez les blancs », on voit le chanteur entrer dans une crèche et appeler à tuer des bébés blancs. Il enfonce ensuite un revolver dans la bouche d'un blanc, préalablement séquestré dans un coffre de voiture, puis lui tire dessus. Cette fois, le tribunal retient l'infraction et condamne le chanteur, malgré une argumentation du prévenu assez similaire à celle d'Orelsan, consistant à faire valoir sa liberté de création, l'outrance caractéristique du genre du rap et l'argument de la fiction. Les juges concluent à l'absence de « distanciation » entre le chanteur et le personnage qui apparaît dans le vidéo-clip.

La provocation à la haine ou à la discrimination

Le fondement de la provocation à la haine ou à la discrimination est utilisé six fois[36] dans le corpus : dans l'affaire Zep pour provocation à la haine

33 Kokolat, « Violences conjugales (encore) », publié le 18 mars 2009, [en ligne] URL : http://kokolat.canalblog.com/archives/2009/03/18/13024832.html, consulté le 4 avril 2022.

34 TGI Paris, ch. 17, 12 juin 2012, Ni putes ni soumises c/ Cotentin.

35 TGI Paris, ch. 17, 19 mars 2019, AGRIF, LICRA c/ Conrad Moukouri Manga Moussole (dit Nick Conrad). Ce jugement a été infirmé par la cour d'appel de Paris en avril 2022.

36 Houellebecq, Bénier-Bürckel, Orelsan (« sale pute »), Orelsan (« Perdu d'avance »), Garcia, Zep.

des Français ; dans l'affaire *Golgotha picnic*, pour provocation à la haine des chrétiens ; dans l'affaire *Pogrom* pour provocation à la haine des juifs ; dans l'affaire *Plateforme* pour provocation à la haine des musulmans et les deux affaires Orelsan pour provocation à la haine des femmes. Précisons enfin que certaines procédures reposent sur plusieurs des fondements juridiques répertoriés ci-dessus et peuvent combiner par exemple le délit d'injure à caractère racial et la provocation à la haine, comme dans l'affaire Zep par exemple.

La provocation aux crimes et délits envers des personnes dépositaires de l'autorité publique

Deux procédures intentées contre des rappeurs sont fondées sur la provocation aux crimes et délits envers des personnes dépositaires de l'autorité publique, en l'occurrence les forces de l'ordre. C'est le cas de Jo le Phéno, en 2017, pour son vidéo-clip « Bavure » dans lequel il met en scène un jeune homme mimant face à l'objectif le geste de la mise en joue et le tir avec une arme à feu dirigé contre des forces de l'ordre. De longs extraits sont poursuivis, dans lesquels il chante qu'il faut *fumer*, *taper*, *rafaler les condés* (c'est-à-dire les forces de l'ordre), *se défouler sur la flicaille* et *se farcir de la volaille*. Le tribunal considère que ces termes sont « constitutifs d'une charge violente et directe à l'encontre des forces de l'ordre, désignés en termes argotiques mais transparents [...] et directement visés sous la forme d'une exhortation à porter atteinte à leur intégrité physique, voire à les tuer ». Il condamne donc le rappeur à une amende et à des dommages et intérêts envers les parties civiles[37].

Le rappeur Abdul X[38] est également poursuivi par le ministère public en 2011 pour sa chanson « Tirez sur les keufs », non seulement pour injure publique envers la police, comme on l'a vu, mais aussi pour provocation au crime, qui serait exprimée dans l'extrait suivant :

> Tirez sur les keufs et sur le comico gros
> Une balle dans sa race, une balle dans sa race
> Nique la police
> Mon gros, s'il te plait, si t'en vises un, tue-le, le rate pas
> 77, 78 Brûle la police !

37 TGI Paris, ch. 17, 8 décembre 2017, Francis Tremblay, Agent judiciaire de l'État, Syndicat des cadres de la sécurité intérieure c/ Jois Ndjibu Milambu.

38 TGI Paris, ch. 17, 16 juin 2011, Ministère public c/ Benzerrouk Henry.

> 91, 92 Brûle la police !
> 93, 94 Brûle la police !
> 95, Dom-Tom Africa, Brûle la police !

Ces paroles sont accompagnées d'une vidéo où l'on voit le chanteur brandir un pistolet en direction de la caméra. Le tribunal estime que « par leur caractère répétitif, catégorique et impératif », ces propos « incitent de façon explicite et violente à brûler la police, à tirer sur les policiers et même à les tuer ». Il retient donc l'infraction.

Le rappeur est poursuivi aussi pour apologie d'atteinte à la vie et à l'intégrité de la personne au préjudice de la police nationale, pour la phrase « Toutes les banlieues de Paname brûlent la police », répétée six fois dans le clip. L'apologie se distingue de la provocation en ce qu'elle justifie ou présente sous un jour favorable un crime, sans pour autant inciter à le commettre. Dans cette affaire, le tribunal ne retient pas l'infraction, considérant que cette phrase, « insérée dans les autres paroles de la chanson, ne s'en distingue ni par son sens ni par sa portée » et qu'il lui est impossible « de déterminer si elle doit s'analyser comme une justification, plutôt qu'une exhortation ou provocation à commettre ces crimes ».

Les infractions prévues par la loi de 1881 opposent donc un certain nombre de limites à la création littéraire et artistique. Au-delà des fondements juridiques utilisés, elles peuvent être classées et regroupées en deux catégories selon la cible visée. Soit elle est un particulier, soit elle est un groupe de personnes déterminé, défini par son appartenance à un corps de l'État, son origine ethnique, son identité ou sa préférence sexuelle ou encore défini par son statut de représentant de l'autorité publique. Dans ce dernier cas, c'est au nom d'une offense aux membres de ce groupe qu'une œuvre artistique ou littéraire peut se voir limitée. C'est donc pour la référence au réel qu'elles opèrent, pour leur « référentialité » « abusive[39] », que les œuvres litigieuses entrent en conflit avec d'autres droits.

À ces restrictions de la liberté d'expression prévues par la loi du 28 juillet 1881 s'ajoutent de nombreuses limites imposées par d'autres règles de droit commun qui proviennent de sources variées. Parmi les droits qui entrent en conflit avec la liberté de création artistique, les droits de la personnalité figurent au premier plan.

---

39 Françoise Lavocat, *Fait et Fiction. Pour une frontière*, Paris, Le Seuil, 2016, p. 41.

VERSANT CIVIL
L'atteinte aux droits de la personnalité

Du fait de sa double compétence civile et pénale, la 17e chambre peut arbitrer des conflits relevant des droits de la personnalité[40], qui arrivent largement en tête des procédures analysées dans le corpus (28 occurrences, soit 61 % du total). Il s'agit d'un ensemble de droits apparus récemment dans la jurisprudence. Le juriste Jean-Michel Bruguière les compare à une famille qui ne cesse de s'agrandir[41], laquelle comprend le droit au respect de la vie privée, le droit au respect du corps humain, le droit à la présomption d'innocence, le droit à la dignité. Lorsque la liberté de création se heurte aux droits de la personnalité, il y a donc un conflit entre deux libertés fondamentales d'égales valeurs. Il appartient alors aux juges d'appliquer la technique de la balance des intérêts[42].

Tout d'abord, une personne peut intenter une action civile contre un artiste sur le fondement de la vie privée. Depuis les années 1970, le Code civil dispose en effet dans le deuxième paragraphe de son article 9 que :

> Chacun a droit au respect de sa vie privée. Les juges peuvent, sans préjudice de la réparation du dommage subi, prescrire toutes mesures, telles que séquestre, saisie et autres, propres à empêcher ou faire cesser une atteinte à l'intimité de la vie privée ; ces mesures peuvent, s'il y a urgence, être ordonnées en référé[43].

La sphère de la « vie privée » est reconnue par tous les juristes comme particulièrement floue, mais on s'accorde à dire qu'elle recouvre en général tout ce qui a trait à la vie amoureuse, la famille, la santé, les sentiments et la vie affective, les opinions ou les pensées, ce qui correspond justement

---

40 L'atteinte à l'intimité de la vie privée peut également être au fondement d'une action pénale au titre de l'article 226-1 du Code pénal et constituer de ce fait une infraction (captation, enregistrement ou transmission, sans le consentement de leur auteur, des paroles prononcées à titre privé ou confidentiel ou fixation ; enregistrement ou transmission, sans le consentement de celle-ci, l'image d'une personne se trouvant dans un lieu privé). Aucune des procédures analysées dans le corpus ne relevant de ce cas, nous ne le détaillons pas.

41 Jean-Michel Bruguière, « Dans la famille des droits de la personnalité, je voudrais… », *Recueil Dalloz*, Dalloz, 2011, p. 28.

42 Pour la définition de la balance des intérêts, voir le chapitre 3.

43 Article 9 du Code civil.

aux ingrédients privilégiés du roman. C'est pourquoi beaucoup de procédures sont intentées contre des œuvres littéraires sur le fondement de cet article 9. Il faut y ajouter l'article 1240 nouveau (ancien 1382) du Code civil. Disposant que « tout fait quelconque de l'homme, qui cause à autrui un dommage, oblige celui par la faute duquel il est arrivé, à le réparer[44] », cet article consacre le principe de responsabilité civile et de réparation d'un dommage. La plupart des procédures intentées pour atteinte à la vie privée et pour dénigrement reposent donc sur l'un ou l'autre de ces deux articles, ou les deux.

Les procédures pour atteinte à la vie privée concernent au premier chef les romanciers. Citons parmi les nombreux exemples du corpus celui de Nicolas Fargues, assigné avec son éditeur Pierre Otchakovsky-Laurens. L'ex-compagne de l'auteur l'accusait d'avoir porté atteinte à sa vie privée et de l'avoir dénigrée dans son roman autofictionnel *J'étais derrière toi*, où il évoquait sa rupture avec un personnage nommé Alexandrine. La plaignante sollicitait 150 000 euros de dommages et intérêts, à titre de réparation de l'atteinte portée au respect de sa vie privée, et 75 000 euros, à titre de réparation du préjudice moral de dénigrement. Dans un délibéré rendu le 16 mai 2012, le TGI de Paris l'a déboutée de toutes ses demandes[45].

Plusieurs fictions cinématographiques ont également fait l'objet de poursuites judiciaires sur le fondement de l'atteinte à la vie privée. C'est le cas par exemple d'Arnaud Desplechin pour son film *Rois et reine* en 2006. Il avait été assigné par son ex-compagne Marianne Denicourt, qui l'accusait de l'avoir mise en scène dans le personnage de Nora et d'avoir utilisé des épisodes douloureux de son histoire personnelle et de leur vie commune. Sa victime présumée a été déboutée par le TGI[46].

C'est aussi sur le fondement de la vie privée qu'un plaignant peut faire valoir son droit à l'image et assigner un artiste qui publie son image sans son autorisation. Ainsi, le photographe François-Marie Banier et son éditeur Gallimard se sont retrouvés assignés en 2005 par deux personnes figurant sur des clichés publiés sans leur accord dans le livre *Perdre la tête*[47]. L'une faisait l'objet d'un portrait en couverture, la bouche ouverte, un bonnet sur la tête et tenant un cigare ; l'autre figurait dans cinq clichés la

44 Article 1382 du Code civil.
45 TGI Paris, 17e chambre, Tudiesche c/ Fargues, POL éditeur, 16 mai 2012.
46 TGI Paris, ch. 17, 3 avril 2006, Denicourt c/ Desplechin.
47 François-Marie Banier, *Perdre la tête*, Paris, Gallimard, 2005.

montrant en gros plan en train de tirer la langue, se tenir le menton, etc. Comme les deux plaignantes étaient placées sous tutelle judiciaire pour l'une, sous curatelle pour l'autre, c'est l'association « Espace tutelles » qui a saisi le juge en leur nom. Estimant que ces attitudes étaient « grotesques et outrées », elle demandait le versement de la somme de 30 000 euros à chacune, en guise de réparation du préjudice subi. Par un délibéré rendu le 25 juin 2007[48], le tribunal a débouté le demandeur en considérant que l'atteinte à la dignité n'était pas établie d'une part, en faisant valoir « l'intérêt artistique et sociologique » de l'œuvre d'autre part[49].

La protection des droits de la personnalité inclut également la présomption d'innocence, qui est protégée par plusieurs textes internationaux : l'article 6 de la Convention européenne de sauvegarde des droits de l'homme, l'article 11 de la Déclaration universelle des droits de l'homme, et l'article 9 de la Déclaration des droits de l'homme et du citoyen. Au niveau national, la présomption d'innocence est en outre protégée par l'article 9-1 du Code civil. Lui porter atteinte consiste à « présenter publiquement comme coupable, avant condamnation, une personne poursuivie pénalement[50] ».

C'est sur ce fondement de l'atteinte à la présomption d'innocence, combiné à celui de l'atteinte à la vie privée, qu'Édouard Louis est assigné par son présumé violeur pour son récit paru en 2016, *Histoire de la violence*[51]. Il y raconte le viol dont il aurait été victime en nommant son bourreau par le prénom *Reda*. Au moment de la procédure, l'affaire n'a pas encore été jugée d'un point de vue pénal, et le récit du viol est susceptible de porter atteinte à la présomption d'innocence. Cependant, comme le présumé violeur n'est nommé que par son prénom, le juge des référés considère qu'il n'est pas identifiable, et déboute le demandeur.

En plus de l'atteinte à la vie privée, l'atteinte à la présomption d'innocence est aussi le fondement de l'assignation par le père Bernard Preynat des producteurs du film *Grâce à Dieu* de François Ozon. Le film

48 TGI Paris, ch. 17, 25 juin 2007, Espaces tutelles, Michelle Dolibois c/ François-Marie Banier et éditions Gallimard,., 2008, p. 57 note A. Tricoire ; Légipresse n° 246-III, p. 234, comm. A. Fourlon « Lorsque le droit à l'image cède devant la liberté d'expression artistique ».

49 Id. Voir aussi l'autre procès intenté contre le photographe pour le même livre, TGI Paris 17e ch., I. de Chastenet de Puysegur c/ F.-M. Banier, Éditions Gallimard, 9 mai 2007.

50 Cass. civ. ch. 1, 6 mars 1996, n° 93-20.478.

51 TGI Paris, ch. 17, ord. ref, 15 avril 2016, Riad Belferroum c/ Éditions du Seuil et Édouard Louis.

raconte la création de l'association de victimes *La parole libérée*, qui réunit d'anciens scouts accusant l'abbé d'agressions sexuelles. Juste avant la sortie du film en salle en février 2019, ce dernier saisit les tribunaux pour faire valoir sa présomption d'innocence alors que l'affaire est toujours en cours d'instruction au pénal. Le demandeur est débouté au motif principal que le film ne comporte aucune nouvelle révélation et ne fait que reprendre des éléments de l'histoire déjà connus du public[52].

C'est enfin toujours sur le fondement de l'atteinte à la présomption d'innocence combiné à l'atteinte à la vie privée que Jean-Louis Müller assigne les producteurs et les diffuseurs du programme *Intime conviction* de Rémy Bürckel, diffusé sur Arte en février 2014. À l'époque, le demandeur est poursuivi pour le meurtre de sa femme, et l'affaire est en cours d'instruction. Le programme comprend trois parties : un téléfilm rejouant l'enquête avec des acteurs, une web-série consacrée au procès et une partie interactive offrant au public la possibilité de donner son « intime conviction » sur l'accusé. Cette affaire donne lieu à un long feuilleton judiciaire, incluant une ordonnance de référé condamnant les défendeurs[53], un arrêt de cour d'appel confirmant cette décision[54], un jugement du TGI[55] et un arrêt de la Cour de cassation[56]. Les sociétés productrices et diffuseuses sont lourdement condamnées pour atteinte grave à la vie privée et à la présomption d'innocence.

Enfin, toujours dans le sillage des droits de la personnalité, on peut citer l'atteinte à la dignité humaine protégée par l'article 16 du Code civil qui « assure la primauté de la personne, interdit toute atteinte à la dignité de celle-ci ». Les contours jurisprudentiels de cette catégorie ont été dessinés par un arrêt très célèbre, plus connu sous le nom de l'« arrêt du lancer de nain », rendu par le Conseil d'État le 27 octobre 1994[57], qui fait du respect de la dignité humaine une composante de l'ordre public. Cette qualification juridique a ainsi été utilisée dans la procédure intentée en 2007 par l'association « Espaces tutelles » contre François-Marie Banier et les éditions Gallimard. Le conseil des époux Villemin y a aussi recours lorsqu'il assigne

---

52 TGI Paris, ch. 17, ord. ref., 18 février 2019, Preynat c/ SAS Mandarin productions, SAS France 3 cinéma et SAS mars film.

53 TGI Paris, ch. 17, ord. réf. 27 février 2014, Muller c/ Maha productions.

54 CA Paris, réf, Pôle 1, chambre 2, 28 février 2014, Maha productions c/ Jean-Louis Muller, Arte France.

55 TGI Paris, ch. 17, 5 novembre 2014, Société Maha productions c/ Jean-Louis Muller.

56 Cass. civ. 1, pourvoi n° C 14-16.273, 30 septembre 2015, Arte et Maha productions c/ J.L. Muller.

57 Conseil d'État, Assemblée, du 27 octobre 1995, 136727, publié au recueil Lebon.

Philippe Besson et son éditeur pour le roman *L'Enfant d'octobre* qui raconte l'affaire du petit Grégory et laisse peser de lourds soupçons sur sa mère[58]. Le tribunal ne retient cependant pas cette qualification, condamnant en revanche l'écrivain sur le fondement de la diffamation.

Les droits de la personnalité fondent ainsi une grande partie des procédures du corpus. D'autres fondements juridiques sont également utilisés, mais sont beaucoup moins représentés.

AUTRES FONDEMENTS JURIDIQUES

LE DROIT DE LA PROPRIÉTÉ LITTÉRAIRE ET ARTISTIQUE

Une création artistique ou littéraire peut faire l'objet d'un litige juridique sur le fondement du droit de la propriété intellectuelle et artistique. Dans ce cas, un auteur se confronte au droit moral d'un autre auteur qui s'oppose à une utilisation non permise de son œuvre. Ce droit est régi par le Code de la propriété intellectuelle. Les litiges qui concernent les atteintes portées à une œuvre dans une autre œuvre relèvent de la contrefaçon[59] (plutôt désignée hors tribunal par le terme de *plagiat*). Ce sont en effet des accusations de contrefaçon qui ont conduit Jeff Koons à plusieurs reprises devant la 3e chambre du tribunal de grande instance de Paris. Le célèbre plasticien américain est par exemple condamné le 9 mars 2017 pour avoir contrefait dans une sculpture de sa série *Naked* le cliché d'un photographe français[60]. Le 8 novembre 2018, le même tribunal le condamne de nouveau pour avoir contrefait une publicité pour les vêtements Naf-Naf, dans sa sculpture intitulée *Fait d'hiver* qui représente une scène similaire, avec un cochon pourvu d'un tonnelet et une femme allongée dans la neige[61].

58 TGI Paris, ch. 17, 17 septembre 2007, Villemin c/ Besson, Nora, Éditions Grasset et Fasquelle.

59 La contrefaçon est définie par l'article L335-3 du CPI.

60 TGI Paris, ch. 3, 9 mars 2017, n° 15/01086, Franck Davidovici c/ Jeff Koons.

61 TGI Paris, ch. 3, 8 novembre 2018, Davidovici c/ Bonami et consorts. L'artiste, sa société Jeff Koons LLC et le Centre Georges-Pompidou, qui a exposé cette sculpture en 2014, ont notamment été condamnés à verser solidairement 135 000 euros de dommages-intérêts au publicitaire Franck Davidovici, créateur de la publicité pour Naf Naf.

Si ce droit ne relève pas normalement de la compétence de la 17e chambre, il arrive qu'elle ait à arbitrer des conflits entre liberté de création et propriété intellectuelle, dès lors que ce fondement est cité parmi d'autres fondements qui relèvent du droit de la presse. C'est le cas du conflit qui oppose Patrick Poivre d'Arvor à son ex-compagne en 2011, lors de la parution de son roman *Fragments d'une femme perdue* chez Grasset. En plus de lui reprocher d'avoir porté atteinte à sa vie privée par le récit de leur liaison, elle lui fait grief d'avoir reproduit 11 lettres, un « petit mot » et des textos dont elle serait l'autrice (32 pages sont concernées). Le tribunal reconnait l'auteur coupable de contrefaçon pour une série des textes contestés.

DROIT ENCADRANT LES PUBLICATIONS POUR LA JEUNESSE

La création artistique peut être aussi limitée par les lois qui régissent les œuvres pornographiques. L'article L311-2 du Code du cinéma et de l'image animée, issu de l'ordonnance n° 2009-901 du 24 juillet 2009 qui a remplacé l'ancienne « Loi X », exclut ainsi du cadre normal de diffusion les films à caractère pornographique ou qui incitent à la violence. Cette limitation de la diffusion de ces films s'appuie également sur un système où le ministère de la culture délivre des visas d'exploitation des films, suivant les recommandations de la Commission de classification des œuvres cinématographiques : « Les visas déterminent à quelle catégorie de public les films peuvent être projetés[62] ». Enfin cette limitation des contenus pornographiques possède un volet pénal prévu par l'article 227-24 du nouveau Code pénal qui dispose que :

> Le fait soit de fabriquer, de transporter, de diffuser par quelque moyen que ce soit et quel qu'en soit le support un message à caractère violent, incitant au terrorisme, pornographique ou de nature à porter gravement atteinte à la dignité humaine ou à inciter des mineurs à se livrer à des jeux les mettant physiquement en danger, soit de faire commerce d'un tel message, est puni de trois ans d'emprisonnement et de 75 000 euros d'amende lorsque ce message est susceptible d'être vu ou perçu par un mineur.

---

62 Denis Ramond, *Images défendues. La liberté d'expression face à la pornographie*, Paris, Garnier, 2019, p. 40. Pour rappel, depuis la loi du 16 juillet 1949, il existe un système de dépôt préalable auprès du ministère de la culture des films : la commission de « classification » rend un avis, que le ministère est libre de suivre ou pas. De la même façon, les éditeurs d'ouvrages destinés à la jeunesse doivent en envoyer cinq exemplaires auprès du ministère de la Justice afin qu'une commission de contrôle les évalue.

Pour comprendre ce fondement juridique, voici un exemple d'œuvre littéraire condamnée pour pornographie, qui n'appartient pas au corpus. L'éditeur Leo Scheer a été condamné en 2002 pour la publication du roman de Louis Skorecki *Il entrerait dans la légende*. Le tribunal de Carpentras lui a infligé une amende de 7 500 euros au motif que le roman contient un « message à caractère violent ou pornographique [...] susceptible d'être vu par un mineur ». Cette condamnation a donné lieu à un débat public sur l'introduction d'une « exception littéraire » à la loi concernée. Une pétition a été publiée dans *Le Monde* du 4 avril 2003 pour modifier la loi. C'est en se référant à ce même article que l'association *Promouvoir* poursuit Michel Houellebecq et son éditeur Flammarion en 2003[63]. Elle considérait que le roman *Plateforme* exposait les mineurs à des messages à caractère violent ou pornographique et constituait un préjudice. Elle a été déboutée par le tribunal de Carpentras le 25 avril 2002.

Ce fondement est utilisé une seule fois dans le corpus, dans la procédure intentée contre Éric Bénier-Bürckel en 2005. Il lui est reproché d'avoir diffusé dans son roman *Pogrom* « des messages à caractère violent ou pornographique ou de nature à porter gravement atteinte à la dignité humaine, susceptibles d'être vus ou perçus par un mineur ». Deux extraits qui décrivent des scènes sexuelles[64] entre les personnes Mourad, Rachel, l'inqualifiable et un chien, sont poursuivis. L'auteur est cependant relaxé au motif principal qu'il a écrit une œuvre littéraire et fictionnelle, et donc d'une « nature autre qu'exclusivement pornographique[65] ».

---

63 TGI Carpentras, 25 avril 2002, consorts Bonnet, et autres c/ Flammarion, Houellebecq, 25 avril 2002, *Légipresse* n° 129, juin 2000/I.

64 « Lève-toi, ordonne-t-il à Rachel, et retire ta culotte. Elle obéit. Mourad laisse le chien promener son museau sur les fesses creusées de fossettes de Rachel. La truffe dans ses poils, il pousse de brefs grognements, ouvrant les babines pour lui lécher la fente. Mourad est obligé de retenir son chien qui commence à s'exciter. Doucement ! hurle Mourad. Tout doux ! Le museau de Brasillac fourrage dans l'entrecuisse de Rachel. Mourad se retourne et dit à l'inqualifiable : Maintenant Brasillac va enculer Rachel. Mourad ordonne à Rachel de s'accroupir contre le matelas. » (Éric Bénier-Bürckel, *Pogrom*, p. 142); « Elle enfonce les genoux dans la moquette, accroche ses mains à la couette, puis s'étend tout au long sur le matelas. Mourad enjoint Rachel de lever bien haut son cul pour que l'inqualifiable le voie aussi. Rachel dit que la moquette lui irrite les genoux. Mourad se saisit d'une ceinture et la frappe dans le dos en lui hurlant d'ouvrir la bouche quand il lui en donnera l'ordre. Elle écrase sa tête contre le matelas en étouffant un sanglot. Mourad dit à Rachel que le chien va la prendre par derrière. Il lui enfonce deux doigts dans l'anus, les hume. » (*Ibid.*, p. 143)

65 TGI Paris, ch. 17, 16 novembre 2006, Ministère public c/ Bénier-Bürckel et a.

ÉTUDE QUANTITATIVE DE LA RÉPARTITION DES DIFFÉRENTS FONDEMENTS

Les fondements utilisés pour intenter des actions en justice contre des œuvres artistiques ou littéraires apparaissent variés au regard de l'ensemble du corpus. Pour autant, certains fondements sont beaucoup plus représentés que d'autres. Afin d'en avoir une vision globale, il s'agit de récapituler en un tableau les fondements utilisés dans les 46 procédures du corpus, puis d'en interpréter les résultats.

ÉVALUATION CHIFFRÉE DU NOMBRE DE FOIS OÙ UN FONDEMENT EST CITÉ

Fondements		Nombre d'occurrences où le fondement est cité	Taux en pourcentage sur le total des procédures
Droits de la personnalité		28	61 %
Diffamation	envers un particulier	7	15 %
	raciale ou sexiste	1	2 %
Injure	envers un particulier	2	4 %
	Raciale ou sexiste	4	8 %
	envers un corps constitué	3	7 %
Provocation et apologie	Provocation au crime	4	9 %
	Provocation à la discrimination ou à la haine	6	13 %
	Apologie	1	2 %
Message à caractère violent ou pornographique		1	2 %
Contrefaçon		1	2 %

TABLEAU 1 – Fondements juridiques des procédures.

INTERPRÉTATION DES RÉSULTATS

Cette étude du corpus selon le critère juridique des fondements peut être interprétée selon deux axes : un axe purement quantitatif qui permet de mettre en lumière les fondements les plus représentés ; un axe chronologique qui apporte des éléments de réponse à la question de savoir si les procès de l'art et de la littérature se sont multipliés au cours de l'histoire récente.

Premièrement, d'un point de vue quantitatif, la protection des droits de la personnalité arrive massivement en tête des fondements utilisés dans les procès littéraires et artistiques à la 17e chambre : il est utilisé dans 61 % des procédures. La diffamation envers un particulier arrive ensuite au second rang des fondements cités (15 % des procédures). Si l'on y ajoute l'infraction d'injure envers un particulier (4 % des procédures), il y a donc une écrasante majorité de procédures intentées au nom de la protection de l'honneur ou de la vie privée d'un particulier. En ce sens, l'analyse du corpus montre que le mot de *censure*, qui laisse entendre un contrôle de l'État ou d'une institution, sur la création artistique et littéraire, est particulièrement mal adapté pour envisager les conflits liés aux droits de l'art.

À l'inverse, l'action en justice collective et identitaire apparaît assez peu représentée dans les procès artistiques et littéraires qui ont été jugés par la 17e chambre ces vingt dernières années : la diffamation raciale ou sexiste n'est citée que dans 2 % des procédures, l'injure raciale ou sexiste dans 8 % et la provocation à la discrimination et à la haine dans 13 %. En outre, ces fondements étant parfois utilisés deux fois dans une même procédure, cela diminue encore un peu plus le nombre de procédures qui relèvent de la protection des communautés et les rapporte au nombre de 7 au total (soit 15 %). Ce résultat permet ainsi de nuancer l'idée d'une omniprésence de la problématique identitaire dans les procès artistiques et littéraires, contrairement à ce que laisse souvent entendre le débat public[66].

Comment interpréter ce résultat ? Il peut être dû tout simplement au manque de représentativité de l'échantillon étudié ici. C'est pourquoi il demanderait à être réexaminé et vérifié à une échelle plus large. Néanmoins, on se risquera à émettre quelques hypothèses suggérant que

---

66 Voir par exemple Carole Talon Hugon, *L'Art sous contrôle*, *op. cit.*, Emmanuel Pierrat, *Nouvelles morales, nouvelles censures*, Paris, Gallimard, 2018, ou encore Isabelle Barbéris, *L'Art du politiquement correct*, *op. cit.*

ce n'est pas qu'un effet déformant du corpus d'analyse. Tout d'abord, de nombreux concepts propres aux problématiques identitaires, tels que l'appropriation culturelle ou encore les stéréotypes racistes[67], qui ne sont pas immédiatement dévalorisants, n'ont pas d'équivalent en droit et apparaissent dans bien des cas intraduisibles. Certes, ils sont liés à la question de la prévention des discours racistes ; mais parce qu'ils luttent contre un racisme insidieux, aussi omniprésent que disséminé, et le plus souvent non intentionnel de la part du locuteur, ils sont difficilement abordables sous le prisme de la discrimination, de la diffamation ou de l'injure raciales. Ainsi, en 2017, lorsque le CRAN et d'autres associations étudiantes reprochent au metteur en scène des *Suppliantes* de faire porter à des acteurs blancs des masques de couleur sombre pour représenter des acteurs noirs, la thèse sous-jacente est que les noirs sont sous-représentés dans la société française et qu'ils sont dominés par les blancs. Cette revendication ne peut se fondre dans le moule d'aucune des catégories prévues par la loi de 1881.

Ce problème d'absence de correspondance entre les concepts du débat public et les catégories juridiques pose en outre une autre série de questions. Cette sous-représentation de la problématique identitaire signifie-t-elle qu'est préférée à la saisie d'un tribunal la mobilisation dans les médias et sur les réseaux sociaux pour porter des revendications ? Permet-elle à l'inverse de nuancer le discours consistant à décrire la force de la problématique identitaire dans les limitations de la liberté de création ? Pour répondre à ces questions dont l'importance sociale est majeure, il apparaîtrait là encore nécessaire de mener une enquête élargie sur les voies d'action choisies par les associations de lutte contre les discriminations pour faire reconnaitre leurs droits.

Le deuxième résultat que met en lumière cette étude montre que la plupart des fondements juridiques utilisés dans les procès de l'art et de la littérature à la 17e chambre sont de création récente. La protection des droits de la personnalité (61 %), qui apparaît dans les années 1970, fait l'objet d'un plus grand contentieux que les limites prévues par la loi de la presse de 1881 concernant la protection de l'honneur des personnes

67 Sur cette question, voir l'article de Denis Ramond, « Faire du tort sans penser à mal. Remarques sur le traitement éthique et juridique des stéréotypes », dans Anna Arzoumanov, Mathilde Barraband, Geneviève Bernard-Barbeau et Marty Laforest (dir.), *Les Droits de l'art*, Montréal, Presses universitaires de Montréal, 2022, [à paraître].

(diffamation, injure et provocation). En outre, les procès de l'art au nom de la protection de communautés sont intentés sur le fondement d'ajouts à la loi de 1881, qui remontent aux années 1970 ou sont encore plus récents : la répression des discours racistes et sexistes (diffamation et injure raciale, provocation à la discrimination), qui n'a été introduite dans la loi de 1881 qu'à partir de 1972 et a été ensuite renforcée dans les années 1990. Quant à la répression des discours sexistes, elle n'est entrée dans la loi de 1881 qu'en 2004[68]. Ce résultat semble plaider en faveur de la thèse d'une mainmise croissante du droit sur l'art et la littérature.

Par opposition, la régression de délits directement relatifs aux mœurs est remarquable. Mis à part le cas spécifique de la protection de la jeunesse, qui permet de limiter des œuvres pornographiques, on ne fait plus de procès relatifs aux mœurs. D'ailleurs, les fondements juridiques que sont l'outrage à la morale publique et l'atteinte aux bonnes mœurs, qui ont permis d'intenter des procès à Baudelaire et à Flaubert au XIXe siècle, ont disparu de la législation française[69]. Il en est de même pour le délit de blasphème qui n'existe plus en droit français. À la suite du sociologue du droit Jacques Commaille qui décrit une évolution globale des contentieux juridiques au cours de l'histoire, il est donc tentant de lire dans les procès de l'art et de la littérature un déplacement des litiges et des stratégies de mobilisation de l'arène judiciaire plutôt qu'une judiciarisation croissante de la société[70]. Cependant, pour étayer cette hypothèse, il serait nécessaire de mener des enquêtes qui s'inscrivent dans une perspective de diachronie longue. Le corpus témoigne donc d'une évolution dans les relations entre droit et arts, qui révèle, selon l'interprétation qu'on en donne, soit un déplacement des litiges, soit une judiciarisation croissante de l'art ou de la littérature. Qu'en est-il des genres des œuvres contestés ? Peut-on établir une corrélation entre l'émergence de certains genres et un possible accroissement des procès artistiques et littéraires ?

---

68 En 2004, la loi créant la Haute Autorité de lutte contre les discriminations et pour l'égalité (la Halde) a intégré à l'article 24 de la loi de 1881 une définition élargie des groupes bénéficiant d'une protection, en y intégrant les « propos discriminatoires à caractère sexiste ou homophobe ».

69 Sur ce point, voir par exemple l'article de Dominique Fenouillet, « Les bonnes mœurs sont mortes ! Vive l'ordre public philanthropique ! », dans *Le droit privé français à la fin du XXe siècle. Études offertes à P. Catala*, Paris, Litec, « Mélanges », 2001, p. 487-528.

70 Il développe cette thèse dans son livre *À quoi nous sert le droit ?*, Paris, Gallimard, « Folio essais », 2015.

LES GENRES DES ŒUVRES MISES EN CAUSE

Peut-on interpréter les procès de l'art et de la littérature au regard de l'émergence de certains genres, qui traduiraient l'évolution des pratiques vers plus de transgression, comme le suggère par exemple la sociologue de l'art Nathalie Heinich[1] ? Témoignent-ils d'un brouillage plus important entre fait et fiction, selon l'interprétation de la théoricienne de la littérature Françoise Lavocat[2] ? Tous les genres artistiques et littéraires sont-ils impliqués de la même façon ?

Les œuvres du corpus peuvent être réparties en cinq grands domaines artistiques : la littérature ; la création visuelle, qui comprend essentiellement les clichés à prétention artistique de photographes et les affiches de cinéma ; la création audiovisuelle, qui comprend les films d'auteur et les fictions audiovisuelles ; la création musicale, qui comprend exclusivement des chansons à textes ; le spectacle vivant, qui comprend les catégories du théâtre et de la musique. Le tableau n° 2 présente ainsi la répartition en genres des 46 procédures[3].

Littérature				Création visuelle	Création audiovisuelle	Création musicale	Spectacle vivant
Récits de soi	Roman-enquête	Autres romans	Théâtre				
12	6	7	1	7	5	8	2
Total : 26							

TABLEAU 2 – Genres des œuvres contestées.

1 Voir le développement consacré aux travaux de Nathalie Heinich dans le chapitre 1, p. 28-29.

2 Françoise Lavocat, *Fait et Fiction. Pour une frontière*, Paris, Le Seuil, 2017.

3 Deux des procédures sont comptabilisées deux fois, car elles relèvent de deux genres : *Golgotha picnic*, dont la version imprimée (littérature théâtrale) est mise en cause au même titre que sa version mise en scène au théâtre du Rond-Point (spectacle vivant), et le spectacle d'Orelsan au Bataclan en 2009, qui relève à la fois du spectacle vivant et de la création musicale.

LA LITTÉRATURE « FACTIONNELLE » REINE DES PRÉTOIRES

La littérature est le genre artistique qui est de loin le plus concerné par les procès (26 cas sur 46, soit près de 57 %), même si ce résultat apparaît très faible au regard de la production littéraire totale en France. En effet, afin d'avoir un ordre d'idée, on peut s'appuyer sur les chiffres clés du secteur du livre qui sont publiés annuellement. Pour la seule année 2015 par exemple, tous éditeurs confondus, 67 041 livres ont été commercialisés en France, dont 23 % étaient des romans (soit environ 15 000)[4]. Si l'on fait l'hypothèse d'une quantité à peu près identique de romans parus chaque année, on parvient à un total de 300 000 sur 20 ans. Comparé à ce chiffre considérable, celui de 26 œuvres littéraires contentieuses paraît donc très faible (environ 0,008 %).

Au sein de la littérature, plusieurs catégories peuvent être isolées. Le roman[5] tout d'abord arrive très largement en tête des procès littéraires (25 sur 26). En effet, un seul cas n'en relève pas : la pièce de théâtre *Golgotha picnic*. De plus, dans tous les romans sauf un seul (soit 24 sur 25), le jugement de fictionnalité ou de factualité est au cœur du litige juridique, le débat portant sur l'intrusion du réel dans la fiction et consistant à évaluer de quel côté de la frontière entre *fait* et *fiction* le roman se situe. Enfin, deux grandes catégories de romans sont particulièrement représentées.

Tout d'abord, le récit de soi[6] occupe la majeure partie des contentieux (12 cas[7]). Ce récit de soi est désigné par plusieurs termes au tribunal, dont les plus courants sont ceux d'*autofiction* et d'*autobiographie*. Les écrits littéraires les plus contestés relèvent donc d'un genre dont le classement

4 Source : les chiffres clés du secteur du livre 2015-2016.

5 Par commodité, nous utilisons l'étiquette de *roman*, même si elle est parfois en débat.

6 Pour des raisons de commodité et pour éviter tout débat terminologique, nous classons les autofictions dans la catégorie des écrits de soi à la suite des travaux Jean-Louis Jeannelle (voir notamment « Le procès de l'autofiction », *Études*, t. 419, n° 9, 2013, p. 221-230, [en ligne] URL : https://www.cairn.info/revue-etudes-2013-9-page-221.htm, consulté le 4 avril 2022). Par ailleurs, nous les classons dans la catégorie des romans, bien qu'un tel classement soit précisément l'objet du litige.

7 Camille Laurens, Gérard Vincent, Patrick Poivre d'Arvor, Sylvie Ohayon, Nicolas Fargues, Marcela Iacub, Lionel Duroy, Christine Angot, Olivier Frébourg, Didier Moury, Simon Liberati et Édouard Louis.

dans la catégorie des romans est conditionnel et repose surtout sur un discours auctorial et paratextuel.

Le deuxième sous-ensemble de romans faisant l'objet de litiges relève de l'enquête[8], qu'elle soit fictive (c'est le cas par exemple du polar *Aux malheurs des dames* de Lalie Walker[9]), et/ou consacrée à un fait-divers réel contemporain (cinq cas[10]). Ce fait-divers peut être célèbre (l'affaire du Sofitel impliquant l'ancien directeur du FMI Dominique Strauss-Kahn, accusé de viol par une femme de chambre, dans le roman de Régis Jauffret, *La Ballade de Rikers Island*[11] ou encore l'affaire du meurtre du petit Grégory, reprise dans *L'Enfant d'octobre* de Philippe Besson[12]), ou au contraire peu connu du public (telle l'affaire de l'empoisonnement d'une fillette par sa propre mère, atteinte du syndrome de Münchausen, dans le roman *Moloch* de Thierry Jonquet). À l'exception du polar fondé sur une enquête fictive, cette deuxième catégorie de romans a donc un statut fictionnel brouillé, voire quasi-inexistant. Là encore, son classement dans le genre du roman est conditionnel et problématique.

L'ensemble formé par les sept autres romans litigieux[13] est beaucoup moins homogène sous l'angle de leurs genres. Du point de vue de leur rapport au réel, ils peuvent plus immédiatement s'appréhender comme des fictions. Néanmoins, ils ont tous pour point commun de rencontrer le réel de manière plus ou moins ponctuelle. Ainsi, *Le Procès de Jean-Marie Le Pen* de Mathieu Lindon[14], roman engagé qui vise le Front national, met certes

8 Nous entendons « enquête » ici en un sens plus large que Laurent Demanze (*Un nouvel âge de l'enquête : portraits de l'écrivain contemporain en enquêteur*, Paris, Corti, 2019). Sont classés dans cette catégorie le genre du polar, qu'il repose sur une enquête fictive ou sur un fait réel, et les romans-enquêtes tels que les décrit Laurent Demanze. Sur ce tournant documentaire de la littérature des années 2000, voir notamment Bruno Blanckeman, Aline Mura-Brunel et Marc Dambre (dir.), *Le Roman français au tournant du XXIe siècle*. Paris, Presses Sorbonne Nouvelle, 2004, Dominique Viart et Bruno Vercier (dir.), *La Littérature française au présent. Héritage, modernité, mutations*, Paris, Bordas, 2008, Marie-Jeanne Zenetti, *Factographies : l'enregistrement du réel en littérature*, Paris, Garnier, « Littérature, histoire, politique », 2014 ; Marie-Jeanne Zenetti et Claude Bloomfield, « Usages du document en littérature », *Littérature*, n° 16, mai 2012 ; Laurent Demanze, *Un nouvel âge de l'enquête*, Paris, Éditions Corti, 2019.

9 Lalie Walker, *Aux malheurs des dames*, Paris, Parigramme, 2009.

10 Thierry Jonquet, Marc Weitzmann, Christian Millau, Philippe Besson, Jean-François Lamunière, Lalie Walker et Régis Jauffret.

11 Régis Jauffret, *La Ballade de Rikers Island*, Paris, Le Seuil, 2014.

12 Philippe Besson, *L'Enfant d'octobre*, Paris, Grasset, 2006.

13 Mathieu Lindon, Éric Madelin, Corinne Solliec, Grégoire Delacourt, Éric Bénier-Bürckel et Michel Houellebecq.

14 Mathieu Lindon, *Le Procès de Jean-Marie Le Pen*, Paris, POL, 1998.

en scène des personnages fictifs, mais n'en produit pas moins un discours sur le parti d'extrême-droite français et sur la personnalité de son dirigeant, Jean-Marie Le Pen. Le roman *Paradis B*, de Lucio Mad[15], est fondé sur une histoire fictive, dont aucun élément de l'intrigue ne renvoie à des événements arrivés à une personne réelle. Néanmoins, le héros, obsédé sexuel, toxicomane et trafiquant de drogue, porte un nom emprunté à un membre de l'entourage de l'auteur et habite à la même adresse. Le roman *La première Chose qu'on regarde* de Grégoire Delacourt[16] fait le récit des amours de deux personnages fictifs, dont l'héroïne est présentée comme le sosie d'une personne réelle, la star de cinéma Scarlett Johansson. L'ensemble du roman est donc fictionnel. Cependant, momentanément, le réel fait intrusion dans un court passage où le narrateur interrompt sa narration pour décrire les amours de la vraie actrice hollywoodienne. Enfin, bien que le roman *Pogrom* de Éric Bénier-Bürckel[17] mette en scène, aux côtés de personnages fictifs, un héros qui ressemble beaucoup à l'auteur, ce n'est pas au titre d'un potentiel caractère autobiographique qu'il est contesté, mais au titre de la provocation à la haine. Il est ainsi le seul roman du corpus pour lequel l'enjeu du procès n'est pas directement l'hybridité entre fait et fiction.

Le roman de Corinne Solliec *Le petit Corps*[18] constitue quant à lui un hapax dans le corpus. En effet, alors qu'il raconte la lutte d'une jeune fille anorexique avec son « petit corps », sans que l'histoire ne s'inspire d'une source réelle, il a fait l'objet d'un contentieux à cause du nom du personnage, *Estelle Maréchal.* Ce nom était porté par une personne réelle, qui bien qu'inconnue de l'autrice, estimait que le roman portait atteinte à sa vie privée.

Ce sont donc presque toujours des genres situés à la frontière entre fait et fiction qui sont débattus au prétoire. Les juges doivent décider si leur référentialité est abusive ou non, s'il y a ou non « délit de factualité[19] », pour reprendre l'expression de Françoise Lavocat. Ces romans qui s'approchent un peu trop de la réalité, ces œuvres que l'on peut dire « factionnelles[20] », sont parfois appréhendés par le grand public sous une même étiquette, celle de « roman à clef[21] ». Les juristes, eux, n'utilisent

---

15 Lucio Mad, *Paradis B*, Paris, Gallimard, 1998.

16 Grégoire Delacourt, *La première Chose qu'on regarde*, Paris, JC Lattès, 2013.

17 Éric Bénier-Bürckel, *Pogrom*, Paris, Flammarion, 2004.

18 Corinne Solliec, *Le petit Corps*, Paris, Gallimard, 2006.

19 Françoise Lavocat, *Fait et Fiction. Pour une frontière*, Paris, Le Seuil, 2016, p. 276.

20 *Ibid.*, p. 276.

21 Cette catégorie, fourre-tout, est malaisée à définir : il s'agit bien davantage d'une catégorie de réception que d'un genre d'écriture. Néanmoins, elle est souvent mobilisée dans

pas cette locution. Ils ont forgé leurs propres catégories pour désigner ces œuvres dont le statut fictionnel est affirmé alors même qu'elles puisent largement dans le réel : *fiction du réel*, *roman de non-fiction*, *docu-fiction*, *roman-réalité* ou encore *roman du réel*[22]. Toutes ces dénominations reposent sur des oxymores apparents qui révèlent toute la dimension problématique des œuvres ainsi désignées : il s'agit de textes situés à la frontière entre fait et fiction, qui appartiennent au vaste mouvement plus global de « retour du réel » dans les arts, selon l'expression de Hal Foster[23]. La transgression des frontières entre fait et fiction recoupe à bien des égards le franchissement des limites de la liberté de création telles qu'elles sont fixées par le droit. Par conséquent, il semble bien y avoir une corrélation entre bon nombre de procès littéraires et le fait que la littérature ait regagné une transitivité.

---

les médias, ce qui montre qu'elle fonctionne de manière intuitive. Pour une histoire du roman à clef, nous nous permettons de renvoyer à Anna Arzoumanov, *Pour lire les clefs de l'Ancien Régime. Anatomie d'un protocole interprétatif*, Paris, Garnier, 2013. Voir aussi Michel Lacroix et Anthony Glinoer (dir.), *Romans à clés. Les ambivalences du réel*, Liège, Presses universitaires de Liège, « Situations, 2 », 2017. Pour une analyse de la mobilisation dans la presse de la catégorie *roman à clés*, voir particulièrement Mathilde Bombart, « Romans à clés : une pratique illégitime au filtre de la critique littéraire des journaux », dans Michel Lacroix et Anthony Glinoer (dir.), *Romans à clés*, *op. cit.*, p. 43-65, [en ligne] URL : http://books.openedition.org/pulg/2283, consulté le 4 avril 2022, consulté le 4 avril 2022.

22 Voir Christophe Ledannois, « Œuvres audiovisuelles : comment écrire sur la vie d'autrui ou la nécessaire balance entre liberté d'expression et protection des droits de la personnalité », *Légipresse*, n° 225, octobre 2005 ; Christophe Caron, « À propos du conflit entre les œuvres de fiction et la vie privée », *Recueil Dalloz*, 2005, p. 1715 ; Charles-Édouard Renault, « Le contrôle des fictions du réel par le juge des référés, un impossible processus », *Légipresse* n° 238, Janvier-février 2007 et Id., « Le roman de non-fiction sanctionné par le droit de la presse », *Légipresse* n° 247, décembre 2007, p. 243 et s. ; Armelle Fourlon, « "Toute ressemblance avec des personnages existant ou ayant existé..." est-elle constitutive d'une atteinte aux droits de la personnalité ? Étude de la jurisprudence en matière de fictions du réel », *Communication commerce électronique*, n° 3, 2007, p. 9-15 ; Valérie Varnerot, « La fictionnalisation de la vie privée », *Revue interdisciplinaire d'études juridiques*, vol. 64, n° 1, 2010, p. 183-244.

23 Hal Foster, *Le Retour du réel : situation actuelle de l'Avant-Garde*, Bruxelles, La Lettre volée, « Essais Lettre volée, 61 », 2005.

LE RAP : UN GENRE INTRINSÈQUEMENT JUDICIARISABLE ?

Avec huit cas sur 46, la création musicale arrive ensuite en deuxième position des genres contestés. La surreprésentation d'arts fondés sur le langage verbal s'explique probablement par le fait que le matériau linguistique est plus aisément analysable sous le prisme de la loi de 1881 que les arts visuels. Mais il ne s'agit pas du seul facteur explicatif. Tous les genres musicaux ne sont pas représentés au tribunal, puisqu'un seul fait l'objet de poursuites, celui du rap[24]. Ce résultat appelle plusieurs commentaires.

Premièrement, cette forte représentation du genre permet de donner une possible validité à l'hypothèse d'une judiciarisation globalement croissante des arts depuis quelques décennies. Le rap est en effet un genre récent, importé des États-Unis, dont la véritable popularité en France ne remonte qu'au tournant des années 1990. C'est à cette époque qu'il a fait l'objet d'une intense médiatisation et a connu un grand succès auprès du public.

Deuxièmement, comment expliquer une telle récurrence du rap ? Qu'est-ce qui rend ce genre particulièrement susceptible de donner lieu à des procès ? La violence des paroles ? Une vigilance particulière de la société vis-à-vis des rappeurs ? Autrement dit, l'explication se trouve-t-elle dans des facteurs intrinsèques et/ou extrinsèques au genre ? Nous n'examinerons dans un premier temps que les propriétés internes du genre qui le rendent particulièrement judiciarisable[25]. Le rap est très divers et résiste à des définitions qui en homogénéiseraient la signification, les pratiques et les visées politiques, malgré certaines représentations parfois très stéréotypées qui l'assimilent à la banlieue française et à l'immigration[26]. Il

---

24 Parmi tous ces procès intentés à des rappeurs sur le fondement de la provocation, celui du groupe de punk Condkoï jugé par le tribunal d'Albi en 2004 semble faire figure d'exception. Sur ce procès où la linguiste Dominique Lagorgette est intervenue comme témoin, voir Dominique Lagorgette (dir.), *Les Insultes en français, de la recherche fondamentale à ses applications*, Chambéry, Presses de l'université de Savoie, 2009.

25 Nous proposerons des éléments de réponse à la question des facteurs extrinsèques de cette judiciarisation dans le chapitre suivant.

26 Sur la diversité du rap, voir Karim Hammou, *Une histoire du rap*, Paris, La Découverte, 2014 ; Stéphanie Molinero, *Les Publics du rap. Enquête sociologique*, Paris, L'Harmattan, 2009 ; et Anthony Pecqueux, *Le Rap. Idées reçues*, Paris, Le Cavalier bleu, 2009.

existe cependant un certain type de rap à visée politique et contestataire qui présente des caractéristiques pouvant être appréhendées par le biais des catégories juridiques de la provocation et de l'injure. On repère en effet chez des rappeurs des prises de position radicales, une stigmatisation des organes de domination et de pouvoir, qu'ils considèrent responsables de la situation dégradée de leur minorité. En d'autres termes, ce rap politique et contestataire clive la société en deux camps, un groupe dominé, les jeunes de banlieue, qui se dresse contre un groupe dominant, l'État, la police, autrement dit ce qu'on appelle en droit les corps constitués. En outre, par sa visée critique de dénonciation, il se caractérise souvent par son outrance verbale et ses « discours insultants, crus, métaphoriques, teintés d'humour, de fatalité ou appels à l'action » « qui oscillent entre dénonciation, révolte (discours anti-flics, anti-racistes, anti-politiques, anti-conformistes, etc.), revendication, conscientisation ou moralisation (discours ethnique, pro-black par exemple, informatif, pédagogique, parfois politique ou religieux)[27] ». Pour toutes ces raisons, ce sous-genre du rap rencontre les limites de la liberté d'expression telles qu'elles sont fixées par le droit.

ŒUVRES PHOTOGRAPHIQUES

Les sept procédures du corpus concernent des œuvres photographiques[28] qui entretiennent un fort lien avec le réel et au sein desquelles trois catégories se dessinent.

La première peut être rapprochée de la lignée dite « humaniste » des œuvres de Robert Doisneau ou Henri Cartier-Bresson, qui photographie l'être humain dans son quotidien en prenant des individus sur le vif dans la rue. Appartient à cet ensemble l'œuvre photographique du photoreporter de l'agence Magnum Luc Delahaye qui suscite un contentieux en 2004. Dans le livre *L'Autre* publié aux éditions Phaédon en 1999 et cosigné avec le philosophe et sociologue Jean Baudrillard, il rassemble

27 Vincent Fayolle et Adeline Masson-Floch, « Rap et politique », *Mots. Les langages du politique*, n° 70, 2002, mis en ligne le 07 mai 2008, URL : http://journals.openedition.org/mots/9533, consulté le 4 avril 2022.

28 Luc Delahaye, François-Marie Banier (2 fois), Irina Ionesco, Juan Francisco Casas, Constantin Costa-Gavras et Willy Rizzo.

des clichés d'anonymes pris dans le métro parisien. On peut rattacher également à cette catégorie l'œuvre photographique de François-Marie Banier contre laquelle deux procédures judiciaires distinctes ont été intentées en 2006. Dans le livre *Perdre la tête*, il publie environ 170 clichés en noir et blanc, dont la majeure partie représente des parisiens anonymes, des « gens de la rue », que l'artiste attrape comme ils sont – souvent vieux, souriants ou grimaçants, heureux ou malheureux, parfois ridicules –, quand le reste des photographies est consacré à des personnes célèbres et des animaux. Six des photos du livre sont contestées dans la première procédure[29], une unique dans la seconde[30].

La deuxième catégorie rassemble des œuvres qui ont pour point commun de représenter des proches du photographe dans leur intimité. La photographe Irina Ionesco photographie sa très jeune fille, qui avait alors entre 4 et 12 ans, la représentant à moitié dénudée, dans des poses très sexualisées. Devenue adulte, cette dernière l'attaque en justice pour l'ensemble des photos pour lesquelles elle a posé. L'artiste-peintre Juan Francisco Casas photographie son ancienne compagne Virginie G., dénudée ou dans des moments intimes qu'ils ont pu partager. Willy Rizzo publie des clichés de son ex-compagne, l'actrice Elsa Martinelli.

Enfin, une photographie, l'affiche du film *Amen*, constitue un hapax dans le corpus. Outre qu'il s'agit d'une affiche promotionnelle de film, elle représente les deux acteurs qui jouent dans le film de Costa-Gavras du même nom, séparés par une croix rouge. Si elle représente donc des personnes, c'est en vertu de leur statut de personnages dans une fiction. Leurs costumes, une veste d'officier nazi pour l'un et une soutane pour l'autre, font donc référence à un moment réel, historique, la France sous l'occupation nazie.

29 TGI Paris, ch. 17, ord. ref., 16 janvier 2006, Espaces tutelles, Michelle Dolibois c/ François Marie Banier et éditions Gallimard.

30 TGI, ch. 17, 9 mai 2007, Chastenet de Puységur Isabelle c/ Galimard et François-Marie Banier.

ŒUVRES AUDIOVISUELLES

Au nombre de 5[31], les œuvres audiovisuelles contestées entretiennent également pour une majeure partie d'entre elles un lien étroit avec le réel. Elles peuvent être réparties en deux catégories recoupant celles qui peuvent être identifiées pour la littérature.

Un film relève du récit de soi, *Rois et Reine* d'Arnaud Desplechin. Le film met en scène deux personnages principaux, Ismaël et Nora, qui partagent de nombreux traits communs avec le réalisateur et son ex-compagne Marianne Denicourt.

Les quatre autres films appartiennent au genre de l'enquête. Trois d'entre eux sont consacrés à la reprise fictionnelle d'un fait-divers réel. Le film de François Ozon, *Grâce à Dieu*, raconte la naissance de l'association de victimes « la parole libérée », fondée à Lyon en 2015 par d'anciens scouts accusant d'agressions sexuelles l'abbé Bernard Preynat. Celui d'Olivier Raimbault, *Une intime conviction*, relate le second procès de Jacques Viguier, accusé d'avoir assassiné son épouse Suzanne Viguier, disparue à Toulouse en 2000 et jamais retrouvée. On y voit notamment les protagonistes principaux du fait-divers tous joués par des acteurs, l'accusé, son avocat Éric Dupont-Moretti, et l'amant de la victime, Olivier Durandet. Un troisième film, *Intime conviction* de Rémy Bürckel, retrace l'enquête sur la mort par arme à feu de l'épouse du docteur Villiers en s'inspirant explicitement de l'affaire Müller alors en cours d'instruction. Enfin, un épisode de la série *Julie Lescaut* montre l'enquête menée par des policiers pour élucider l'assassinat et le viol d'une jeune réfugiée africaine. Seul film du corpus à n'être inspiré d'aucun fait-divers réel reconnaissable, il est l'unique œuvre audiovisuelle entièrement fictive. À l'exception de ce téléfilm, toutes les œuvres citées partagent la caractéristique d'un ancrage fort dans la réalité et se situent à mi-chemin entre fait et fiction.

31 Épisode de *Julie Lescaut* (sans auteur incriminé), Arnaud Desplechin, François Ozon, Rémy Bürckel et Olivier Rimbault. Précisons que ce chiffre très faible au regard de la littérature, par exemple, n'est pas significatif. Pour pouvoir comparer avec plus de précision les chiffres propres aux différents genres, il faudrait inclure les affaires qui se sont présentées au tribunal de Nanterre, plus compétent en la matière pour la simple raison que les sièges sociaux des sociétés de télévision sont à la Défense et relèvent donc de sa compétence.

SPECTACLE VIVANT

Le spectacle vivant est peu représenté dans le corpus. L'on y relève une seule occurrence de représentation théâtrale, le spectacle *Golgotha Picnic* de Rodrigo García mis en scène au théâtre du Rond-Point en 2011, et le concert du rappeur Orelsan au Bataclan en 2009. Dans les deux cas, les plaignants s'appuient sur des extraits textuels pour intenter l'action en justice et les œuvres relèvent de ce fait de la littérature pour le premier, de la création musicale pour le second. Pourquoi une si faible proportion de spectacles vivants ? Tout d'abord, il convient de rappeler qu'ont été exclues du corpus toutes les procédures concernant les humoristes, dont Dieudonné. Le spectacle vivant est donc plus souvent représenté dans le contentieux de presse qu'il n'y paraît si l'on se fie aux seuls chiffres du corpus. Ensuite, la judiciarisation du spectacle vivant relève plus souvent de la compétence du tribunal administratif, qu'une association peut saisir pour faire cesser une représentation.

Quel que soit le genre incriminé, on constate donc que les œuvres inspirées du réel constituent la très grande majorité des litiges, soit qu'elles puisent dans la vie des proches de l'auteur, soit qu'elles s'inspirent de faits-divers, soit qu'elles mettent en scène des célébrités. Seules les chansons de rap et quelques rares œuvres relevant d'autres genres échappent à cette caractéristique. Ce résultat se confirme lorsque l'on examine de façon croisée le critère des genres et celui des fondements juridiques.

RÉPARTITION DES FONDEMENTS SELON LES GENRES

Existe-t-il une affinité particulière entre certains fondements juridiques et certains genres artistiques et littéraires ? Pour répondre à cette question, le tableau n° 3 croise les critères des genres et des fondements.

		Littérature			Création visuelle	Création audiovisuelle	Création musicale	Spectacle vivant
		Écrits de soi	Roman enquête	Autres				
Droits de la personnalité		12	3	3	6	4		
Injure	envers un particulier		1				1	
	raciale ou sexiste			2			2	1
	envers un corps constitué						3	
Diffamation	envers un particulier		4	2		1		
	raciale ou sexiste				1	1		
Provocation et apologie	au crime						5	
	à la discrimination ou à la haine			3			3	2
	Apologie						1	
Message à caractère violent ou pornographique				1				
Contrefaçon		1						

TABLEAU 3 – Répartition des fondements selon les genres.

Une fois croisés le critère générique et celui des fondements juridiques, plusieurs tendances se dessinent pour la littérature. La quasi-totalité des fondements utilisés contre des œuvres littéraires est relative à l'atteinte à une cible individuelle : atteinte à la vie privée, diffamation et injure envers un particulier. L'atteinte à la vie privée est le fondement le plus représenté et il est même le seul utilisé dans les procédures intentées contre des récits de soi.

Pour contester des romans-enquêtes, les fondements se révèlent plus variés (droits de la personnalité[32], injure[33] et diffamation[34] envers un particulier). Cette différence s'explique aisément. Dans un récit fondé sur l'exploration d'un fait-divers, la primeur est davantage donnée aux faits, susceptibles d'une offre de preuve, que dans un récit de soi, souvent plus centré sur la vie sentimentale et affective. Ainsi, dans quatre procès intentés à un roman-enquête, le plaignant reproche à l'auteur de lui avoir imputé des faits contraires à la vérité : un viol dans *La Ballade de Rikers Island* de Régis Jauffret[35], une série de catastrophes au Marché Saint-Pierre dans *Aux Malheurs des dames* de Lalie Walker[36], des relations sexuelles multiples dans *Pastis à l'OM* de Jean-François Lamunière[37] et une complicité d'infanticide dans *L'Enfant d'octobre* de Philippe Besson[38]. Enfin, dans la troisième catégorie, à savoir celle des genres qui ne relèvent d'aucune des deux précédentes, les fondements sont mieux répartis : les droits de la personnalité[39], la diffamation envers un particulier[40], l'injure raciale[41], la provocation à la discrimination[42] et le message à caractère violent ou pornographique[43]. Au total, seules trois affaires sur 26 (soit 11 %) relèvent de l'offense envers une communauté, les musulmans dans l'affaire Houellebecq, les Juifs dans l'affaire *Pogrom* et les catholiques dans l'affaire *Golgotha picnic*.

32 Thierry Jonquet, Marc Weitzmann et Philippe Besson.
33 Lalie Walker.
34 Philippe Besson, Lalie Walker, Jean-François Lamunière et Régis Jauffret.
35 Régis Jauffret, *La Ballade de Rikers Island*, Paris, Le Seuil, 2014.
36 Lalie Walker, *Aux malheurs des dames*, Paris, Parigramme, 2009.
37 Ray Grassi [Jean-François Lamunière], *Pastis à l'OM*, Paris, Payot, 2007.
38 Philippe Besson, *L'Enfant d'octobre*, Paris, Grasset, 2006.
39 Éric Madelin, Grégoire Delacourt et Corinne Solliec.
40 Mathieu Lindon et Christian Millau.
41 Houellebecq et Bénier-Bürckel.
42 Michel Houellebecq, Éric Bénier-Bürckel et Rodrigo García.
43 Éric Bénier-Bürckel.

Concernant les autres genres pour lesquels on a observé un fort ancrage dans le réel, le même constat peut être fait d'une très grande majorité de contentieux privés, qui ont trait à la réputation ou à la vie privée d'un individu. Six[44] des sept procès de créations visuelles et quatre[45] des cinq procès de créations audiovisuelles se fondent sur l'atteinte à la vie privée, plus précisément sur le non-respect du droit à l'image dans le premier cas. Un seul[46] des cinq procès de créations audiovisuelles a été intenté pour diffamation envers un particulier. En outre, pour les trois fictions cinématographiques de type enquête sur un fait-divers contemporain, le fondement de la diffamation est moins utilisé que l'atteinte à la présomption d'innocence, qui est rattachée à l'atteinte à la vie privée. Ceci s'explique par le fait que, dans les trois cas, le demandeur fait l'objet d'une enquête qui reste ouverte au moment de la diffusion du film et que la justice ne s'est pas encore prononcée sur sa culpabilité.

Enfin, sans surprise, la création musicale se singularise radicalement du reste : six des huit procédures sont fondées sur une provocation envers une communauté, au crime[47] ou à la discrimination[48], et/ou sur une injure publique raciale ou sexiste[49] ou envers un corps constitué ou un représentant de l'État[50], et/ou apologie[51]. Seule une d'entre elles relève du contentieux personnel, sur le fondement de l'injure envers un particulier : la procédure opposant Éric Zemmour à Youssoupha. Dans ce tableau général, où le contentieux privé est très nettement majoritaire, il y a donc une exception pour le genre du rap, auquel sont reprochés des effets sociaux collectifs, la propagation de discours de haine, la mise à mal de l'ordre social, soit parce qu'il cible une communauté, soit parce qu'il cible des représentants de l'État.

En conclusion, on relève une coïncidence entre l'émergence depuis quelques décennies de plusieurs genres artistiques et littéraires et l'évolution du contentieux du droit de la presse. Premièrement, la mode

---

44 François-Marie Banier (2 fois), Willy Rizzo, Luc Delahaye, Juan Francisco Casas et Irina Ionesco.

45 Arnaud Desplechin, François Ozon, Rémy Bürckel et Olivier Rimbault.

46 Julie Lescaut.

47 Abdul X, Orelsan (« sale pute »), Jo le phéno, Zep et Nick Conrad.

48 Orelsan (« sale pute »), Orelsan (« Perdu d'avance »), Zep.

49 Orelsan et Zep.

50 Abdul X et Cortex, Abdul X et Jo le Phéno.

51 Abdul X (« Tirez sur les keufs »).

des genres « factionnels » a correspondu au moment de montée en puissance des droits de la personnalité. Deuxièmement, le rap, qui est le seul genre musical à nourrir un contentieux à l'époque contemporaine, ne s'est développé en France qu'à partir des années 1990. Cette importation du genre musical venu des États-Unis a presque immédiatement été suivie d'affaires pénales concernant des chansons accusées de provoquer au crime envers les forces de police. Par conséquent, cette étude des genres contestés semble conforter l'hypothèse d'une judiciarisation croissante de la littérature et de l'art, dont la cause serait due à l'évolution des pratiques artistiques et littéraires vers une transgression plus forte des frontières fixées par le droit.

Le chapitre précédent a montré que le droit offre de nouvelles possibilités de punir l'art et la littérature et ce chapitre a mis en lumière l'évolution de l'art et la littérature vers une transgression plus forte des limites que le droit lui impose. Le corpus met ainsi en lumière la pertinence de l'une et l'autre de ces explications. Cependant, il reste encore à vérifier la validité de l'hypothèse d'une judiciarisation croissante de l'art et la littérature, que seule une enquête diachronique, qui suive l'évolution du contentieux au XXe siècle, permettrait d'accréditer ou d'invalider.

LES PARTIES IMPLIQUÉES

Le discours anti-censure tend à homogénéiser les acteurs des procès littéraires et artistiques, si bien qu'il s'avère souvent difficile de déterminer leurs statuts exacts, que ce soit du point de vue des demandeurs ou des parties civiles, ou de ceux qui sont assignés ou cités à comparaître. Pour apporter quelques éléments de clarification, ce chapitre propose une analyse raisonnée des parties impliquées dans les 46 procédures du corpus. Qui est à l'origine de l'action judiciaire ? Des associations, des individus, l'État ? Dans quelles proportions ? Peut-on repérer des spécificités propres à certains genres ? En quoi le corpus constitue-t-il un échantillon représentatif de tendances plus globales ?

Dans le camp opposé, celui des défendeurs ou des prévenus, le sens commun voudrait que ce soit systématiquement l'artiste ou l'écrivain qui soit appelé à la barre. Pourtant, on va le voir, les modalités d'imputation de la responsabilité civile ou pénale[1] des œuvres contestées apparaissent beaucoup moins uniformes et varient selon les genres.

QUI INTENTE L'ACTION EN JUSTICE ?

Pour rappel, un procès civil est un litige entre des particuliers : on appelle ceux qui intentent l'action en justice, qui assignent, les « demandeurs », et les accusés les « défendeurs ». Un procès pénal implique à l'inverse systématiquement le ministère public (couramment appelé

---

1 Sur l'histoire de la responsabilité pénale de l'écrivain, voir Gisèle Sapiro, *La Responsabilité de l'écrivain, littérature, droit et morale en France,* *XIX*^e^*-XXI*^e^ *siècle*, Paris, Le Seuil, 2011 ; Id. « La responsabilité pénale de l'écrivain au prisme des procès littéraires (France, XIXe-XXe siècles), *Histoire de la justice*, n° 23, 2013/1, p. 249-269, [en ligne] URL : https://www.cairn.info/revue-histoire-de-la-justice-2013-1-page-249.htm, consulté le 4 avril 2022.

parquet), qui poursuit un prévenu. Il s'agit de l'autorité chargée de défendre l'intérêt de l'État et de faire appliquer la loi pénale devant les juridictions. Il peut soit être à l'origine de l'action en justice, c'est-à-dire poursuivre lui-même le prévenu, soit n'être que témoin de la procédure, lorsqu'il y a une citation directe par des parties civiles. Des parties civiles (associations ou particuliers) peuvent par ailleurs intenter une action conjointement à l'action pénale. Enfin, dans une procédure pénale, le parquet peut classer l'affaire sans suite ou engager des poursuites. S'il engage des poursuites, soit il ouvre une information judiciaire et confie l'affaire à un juge d'instruction, soit il la renvoie directement devant le tribunal correctionnel. Lorsqu'une procédure est renvoyée devant la 17e chambre, c'est donc que le parquet a décidé qu'il disposait de suffisamment d'éléments pour déclencher des poursuites pénales. À ce titre, les procès pénaux dont l'action est lancée par le parquet se différencient nettement :

- des procès civils dans leur ensemble d'une part, où il suffit qu'un particulier assigne pour qu'il y ait une action judiciaire ;
- des procès pénaux d'autre part, où les parties civiles choisissent la citation directe.

Dans le corpus, hormis le ministère public, on distingue trois types de plaignants ou de demandeurs : les particuliers, les associations, les représentants de l'État.

LES PARTICULIERS

Le résultat le plus visible de cette enquête est qu'une grande majorité des litiges sont initiés par des particuliers. Cela s'explique par la très grande proportion de procédures civiles, sur le fondement de la vie privée, qui doivent être lancées par la ou les personne(s) estimant être victime(s) d'une atteinte. Il faut y ajouter la proportion non négligeable de procédures en diffamation (huit cas), dans lesquelles ce sont également des individus qui se portent parties civiles, lorsque la procédure relève du pénal, ou qui sont directement demandeurs, lorsque la procédure relève du civil, comme c'est le cas dans la majorité du corpus[2].

---

2 Pour rappel, l'injure ou la diffamation sont des infractions pénales. Mais elles peuvent aussi servir de fondements juridiques à des procédures civiles. Dans une procédure pénale,

Une première catégorie, très majoritaire, est celle des personnes qui ont un lien direct avec l'auteur. Soit, dans la plupart des cas, ce sont des membres de son entourage, des intimes – un ex-compagnon ou une ex-compagne, un fils, une belle-mère –, ou des personnes de sa connaissance– un rival politique, un ex-employeur, un présumé violeur. Le tribunal sert donc à régler un litige entre deux personnes qui entretiennent une relation privée et personnelle. Presque tous ces plaignants ou demandeurs sont des anonymes, à l'exception de quelques-uns qui sont des personnages publics (Dominique Strauss-Kahn et Marianne Denicourt, dont les vies sont racontées par leurs ex-amant.es, Marcella Iacub et Arnaud Desplechin). Parmi les œuvres contestées, on relève surtout des œuvres littéraires appartenant au genre des écrits de soi, mais également un film (*Rois et Reine* d'Arnaud Desplechin) et trois œuvres photographiques (Willy Rizzo, Irina Ionesco, Juan Francesco Casas).

En règle générale, ces plaignants ou demandeurs appartenant à l'entourage de l'auteur ne sont impliqués que dans une unique procédure. On relève cependant deux cas particuliers de récidive, pour lesquels un procès ne suffit pas à régler le litige personnel. Élise Bidoit intente ainsi deux actions contre Christine Angot pour ses deux romans successifs, *Les Amants* et *Les Petits*. La première action est stoppée par la signature d'une transaction et la seconde va jusqu'au procès[3]. La photographe Irina Ionesco se trouve impliquée dans deux procès, mais avec une inversion des rôles. Elle est sur le banc des défendeurs en 2011, assignée par sa fille Eva Ionesco, puis sur celui des demandeurs lorsqu'en 2015 elle assigne à son tour son gendre, Simon Liberati, qui a consacré un livre à la vie d'Eva dans lequel il aborde les relations de celle-ci avec sa mère. Ces procédures visant à régler des litiges familiaux et intimes sont en général décrites par les parties comme particulièrement douloureuses, car elles sont liées à des ruptures entre des proches ou à des événements particulièrement éprouvants (la mort d'un enfant, une relation père/fils difficile, un viol, un divorce, etc.).

Une deuxième catégorie, plus minoritaire, est celle des personnages publics, qui n'ont aucune relation personnelle avec l'auteur : des hommes politiques (Éric Zemmour, Jean-Marie Le Pen), des personnes impliquées

---

c'est le parquet qui poursuit et les cibles présumées se portent parties civiles. Dans une procédure civile, les cibles présumées sont directement demanderesses.

3 Sur ce point, voir notre présentation de l'affaire, chapitre 8.

dans un fait-divers médiatique (Dominique Strauss-Kahn, les époux Villemin, l'abbé Preynat, etc.) ou encore des stars du show business (les actrices Scarlett Johansson et Elsa Martinelli). Parmi ces personnages publics, plusieurs sont des habitués des contentieux de presse. Deux cas de figure se dessinent. Soit ce sont des hommes politiques ou des figures controversées pour leurs idées politiques très marquées à droite (Éric Zemmour et Jean-Marie Le Pen), habitués de la 17e, qui peuvent aussi bien être sur le banc des prévenus que sur celui des parties civiles. Cette présence régulière dans des procès contribue à entretenir leur réputation sulfureuse. Soit il s'agit de célébrités qui intentent fréquemment des procès contre la presse dite *people*, comme *Closer* ou autres magazines consacrés au récit de la vie des stars. L'actrice américaine Scarlett Johansson intente ainsi un procès contre le romancier Grégoire Delacourt. Dans ce cas, l'action en justice fait partie d'une stratégie plus vaste consistant à contrôler tous les discours publics qui sont consacrés au demandeur ou à la demanderesse.

Plusieurs des plaignants et demandeurs relèvent en réalité des deux catégories, étant à la fois des proches de l'auteur et des personnalités médiatiques. Dominique Strauss-Kahn assigne Marcella Iacub en tant qu'ancien amant en 2013. Il porte plainte contre Régis Jauffret en 2016 en tant que personne publique. Il est en effet le personnage principal des deux récits, *Belle et Bête*, paru chez Stock en 2013, et *La Ballade de Rikers island*, paru au Seuil en 2015. Ce double statut montre bien la proximité qu'il peut y avoir entre dévoilement de l'intime et notoriété publique, la seconde donnant un attrait supplémentaire à la première. Ainsi, le nom de Dominique Strauss-Kahn, au moment de la publication de ces deux livres, a acquis un pouvoir d'attraction exceptionnel à la fois en termes de durée et d'intensité à cause de la célèbre affaire du Sofitel. Le seul fait que ces deux livres portent sur lui a été au cœur des deux campagnes de promotion et a manifestement contribué à en faire des succès de librairie. Ce même Dominique Strauss-Kahn a d'ailleurs également poursuivi en diffamation en 2014 les producteurs du film *Welcome to New York* d'Abel Ferrara, qui portait sur l'affaire du Sofitel, mais il a finalement retiré sa plainte en 2018. D'un côté, cela confirme au cours des années 2010 une focalisation des auteurs sur la déchéance de cette figure du pouvoir politique et économique et sa rentabilité commerciale. Celle-ci paraît avoir pesé plus lourd dans la balance pour les auteurs, éditeurs ou producteurs que la possibilité d'être assignés devant un tribunal. De l'autre, le changement d'attitude de Dominique Strauss-Kahn face au film d'Abel Ferrara témoigne peut-être de l'effet psychologique que peut avoir un procès sur un plaignant ou un demandeur. En effet, tout comme le roman de Régis Jauffret, ce film imputait à Dominique Strauss-Kahn le viol de l'ex-femme de chambre Nafissatou Diallo, alors même qu'il avait bénéficié d'un non-lieu. Ce dernier avait donc toutes les chances de gagner ce procès. Si les raisons du retrait de cette plainte restent incertaines, on peut se risquer à l'hypothèse que la lourdeur de la procédure et sa durée (elle était en cours depuis plus de 4 ans) l'ont découragé et conduit à interrompre l'action judiciaire.

Une troisième catégorie de plaignants et demandeurs est plus surprenante : celle des personnes anonymes qui n'appartiennent pas à l'entourage de l'auteur. Dans deux affaires, l'auteur n'a jamais visé le demandeur, pour la simple et bonne raison qu'il ne le connaissait pas. Ainsi, Estelle Maréchal assigne les éditions Gallimard en 2007 au motif que le roman *Petit corps* porte atteinte à sa vie privée, alors que Corinne Solliec, l'autrice du livre, ignore tout de son existence. De la même façon, un certain Nasser Ramdane assigne les producteurs de la série *Julie Lescaut* en 2000 parce qu'un personnage secondaire a un nom très proche du sien[4]. Dans les autres affaires, qui impliquent toutes des œuvres photographiques, l'auteur a intentionnellement pris pour modèles, à leur insu, des anonymes qu'il a croisés sur sa route. Les livres de François-Marie Banier *Perdre la tête*[5] et de Luc Delahaye, *L'Autre*, sont ainsi l'objet de litiges initiés par des individus qui ont découvert leurs portraits de manière fortuite[6]. Ce dernier cas est plus rare, car il suppose que les personnes aient eu accès aux œuvres artistiques et littéraires dont ils s'estiment victimes. De telles procédures posent de manière aiguë aux juges la question de l'intentionnalité de l'auteur, sur laquelle nous reviendrons dans la partie suivante.

---

4 Nous expliquerons le détail de ces deux affaires dans le chapitre 11.

5 François-Marie Banier, *Perdre la tête*, Paris, Gallimard, 2005.

6 Ces actions intentées contre des photographies volées peuvent être comparées au contentieux portant sur le célèbre cliché « Le baiser de l'hôtel de ville » de Robert Doisneau, sur lequel un couple d'anonymes, les Lavergne, avait affirmé se reconnaître et avaient attaqué le photographe pour violation de leur vie privée. Ils avaient été déboutés parce que la photographie était en réalité une mise en scène et que l'artiste connaissait les deux amants. TGI Paris, 2 juin 1993, époux Lavergne c. Doisneau.

LES ASSOCIATIONS

Les procès où les associations sont les plus représentées sont ceux où l'action est intentée au nom de l'atteinte faite à une communauté[7], que ce soit sur le fondement de la provocation à la haine, de l'injure ou de la diffamation. Au regard des communautés qui sont représentées, le corpus témoigne des évolutions de la loi de 1881 depuis les années 1970 et de l'élargissement progressif du spectre des groupes pouvant faire l'objet d'une protection. On repère tout d'abord des associations dont l'objectif affiché est la lutte contre la haine religieuse et/ou le racisme. Avec quatre affaires, l'AGRIF (Alliance générale contre le racisme et pour le respect de l'identité française et chrétienne) est la plus représentée. Il n'y a là rien de surprenant au regard des statistiques données par Jean Boulègue sur la période allant de 1984 (date de fondation de l'AGRIF) à 2009. Il relève en effet que 90 % des procès intentés au nom de la protection des sensibilités des croyants ont été portés par des catholiques[8]. L'association est impliquée dans deux affaires où elle dénonce un préjudice à l'égard de la communauté chrétienne : celle de l'affiche *Amen* (film de Costa-Gavras) et celle de la pièce de l'Argentin Rodrigo García *Golgotha picnic*. Dans les deux autres affaires, elle agit au nom de l'antiracisme : la protection des blancs dans la chanson « Pendez les blancs » du rappeur Nick Conrad et la protection des Français dans la chanson *Nique la France* du groupe de rap Zep. Créée en 1984, représentée systématiquement par l'avocat Jérôme Triomphe, l'AGRIF est proche des mouvances catholiques traditionnalistes d'un point de vue religieux et de l'extrême droite d'un point de vue politique[9]. Au-delà

7 En effet, un particulier ne peut pas saisir le parquet pour défendre les droits d'une communauté. Il faut que ce soit une association, laquelle doit avoir pour but affiché la lutte contre le racisme, l'assistance aux victimes de discrimination raciale ou religieuse, ou la défense de la mémoire des esclaves et l'honneur de leurs descendants, et elle doit être déclarée depuis au moins cinq ans à la date des faits. Les associations peuvent opérer une citation directe, le parquet étant alors uniquement témoin de la procédure (affaires *Amen* et *Plateforme*). Mais dans une majorité de cas, les associations portent plainte auprès du parquet, qui est alors responsable de l'action publique. Dans ce dernier cas, l'association se constitue partie civile afin de demander des dommages et intérêts.

8 Voir Jean Boulègue, *Le Blasphème en procès, 1984-2009. L'église et la mosquée contre les libertés*, Paris, Nova, 2010. L'AGRIF n'est pas la seule à intenter des actions en justice, mais elle figure de loin en tête des associations poursuivantes.

9 Pour une étude de son lien avec l'extrême droite, voir Mathilde Barraband et Jean-Yves Camus, « Le combat culturel des traditionalistes catholiques. L'affaire *Golgotha picnic*, un coup de force ? », dans Anna Arzoumanov et Mathilde Barraband (dir.), *Polémique*

des procès intentés au nom de la défense des chrétiens et/ou des blancs, elle a fait du combat judiciaire contre des productions culturelles l'une de ses spécialités[10]. Depuis sa création, plusieurs des actions de l'AGRIF ont porté spécifiquement sur des affiches de films qui détournent des symboles chrétiens : *Je vous salue Marie* de Jean-Luc Godard (1985), *Larry Flynt* de Milos Forman (1997), *Ceci est mon corps* de Rodolphe Marconi (2002). S'y ajoutent des procès contre des affiches publicitaires : celle des préservatifs *Manix* qui détourne le principe chrétien *Aimez-vous les uns les autres* (1990), de la marque de vêtements Benetton où un prêtre en soutane noire embrasse une nonne en cornette (1991), de la marque Buffalo qui détourne l'épisode de la Cène pour vendre des jeans (2005), etc.[11]

Dans les affaires *Amen* et *Golgotha Picnic*, c'est la question religieuse qui est au cœur du débat. Dans les deux autres affaires initiées par l'AGRIF, c'est celle du racisme anti-blanc qui fonde la plainte. On reconnaît donc là les principaux terrains d'action de l'association qui se confondent au prix d'une assimilation entre identité française, race blanche et chrétienté. Elles s'inscrivent plus globalement dans une stratégie de faire reconnaître la validité des notions de « racisme anti-français » et de « christianophobie ». Si l'AGRIF est la plupart du temps déboutée dans les procès qu'elle intente, elle obtient cependant gain de cause contre Nick Conrad et contre le groupe Zep (jusqu'à ce que la décision du TGI soit cassée par la Cour de cassation après un long feuilleton judiciaire).

Le procès intenté à Nick Conrad révèle en outre une configuration peu commune, qui a d'ailleurs attiré de nombreux commentaires au moment du procès. L'AGRIF se porte sans surprise partie civile pour faire condamner le racisme anti-blanc, mais elle n'est pas seule : l'Association de lutte contre le racisme et l'antisémitisme (la LICRA)

---

autour d'un « blasphème ». Regards croisés sur l'affaire Golgotha picnic, *COnTEXTES* [En ligne], n° 26, 2020, mis en ligne le 15 janvier 2020. URL : http://journals.openedition.org/contextes/8733, consulté le 4 avril 2022.

10 Cette forte représentation de l'AGRIF dans les procès artistiques et littéraires a été analysée par Jean Boulègue, *Le Blasphème en procès 1984-2009*, Paris, Nova, 2010 et Mathilde Barraband et Jean-Yves Camus, « Le combat culturel des traditionalistes catholiques. L'affaire *Golgotha picnic*, un coup de force ? », art. cité Voir aussi Anna Arzoumanov et Mathilde Barraband, « Les traditionnalistes à l'assaut de l'art : retour sur l'affaire *Golgotha picnic* », *Entertainment. Droit, Médias, Art, Culture*, n° 4, 2019, p. 253-262.

11 Pour une liste de ces actions, voir Isabelle Saint-Martin « Christ, Pietà, Cène, à l'affiche : écart et transgression dans la publicité et le cinéma », *Ethnologie française*, vol. 36, 2006/1, p. 65-81, [en ligne] URL : https://www.cairn.info/revue-ethnologie-francaise-2006-1-page-65.htm, consulté le 4 avril 2022.

figure à ses côtés. Cette présence de la LICRA parmi les parties civiles dans ce procès témoigne d'un changement récent de sa stratégie[12]. Alors qu'elle l'avait toujours refusé jusque-là, en 2014[13], l'association avait engagé une procédure pour la première fois au nom de la défense de la communauté blanche. Cette configuration inédite témoigne ainsi d'une inquiétude croissante dans le débat public au sujet du racisme anti-blanc et de l'élargissement considérable du spectre politique des acteurs qui le dénoncent.

D'autres associations que l'AGRIF ou la LICRA poursuivent les auteurs au nom de l'antiracisme ou de la liberté de croyance, mais elles ne sont représentées qu'une fois chacune dans le corpus. Cela ne signifie pas pour autant qu'elles ne jouent pas un rôle important dans les conflits entre liberté d'expression et respect des croyances religieuses. Ainsi, dans l'affaire Houellebecq, quatre associations musulmanes défendent les intérêts de leur communauté : la Société des Habous et des lieux saints de l'Islam, la Ligue islamique mondiale, l'Association rituelle de la grande mosquée de Lyon et la Fédération nationale des musulmans de France. Les deux premières sont celles qui porteront plainte quelques années plus tard en 2007 contre *Charlie hebdo* dans le procès des caricatures de Mahomet[14]. Bien que ces associations soient anciennes et déjà bien présentes dans le paysage politique et social français, l'affaire Houellebecq constitue pour elles une première. Jamais jusqu'alors, elles n'avaient porté devant des tribunaux le conflit entre liberté de croyance et liberté d'expression.

La deuxième catégorie de communautés représentées dans le corpus relève de l'identité de genre. Dans la première affaire Orelsan, commencée en 2009 et jugée en 2012, l'association féministes « Ni putes, ni soumises » entend faire reconnaître la provocation au meurtre des femmes. Or c'est précisément une période où l'association, issue au départ d'un mouvement de femmes de banlieue, travaille à sa « visibilité croissante[15] » dans l'espace public.

---

12 Elle avait déjà fait condamner à trois mois de prison ferme Hakan O. pour injures à caractère racial après avoir qualifié Monsieur Christian D. de « sale français, sale blanc » lors d'une altercation intervenue à bord d'un TER Mâcon-Lyon le 9 juin 2014 (CA Lyon, 29 mars 2016).

13 CA Paris, 21 janvier 2014, LICRA c/ Djender.

14 Nous reviendrons sur cette affaire dans le chapitre 11.

15 Sur ce point, voir Sylvie Thiéblemont-Dollet, « De quelques processus communicationnels du mouvement Ni Putes Ni Soumises », *Communication & langages*, n° 159, 2009/1,

Dans la seconde affaire Orelsan, jugée en 2013, ce sont cinq associations féministes[16] qui poursuivent le rappeur pour délit d'injure publique envers une personne ou un groupe de personnes à raison de leur sexe, provocation à la discrimination, à la haine ou à la violence envers les femmes. Cette possibilité que des associations féministes soient poursuivantes témoigne donc de l'évolution de la définition juridique des communautés protégées par le droit de la presse. D'un groupe défini par sa race, elle est passée à une minorité, qui peut tout aussi bien être de sexe, de genre, de religion ou de race.

Les procès au nom de la protection des minorités apparaissent ainsi très protéiformes du point de vue des acteurs : les communautés représentées sont variées et hétérogènes du point de vue de leur marquage politique (à droite, à gauche, apolitisme). À l'instar des études menées sur l'AGRIF, qui ont mis en lumière le rôle crucial du procès dans ses stratégies communicationnelles pour donner de la visibilité à ses revendications dans l'espace public, il serait intéressant de prolonger l'enquête en se focalisant sur le parcours et les modes de communication de chacune de ses associations et sur la fonction qui joue le passage par le tribunal.

LES REPRÉSENTANTS DE L'ÉTAT : LE CAS PARTICULIER DES POURSUITES CONTRE DES RAPPEURS

On peut repérer une configuration qui n'est propre qu'au rap. Les procédures contre des rappeurs relèvent toutes du pénal et impliquent donc systématiquement le parquet. Néanmoins, on note une singularité concernant le statut des plaignants. En effet, à deux reprises, c'est le ministère de l'Intérieur qui porte plainte au nom de la protection de ses fonctionnaires de police. Dans le corpus, c'est à chaque fois Brice Hortefeux qui accuse les deux rappeurs, Abdul X et Jo le Phéno, d'injure publique, envers un représentant de l'État pour le premier, envers la police pour le second. Dans les deux cas, le ministère est représenté pendant le procès par un agent judiciaire de l'État qui a qualité à agir devant le juge répressif contre l'auteur de l'agression

---

p. 111-122, [en ligne] : URL : https://www.cairn.info/revue-communication-et-langages1-2009-1-page-111.htm, consulté le 4 avril 2022.

16 Mouvement français pour le planning familial, Fédération nationale solidarité femmes, Femmes solidaires, Chiennes de garde et Collectif féministe contre le viol.

subie par le fonctionnaire ou le représentant de l'État. En outre, dans le procès contre Jo le Phéno, plusieurs fonctionnaires de police portent plainte et se constituent parties civiles. Cette spécificité du statut des plaignants (soit le ministre de l'Intérieur lui-même, soit des fonctionnaires de police) dans les procès du rap témoigne d'une focalisation des pouvoirs publics sur le genre du rap qui n'a aucun équivalent sur la période analysée. Le sociologue Karim Hammou l'a montré dans une étude consacrée à la pénalisation du rap. Depuis les années 90, la classe politique, en particulier de droite, a affiché sa volonté de lutter contre les violences de la « banlieue » française, devenue l'incarnation de l'échec de l'intégration à la française. Il s'ensuit que le rap a été senti comme le « symptôme de problèmes publics[17] » et de ce que les médias ont pris l'habitude d'appeler la « crise des banlieues », au prix d'une analogie réductrice entre rap et jeunes de banlieue. Ainsi, le genre musical a cristallisé cette question sociale et a focalisé l'attention des pouvoirs publics, l'engagement de poursuites contre des rappeurs ayant été conçu par certains ministres de l'intérieur comme un instrument politique de stigmatisation de la banlieue. Cette « pénalisation politique du rap » a commencé en 1995 avec les poursuites engagées par des syndicats de police contre NTM pour insultes envers des représentants de l'État lors d'un concert à la Seyne sur Mer, et par des syndicats de police et par le ministère de l'Intérieur contre Ministère Amer pour provocation au meurtre de policiers. Dans les années 2000, la confrontation entre les pouvoirs publics et les rappeurs s'est intensifiée. Cette focalisation de la classe politique sur le rap a connu un point culminant après 2005, à la suite des violentes émeutes de 2005 à Clichy-sous-Bois, provoquées par la mort de Bouna Traoré et Zyed Benna. D'intenses débats parlementaires initiés par le député UMP François Grosdidier ont alors pris le rap pour objet : elles ont abouti à une proposition de loi[18] ainsi qu'à une

17 Karim Hammou, *Une Histoire du rap en France*, Paris, La Découverte, 2014, p. 73.

18 Proposition de loi tendant à renforcer le contrôle des provocations à la discrimination, à la haine ou à la violence (nº 2957). Le préambule décrit ainsi la situation qui a abouti au dépôt de cette proposition : « De nombreux autres chanteurs ou groupes de musique incitent sans ambiguïté au racisme, à la haine et à la violence dans leurs chansons. On notera que ces incitations ne sont plus uniquement orientées contre les Français ("*céfrancs*" ou "*gouers*") définis par un critère juridique mais aussi contre les blancs ("*faces de craies*", "*gringos*", "*navets*", "*toubabs*", "*babtous*"...) répondant à un critère purement racial ». Les députés qui portent cette proposition proposent des modifications des articles 23 et 24 de la loi de 1881 visant spécifiquement le rap : « *L'éventuelle forme artistique ou musicale de*

pétition de 152 députés et 49 sénateurs demandant au garde des Sceaux de poursuivre sept groupes de rap différents[19]. D'après Karim Hammou, on assiste ensuite dans la classe politique à une « routinisation de la dénonciation des paroles de chanson de rap[20] ». Ce contexte particulier, lié à la fois à l'apparition d'un genre nouveau dans le paysage musical français et à la position singulière des pouvoirs publics à son égard, explique une surreprésentation du rap parmi les genres contestés, mais permet aussi de comprendre la spécificité du statut des plaignants. La question des effets sociaux néfastes du rap est donc au centre des débats qui opposent les rappeurs à certains hommes politiques. Ce lien entre l'instrumentalisation politique des charges contre les rappeurs et les procès intentés peut également être lu comme un témoignage des liens parfois étroits entre l'exécutif et le judiciaire.

Les procès intentés à l'art et à la littérature sont ainsi majoritairement le fait de particuliers qui s'estiment victimes d'un préjudice. Par ailleurs, dans les procès pour offense ou préjudice envers une communauté, ce sont presque toujours des acteurs de la société civile qui sont à l'origine de l'action judiciaire. En ce sens, quand bien même une étude globale et à grande échelle parviendrait à montrer qu'une judiciarisation de la création est à l'œuvre, elle ne pourrait pas être interprétée de manière globale comme l'expression d'un contrôle renforcé par l'État des productions artistiques et littéraires. En ce sens, le terme de *censure* apparaît particulièrement peu adéquat pour rendre compte du conflit entre droit et arts. Seul le rap constitue une exception, car il est l'unique genre à susciter des poursuites par des représentants de l'État.

Voyons maintenant pour la partie adverse quelles sont les personnes poursuivies ou assignées. Là encore, les scénarios sont variés.

---

ce type d'action ne saurait exonérer ni atténuer la responsabilité de son auteur ou de ses auteurs. ». Sur cette proposition de loi, voir l'article de Mustapha Kessous, « Des parlementaires réclament des poursuites contre des rappeurs », *Le Monde*, 24 novembre 2005, [en ligne] URL : https://www.lemonde.fr/societe/article/2005/11/24/des-parlementaires-reclament-des-poursuites-contre-des-rappeurs_713789_3224.html, consulté le 4 avril 2022.

19 Ces rappeurs sont les groupes 113, Smala, Ministère Amer, Lunatic, et les rappeurs Fabe, Salif et Monsieur R, qui sont accusés de faire « *le commerce du racisme au lieu de l'antiracisme* ».

20 Karim Hammou, *Une histoire du rap en France*, *op. cit.*, p. 258.

LES DÉFENDEURS ET LES PRÉVENUS

L'examen de la nature des défendeurs et des prévenus est riche d'enseignements, au moins à deux points de vue. Tout d'abord, il met en lumière les variations des régimes de responsabilité pénale et civile des artistes et des écrivains selon les genres incriminés. Ensuite, il permet de questionner la propension des auteurs à la récidive.

LA RESPONSABILITÉ DE L'ŒUVRE LITIGIEUSE EN QUESTION

Qui doit répondre d'une œuvre litigieuse ? Comment se répartissent les responsabilités entre l'éditeur et l'écrivain ? entre un photographe et les programmateurs d'une exposition ? entre un rappeur et ses hébergeurs ? Puisqu'il s'agit de procès artistiques et littéraires, on s'attendrait à ce que l'artiste ou l'écrivain soit systématiquement assigné ou poursuivi. Pourtant, en droit de la presse, la détermination des acteurs s'effectue selon une procédure qui ne leur attribue pas la responsabilité principale. En effet, pour comprendre comment fonctionne la procédure d'assignation ou de citation à comparaître, il faut d'abord expliquer en quelques mots le régime de la « cascade » qui s'applique dans les procédures de presse. Il prévoit en effet que l'auteur principal du délit de presse est le directeur de publication ou l'éditeur. Ce régime est également couramment appliqué dans les procédures civiles en droit de la presse. Or si ses modalités d'application peuvent changer selon les supports de publication, elles ne dépendent jamais directement du genre artistique de l'œuvre incriminée[21].

Pourtant, on repère des variations assez nettes selon les genres. Elles témoignent à la fois des spécificités propres à leurs normes de publication et des différents régimes d'attribution du statut d'auteur. Les résultats peuvent donc être classés selon les genres des œuvres litigieuses.

21 Ceci s'explique notamment par le fait que l'art et la littérature ne sont pas distingués des autres formes de création ou d'expression.

Œuvres littéraires

Pour la littérature d'abord, l'identification de l'auteur d'une œuvre à celui qui l'a écrite est solidement ancrée dans l'imaginaire collectif. Gisèle Sapiro a montré qu'elle est le résultat d'un long processus qui, ayant débuté sous l'Ancien Régime avant de se renforcer au XIXe siècle, a consisté à personnaliser le rapport entre l'écrivain et son œuvre selon un lien de nature métonymique[22]. L'écrivain a pu faire valoir la propriété de son œuvre et l'a « emporté en définitive sur les prétentions concurrentes », comme celles de « l'exploitant[23] ». À ce titre, il existe un décalage entre l'omniprésence de l'écrivain dans les polémiques sur des œuvres littéraires et la réalité juridique du régime de la cascade que prévoient pour l'édition les articles 42 et 43 de la loi de 1881. En effet, ce régime veut que ce soit le représentant légal de la société éditrice qui soit poursuivi à titre principal, à défaut l'écrivain, à défaut l'imprimeur, à défaut le distributeur. Quand l'écrivain est poursuivi ou assigné en même temps que son éditeur, c'est donc à titre de complice. Ce dispositif peut ainsi être lu comme une atténuation de la responsabilité de l'écrivain, voire une inversion de la hiérarchisation intuitive du public entre les rôles de l'éditeur et de l'auteur. Cependant, la jurisprudence analysée montre l'effet très relatif de cette spécificité procédurale sur la déresponsabilisation de l'écrivain, car il est presque systématiquement impliqué au même titre que l'éditeur, selon le mécanisme dit *in solidum*[24]. En effet, parmi les 27 affaires relevant de la littérature, 23 impliquent l'auteur.

L'implication presque systématique de l'écrivain comme complice dans les procédures pénales et civiles semble témoigner d'une tendance forte des demandeurs ou des plaignants à lui imputer une « responsabilité subjective[25] » (politique et sociale). Néanmoins, ce résultat est à lire au regard de la domination quantitative du genre des écrits de soi, lequel implique une assimilation plus forte entre le narrateur et l'écrivain, et donc une identification puissante entre celui qui énonce le discours et

22 Gisèle Sapiro, *La Responsabilité de l'écrivain*, *op. cit.* Voir aussi la célèbre conférence de Michel Foucault, « Qu'est-ce qu'un auteur ? », dans Id., *Dits et Écrits. 1954-1988*, 4 tomes, t. III : *1976-1979*, Paris, Gallimard, « Bibliothèque des sciences humaines », 1995.

23 *Ibid.*

24 On parle de condamnation *in solidum* lorsque plusieurs personnes sont reconnues coupables d'un même fait et sont condamnées à payer des dommages et intérêts solidairement. Si seul l'un d'entre eux est solvable, il se peut cependant que celui-ci les règle seul.

25 Gisèle Sapiro, *Ibid.*

celui qui a son nom sur la couverture du livre. Une telle identification est d'autant plus renforcée que ces contentieux relèvent pour beaucoup du cercle intime, ce qui implique du même coup d'imputer la responsabilité du préjudice à celui qui raconte la vie privée de l'autre. Néanmoins, un cas de procédure contre un récit de soi fait figure d'exception : Lionel Duroy se voit reprocher par son fils d'avoir publié dans *Colères* sa vie privée et d'évoquer leurs relations conflictuelles[26] et n'est pourtant pas assigné aux côtés de son éditeur. Cet exemple met donc en lumière la marge de liberté que les demandeurs ou les plaignants peuvent avoir à l'égard de l'implication de l'écrivain dans la procédure judiciaire.

Dans la procédure pour atteinte à la vie privée contre le roman *Petit Corps* de Corinne Solliec, l'autrice n'est pas non plus assignée. Deux éléments d'explication peuvent être avancés. D'une part, la romancière ne bénéficie d'aucune notoriété, d'autre part, la demanderesse, qui ne l'a jamais rencontrée, se reconnaît dans le roman, alors même qu'elle sait qu'il s'agit d'une coïncidence fortuite. Enfin, dans la procédure visant la pièce *Golgotha Picnic* dans sa version imprimée et mise en scène, ce n'est pas l'auteur Rodrigo García qui est poursuivi, mais le directeur de la maison d'édition qui le publie, les Solitaires intempestifs, et celui du théâtre qui le programme, le Théâtre du Rond-Point. Ceci s'explique probablement par le fait qu'il s'agit d'un auteur étranger.

Les procès littéraires témoignent donc d'une responsabilité automatique de l'éditeur. Néanmoins, ils impliquent également presque systématiquement le romancier, ce qui montre combien est forte l'identification de la figure de l'auteur à celle de la personne qui a écrit le manuscrit. La détermination des responsables est tout autre lorsqu'il s'agit d'œuvres audiovisuelles.

Œuvres audiovisuelles

Un régime de cascade similaire s'opère pour les créations audiovisuelles diffusées en différé (prévu par l'article 93-3 de la loi de 1982, réformé par la loi du 13 décembre 1985). Le diffuseur est le responsable

26 Les articles qui portent sur l'affaire évoquent pourtant tous « un écrivain » poursuivi en justice par son propre fils. Voir par exemple « L'écrivain Lionel Duroy poursuivi en justice par son fils », *livrehebdo.fr*, URL : https://www.livreshebdo.fr/article/lecrivain-lionel-duroy-poursuivi-en-justice-par-son-fils, consulté le 4 avril 2022 ; Sophiane Meddour, « Christine Angot et Lionel Duroy attaqués en justice par des proches », *L'Express*, 20 mars 2013, en ligne URL : https://www.lexpress.fr/culture/livre/christine-angot-et-lionel-duroy-attaques-en-justice-par-des-proches_1233077.html, consulté le 4 avril 2022.

principal ; le réalisateur, le producteur[27], le scénariste peuvent être impliqués à titre de complice. Cette poursuite des complices dépend donc là encore du choix de ceux qui lancent l'action en justice, et témoigne de la responsabilité qu'ils attribuent à chacune des instances créatrices. Or, au cinéma, la figure de l'auteur est moins immédiatement identifiable que pour un livre, car sont impliqués dans le processus de création au moins un réalisateur, un scénariste et un monteur[28]. Si le diffuseur est systématiquement mis en cause dans les six procédures répertoriées, le réalisateur ne l'est pas dans cinq d'entre elles. De son côté, le scénariste ne l'est jamais. Une exception dans le corpus est néanmoins remarquable, celle du film *Rois et Reine* dont le réalisateur Arnaud Desplechin est assigné en personne par son ex-compagne en 2004. La raison en est qu'il s'agit d'une procédure impliquant des personnes qui entretiennent un lien intime. C'est aussi la seule œuvre cinématographique du corpus à relever du récit de vie. Il revient donc au réalisateur la faute d'avoir révélé des aspects intimes de la vie de sa compagne, car lui seul en avait connaissance.

Mis à part ce cas particulier, le contentieux de la 17e chambre témoigne donc d'une plus faible identification entre la figure de l'auteur et du réalisateur pour les œuvres cinématographiques. L'attribution d'une responsabilité pénale ou civile moindre au réalisateur semble montrer que le droit n'a pas enregistré l'autonomisation du cinéma comme art à part entière, laquelle est allée de pair avec une attribution des films aux seuls réalisateurs et la promotion de ces derniers au rang prestigieux de créateur[29].

---

27 Pour citer à comparaître ou assigner le producteur, il faut démontrer qu'il a « fourni sciemment les moyens de commettre le délit » (Christophe Bigot, *Pratique du droit de la presse*, *op. cit.*, p. 291).

28 L'article L 113-7 du Code de Propriété Intellectuelle établit d'ailleurs qu'« ont la qualité d'auteur d'une œuvre audiovisuelle la ou les personnes physiques qui réalisent la création intellectuelle de cette œuvre. Sont présumés, sauf preuve contraire, coauteurs d'une œuvre audiovisuelle réalisée en collaboration : 1° L'auteur du scénario ; 2° L'auteur de l'adaptation ; 3° L'auteur du texte parlé ; 4° L'auteur des compositions musicales avec ou sans paroles spécialement réalisées pour l'œuvre ; 5° Le réalisateur ».

29 Sur ce point, voir Jérôme Pacouret, « Qu'est-ce qu'un (auteur de) film ? », *Biens symboliques / Symbolic Goods*, 4 | 2019, 27 juin 2019, en ligne URL : https://revue.biens-symboliques.net/322, consulté le 4 avril 2022.

Œuvres photographiques

Dans le cas des six procédures concernant des photographies litigieuses, deux des auteurs ne sont pas poursuivis : le photographe Willy Rizzo, mort au moment de l'exposition de son œuvre en 2013, et l'auteur de l'affiche du film *Amen*. Dans le premier cas, c'est la société gérant les droits du photographe qui est assignée ; dans le second, c'est Costa-Gavras, auteur du film dont l'affiche fait la promotion, et son diffuseur qui sont cités à comparaître. François-Marie Banier et Luc Delahaye, qui publient dans des livres, défendent leurs œuvres aux côtés de leurs éditeurs, Gallimard et Phaidon, conformément à ce que nous avons pu voir pour la littérature. Juan Franciso Casas est, lui, assigné seul, car il publie lui-même les photographies de son ex-compagne sur différents sites internet collaboratifs. Quant à Irina Ionesco, elle est assignée avec la responsable de la galerie qui l'expose.

Œuvres musicales

Huit procédures sont intentées contre des rappeurs, lesquels comparaissent à chaque fois, et parfois seuls. Aurélien Cotentin, dit Orelsan, est ainsi l'unique personne à la barre pour « Sale pute », dont il est le propre diffuseur, publiant lui-même son vidéo-clip sur *Myspace*, puis sur son blog et sur *Dailymotion*. Dans la deuxième procédure visant huit de ses chansons chantées au Bataclan en 2008 et jugée en 2013, il est également poursuivi seul, sans le directeur de la salle de spectacle. De la même façon, les rappeurs Jois Ndjibu Milambu (dit Jo le Phéno) et Conrad Moukouri Manga Moussoule (dit Nick Conrad) sont seuls lorsqu'ils comparaissent, le premier, en 2017, pour le vidéo-clip *Bavure*, le second en 2018 pour le vidéo-clip *Pendez les blancs*, car ils sont leurs propres diffuseurs, par le biais de la plateforme *YouTube*. Ces exemples témoignent là encore d'une spécificité du rap parmi les genres artistiques contestés au tribunal. Il est très souvent autoproduit et auto-diffusé, via des plateformes en ligne comme *Myspace*, *Dailymotion* ou *YouTube*[30], ce qui a des conséquences sur la détermination des responsables. En effet, ces sites sont considérés par la justice comme des hébergeurs et bénéficient

30 Dans le corpus, on relève une seule exception. Orelsan bénéficie d'un label pour son album *Perdu d'avance*, mais il est quand même poursuivi seul.

d'une responsabilité allégée, ce qui signifie qu'ils n'ont aucune obligation de surveiller les contenus qu'ils diffusent. Il y a donc une concentration de plusieurs statuts en la personne du rappeur qui fait de celui-ci le responsable principal dans les procès du rap. Enfin, ceci met aussi en lumière le fait que le rappeur ne bénéficie pas du concours d'un service juridique qui pourrait l'aider en amont à supprimer les propos condamnables.

ESTIMATION DU TAUX DE RÉCIDIVE

Le deuxième résultat que produit l'analyse des parties poursuivies ou défenderesses est que les auteurs d'œuvres littéraires, assignés ou cités à comparaître, ne le sont en général qu'une fois, ce qui semble attester la fonction dissuasive de telles procédures : si l'on regarde la production ultérieure des auteurs assignés, il apparaît que le procès, quelle qu'en ait été l'issue, dissuade toute envie de récidiver. Plusieurs exceptions sont cependant remarquables. Michel Houellebecq est sur le banc des accusés une seule fois devant la 17e chambre pendant la période analysée. Il l'est néanmoins aussi devant le tribunal de Carpentras en 2002, dans une affaire où il est cité directement par l'association *Promouvoir* pour pornographie[31]. Christine Angot et Régis Jauffret ont été impliqués dans deux autres affaires qui se sont soldées avant qu'elles ne soient menées devant les tribunaux. Condamnée en 2013 par la 17e chambre pour son roman *Les Petits*, Christine Angot avait en effet déjà été accusée par la même demanderesse, Élise Bidoit, qui l'accusait d'avoir porté atteinte à sa vie privée dans son roman *Le Marché des amants*, publié en août 2008[32]. Les deux parties étaient cependant parvenues à un accord, en signant un protocole transactionnel accordant 10 000 euros à Élise Bidoit, qui avait alors renoncé à son action en justice. Régis Jauffret, condamné en 2016 par la 17e chambre pour son roman *La Ballade de Rikers Island*, a également été assigné devant cette même chambre pour son roman précédent, *Sévère*[33], par les enfants et l'épouse du banquier Édouard Stern, qui lui reprochaient d'avoir porté atteinte à leur vie privée. Le romancier y racontait l'assassinat de Stern par une ex-maîtresse et y mettait en scène ses proches. La famille avait demandé l'interdiction

---

31 TGI Carpentras, 25 avril 2002, consorts Bonnet, et autres c/ Flammarion, Houellebecq, 25 avril 2002, *Légipresse* n° 129, juin 2000/I, p. 76.

32 Christine Angot, *Le Marché des amants*, Paris, Flammarion, 2008.

33 Régis Jauffret, *Sévère*, Paris, Le Seuil, 2010.

du roman et des dommages et intérêts, mais avait finalement renoncé au procès. Hormis ces trois cas, les écrivains et les artistes ne récidivent pas lorsqu'ils ont eu affaire une fois à la justice. Ce constat permet de nuancer la dimension publicitaire que l'on attribue parfois à la prise de risques judiciaires en littérature. S'il est incontestable que la médiatisation d'un procès permet de faire parler d'un livre et que le scandale fait vendre, il apparaît que, dès lors qu'ils ont eu un procès, les écrivains et les artistes n'en font généralement pas un outil de promotion de leurs œuvres ultérieures.

Du point de vue des éditeurs enfin, l'enquête montre que chacun d'entre eux est impliqué dans un nombre restreint de procédures. Des éditeurs variés ont ainsi été assignés devant la 17e chambre entre 1999 et 2019, comme en témoigne le tableau n° 4 ci-dessous.

Maisons d'édition mises en cause	Nombre de procédures
Gallimard	5
POL	3
Stock	2
Grasset	2
Robert Laffont	2
Seuil	2
JC Lattès	1
Payot	1
Mercure de France	1
Édilivre	1
Dama	1
Parigramme	1
Flammarion	1
Phaidon	1
Éditions du Rocher	1
Fallois	1
Les Solitaires intempestifs	1

Tableau 4 – Maisons d'édition mises en cause.

Gallimard arrive en tête avec cinq contentieux pendant la période étudiée. Troisième éditeur français en nombre de livres vendus par an, il publie environ 1 300 titres par an (et donc probablement un chiffre approchant 26 000 sur 20 ans), dont une bonne part relève de la littérature. Le résultat de cinq contentieux littéraires sur une période de 20 ans apparaît par comparaison très faible. Gallimard est suivi de près par l'éditeur POL, impliqué dans trois contentieux.

Le tableau montre cependant qu'il n'y a aucune concentration des procès chez un ou quelques éditeurs : tous les éditeurs impliqués ne le sont que ponctuellement. Le même constat peut être fait pour les films et les œuvres photographiques du corpus. Les rappeurs, en revanche, ont une plus grande tendance à la récidive : Abdul X et Orelsan sont cités dans deux affaires différentes, en 2011 et 2012 pour le premier, en 2012 et 2013 pour le second. Tous les autres acteurs ne sont cités ou assignés qu'une seule fois. Ce constat invite donc là encore à manier avec prudence l'idée que le scandale lié à une procédure judiciaire répond à une stratégie publicitaire intentionnelle. S'il y a si peu de récidives, c'est probablement que le coût personnel d'un procès, qu'il soit psychologique ou économique, pèse plus lourd qu'un possible bénéfice commercial.

Cette étude des parties en cause a permis de mettre en lumière plusieurs points. D'abord, on constate la présence écrasante de particuliers parmi les plaignants et les demandeurs, ce qui s'explique par la proportion importante de contentieux qui ont trait à la vie privée, la diffamation ou l'injure envers un particulier. Dans ce cas de figure, les proches de l'auteur sont nettement majoritaires. Les autres catégories de plaignants et de demandeurs, les associations ou l'État sont beaucoup moins représentées. À ce titre, le rap fait figure d'exception : c'est le seul genre contre lequel le ministère de l'intérieur porte plainte, dans un contexte de vigilance particulière de plusieurs hommes politiques à l'égard du genre et d'instrumentalisation politique des procès.

Dans le camp adverse, sont apparues des variations dans la détermination de la responsabilité des artistes et des écrivains : le rappeur est toujours cité à comparaître ou assigné, l'écrivain l'est presque systématiquement, le réalisateur de films ne l'est presque jamais, le scénariste ne l'est jamais. Ce résultat peut être interprété comme un témoignage des différences d'attribution des œuvres selon les champs artistiques. Elles dépendent dans certains cas du degré d'autonomie dont bénéficie le champ, dans d'autres, comme le rap, du caractère encore largement autoproduit des œuvres. Cette particularité procédurale a en outre une conséquence probable sur la manière dont les artistes se défendent devant les tribunaux. Les écrivains, auteurs de films ou de photos répondent de leurs œuvres au même titre que leurs éditeurs et/ou diffuseurs et/ou producteurs et bénéficient en général du concours de leurs services juridiques. À l'inverse, les rappeurs sont le plus souvent accompagnés uniquement d'un avocat. Ce résultat se traduit-il également dans les décisions qui sont rendues par les tribunaux ?

LA RÉPONSE JUDICIAIRE

Taux de condamnations, peines et réparations

L'étude des fondements et des genres incriminés a permis de montrer la spécificité de ces dernières décennies concernant les relations entre art et droit. D'une part, de nouveaux genres sont apparus, qui, pour diverses raisons, ont rencontré les limites de la création telles qu'elles sont fixées par le droit. D'autre part, l'introduction dans le droit de la presse de nouveaux fondements juridiques, le renforcement de la vie privée et la pénalisation croissante des discours de haine, a pu entraîner une judiciarisation plus forte de la littérature et de l'art. Quelles tendances peut-on observer dans les décisions de la 17e chambre ? Témoignent-elles d'une protection renforcée de la liberté de création ou, au contraire d'un affaiblissement de la liberté de création ? En d'autres termes, les juges condamnent-ils beaucoup les artistes et les écrivains ? Peut-on repérer des différences selon les genres incriminés ? Selon les fondements juridiques ? Lorsqu'ils prononcent une condamnation, quelles sont les réparations ou peines qui l'accompagnent[1] ? Il s'agit ici de donner quelques éléments chiffrés concernant le taux de condamnation, puis d'analyser les peines et réparations prononcés par la 17e chambre.

1 Pour rappel, on parle de « peine » dans un procès pénal et de « réparation » dans un procès civil.

TAUX DE CONDAMNATION

SELON LES GENRES

Le tableau ci-dessous présente le nombre de condamnations et les répartit selon les genres incriminés.

Littérature				Création visuelle	Création audiovisuelle[2]	Création musicale	Spectacle vivant
Récit de soi	Roman-enquête	Autres romans	Théâtre				
7/12[3]	3/6[4]	3/7[5]	0/1	2/6[6]	1/5[7]	6/8[8]	1/2[9]
Total condamnation Littérature : 13/26							

TABLEAU 5 – Répartition des condamnations par genres artistiques.

Les données rassemblées ici appellent deux remarques. Premièrement, si l'on fait la somme de toutes les condamnations[10], on aboutit à un total de 22 sur les 46 procès du corpus (soit près de 48 %). En 20 ans, pour la seule 17e chambre et d'après notre corpus, ce sont donc 22 auteurs qui ont été condamnés pour avoir dépassé les limites de la liberté d'expression ou avoir porté atteinte à la réputation de personnes. Ce chiffre n'est pas très significatif en soi, même s'il est important du point de vue du symbole qu'il représente. Pour le mettre en perspective et l'interpréter précisément, il faudrait le comparer avec le taux global de condamnations de la 17e chambre, au civil et au pénal, ce qui est impossible à défaut de statistiques.

2 Moins représentés car les sièges sociaux sont dans le quartier de la Défense, qui relève de la compétence du tribunal de Nanterre.

3 Patrick Poivre d'Arvor, Gérard Vincent, Sylvie Ohayon, Marcella Iacub, Lionel Duroy, Christine Angot et Didier Moury.

4 Philippe Besson, Jean-François Lamunière et Régis Jauffret.

5 Mathieu Lindon, Corinne Solliec et Grégoire Delacourt.

6 Irina Ionesco et Juan Francisco Casas.

7 Rémy Bürckel.

8 Youssoupha, Abdul X et Cortex, Abdul X, Orelsan (une fois), Jo le Phéno et Nick Conrad.

9 Le spectacle d'Orelsan au Bataclan en 2009.

10 Le spectacle d'Orelsan au Bataclan apparaît deux fois dans le tableau. Nous ne le comptons donc qu'une fois pour établir le chiffre total de condamnations.

Deuxièmement, l'on observe une forte disparité selon les genres. Sur les 26 procès littéraires, 13 condamnations ont été prononcées, soit un total de 50 %. Parmi les genres narratifs, aucun genre ne paraît payer un plus lourd tribut que les autres, les résultats étant assez équilibrés, malgré un taux légèrement plus élevé pour le récit de soi (58 %). Quant aux procès intentés à des photographes, le taux de condamnation est plus faible (33 %) ; il chute à 20 % pour la création audiovisuelle. Enfin, le rap connaît le taux de condamnation le plus élevé (75 %) et augmente à lui seul la moyenne globale.

Un tel résultat, défavorable au genre musical, peut s'expliquer par plusieurs facteurs évoqués précédemment. Le rap se distingue des autres genres par sa rhétorique pamphlétaire et violente, mais aussi par les fondements juridiques des poursuites, lesquels relèvent des discours de haine, soit envers un corps constitué, soit envers une communauté. Or, dans les deux cas, il s'agit d'infractions poursuivies au pénal, où, en règle générale, le taux de condamnation est plus élevé qu'au civil. De plus, la nature des plaignants diffère de celle des autres contentieux artistiques et littéraires : associations, ministère de l'Intérieur et parquet. En outre, concernant les procédures initiées par des associations, il ne s'agit jamais, dans le corpus, d'une citation directe, ce qui signifie que le parquet a systématiquement engagé des poursuites et que, au terme d'une information judiciaire, il a considéré avoir suffisamment d'éléments pour renvoyer la procédure devant un tribunal correctionnel. Par ailleurs, dans les deux cas où le ministère de l'intérieur a lancé l'action en justice, le rappeur a été condamné. L'on peut émettre l'hypothèse que le ministère de l'intérieur n'engage d'action en justice que lorsqu'il est quasiment certain d'avoir gain de cause. Enfin, nous l'avons mentionné, les rappeurs ne bénéficient pas du concours d'un service juridique en amont de la publication de leurs chansons. C'est probablement ce qui les rend plus vulnérables, car ils sont moins armés et outillés pour se conformer aux limites de la liberté d'expression fixées par le droit. Cette plus grande fragilité des rappeurs face aux poursuites judiciaires est peut-être ce qui explique une tendance de la jurisprudence à leur attribuer une liberté de création renforcée. Comme l'ont relevé plusieurs juristes[11],

11 Voir Nathalie Droin, « Le juge et le rap », *Revue du droit public*, n° 5, 2016, page 1377 et suiv. ; Philippe Piot, « De l'interprétation du rap par le juge judiciaire », *Gazette du palais*, n°6 du 12 février 2019, n° 341, t. 1, p. 25.

les juges témoignent d'une certaine indulgence à l'égard du genre au motif de son inscription dans un débat d'intérêt général, de son rôle de porte-parole des jeunes de banlieue et de l'outrance caractéristique de son style[12].

Le taux de condamnation peut également être évalué non plus selon le critère du genre de l'œuvre, mais selon le critère du fondement juridique utilisé.

SELON LES FONDEMENTS JURIDIQUES

		Fondements rejetés Total : 33	Fondements retenus Total : 27
Droits de la personnalité		15	13
Injure	envers un particulier	1	1
	raciale ou sexiste	3	1
	envers un corps constitué	3	2
Diffamation	envers un particulier	3	4
	raciale ou sexiste	1	0
Provocation et apologie	au crime	1	3
	à la discrimination ou à la haine	4	2
	Apologie	1	0
Message à caractère violent ou pornographique		1	0
Contrefaçon		0	1

TABLEAU 6 – Classement des décisions pénales et civiles rendues par la 17e chambre[13].

Le tribunal a retenu 26 fondements juridiques et en a rejeté 34. Rappelons d'abord, pour comprendre ces chiffres, qu'une même procédure peut être opérée sur plusieurs fondements et que le tribunal,

12 Voir CA Rouen, ch. corr., 14 déc. 2005, n° 2005-297833, Comm. com. électr. 2006, comm n° 102, obs. A Lepage, CA Versailles 18 février 2016 Cotentin/PC, Cass. crim. ; 11 décembre 2018, Inédit, n° de pourvoi 18-80.525, inédit.

13 Nous avons opéré un classement des décisions par fondement, dans la mesure où certaines procédures recourent simultanément à plusieurs fondements.

même lorsqu'il condamne, a la possibilité de ne pas tous les retenir. Ainsi, par exemple, un auteur peut être poursuivi sur le double fondement de la diffamation et de l'injure et n'être condamné que sur le premier fondement. La provocation au crime est de loin le fondement sur lequel les prévenus sont le plus condamnés (3 cas sur 4), alors que la provocation à la discrimination est au contraire peu souvent retenue (seulement 2 cas sur 6). Pour le reste des fondements, les résultats sont assez homogènes, le taux de condamnation se situant aux alentours de 50 %. On notera enfin que les délits de diffamation raciale, d'apologie et de message à caractère pornographique n'ont pas été retenus par le tribunal (fondements qui n'apparaissent cependant qu'une seule fois chacun dans les 46 procédures).

PEINES ET MESURES DE RÉPARATION

Les tribunaux disposent de tout un ensemble de peines et de mesures de réparation[14] qui sont plus ou moins contraignantes pour les artistes et les écrivains. Comment sont-elles fixées ? Lesquelles sont privilégiées par les juges ?

Rappelons tout d'abord que l'atteinte aux droits des personnalités relève du contentieux civil. Les mesures de réparation sont ainsi étroitement dépendantes de ce que les demandeurs sollicitent, car le tribunal ne peut ordonner d'autres mesures que celles sollicitées, conformément à ce que l'on appelle « le principe dispositif[15] ». Ce principe impose au juge de ne trancher que les points qui lui sont soumis et de ne pas se prononcer sur ce qui ne lui est pas demandé. Il peut accepter une ou plusieurs mesure(s) compensatoire(s) et débouter le demandeur de toutes ses autres demandes. Les mesures demandées ont pour rôle de mettre les parties dans l'état précédant le litige, ce qui est évidemment plus difficile à évaluer dans le cas d'un préjudice

14 Pour plus de clarté, nous avons exclu de notre étude les remboursements des frais d'avocats ainsi que les condamnations aux dépens (remboursement des frais liés aux instances, aux actes et procédures d'exécution).

15 Il s'agit d'un principe selon lequel au civil les parties ont l'initiative du procès et en déterminent le contenu.

moral que dans celui d'un préjudice matériel. Il faut enfin préciser qu'en général, les demandes sont beaucoup plus élevées que les mesures prononcées par le tribunal.

Pour les procédures pénales, les juges ont pour tâche de réprimer une ou plusieurs infraction(s) en application de la loi pénale, en l'occurrence la loi de juillet 1881. La diffamation publique, l'injure et la provocation sont des délits, c'est-à-dire des infractions de niveau intermédiaire entre la contravention et le crime. À la différence des contraventions, les délits peuvent être sanctionnés par une peine d'emprisonnement, dont la durée maximale est de dix ans. Ainsi, le délit de provocation est théoriquement passible de cinq ans d'emprisonnement. Dans les faits, selon Christophe Bigot, les « peines de prison n'ont été maintenues quasiment que dans le domaine de la lutte contre le racisme et l'antisémitisme[16] ». Outre la peine d'emprisonnement, un délit peut être sanctionné par une amende. Le régime des peines pour les délits prévus par la loi de 1881 est donc plus contraint que celui des mesures compensatoires en droit civil et ne repose pas sur un « principe dispositif » comme vu précédemment. Cependant, dans la plupart des affaires du corpus qui sont intentées sur le fondement de la loi de 1881, l'action pénale se double d'une action civile et le tribunal doit se prononcer sur des mesures de réparation. Les actions en diffamation sont en outre pour la plupart des actions civiles dans le corpus. Par conséquent, il est presque toujours question de mesures de réparation lorsqu'il s'agit de régler des litiges liés à la loi sur la liberté de la presse.

On étudiera d'abord les peines, qui ne s'appliquent que dans les procédures pénales, puis les mesures de réparation.

PEINES

Parmi l'éventail de peines dont le juge dispose, seules des amendes ont été prononcées, qui sont récapitulées dans le tableau suivant :

16 Christophe Bigot, *Pratique du droit de la presse*, *op. cit.*, p. 366.

		Nombre d'amendes/ Nombre de condamnations	Montant maximal possible selon le barème fixé par la loi	Montant alloué		
				Montant minimal	Montant maximal	Moyenne
Diffamation	envers un particulier[17]	3/4	12 000	1000	2250	1583
Injure	envers un particulier	1//1	12 000	800 + 5000 euros		
	raciale ou sexiste	1/1	22 500	1000 euros avec sursis		
	envers un corps constitué	2/2	12 000	1000	3000	2000
Provocation et apologie	au crime	3/3	45 000	1000 avec sursis	5000 avec sursis	2666
	à la discrimination ou à la haine	1/2	45 000	1000 euros avec sursis		

TABLEAU 8 – Amendes allouées pour les délits prévus par la loi de 1881[18].

17 La procédure en diffamation peut s'opérer au civil. Dans ce cas, il n'y a pas de peine prononcée, mais uniquement des mesures de réparation envers la victime. C'est le cas de l'affaire Besson qui est plaidée entièrement au civil, sur le triple fondement de l'atteinte au nom, de l'atteinte à la vie privée et de la diffamation envers un particulier.

18 Les calculs présentés additionnent les amendes allouées aux différents prévenus d'une même procédure. Lorsqu'un prévenu est condamné pour plusieurs infractions, les amendes sont globales et ne les distinguent pas.

Les amendes prononcées apparaissent faibles comparativement à celles encourues, et elles sont à peu près identiques pour tous les délits, alors même que le montant encouru peut varier considérablement (de 12 000 à 45 000 euros). En allant bien en-deçà du montant prévu par la loi, le tribunal choisit donc dans tous les cas de prononcer des peines assez faibles, le maximum étant de 5 000 euros avec sursis dans l'affaire Nick Conrad, où le rappeur est accusé de provoquer au crime contre les blancs dans sa chanson *Pendez les blancs.* Cet écart entre les barèmes que prévoit la loi et les peines effectivement appliquées témoigne d'une certaine indulgence envers les personnes condamnées et montre une volonté du tribunal de ne pas trop attenter à la liberté de création.

MESURES DE RÉPARATION

Dommages et intérêts

Les dommages et intérêts sont les mesures les plus classiques et les plus couramment appliquées (100 % des cas de condamnations). Leur calcul ne repose sur aucun barème fixé par une loi. Il est donc fondé uniquement sur des critères propres à l'espèce, l'évaluation de la gravité du préjudice, les demandes des plaignants, et sur des critères liés à la pratique jurisprudentielle. Or l'analyse du corpus révèle de fortes disparités selon les espèces, mais en même temps certaines tendances se dessinent, qui semblent liées aux fondements juridiques des procédures.

Ceux qui s'estiment victimes d'une atteinte à la vie privée demandent des sommes assez substantielles dans l'ensemble. La plus faible demande est de 3 000 euros, la plus élevée de 235 000 euros (procès de Nicolas Fargues où son ex-compagne l'accusait d'avoir porté atteinte à sa vie privée dans *J'étais derrière toi*) et la moyenne est de 81 854 euros. Une telle somme montre que les demandeurs estiment leur préjudice moral important. La moyenne des dommages et intérêts accordés par le tribunal est élevée (18 182 euros), bien que 4,5 fois inférieure aux demandes, avec de fortes disparités entre les espèces (de 2 500 euros à 75 000 euros). Pour interpréter ce chiffre, on peut le comparer aux dommages et intérêts accordés en général pour des délits d'atteinte à la personne, qui tournent souvent autour de 1 000 euros seulement[19]. Une telle

19 Ce chiffre nous a été donné par plusieurs magistrats.

disproportion entre les chiffres alloués en droit commun et ceux qui s'observent en matière de « délinquance » artistique et littéraire peut surprendre. Elle met en lumière le fait que le tribunal estime graves les préjudices moraux que peuvent provoquer des œuvres littéraires et artistiques et qu'il leur attribue une forte efficacité pragmatique. Ce montant globalement élevé des dommages et intérêts a probablement aussi une fonction dissuasive pour les éditeurs et les auteurs et explique qu'il y ait si peu de récidives. La perte d'un procès pour atteinte à la vie privée est en général très coûteuse pour les défendeurs, étant donné la faiblesse relative du montant que rapportent les ventes d'un livre. Par conséquent, les éditeurs ne peuvent pas se permettre de multiplier les contentieux. Ce résultat met là encore à mal l'hypothèse souvent formulée que les procès font partie d'un calcul stratégique en termes de coût et de bénéfice. En outre, les frais sont parfois à la seule charge des éditeurs, car, en cas de condamnation *in solidum*, le créancier a la possibilité de se tourner vers celui des condamnés qu'il souhaite et choisit en général le plus solvable, en l'occurrence l'éditeur.

Dans les procédures fondées sur la diffamation et l'injure envers un particulier (les deux allant souvent de pair), les prétentions vont de 6 500 euros à la somme exorbitante de 2 000 000 d'euros demandée dans le cadre du procès de Lalie Walker, accusée d'avoir injurié et diffamé les dirigeants du Marché Saint-Pierre et la société qui l'exploite. Le tribunal accorde cependant des sommes dans l'ensemble moins élevées que pour l'atteinte à la vie privée, de 1 000 euros au minimum à 20 000 euros au maximum dans le procès intenté par les époux Villemin qui accusaient l'écrivain Philippe Besson de les avoir diffamés et injuriés dans son roman *L'Enfant d'octobre*. Avec un montant moyen accordé de 8 993 euros, les dommages et intérêts alloués sont donc comparativement moins importants pour la diffamation que pour l'atteinte à la vie privée, mais restent élevés.

Au regard des dommages et intérêts, le contentieux lié aux droits des minorités est remarquable par la faiblesse des sommes allouées[20]. La demande la plus élevée (30 000 euros) est formulée par l'association féministe « Ni putes ni soumises » dans le premier procès intenté contre la chanson d'Orelsan (chanson « Sale pute »). Mais les juges allouent des

20 Précisons que dans le procès de Jo le Phéno, un policier s'était porté partie civile et a obtenu 3000 euros de dommages et intérêts.

sommes très faibles aux parties civiles. Ils accordent ainsi le minimum à deux reprises, soit un euro symbolique (à l'agent judiciaire de l'État dans l'affaire Jo le Phéno et à plusieurs associations féminines dans la seconde affaire Orelsan) et un maximum de 2 000 euros (1 000 euros à chacune des deux parties civiles dans le procès contre Nick Conrad, l'AGRIF et la LICRA). Cet écart entre les sommes allouées révèle donc une différence nette dans l'évaluation des préjudices selon que la cible est individuelle ou collective : si le tribunal répare assez largement dans le premier cas, il n'attribue que des sommes symboliques aux parties civiles dans le second. On peut y lire une forme de reconnaissance de la plus grande gravité de l'atteinte faite à un particulier qu'à une communauté.

En plus des dommages et intérêts, le tribunal peut décider d'autres mesures de réparation qui sont de diverses natures.

Mesures affectant l'œuvre elle-même

Les autres mesures affectent l'œuvre elle-même, soit dans son processus de diffusion, soit dans son contenu. Elles sont donc plus attentatoires à la liberté de création. Très souvent sollicitées dans les procédures en référé, elles sont en réalité rarement accordées par le tribunal car, selon toutes les magistrates interrogées, elles sont souvent considérées comme disproportionnées[21].

La mesure qui affecte le plus la vie de l'œuvre litigieuse est l'interdiction de sa diffusion ou de sa commercialisation. Pour les livres imprimés, elle implique un pilonnage des exemplaires qui est symboliquement très lourd, renvoyant dans l'imaginaire collectif aux autodafés des pires heures de la censure. Lorsque cette mesure est prononcée après la publication, elle implique en plus des procédures de rapatriement et de destruction des exemplaires, qui sont difficiles, voire impossibles à mettre en place. Pour les œuvres cinématographiques, elle a également un coût très élevé, étant donné les sommes d'argent importantes que demande la production d'un film. C'est pour les contenus publiés sur internet, comme de nombreuses chansons de rap, on l'a vu, que le coût matériel apparaît le moins élevé. Pour autant, la mesure reste symboliquement très lourde, car elle signe immédiatement l'arrêt de mort d'une œuvre et constitue à ce titre une atteinte très importante

21 Sur la question du contrôle de proportionnalité, voir le chapitre 3.

à la liberté de création. Toutes les juges interrogées ont ainsi affirmé tout faire pour ne pas avoir à prononcer d'interdiction. Une anecdote racontée par une magistrate est à cet égard significative. Lors de notre entretien, elle affirme avoir été marquée par la seule interdiction qu'elle ait prononcée lorsqu'elle présidait la 17e chambre, pour un livre intitulé *Revenge porn*, dans lequel l'ex-maîtresse d'une star du football réglait ses comptes de manière « particulièrement trash » et portait gravement atteinte à la réputation du demandeur. Pourtant, et alors même que tous s'accordaient à y voir un « torchon[22] », ses collègues de la 17e chambre ont ensuite surnommé ironiquement la magistrate « Anastasie », en référence à l'allégorie terrifiante de la censure du même nom. Cette moquerie illustre le poids dans les décisions prises par les tribunaux des représentations très défavorables de la censure. Les juges ont donc beaucoup de réticences à prendre ce genre de mesures et font tout pour l'éviter.

Dans le corpus, les demandeurs sollicitent l'interdiction dans douze cas, ce qui montre qu'ils considèrent comme particulièrement grave l'atteinte dont ils sont victimes. Les juges en revanche ne l'accordent que deux fois. Le premier cas est celui du livre de Didier Moury, *J'ai de la peine et de la haine et ça se saura*[23] *!*, pour lequel le juge des référés[24] a ordonné la saisie de tous les exemplaires en stock chez les distributeurs et les revendeurs, en plus de l'interdiction de diffusion et de commercialisation. Dans ce livre autobiographique, l'auteur raconte le suicide d'une de ses filles et tente d'en expliquer le contexte, par l'évocation notamment d'une histoire familiale complexe, qui concerne son ex-épouse Nelly L. Le récit fait également apparaître sa fille L. Toutes deux assignent l'auteur pour atteinte à la vie privée en 2013 et le font condamner. En l'occurrence, le juge retient que le livre « constitue une intrusion excessive dans l'intimité de la vie privée de son ex-compagne Nelly L. et de sa fille L » et qu'elle est suffisamment grave pour justifier une interdiction. Parmi les passages retenus en faveur de cette interprétation, figurent des extraits évoquant la relation

22 Les termes entre guillemets sont ceux utilisés par Fabienne Siredey-Garnier lors de notre entretien.

23 Didier Moury, *J'ai de la peine et de la haine et ça se saura !*, Saint-Denis, Édilivre-Aparis, 2013.

24 TGI Paris, ch. 17, ref, 16 janvier 2014, RG 13/59470, Nelly N. et Laura Moury c/ Didier Moury et société Édilivre.

incestueuse entre Nelly L. et son père, l'avortement qu'elle a subi, les difficultés scolaires et le comportement violent de la fille. Pourquoi une telle interdiction ? Elle paraît difficile à expliquer au regard du reste de la jurisprudence, car plusieurs livres évoquent de la même façon des événements douloureux et intimes (les livres de Lionel Duroy ou d'Olivier Frébourg par exemple). Une autre hypothèse explicative peut être donnée, qui est liée au processus même de publication du livre, le seul du corpus à avoir été publié à compte d'auteur, chez Édilivre. Comme dans le cas des procès du rap, l'auteur n'a donc très probablement pas bénéficié du concours d'un service juridique en amont et en aval de la publication. Peut-on aller jusqu'à dire que le nom d'une grande maison d'édition joue par rapport aux mesures qui sont prononcées ? Il est impossible de l'affirmer, mais l'on pourra remarquer que la décision n'a intéressé personne, ne faisant l'objet d'aucun commentaire dans la presse.

La seconde œuvre à avoir été interdite est un objet hybride, le programme télévisuel *Intime conviction* pour lequel le juge des référés a ordonné une cessation immédiate de la diffusion qui était en cours au moment du procès. L'œuvre s'inspire, en changeant les noms, d'un fait-divers qui fait alors l'objet d'une instruction : la mort par arme à feu d'une femme, d'abord interprétée comme un suicide, puis comme un meurtre commis par son époux, le médecin légiste Jean-Louis Müller. Le film comporte à la fois un téléfilm, une web-série quotidienne reconstituant le procès de l'accusé, y compris les délibérés, et une partie interactive permettant aux internautes de consulter les pièces fictives du dossier d'instruction, de donner, après chaque audience, leur intime conviction sur l'accusé, et de consulter l'avis des internautes et de leurs amis Facebook. Jean-Louis Müller assigne alors les producteurs et les diffuseurs de l'œuvre pour atteinte à sa vie privée et à sa présomption d'innocence. En plus de dommages et intérêts, il demande la cessation immédiate de la diffusion du programme, ce que le tribunal des référés lui accorde[25]. Les juges motivent là encore cette décision par le caractère de particulière gravité que constitue un dispositif qui propose au spectateur de juger lui-même l'accusé à partir d'un dossier mis à sa disposition comportant surtout des éléments à charge, dont la plupart étaient fictifs. Cette décision est ensuite confirmée par la Cour d'appel

25 TGI Paris, ord. réf, 27 février 2014, Jean-Louis Muller c/ Maha productions.

de Paris[26], puis le TGI de Paris[27] (qui limite l'interdiction à une partie de l'œuvre) et enfin la Cour de cassation[28].

Sur le terrain de la diffamation ensuite, les demandeurs ou parties civiles, selon que la procédure relève du civil ou du pénal, sollicitent deux fois une interdiction, sans jamais l'obtenir. Enfin, aucune mesure d'interdiction n'est accordée dans les mesures fondées sur la provocation. Néanmoins, il faut noter que la chanson « Pendez les blancs » de Nick Conrad avait déjà été supprimée en amont du procès par les plateformes *YouTube* et *Deezer*. Ce cas est probablement appelé à devenir plus fréquent, car les plateformes et les réseaux sociaux, bien que non responsables des contenus du point de vue de la justice en tant qu'hébergeurs, s'engagent de plus en plus à réguler les discours, notamment lorsqu'ils sont susceptibles d'être assimilés à des *fake news* ou des appels à la haine[29].

Moins contraignante, car permettant de continuer à écouler les stocks des exemplaires déjà imprimés, l'interdiction d'une réédition ou d'une réimpression stoppe net la vie d'un livre en en limitant la diffusion. Elle est donc elle aussi considérée par les juges comme attentatoire à la liberté de création. Elle est sollicitée dans cinq cas, mais peu accordée, deux fois au total (dans les affaires Régis Jauffret et Patrick Poivre d'Arvor).

La modification du contenu de l'œuvre constitue une autre mesure possible. Elle n'est cependant demandée que deux fois et n'est jamais accordée pour les procédures du corpus fondées sur l'atteinte à la vie privée. Quel que soit le support de publication, elle se révèle difficile à mettre en œuvre. En effet, elle présente l'inconvénient technique d'impliquer un rapatriement des exemplaires non modifiés et l'inconvénient symbolique de porter atteinte à l'intégrité de l'œuvre. Un peu moins attentatoires à la chaîne du livre, les mesures concernant les rééditions ultérieures sont également possibles : il ne s'agit pas d'en interdire la possibilité, mais de la conditionner à la suppression des passages litigieux. Exprimée trois fois, cette demande n'est accordée qu'une fois en réparation d'une

---

26 CA Paris, réf, Pôle 1, chambre 2, 28 février 2014, Maha productions c/ Jean-Louis Muller, Arte France.

27 TGI Paris, ch. 17, 5 novembre 2014, RG 14/03844, Société Maha Productions c/ Jean-Louis Muller.

28 Cass, civ. 1, pourvoi n° C 14-16.273, 30 septembre 2015, Arte et Maha productions c/ Jean-Louis Muller.

29 On a ainsi pu voir Twitter et Facebook jouer un rôle de régulation dans la campagne présidentielle américaine de 2020.

atteinte à la vie privée, pour le livre *Papa was not a Rolling stone* de Sylvie Ohayon, et qu'une fois en réparation d'une diffamation, pour le roman *La Ballade de Rikers Island* de Régis Jauffret. Il y a probablement eu dans cette dernière affaire un double effet cumulatif. L'auteur était un récidiviste, déjà mis en cause pour avoir porté atteinte à la vie privée de la famille Stern dans le roman *Sévère* (la famille avait finalement retiré sa plainte). Le plaignant, Dominique Strauss-Kahn, avait déjà perdu son honneur lors de l'intense campagne médiatique dont il avait fait l'objet à partir de l'affaire du Sofitel. Il avait de surcroît été la « victime littéraire » de Marcela Iacub. Peut-être le tribunal a-t-il estimé que ce nouveau livre lui causait un grave préjudice dans ce contexte précis ? Enfin, dans les procédures intentées sur le fondement de la diffamation et/ou de l'injure envers un particulier, une seule modification du texte original est décidée par le tribunal, la suppression du nom d'Éric Zemmour dans la chanson du rappeur Youssoupha.

Certaines mesures demandées sont liées au fait que la victime supposée a été informée en amont d'une publication du projet de l'auteur. C'est le cas pour *Mariage mixte* de Marc Weitzmann, où le demandeur sollicite en référé à la fois la communication du manuscrit et le retardement de la publication, mesures qu'il n'obtient pas.

Enfin, la dernière mesure, fréquemment demandée mais assez rarement accordée, est celle consistant à publier un communiqué judiciaire faisant état de la condamnation, soit dans le livre (sous la forme d'un bandeau, demandé neuf fois au total), soit dans la presse. Le bandeau sur le livre est accordé deux fois pour les livres de Marcela Iacub *Belle et Bête* et de Philippe Besson *L'Enfant d'octobre* ; le communiqué dans la presse est accordé lui aussi deux fois pour les livres de Marcela Iacub et Patrick Poivre d'Arvor.

Pour conclure, les mesures de réparation autres que les dommages et intérêts restent assez rares lorsque la cible est individuelle. Elles sont l'exception lorsque la cible est collective. Ainsi, même lorsqu'il y a une condamnation, elle consiste le plus souvent en un unique versement de dommages et intérêts, ce qui permet de reconnaître un préjudice sans limiter véritablement la parole créatrice. Cette solution permet de trouver un certain équilibre entre la reconnaissance de l'atteinte aux droits de la personnalité et la protection de la liberté de création.

PROCÉDURES D'APPEL, POURVOIS EN CASSATION ET REQUÊTES AUPRÈS DE LA CEDH

Sur les 46 décisions, 15 ont été contestées devant une cour d'appel (soit 32 %, ce qui est comparativement plus élevé que le taux d'appel général dans les TGI en 2017[30]). Cinq condamnations et six relaxes ont été confirmées en appel. Trois condamnations et une relaxe ont été infirmées. Au terme de la procédure d'appel, ce sont par conséquent au total 20 condamnations définitives qui ont été prononcées, soit 43 % au total.

Cinq affaires[31] ont été portées devant la Cour de cassation, qui a à son tour confirmé deux relaxes et deux condamnations. Elle a cependant cassé un arrêt d'appel qui avait prononcé une relaxe en renvoyant un prévenu devant une cour d'appel, le chanteur du groupe Zep, Said Zouggagh. Il avait été relaxé par la 17e chambre du TGI de Paris au même titre que l'auteur du livre qui accompagnait le disque, Said Bouamama[32], puis par la cour d'appel de Paris[33], mais la Cour de cassation, sur un pourvoi de l'AGRIF, a cassé en 2017 l'arrêt de la cour d'appel en ses dispositions relatives au chanteur[34] et a renvoyé l'affaire devant la cour d'appel de Lyon en 2018[35], qui l'a de nouveau condamné. Le chanteur s'est alors à son tour pourvu en cassation en 2018, la plus haute juridiction cassant l'arrêt sans renvoi[36] et relaxant définitivement le chanteur après un feuilleton judiciaire de trois ans. Cela porte donc à 19 le nombre de condamnations définitives sur les 46 du corpus.

Sur le total, une procédure seulement est allée jusqu'à la Cour européenne des droits de l'homme, celle du procès en diffamation intenté par Jean-Marie Le Pen contre le romancier Mathieu Lindon, son éditeur Paul Otchakovsky-Laurens et le directeur du journal *Libération*, Serge July. Du TGI à la CEDH, la décision de les condamner tous les trois a

30 Source « Les chiffres clés de la justice 2017 ».

31 Affaires Zep, Golgotha Picnic, Ozon, Lindon, *Intime conviction*.

32 TGI Paris, ch. 17, 19 mars 2015, AGRIF c/ Said Zouggagh et Said Bouamama.

33 CA Paris, ch. 2-7, 9 décembre 2015, RG 15/02/415, AGRIF c/ Said Zouggagh et Said Bouamama.

34 Cass. crim., 28 février 2017, n° pourvoi 16-80.522, publié au bulletin.

35 CA Lyon, ch. 4, 12 janvier 2018, AGRIF c/ Zaid Zouggagh (arrêt sur renvoi de cassation).

36 Cass. crim., 11 décembre 2018, Inédit, n° de pourvoi 18-80.525, inédit.

été confirmée. Les décisions de la 17e chambre sont donc en général bien suivies par les juridictions supérieures, ce qui confirme son autorité en matière de liberté de création.

Plusieurs conclusions peuvent être tirées de ces chiffres. Premièrement, l'on observe deux tendances contradictoires. Le taux de condamnation est plus important au pénal qu'au civil (conformément aux statistiques globales en France), ce qui va de pair avec une condamnation plus forte des genres qui sont majoritairement poursuivis au pénal (comme le rap par exemple). À l'inverse, s'affirme une tendance à condamner plus lourdement dans les procédures civiles intentées sur le fondement de l'atteinte aux droits de la personnalité. Cela témoigne du fait que les juges sont plus sévères dans les affaires portant sur des œuvres qui visent un particulier que dans celles portant sur des œuvres qui se voient reprocher de porter atteinte à une communauté ou même à des représentants de l'État, comme c'est le cas de la police pour le rap. En ce sens, la justice apparaît plus libérale par rapport au délit d'offense que par rapport au préjudice fait à des personnes. Ainsi, certes, les lois permettant de sanctionner les atteintes faites aux communautés se sont multipliées et témoignent d'une sensibilité particulière d'une époque sur des questions relatives à l'offense envers des croyances, ou encore envers des minorités de race, de sexe ou de genre. Cependant, les juges semblent faire un usage prudent de cette législation en prononçant des peines qui vont bien en-deçà de ce qu'elle prévoit[37]. Il serait intéressant d'éclairer ce résultat par une étude globale des décisions de justice rendues en matière de discours de haine, qui dépasserait le cadre strict des procès de l'art. Elle permettrait probablement de modérer les inquiétudes quant aux conséquences des modifications de la loi de 1881 sur le renforcement du communautarisme[38].

---

37 Cette appréhension plus libérale de l'offense que du préjudice rejoint celle théorisée par Ruwen Ogien, *La Liberté d'offenser. Le sexe, l'art, la morale*, Paris, La Musardine, 2012.

38 Certains juristes par exemple s'inquiètent de ces lois et y lisent une remise en cause de l'universalisme républicain au profit d'une augmentation des revendications identitaires. Elles seraient donc un instrument juridique qui aurait pour conséquence un renforcement du communautarisme. Voir en particulier les travaux de la juriste Anne-Marie Le Pourhiet, « La prolifération des délits d'opinion et la subjectivisation du droit pénal français », Colloque « La liberté d'expression : menacée ou menaçante ? Jusqu'où penser, parler, écrire librement ? », Académie Royale des sciences, des lettres et des beaux-arts de Belgique, 4, 5 et 6 décembre 2014, Publications de l'Académie, 2015, p. 237 ; Id., « Le droit français est-il Charlie ? La prolifération des délits d'opinion », *Revue Le Débat*,

Deuxièmement, l'on peut repérer un principe général appliqué par la 17e chambre : attenter au minimum à la liberté de création, et ce même lorsqu'il y a condamnation. C'est ce qui explique qu'il y ait presque toujours des dommages et intérêts alloués aux victimes reconnues par le tribunal, mais peu d'autres mesures réparatoires, alors qu'elles apparaissent très sollicitées par les demandeurs ou les parties civiles. Les juges prononcent rarement des interdictions et ne demandent de modifications du contenu des œuvres que de manière exceptionnelle. À ce titre, il apparaît abusif de parler d'une « censure » exercée par les juges, car le terme suppose une limitation de la parole artistique et littéraire. Pour autant, cela ne signifie pas que le droit n'exerce pas un contrôle sur le contenu même des œuvres. Il se fait cependant à un autre moment, en amont d'une publication.

Gallimard, n° 185, mai-août 2015, p. 21-25, [en ligne] DOI : 10.3917/deba.185.0021. URL : https://www.cairn.info/revue-le-debat-2015-3-page-21.htm, consulté le 4 avril 2022.

PRÉVENIR LES CONTENTIEUX

Le rôle des « maîtres de la retouche »

Pour éviter les procès, certaines maisons d'éditions se sont entourées de « maîtres de la retouche[1] », des avocats spécialisés en droit de la presse qui sont chargés de pointer les éléments à risques des manuscrits sensibles et de proposer des réécritures, voire des suppressions. Ce procédé dit d'autocensure reste relativement méconnu dans le détail de la pratique, bien qu'un avocat comme Emmanuel Pierrat l'évoque régulièrement dans les médias et dans ses livres :

> Les avocats de l'édition, de l'art et du cinéma sont les instruments de cette nouvelle censure. Je dois ainsi réécrire les livres des autres, corriger les scénarii et modifier les livrets d'opéra. Il s'agit d'examiner la viabilité de l'œuvre au regard des quelques centaines de textes qui restreignent aujourd'hui la liberté d'expression. Cette science est devenue en quelques années si complexe qu'il faut des spécialistes pour « préjuger » des œuvres, l'objectif étant d'éviter la fatale interdiction. Mais aussi à présent l'opprobre, la fatwa, le boycott via les réseaux sociaux et les pétitions clés en mains proposées par Change.org.
>
> J'opère, rabote, cisaille, réécris un peu, sans doute trop… La Normandie devient Wonderland ou Les Syrtes, Lyon se déplace en Italie, la Côte d'Azur devient d'Opale, etc. Le héros a treize ans et une aventure amoureuse ? Pédophilie et son apologie ! Sous la plume du barreau, il en aura quinze, puisque c'est l'âge de la majorité sexuelle[2]…

L'avocat met ici en avant son rôle de censeur omniprésent des lettres, sans toutefois en préciser les contours : il ne donne aucun chiffre sur l'étendue de cette intervention des juristes en amont des publications et parle de manière générale de « livres » et d'« œuvre », comme si c'était l'édition et la littérature dans leur totalité qui étaient passées au crible de son

1 Jérôme Dupuis, « Procès de l'édition, les maitres de la retouche », *L'Express*, 11 septembre 2013, [en ligne] URL : https://www.lexpress.fr/culture/livre/proces-de-l-edition-les-maitres-de-la-retouche_1280586.html, consulté le 28 avril 2020.

2 Emmanuel Pierrat, *Nouvelles morales, nouvelles censures*, Paris, Gallimard, 2018, p. 42.

regard expert. D'après ce discours, la sensibilité du public serait devenue tellement forte qu'elle impliquerait une autocensure quasi généralisée et aurait conduit des « spécialistes » à développer une compétence si pointue qu'eux seuls en détiendraient les clefs quand les auteurs et les éditeurs eux-mêmes auraient du mal à « préjuger » de la « viabilité » des « œuvres ». Les œuvres ne seraient ainsi plus publiables sans le concours des avocats de l'édition, dont le rôle consisterait à tout faire pour leur « éviter la fatale interdiction ». On a pourtant vu dans le chapitre précédent que l'interdiction à strictement parler est très rare et que les juges ne la décident que dans des situations qu'ils considèrent extrêmes. Il y a donc dans ce propos une généralisation et une exagération manifestes, que trahit l'usage des verbes « raboter » et « cisailler », convoquant la figure repoussoir d'Anastasie aux ciseaux implacables. En outre, sont évoquées à la fois les restrictions de la liberté d'expression d'un point de vue strictement juridique et celles imposées par « le boycott via les réseaux sociaux et les pétitions ». On reconnaît bien là la plume du militant anti-censure. Mais les professionnels ne sont pas les seuls à montrer la tendance à une « autocensure de l'édition ». La chercheuse spécialiste de l'autofiction Isabelle Grell attribue à l'avocat « un rôle presque aussi important que l'éditeur », affirmant que « la case juridique est désormais obligatoire pour nombre de livres, de films, d'expositions[3] ». Plusieurs articles de presse évoquent également ce rôle grandissant des « maîtres de la retouche[4] ». S'ils ne sont qu'une « poignée » exerçant à Paris, ils interviendraient à chaque fois qu'un roman est « *touchy* » :

> Roman *touchy*, comme on dit à Saint-Germain-des-Prés. Dans ces cas-là, un seul mot d'ordre : « Faites relire par l'avocat ! ». À Paris, ils sont une poignée de « robes noires » chargée de passer au peigne fin les manuscrits sensibles avant publication, afin de limiter les risques de procès. Des « démineurs de mots », en quelque sorte[5].

Il apparaît donc nécessaire d'étudier plus précisément ce rôle des « démineurs de mots ». S'il s'avère difficile d'avoir des données chiffrées

3 Isabelle Grell, « Autofiction et autocensure : instrument d'autocensure », *Art Press*, Hors-série « Censure », 2003, [en ligne] URL : http://www.autofiction.org/index.php?post/2008/10/31/autofiction-et-autocensure2, consulté le 4 avril 2022.

4 Édouard Launet « La Vraie Vie Est Un Roman », *Libération*, 26 mars 2011, [en ligne] URL : http://www.liberation.fr/auteur/1866-edouard-launet), consulté le 4 avril 2022.

5 Jérôme Dupuis, « Procès de l'édition », art. cité.

précises concernant ce phénomène d'autocensure dans l'édition, il est possible d'en décrire quelques caractéristiques[6] et d'apporter un éclairage sur les questions suivantes. Quand les avocats sont-ils consultés pour un roman ? En quoi consiste leur intervention sur un manuscrit ? Quel est leur rôle auprès des éditeurs et des auteurs ?

ÉLÉMENTS DE QUANTIFICATION ET DE CIRCONSCRIPTION DU CONSEIL ÉDITORIAL

Sans surprise, la grande majorité des livres qui nécessitent l'intervention d'un « maître de la retouche » sont ceux où des personnes peuvent se reconnaître et considérer qu'elles sont diffamées ou atteintes dans leur honneur ou leur vie privée. Dans le secteur romanesque, ce sont donc les fictions dites du réel qui sont confiées aux avocats, les mêmes que celles qui sont au cœur du contentieux de la 17e chambre. Plus précisément, elles sont relues surtout lorsqu'elles décrivent un « milieu professionnel précis, touchant prioritairement au milieu de l'édition et à celui des médias et de la télévision », à « la politique municipale et nationale », « la vie personnelle, familiale ou amoureuse de l'auteur », ou encore lorsqu'elles évoquent « le monde des affaires et des grandes entreprises » ou « ce que l'on peut appeler le *tout Paris* [...], la vie mondaine de célébrités ou du monde intellectuel français[7] ». L'« autocensure » des écrits littéraires semble devoir là encore s'expliquer par des critères génériques et être le reflet du goût contemporain pour la littérature « factionnelle », principalement les écrits de soi et les romans-enquêtes. Cette pratique de la retouche est ainsi loin d'être systématique et ne concerne qu'une petite partie des imprimés dans le domaine littéraire. Il faut cependant apporter une nuance à ce

6 Les informations présentées ici proviennent des entretiens que nous avons menés avec huit avocats, de la table ronde « Les procès littéraires du point de vue des avocats » (dans Anna Arzoumanov, Arnaud Latil et Judith Sarfati Lanter, *Le Démon de la catégorie*, *op. cit.*) et des articles de presse précités. Faute de données sur les autres genres, nous nous concentrerons ici exclusivement sur les récits, qu'ils soient littéraires ou cinématographiques.

7 Nous reformulons les critères donnés par les avocats lors des entretiens, en nous fondant sur les catégories identifiées par Mathilde Bombart dans un article consacré à la représentation du genre du roman à clés (autre nom possible pour le grand public de la fiction du réel), « Romans à clés : une pratique illégitime », art. cité.

résultat. Cette enquête repose sur des entretiens réalisés en 2015 et 2016, à une époque où certains concepts clés, comme l'appropriation culturelle ou la lutte contre les stéréotypes raciaux, n'avaient pas encore acquis la visibilité qu'ils ont aujourd'hui. Les discours des enquêtés seraient donc peut-être un peu différents aujourd'hui.

En outre, il apparaît que les livres « factionnels » ne sont pas tous considérés comme sensibles et ne sont pas systématiquement relus. D'après le service juridique de Gallimard, les écrits d'Annie Ernaux par exemple, qui évoquent sa vie privée et celle de son entourage, sont publiés tels quels sans aucune retouche. Il apparaît que les caractéristiques mêmes de l'autrice jouent un rôle : son prestige et sa reconnaissance comme véritable écrivaine, et plus encore, peut-être, le fait qu'elle ait publié de nombreux ouvrages qui n'ont fait l'objet d'aucune plainte de son entourage. En revanche, un roman industriel, *L'Emprise* de Marc Dugain[8], qui s'inspire d'une affaire de contrats passés en Chine par EDF au détriment d'Areva et de la vente de la technologie industrielle nucléaire à ses concurrents[9], a été passé au peigne fin avant publication parce qu'il était considéré comme un peu trop proche du réel. L'affaire avait suscité de nombreux articles et avait connu de multiples rebondissements dignes d'un roman noir : une syndicaliste d'Areva, qui avait voulu retrouver l'accord secret qui aurait été signé par EDF, avait été découverte ligotée et bâillonnée dans son appartement des Yvelines. Or, au moment de la publication du roman, l'enquête est toujours en cours et aucun des coupables présumés n'a été jugé. Il est donc apparu à ses relecteurs juristes qu'il ne fallait pas que le roman porte atteinte à la présomption d'innocence des personnes impliquées et qu'il ne désigne pas trop directement des coupables, bref qu'il n'impute pas à des personnes réelles des infractions pénales non avérées.

Combien de manuscrits sont-ils ainsi relus par des avocats ? Selon l'article de *L'Express* cité plus haut, la moyenne serait d'une « petite quinzaine de manuscrits sensibles chaque année[10] » pour chaque avocat

8 Marc Dugain, *L'Emprise*, Paris, Gallimard, 2014.

9 Cette histoire de contrats douteux est racontée dans plusieurs articles qui en soulignent d'ailleurs le caractère romanesque. Voir par exemple Mélanie Delattre et Christophe Labbé, « Proglio au cœur d'un polar nucléaire », *L'Express*, 3 janvier 2013, [en ligne] URL : https://www.lepoint.fr/economie/proglio-au-coeur-d-un-polar-nucleaire-03-01-2013-1691818_28.php, consulté le 4 avril 2022.

10 Jérôme Dupuis, « Procès de l'édition… », art. cité.

et ces « experts de la retouche » ne seraient qu'une « poignée », une dizaine au total, ce qui fait un total d'environ 150 manuscrits par an. L'avocat de Flammarion et d'Albin Michel, qui se présente lui-même avec humour comme un « directeur éditorial occulte[11] », affirme cependant en relire beaucoup plus, environ un par semaine, mais révèle que la fiction est un cas de figure très rare, « à peu près un manuscrit sur cinquante[12] », soit environ un par an. Un autre avocat confie relire entre deux et trois manuscrits par semaine sans préciser combien de fictions sont concernées. Un troisième considère pour sa part relire entre trois et cinq manuscrits par an, qui lui sont envoyés par le service juridique de Gallimard lorsqu'ils sont estimés « sensibles », « parce qu'ils évoquent la vie privée d'une personne ». Ce dernier indique que les deux genres les plus concernés sont les essais et les autobiographies ainsi que les biographies de personnalités ; ce n'est que très marginalement qu'il relit des fictions. Le conseil éditorial apparaît donc finalement peu pratiqué quand il s'agit de relire des manuscrits fictionnels et ne semble pas concerner plus d'une ou quelques dizaine(s) de romans par an[13].

Chez Gallimard, lorsqu'un manuscrit est estimé sensible, ce sont les éditeurs qui alertent le service juridique, qui confie alors le manuscrit à leur avocat. Ce dernier est chargé de faire une liste de points qui rendent la personne identifiable par son entourage proche et de déterminer si la vision qui en est donnée est « très noire ». La méthode est la même chez tous les avocats interrogés : il s'agit d'aider à « couper les fils rattachant le récit à la réalité[14] ».

11 Anna Arzoumanov, Arnaud Latil et Judith Sarfati Lanter, *Le Démon de la catégorie*, *op. cit.*, p. 221.

12 *Ibid.*, p. 224.

13 À titre de comparaison, on peut prendre les chiffres-clés du secteur du livre en 2018. Le nombre de références vendues au total était de 722 500 et les romans représentent 21 % des chiffres de vente (source « Les chiffres-clés du secteur du livre 2018 »).

14 Christophe Bigot, « Les procès littéraires du point de vue des avocats », art. cité, p. 222.

« COUPER LES FILS RATTACHANT LE RÉCIT À LA RÉALITÉ » Interventions en amont sur le texte et son paratexte

Christophe Bigot décrit avec précision la méthode qu'il adopte, confiant appliquer « deux niveaux d'analyse », interne et externe, qui convergent vers un même but : entrer dans la catégorie de la « fiction » et s'éloigner un maximum de la « réalité ». Les critères externes correspondent à tout ce qui est extérieur au récit lui-même, le « paratexte » dans les termes de Gérard Genette[15] : la collection, le genre affiché (« roman » plutôt que « témoignage »), la quatrième de couverture dans laquelle il importe de savoir si l'auteur affirme raconter sa propre vie ou la vie d'une personne tierce, la présence éventuelle d'un avertissement ou *disclaimer*. Christophe Bigot affirme ainsi surveiller de près la quatrième de couverture, car « dès l'instant qu'il y a une confusion sur la quatrième de couverture entre la fiction et la réalité, s'il y a une seule phrase selon laquelle l'auteur raconte sa propre vie, on commence à voir le sol se dérober[16] ». Tous admettent cependant que cet « enrobage » du texte de manière à le présenter comme un roman ne suffit pas. Ils considèrent par exemple que les fameux *disclaimers* du type « Toute ressemblance avec… », ne sont souvent pas utiles, mettant même parfois au contraire le lecteur sur la voie d'une lecture référentielle. Ainsi, d'un point de vue juridique ces éléments sont loin de « constituer une clause d'irresponsabilité[17] ».

Au niveau interne, textuel, le récit ne doit pas être trop proche de la réalité. Le cas échéant, il faut intervenir sur le texte lui-même et modifier le manuscrit. Le travail sur le texte consiste essentiellement à établir la liste de tous les éléments qui rendent des personnes identifiables. L'avocat fait ensuite des propositions de modifications afin d'opérer une « distanciation » entre l'univers du texte et l'univers réel. Pour faire en sorte qu'une personne réelle ne soit pas identifiable, une attention particulière est donnée premièrement à son adresse et à son

15 Gérard Genette, *Seuils*, Paris, Le Seuil, 1987.
16 Christophe Bigot, *Ibid.*, p. 222.
17 *Ibid.*

identité civiles (à savoir son nom, son statut conjugal et parental, son métier), deuxièmement à son apparence physique, troisièmement à des circonstances particulières de sa vie qui la rendent reconnaissable (une anorexie enfantine, des voyages dans des lieux précis, des goûts artistiques et musicaux, etc.). Dans ce travail de repérage des fils qui relient le manuscrit au réel, l'avocat est aidé par l'auteur lui-même, qui doit être « loyal et sincère », selon les termes employés par Christophe Bigot, car lui seul est capable de savoir quels éléments permettent d'identifier un proche, surtout lorsque celui-ci reste anonyme ou qu'il a un nom d'emprunt dans le livre. La méthode est illustrée dans l'exemple qui suit :

> Prenons un exemple. Si c'est un roman à clefs qui parle d'une affaire judiciaire et que le héros est un maire d'une ville moyenne de la banlieue sud de Paris qui a deux garçons, il va falloir faire en sorte que le héros devienne un sénateur de Marseille qui a trois filles[18].

Il faut donc transposer et déplacer les lieux et les caractéristiques biographiques jugés trop singularisants. Un autre avocat donne l'exemple de sa relecture des manuscrits de Gabriel Matzneff. Il explique s'être concentré sur la question de la possible identification des jeunes femmes dont l'auteur raconte avoir été l'amant : « Il nous est arrivé, à propos de la fille d'un ministre, qui revenait à plusieurs reprises dans ses livres, de supprimer tout détail permettant de l'identifier[19] ».

Chez Gallimard, les explications sont les mêmes. L'exemple donné à l'appui dans l'entretien est celui du roman de Nelly Alard, *Moment d'un couple*, paru en 2013, qui raconte la manière dont un couple compose avec l'infidélité conjugale. L'histoire est directement inspirée de ce que l'autrice a vécu lorsque son mari l'a trompée avec Aurélie Filippetti

18 Anna Arzoumanov, Arnaud Latil et Judith Sarfati Lanter, *Le Démon*, *op. cit.*, p. 222.

19 Entretien réalisé le 1er octobre 2015. Précisons que cet entretien a été réalisé avant la polémique de 2020 sur la question de la pédophilie dans les récits de Gabriel Matzneff. En l'occurrence, les réponses de l'enquêté auraient probablement été sensiblement différentes si l'entretien avait au lieu en 2020, après le scandale suscité par la publication du livre *Le Consentement*, écrit par Vanessa Springora, l'ancienne amante de Matzneff. En effet, le romancier fait dans plusieurs de ses œuvres le récit de ses amours avec des filles préadolescentes ou tout juste pubères, ce qui ne semblait pas véritablement poser de problèmes éthiques pour la majeure partie de son lectorat, et au premier chef de son avocat ; le livre de Vanessa Springora, lui, a entraîné un changement radical dans la réception de l'œuvre de l'écrivain plusieurs fois primé. En plaçant au premier plan la non-validité de la notion de « consentement » pour de très jeunes filles, elle a jeté un discrédit sur lui et a fait basculer l'écrivain séducteur dans la catégorie des écrivains pédophiles.

qui, au moment de la publication, est ministre de la Culture et de la Communication :

> Un gros travail a été fait en amont pour que la maîtresse ne se reconnaisse pas : changement de nom (le personnage s'appelle Victoire), d'apparence physique (elle devient rousse), de dates, transformation de sa fille en garçon, mais tout le monde l'a reconnue.

Cependant, dans le cas présent, le conseil juridique n'a pas reposé uniquement sur la distanciation. En effet, il lui est apparu évident que le personnage de la maîtresse serait aisément identifiable, compte tenu de sa notoriété. Afin de limiter les risques de procès, le travail s'est doublé d'une appréciation de critères externes. Un élément considéré comme décisif a été que la personne identifiable avait déjà publié un livre relatant cette même histoire[20], avec les mêmes scènes, et avait donc déjà à la fois donné son consentement à leur révélation, exposé sa vie sentimentale et rendu publics une grande partie des faits racontés.

Dans certains cas, la réécriture va plus loin que la simple distanciation entre l'univers fictionnel et l'univers réel. Elle peut consister à modifier substantiellement l'intrigue, comme l'illustre l'exemple de *L'Emprise* de Marc Dugain. Lorsque le scandale industriel réel éclate, est particulièrement montré du doigt le patron d'EDF de l'époque, Henri Proglio. Or Marc Dugain ne se contente pas de s'inspirer de ce fait divers industrialo-politique pour construire son intrigue, il y insère les protagonistes principaux. L'auteur confie d'ailleurs au service juridique et à l'avocat de son éditeur que tout y est vrai, mais « en atténué ». Le travail de changement des noms et la transformation de la syndicaliste d'Areva en homme sont considérés par l'avocat relecteur et le service juridique comme insuffisants, car les personnes impliquées dans l'affaire réelle restent reconnaissables[21]. En outre, le président de l'entreprise d'électricité est désigné comme coupable, alors que le procès réel n'a

20 Aurélie Filipetti avait relaté cette histoire en 2006, alors qu'elle n'était pas encore ministre de la Culture et de la Communication (2012-2014) dans son récit *Un homme dans la poche*, Paris, Stock, 2006.

21 À titre d'exemple, la société décrite comme « le fleuron de l'industrie nucléaire française » s'appelle *Arena* (une lettre de différence avec *Areva*) et son ancienne présidente s'appelle Blandine Habber, mais elle a dû quitter le groupe sur une décision du conseil d'administration en encaissant un chèque élevé, tout comme son équivalent réel, Anne Lauvergeon.

pas encore eu lieu. Pour éviter un procès en diffamation, l'auteur se voit donc proposer de déplacer la responsabilité sur un autre personnage, entièrement fictif, ce qu'il accepte.

De manière générale, lorsque les avocats relisent des récits fondés sur l'exploration fictionnelle de faits-divers connus de tous et déjà publiés ailleurs, il est rare que le protocole consistant à déterminer la distanciation d'avec la réalité soit appliquée de la même manière que pour les écrits de soi. Les protagonistes peuvent rester identifiables. Il faut plutôt veiller à ce que le livre ne fasse pas de nouvelles révélations, qu'il n'invente pas des éléments qui nuiraient à la réputation des protagonistes et qu'il respecte le principe de la présomption d'innocence, en ne présentant pas comme coupable quelqu'un qui n'a pas été officiellement condamné. Cela implique d'ailleurs certaines normes stylistiques de prudence de l'expression[22].

Est-ce à dire que l'avocat-relecteur est un quasi co-auteur du livre ? L'enquête auprès de ces professionnels de la révision littéraire suggère que le livre est le produit d'un processus collectif et complexe dans lequel l'anticipation de poursuites judiciaires constitue une ligne directrice parfois déterminante. S'il a la capacité de réécrire en partie le matériau romanesque, ce n'est pas à l'avocat que revient la décision ultime : « À certains moments, l'auteur nous arrête, c'est lui qui décide[23] ». Ce peut être aussi le directeur de la maison d'édition parce qu'il est pénalement le responsable principal de toutes ses publications. Certains auteurs n'acceptent pas les modifications proposées par leur avocat-relecteur ; dans ce cas, les enquêtés soulignent unanimement qu'il n'est pas question de les forcer. En revanche, l'éditeur peut faire le choix de ne pas les publier. D'après l'avocat de Gallimard, qui souligne qu'il ne veut surtout pas endosser le rôle d'un « censeur », une telle décision reste rare. Le service juridique de Gallimard confirme ce caractère exceptionnel, mais cite le cas du romancier Régis Jauffret, qui avait connu un succès éditorial chez Gallimard avec ses *Microfictions* en 2007. En 2009, il présente à son éditeur un nouveau roman, *Sévère*, inspiré d'un fait-divers, l'assassinat particulièrement sordide du banquier Édouard Stern par son ex-maîtresse. Par peur que la famille ne porte plainte, Gallimard suggère à

22 Sur ce point, nous nous permettons de renvoyer à notre article « Le fait-divers au tribunal… », art. cité.

23 *Le Démon*, *op. cit.*, p. 222.

l'auteur quelques modifications qui permettraient une distanciation et compliqueraient l'identification des personnes réelles, en remplaçant par des blancs les noms propres des personnes et des lieux. Régis Jauffret refuse catégoriquement ces propositions de réécriture et claque la porte de son éditeur. Il confie alors son manuscrit à l'éditeur Flammarion, qui le rejette à son tour, guidé par la même peur de démêlés judiciaires. Le roman est présenté à un troisième éditeur, les éditions du Seuil, qui décide de prendre le risque de le publier sans modifications et rachète à Gallimard tous les contrats encore en cours de l'auteur. Or lorsque le roman paraît au Seuil en 2010, l'assignation tant redoutée par les deux premiers éditeurs tombe. L'auteur et son éditeur sont accusés par la famille du banquier d'avoir porté atteinte à la vie privée de certains de ses membres, les demandeurs finissant toutefois par se désister sans que la raison de cette décision n'ait été donnée officiellement. Le Seuil a donc accepté de publier le livre en dépit des risques de procès qu'il présentait.

On le voit, le risque de procès est la plupart du temps pris en compte et intégré au processus éditorial, mais, selon les auteurs et les éditeurs, les décisions finales ne sont pas nécessairement les mêmes. Le dernier exemple est d'autant plus frappant qu'il montre des décisions éditoriales différentes au sujet d'un même manuscrit. Les éditeurs évaluent différemment les risques de procès, et certains apparaissent plus enclins que d'autres à le courir. Ainsi, le Seuil et le même auteur « récidivent » cinq ans plus tard avec un roman inspiré d'un fait-divers, *La Ballade de Rikers Island*, où le narrateur fait sa propre enquête sur l'affaire du Sofitel. Cette fois, l'auteur et l'éditeur sont condamnés pour diffamation, en 2015. Une telle récidive d'un même éditeur et d'un même auteur invite à former l'hypothèse que la perspective d'un procès a été abordée ici en termes de coût et de bénéfices, son éventuelle visibilité médiatique pouvant s'apparenter à un « coup » éditorial dont les avantages en termes de notoriété et de ventes pourraient contrebalancer les conséquences judiciaires éventuelles. De fait, le scandale a incontestablement donné au roman de Régis Jauffret une visibilité médiatique. Il importe toutefois de noter qu'aucun des enquêtés n'a explicitement admis l'existence d'une telle stratégie[24], contredisant donc l'interprétation instrumentale

24 L'interprétation instrumentale de la mise en procès d'un livre est en revanche omniprésente dans les commentaires sur les réseaux sociaux ou en marge des articles de presse à chaque fois qu'une œuvre est mise en accusation.

et publicitaire de la mise en procès d'un livre. Un tel déni mérite probablement d'être nuancé au regard du nombre important de polémiques sur la référentialité abusive de telle ou telle fiction[25], alors même que le dispositif juridique qui en dessine les limites a été largement précisé par la jurisprudence. Une autre explication peut aussi être donnée : certains juristes parient sur l'encadrement « en aval » de la publication d'un livre.

ENCADRER EN AVAL LA COMMUNICATION ET LA PROMOTION DU LIVRE

Lorsque l'éditeur prend le risque de publier un livre sensible sans toutes les modifications textuelles ou paratextuelles nécessaires, ou bien même lorsqu'il a « en amont » coupé un certain nombre de fils avec le réel, il arrive que les avocats interviennent également « en aval » dans la promotion du livre et la communication de l'auteur. Ils contrôlent alors ce que Gérard Genette appelle l'« épitexte[26] ». Un leitmotiv des entretiens avec les professionnels est que les auteurs sont considérés comme pouvant devenir leurs propres ennemis, lorsqu'ils « ruinent » involontairement dans la presse tout le travail réalisé avant la publication pour opérer une savante distanciation d'avec la réalité. Christophe Bigot déplore ainsi le manque de prudence de certains auteurs :

> Un manuscrit irréprochable, ne contenant aucune référence à une personne réelle, serait totalement ruiné si l'auteur avoue lors d'une interview qu'il raconte sa propre vie. [...] Il y a un travail fait sur le manuscrit et une interview qui paraît le jour de la publication dans la presse ruine tout le travail effectué en amont[27].

Emmanuel Pierrat cite l'exemple de *Belle et Bête* de Marcela Iacub, paru chez Stock en 2013 (pour lequel il n'a pas été consulté). Le « roman » raconte à la première personne l'histoire d'amour entre la narratrice et

25 Une enquête globale sur les chiffres de vente des livres mis en procès pourrait permettre de donner des éléments de réponse à cette question.

26 Gérard Genette, *Seuils*, *op. cit.*

27 Anna Arzoumanov, Arnaud Latil et Judith Sarfati Lanter., *Le Démon*, *op. cit.*, p. 222 et 223.

un personnage qui n'est nommé que par le qualificatif « cochon ». Or, le jour de la sortie du livre, l'autrice donne une interview dans *Le Nouvel Observateur*[28] dans laquelle elle affirme que le livre est autobiographique et qu'il raconte la relation qu'elle a entretenue quelque temps auparavant avec l'ancien directeur du FMI, Dominique Strauss-Kahn. Cette identification fait la *une* du magazine, qui juxtapose les photographies de l'ancien directeur du FMI et de l'autrice, sous le titre en lettres capitales rouges : « Mon histoire avec DSK ». Emmanuel Pierrat affirme que cette sortie de la fiction se serait faite « à l'encontre des tentatives de l'éditeur et son avocat pour que le livre reste dans le cadre de la fiction[29] ». Ainsi cet exemple montre que la réécriture du manuscrit et l'effacement des références au réel ne suffisent pas : encore faut-il que l'auteur ne donne pas lui-même la clef de son livre à ses lecteurs lors de la promotion de son ouvrage. D'ailleurs, l'autrice et son éditeur ont été tous deux assignés par Dominique Strauss-Kahn pour atteinte à la vie privée et condamnés le 26 février 2013 par la 17e chambre en référé à des dommages et intérêts très lourds (50 000 euros). Quant au *Nouvel Observateur*, il écope de 25 000 euros de dommages et intérêts et doit publier un communiqué judiciaire[30].

Emmanuel Pierrat cite aussi l'interview de Mathieu Lindon lors de la campagne de promotion de son livre *Le Procès de Jean-Marie Le Pen* :

> On ne maîtrise pas nécessairement les propos de l'auteur. Je me souviens d'une interview de Mathieu Lindon sur *France Culture* disant au sujet de son roman *Le Procès de Jean-Marie Le Pen* : « Rien n'est véritable parce que tout est inventé. Rien n'est véritable parce que tout est vrai. » Il faisait ainsi sortir son livre du cadre de la fiction. Or ce roman paru chez POL faisait l'objet d'un procès intenté par Jean-Marie Le Pen. Si l'émission n'avait pas été retransmise en direct, j'aurais évidemment bloqué la diffusion de ce passage. L'interview a d'ailleurs servi à charge contre l'auteur au procès[31].

Si Emmanuel Pierrat n'était pas l'avocat de l'auteur, ni de l'éditeur, son analyse met bien en lumière le risque que peut constituer une campagne de promotion dont le conseil juridique ne maîtrise pas le contenu. En l'occurrence, Jean-Marie Le Pen était cité sous son nom dans le roman

28 *Le Nouvel Observateur*, 21 février 2013.
29 Anna Arzoumanov, Arnaud Latil et Judith Sarfati Lanter, *Le Démon*, *op. cit.*, p. 223.
30 TGI Paris Dominique Strauss-Kahn. c/ Régis Jauffret et Olivier Bétourné, 2 juin 2016.
31 Anna Arzoumanov, Arnaud Latil et Judith Sarfati Lanter, *Le Démon*, *op. cit.*, p. 223-224.

et était parfaitement identifiable. En outre, le titre opérait d'emblée cet ancrage dans le réel. Si l'interview n'a donc pas été l'élément le plus déterminant pour condamner l'auteur en première instance, en appel, en cassation et devant la Cour européenne des droits de l'homme, elle n'en a pas moins contribué à fragiliser encore un peu plus la frontière entre fait et fiction.

C'est pour remédier à ces incidents de promotion que les avocats conseillent également les auteurs sur la stratégie argumentative à tenir dans la presse. Christophe Bigot évoque en ces termes la manière dont il procède :

> Je définis avec l'auteur des « éléments de langage », des limites au-delà desquelles il ne faut pas aller. Si je ne fais pas tout ça, tout le travail de distanciation fait sur le manuscrit peut être anéanti en l'espace de trente secondes par un auteur qui dirait s'être inspiré d'une affaire réelle[32].

Le rôle de l'avocat dans la promotion du livre peut parfois aller jusqu'à seconder l'auteur dans ses interviews. C'est ainsi que l'on peut interpréter la présence de Georges Kiejman aux côtés de Christine Angot dans l'émission *Radio libre* d'Arnaud Laporte, le 15 janvier 2011, soit deux jours après la parution de son roman *Les Petits*[33]. Le livre est indéniablement « sensible » parce qu'il reprend des éléments de la vie privée d'une personne de l'entourage de Christine Angot, Élise Bidoit, avec qui elle a pourtant déjà signé un accord à l'amiable pour un roman antérieur, *Le Marché des amants*. Puisque son identification est possible, il faut que la promotion du livre oriente la lecture vers une autre voie que celle de la référentialité et de l'accaparation par l'autrice de la vie privée d'autrui. À cette fin, dans cette longue émission d'une heure et demie, Georges Kiejman en vante les mérites littéraires sans jamais être présenté comme l'avocat de Christine Angot, mais comme un lecteur qui vient partager le « grand plaisir de lecture » que lui a procuré le livre. Si rien n'interdit à l'avocat d'avoir éprouvé une émotion sincère face à ce récit évoquant le sort des enfants confrontés à une séparation conjugale, il est manifeste que sa présence aux côtés de l'autrice va bien au-delà. Il a pour rôle de guider l'interprétation

32 *Ibid.*, p. 224.

33 Nous ne formulons ici qu'une hypothèse, car nous n'avons pas pu rencontrer Georges Kiejman pour qu'il confirme cette intuition. Toutes les citations de ce paragraphe sont extraites de l'émission *Radio libre* d'Arnaud Laporte diffusée sur France culture le 15 janvier 2011.

du livre : il ne cesse de généraliser le propos, de le « distancier » d'une situation réelle, en évoquant « l'analyse d'un couple » qui est « transcendé par la littérature », « le délitement d'un couple amoureux qui finit par être plongé dans ce qu'on peut qualifier un climat de haine ». Il souligne par ailleurs à de multiples reprises l'utilité du livre, tout en réactivant le mythe de l'écrivain voyant, seul capable de voir ce que ses concitoyens ne voient pas : il lui attribue le rôle de nous « rappeler que les enfants ne sont pas des objets » mais « des sujets », d'« éclairer l'arrière-plan de tout ça » et d'être « là pour nous dire "Regardez, cessez d'être aveugle" ». On assiste ensuite à un dialogue entre l'autrice et son avocat, au cours duquel la première se félicite d'avoir un aussi « bon lecteur », qui a fait de son livre une « lecture idéale ». D'ailleurs, elle évoque le fait que Georges Kiejman lui aurait écrit après avoir lu ce livre : « La lecture de votre livre vaut tous les rapports d'enquête sociale qui pourraient être faits ». Elle oublie cependant de préciser qu'il a très probablement relu le livre pour en évaluer les risques de poursuites judiciaires. Malgré les multiples précautions prises par l'avocat et ce subtil contrôle de la promotion du livre, Christine Angot et son éditeur n'échapperont pas au procès et à la condamnation.

Une autre modalité de cette typologie de l'encadrement « en aval » consiste en ce que la communication promotionnelle vienne en quelque sorte corriger *ex-post* une œuvre à laquelle l'auteur a refusé d'apporter les modifications proposées par l'avocat. L'avocat d'Arte raconte ainsi qu'il a dû intervenir dans la promotion d'un film avant sa diffusion à la télévision, parce qu'il n'avait pas réussi à convaincre l'auteur de modifier les scènes qu'il avait conseillé de supprimer :

> J'ai été un jour chargé de conseiller Arte sur une « fiction » qui racontait une histoire d'amour et de sexe entre une femme de 35 ans et un garçon de 13-14 ans. Au visionnage, j'ai immédiatement relevé que les scènes sexuelles étaient problématiques, car elles pouvaient être considérées comme une incitation au crime pédophile. Il a alors fallu composer avec la réalisatrice qui n'a pas voulu modifier son film, sa position pouvant se résumer à « Touchez pas, c'est de l'art ». Le film a donc été diffusé et je suis alors intervenu sur sa promotion, qui consistait à prendre de la distance par rapport à l'histoire en évoquant un « amour monstre » et en arguant de l'intérêt général.

Afin d'éviter tout scandale, il faut se distancier du sujet et montrer la portée morale du film qui met en scène des amours pédophiles. Pour ce faire, l'avocat donne des instructions qui en orientent la réception : une fiction édifiante qui sert « l'intérêt général », une dénonciation d'un « amour monstre ». En l'occurrence, le film n'a jamais fait l'objet d'aucune plainte.

Parfois cependant, ce travail de conseil pour éviter un procès ne suffit pas, et l'éditeur et l'auteur sont quand même assignés. Dans ce cas, il reste encore une ultime possibilité de ne pas passer devant le tribunal : la négociation avec le plaignant ou le demandeur potentiel en amont.

UNE DERNIÈRE CHANCE AVANT LE PROCÈS
Négocier avec le plaignant ou le demandeur potentiel

Une première méthode consiste à prévenir la plainte. Les avocats peuvent protéger une publication en se tournant directement vers les personnes qui y trouveraient un motif d'assignation en justice. Ils s'efforcent ainsi pour certains livres, et surtout pour les écrits de soi, d'obtenir des autorisations. Le service juridique de Gallimard évoque par exemple le cas de Sophie Chauveau qui a publié en 2016 *La Fabrique des pervers*, dans la collection « Blanche ». Elle y décrit sa propre famille, en remontant les différentes générations de son arbre généalogique, afin de mettre en lumière les relations incestueuses qui ont ponctué son histoire. Un « travail d'occultation des noms et des éléments qui pointaient trop vers des personnes[34] » et un changement des lieux et de la chronologie des événements ont été opérés sur le manuscrit. Seul le nom de famille, estimé suffisamment banal, a été conservé tel quel. Néanmoins, ces modifications n'ont pas paru suffisantes pour prévenir un éventuel procès. En complément, trois attestations ont été demandées à des personnes évoquées dans le livre afin de prouver qu'elles étaient au courant du projet de publication et ne s'y opposaient pas. Cette stratégie semble avoir été efficace : il n'y a eu aucun dépôt de plainte de la part des membres de la famille.

Une deuxième méthode, lorsqu'une plainte a déjà été déposée, consiste à trouver un règlement à l'amiable. Quand le dossier est considéré comme

34 Service juridique de Gallimard, entretien du 16 mai 2016.

fragile sur le plan judiciaire, cette entente préalable entre les deux parties est souvent jugée préférable au procès. C'est ce qu'indique le juriste Pierre-Yves Gaultier dans une interview parue dans *L'Express* en 2000 :

> De leur côté, les avocats proposent de plus en plus souvent un règlement à l'amiable. « Mieux vaut modifier un nom et mettre 100 000 francs sur la table que d'entamer une procédure qui coûtera le double à l'arrivée, à force de harcèlement procédural, explique Me Gaultier, avocat notamment des maisons Grasset et Albin Michel. L'édition peut difficilement supporter de tels coûts, son chiffre d'affaires tourne autour de 15 millions de francs par an, nous sommes loin des 20 milliards de Ricard[35] ».

Les avocats rencontrés lors de nos entretiens ont tous confirmé cette pratique, mais pour des raisons de confidentialité, nous nous en tiendrons ici uniquement à l'exposé de cas rendus publics.

A ainsi été traité à l'amiable un litige concernant le roman d'Emmanuel Carrère *L'Adversaire*, paru chez POL en 2000[36]. Le livre enquêtait sur l'histoire de Jean-Claude Romand, à partir d'un fait-divers retentissant : un prétendu médecin assassine sa femme, ses enfants et ses beaux-parents lorsqu'il sent que sa vie entière de mensonge est en passe d'être découverte. Comme l'auteur avait interviewé à plusieurs reprises le meurtrier, son avocat a considéré que celui-ci avait de cette façon manifesté son consentement au projet de livre. Le risque qu'il assigne l'auteur et l'éditeur a donc été considéré comme minime. Mais les démêlés avec la justice sont venus, de manière inattendue, de la part d'une personne identifiée très ponctuellement, mais nommément mentionnée dans le roman. La scène incriminée est celle où Emmanuel Carrère raconte le procès et montre la journaliste Catherine Erhel, désignée par son vrai nom et sa fonction réelle de présidente de la section française de l'Observatoire international des prisons, réagir avec dégoût et colère face à l'assassin. L'auteur la décrit comme « folle de rage » ; il lui fait confier être « prompte à rétablir la peine de mort pour ce genre de crétin » ; plus haut, il fait dire à Catherine Erhel, en usant du discours indirect libre, que le meurtrier est une « ordure[37] ». Le romancier, qui apparaît nommément

35 Catherine Argand, « A-t-on encore le droit de s'inspirer des faits-divers ? », *L'Express*, 1er mai 2000, [en ligne] URL : https://www.lexpress.fr/culture/livre/a-t-on-encore-le-droit-de-s-inspirer-des-faits-divers_805644.html, consulté le 4 avril 2022.

36 Emmanuel Carrère, *L'Adversaire*, Paris, POL, 2000.

37 *Ibid.*

comme l'un des personnages, lui fait également tenir des propos, entre guillemets cette fois, critiquant son projet de livre. Après la parution de celui-ci, la journaliste dénonce des propos inventés de toutes pièces et assigne l'auteur et l'éditeur pour diffamation. Elle demande 100 000 francs de dommages et intérêts, l'insertion d'un papillon rectificatif ou d'un encart dans les exemplaires déjà en vente, et la suppression de son nom dans les prochaines éditions[38]. Pour faire cesser le litige, l'éditeur et l'auteur préfèrent un règlement à l'amiable plutôt qu'un procès : la procédure judiciaire est abandonnée en contrepartie de la modification du nom de la plaignante dans le second tirage du roman et d'une indemnisation financière négociée.

En 2009, c'est Christine Angot qui négocie par le biais de son avocat avec sa « victime » littéraire, l'ex-compagne de son compagnon Doc Gynéco, Élise Bidoit, qui l'a assignée pour atteinte à la vie privée dans son roman *Le Marché des amants*[39]. Le dossier apparaissait assez indéfendable d'un point de vue judiciaire, la plaignante étant clairement identifiable alors que la romancière évoquait la vie sentimentale et conjugale de celle-ci sous un jour peu reluisant. Là encore, plutôt que d'aller au procès en risquant de le perdre, l'avocat s'entend avec la demanderesse sur un dédommagement de 10 000 euros[40] afin qu'elle renonce au procès.

En mars 2015, le romancier Éric Reinhardt est assigné pour atteinte à la vie privée et contrefaçon. Dans son roman *L'Amour et les Forêts* paru en 2014, le narrateur-écrivain fait le récit de sa rencontre en 2008 avec un personnage au nom fictif, Bénédicte Ombredanne. Cette professeure agrégée de lettres lui a adressé une lettre et un courriel dans lesquels elle faisait part de son admiration pour l'écrivain. Touché par ses mots, il décide de la rencontrer. Au fil de leurs rendez-vous successifs, elle se confie

---

38 L'affaire Carrère c/ Erhel est racontée dans les articles de presse suivants : Alain Salles « Polémique autour de "L'Adversaire" », *Le Monde*, 07 janvier 2000, en ligne, URL : https://www.lemonde.fr/archives/article/2000/01/07/polemique-autour-de-l-adversaire_3594356_1819218.html, consulté le 4 avril 2022, et Claire Devarrieux, « Il y a erreur sur la personne », *Libération*, 6 janvier 2000, en ligne URL : https://next.liberation.fr/livres/2000/01/06/catherine-erhel-il-y-a-erreur-sur-la-personne_314350, consulté le 4 avril 2022.

39 Christine Angot, *Le Marché des amants*, Paris, Flammarion, 2008.

40 La somme est révélée dans l'article suivant : Pierre Assouline, « Christine Angot face à la révolte de ses personnages », *Le Monde*, 17 février 2011, en ligne URL : https://www.lemonde.fr/livres/article/2011/02/17/christine-angot-face-a-la-revolte-de-ses-personnages_1481332_3260.html, consulté le 30 avril 2020.

à plusieurs reprises sur la situation de harcèlement moral qu'elle subit de la part de son mari, sa rencontre adultère avec un homme rencontré sur *Meetic*, sa souffrance psychologique marquée par un internement psychiatrique et une tentative de suicide. Le narrateur laisse alors une large place à l'histoire de cette femme qui devient l'héroïne du roman, dont il raconte l'histoire d'après les confidences qu'il a recueillies. Le récit se termine sur sa lutte contre le cancer jusqu'à son décès. Or une personne réelle, une certaine « Sylvie », professeure agrégée de lettres dont l'identité n'est pas révélée dans la presse, affirme que ce personnage n'est en rien fictif et qu'à l'exception de sa maladie, tous les épisodes racontés dans le livre sont empruntés à sa propre vie. Elle aurait en effet rencontré l'écrivain, lui aurait raconté sa vie et lui aurait même confié un texte intitulé *La Jetée* dans lequel elle faisait le récit de sa propre histoire, et dont certains extraits auraient été recopiés dans le roman. Elle estime donc être victime de l'écrivain et réagit dans la presse. Elle est notamment interviewée par le magazine *L'Express*, auquel elle révèle que l'écrivain « puise dans [leur] correspondance électronique, [...] de nombreux éléments de [s]on existence, de [s]es réflexions, et reproduit parfois mot pour mot certains de [s]es écrits », et tout ceci « sans [s]on autorisation » et « sans même l'avertir de son projet[41] ». Elle se tourne alors vers une avocate et assigne Gallimard pour atteinte à la vie privée et contrefaçon. Là encore, l'atteinte à la vie privée étant caractérisée, le service juridique de l'éditeur préfère signer une transaction plutôt que d'aller jusqu'au procès, qu'il est sûr de perdre[42].

Enfin, on citera un dernier cas de transaction préventive afin d'éviter un procès pour atteinte à la vie privée. En 2018, Émilie Frèche publie un roman intitulé *Vivre ensemble*[43], qui décrit les conflits dans les familles recomposées. La narratrice y évoque à la première personne ses relations tumultueuses avec son fils et l'ex-épouse de son mari. Or cette dernière affirme que cette histoire n'a rien de fictif, qu'elle raconte sa propre vie et le conflit familial qui a suivi son divorce. Elle assigne donc l'autrice et son éditeur Stock pour atteinte à la vie privée. Là encore, l'affaire

41 Delphine Péras, « Éric Reinhardt mis en cause pour atteinte à la vie privée et contrefaçon », *L'Express*, 23 mars 2015, [en ligne] URL : http://www.lexpress.fr/culture/livre/eric-reinhardt-mis-en-cause-pour-atteinte-a-la-vie-privee-et-contrefacon_1664155.html, consulté le 4 avril 2022.

42 Nous tenons cette information du service juridique de Gallimard.

43 Émilie Frèche, *Vivre ensemble*, Paris, Stock, 2018.

ne va pas jusqu'au tribunal, mais elle est négociée dans le secret des cabinets des avocats. La plaignante obtient un encart et une indemnité transactionnelle de l'éditeur, et retire sa plainte[44].

L'EXERCICE DU DROIT DE RÉPONSE

Une autre manière de régler un litige peut consister à publier un droit de réponse et de rectification, prévu par l'article 13 de la loi du 29 juillet 1881. Pour exercer un droit de réponse, il faut que la personne soit « nommée ou désignée » et qu'elle soit mise en cause dans la publication à laquelle elle entend répliquer. L'article prévoit que l'insertion du droit de réponse se fasse « à la même place et en mêmes caractères que l'article qui l'aura provoquée[45] ». Cette contrainte rend donc difficile un droit de réponse en matière d'édition. Il faut nécessairement qu'il intervienne alors que le livre n'est pas commercialisé, et c'est sûrement ce qui explique que les cas soient très rares. Cependant, au moins un exemple de ce procédé est identifiable : celui du règlement du litige opposant l'écrivain Jean-Louis Fournier à sa fille en 2013[46]. Le romancier s'apprête en effet en 2013 à publier un récit, *La Servante du Seigneur*, aux éditions Stock. Sous la forme d'une lettre adressée par le narrateur à sa fille, le texte explore les raisons qui l'ont conduite, elle qui était « avant si charmante et drôle » à « rejoindre Jésus avec celui qu'il nomme *Monseigneur* » et à devenir « odieuse et grise[47] ». La fille de

44 La polémique est décrite dans plusieurs articles. Voir notamment Emma Defaud, « Autofiction, vie privée. La polémique de Rugy-Frèche », *L'Express*, 9 août 2018, [en ligne] URL : https://www.lexpress.fr/culture/livre/autofiction-vie-privee-la-polemique-de-rugy-freche_2030128.html, consulté le 4 avril 2022.

45 Pour une synthèse sur la question du droit de réponse en droit de la presse, on se reportera à Christophe Bigot, *Pratique du droit de la presse*, *op. cit.*, p. 51 et suiv.

46 Jean-Louis Fournier, *La Servante du Seigneur*, Paris, Stock, 2013. L'affaire est racontée dans plusieurs articles, voir notamment Mohammed Aïssaoui, « Jean-Louis Fournier attaqué par sa fille », *Le Figaro*, 26 août 2013, [en ligne] URL : https://www.lefigaro.fr/livres/2013/08/26/03005-20130826ARTFIG00401-jean-louis-fournier-attaque-par-sa-fille.php, consulté le 4 avril 2022 ; Grégoire Leménager, « Jean-Louis Fournier : un livre avec un droit de réponse à l'intérieur », *BibliObs*, 28 août 2013, en ligne URL : https://bibliobs.nouvelobs.com/actualites/20130828.OBS4566/jean-louis-fournier-un-livre-avec-un-droit-de-reponse-a-l-interieur.html, consulté le 4 avril 2022.

47 Jean-Louis Fournier, *La Servante du Seigneur*, *op. cit.*

l'écrivain, qui a pu se procurer le manuscrit avant sa publication, affirme que cette lettre n'est en rien fictive, qu'elle lui est adressée, et qu'elle raconte sa propre histoire. Elle demande alors plusieurs corrections, accordées pour la plupart, à commencer par la suppression de son nom, mais également la publication d'un droit de réponse, qu'elle obtient. Ainsi, dans le livre publié, figure en postface, sous le titre « mot de la fin », son propre point de vue sur son histoire ainsi qu'une dénonciation du geste de son père consistant à la transformer en personnage littéraire. Le texte de cinq pages est paradoxalement signé de son vrai prénom, Marie, alors qu'il ne figurait plus dans le texte de son père. C'est donc la personne réelle qui publie la clef du roman du père.

À la rentrée littéraire 2020, un litige se résout aussi par la publication d'un « droit de réponse », cette fois dans un journal, ce qui est beaucoup plus courant. En août 2020, Emmanuel Carrère publie *Yoga*[48]. Ce livre autobiographique raconte la grave dépression qui l'a submergé quelques années auparavant et la découverte de sa bipolarité qui l'a conduit à passer quatre mois à l'hôpital Sainte-Anne. Il était à l'époque le mari de la journaliste Hélène Devynck, leur divorce ayant été prononcé en mars 2020, soit quelques mois seulement avant la publication du récit. Le livre connaît immédiatement un succès commercial et critique ; il est même pressenti pour le prix Goncourt. Mais cet événement littéraire remarqué cède progressivement la place à un conflit public entre l'écrivain et son ex-épouse, scandé par de multiples épisodes médiatiques[49].

---

48 Emmanuel Carrère, *Yoga*, Paris, POL, 2020.

49 Dans l'émission de *France Inter* « Le Masque et la Plume » du 13 septembre, Frédéric Beigbeder vient rompre le consensus critique en disant sa grande déception face au roman. Il l'assimile à un « livre de développement personnel », mais surtout il déclare que le livre pose un problème parce que l'auteur ment par omission et qu'« il ne va pas au bout de l'autobiographie ». Il l'explique par le fait qu'« il y a une affaire de menace de procès », mais s'interdit d'aller plus loin dans la révélation. Une semaine plus tard, le 20 septembre, *Mediapart* ajoute encore un peu de mystère en s'interrogeant sur la « gigantesque et surprenante ellipse narrative » au cœur du roman et en émettant l'hypothèse qu'il y aurait eu « des modifications du manuscrit de *Yoga* après l'intervention d'avocats » (Joseph Confavreux et Lise Wajeman, « De Carrère à Enthoven, que vaut la vie d'un écrivain ? », *Mediapart*, 20 septembre 2020, [en ligne] URL : https://www.mediapart.fr/journal/culture-idees/200920/de-carrere-enthoven-que-vaut-la-vie-d-un-ecrivain?onglet=full, consulté le 4 avril 2022). Le 23 septembre, le site *La Lettre A* précise les termes de l'affaire qui est en train d'éclater : « Le livre a été partiellement amendé avant publication, et sur intervention de l'ex-compagne d'Emmanuel Carrère, la journaliste Hélène Devynck » (« Goncourt : Emmanuel Carrère pris dans les soubresauts de la guerre de l'édition », *La Lettre A.fr*, 23 septembre 2020, [en ligne] URL : https://

Le 29 septembre 2020, le magazine *Vanity Fair* publie le droit de réponse qu'a exigé Hélène Devynck après la parution cinq jours plus tôt d'un article évoquant le conflit qui l'oppose à son ex-mari à propos de *Yoga*. Elle y formule principalement deux reproches. Le premier est celui de l'avoir utilisée dans le roman contre son accord. Le second est de « mentir à ses lecteurs en injectant de la fiction dans une autobiographie[50] » et de commettre une « distorsion totale entre ce dont elle a été témoin et ce que raconte » le livre, alors qu'il revendique un pacte de vérité. Elle lui fait grief de son manque d'honnêteté à la fois vis-à-vis d'elle-même et de son public. Quelques jours plus tard, Emmanuel Carrère répond à ce « droit de réponse » dans les colonnes de *Libération*[51]. S'ensuit un long débat dans les médias sur la légitimité qu'a un auteur à s'emparer de la vie d'autrui, mais aussi sur le problème du rapport entre fiction et vérité dans l'autobiographie. Il y a donc dans cette affaire une triple intervention d'Hélène Devynck sur le roman, par le biais du droit : un contrat interdisant à l'auteur de la prendre pour personnage de ses œuvres, un amendement substantiel du manuscrit et l'exercice d'un droit de réponse. L'affaire n'ira probablement pas devant les tribunaux, car les fondements juridiques apparaissent relativement fragiles : l'ex-compagne de l'auteur est certainement trop peu mentionnée dans le roman pour qu'elle puisse invoquer une atteinte à la vie privée ou une diffamation. Néanmoins, elle illustre la force du droit de réponse en matière de contentieux littéraire, la polémique ayant eu un fort

---

www.lalettrea.fr/medias/2020/09/23/goncourt--emmanuel-carrere-pris-dans-les-soubresauts-de-la-guerre-de-l-edition,109608591-evl, consulté le 4 avril 2022). On y apprend que cette dernière a relu le manuscrit en amont et qu'elle a demandé, par le biais de son avocat, que soient effectuées un certain nombre de modifications et de suppressions qui ont retardé la publication, jusqu'à ce que les deux parties signent un accord. Le lendemain, le magazine *Vanity Fair* récapitule l'affaire dans un article paru sous le titre « Pris dans une polémique, Emmanuel Carrère pourrait être évincé du Goncourt », qui reprend essentiellement des éléments publiés avant. Cependant, cet article cite Hélène Devynck en son nom propre, ce qui est une condition pour exercer un droit de réponse (« Droit de réponse : Hélène Devynck, l'ex-compagne d'Emmanuel Carrère, répond à la polémique autour de *Yoga* », *Vanity fair*, 29 septembre 2020, en ligne URL : https://www.vanityfair.fr/actualites/articles/-yoga-demmanuel-carrere-est-pris-dans-une-guerre-de-ledition/81076, consulté le 4 avril 2022).

50 Hélène Deynck, « Droit de réponse », art. cité.

51 Emmanuel Carrère, « "C'est la nature de *Yoga* d'être impur" : Emmanuel Carrère répond à son ex-femme », *Libération*, 2 octobre 2020, en ligne URL : https://next.liberation.fr/livres/2020/10/02/emmanuel-carrere-repond-a-son-ex-femme_1801245, consulté le 4 avril 2022.

écho dans les médias et ayant complètement réorienté l'interprétation du roman en déstabilisant profondément son pacte autobiographique. En outre, quatre jours plus tard, le livre est évincé de la deuxième liste de sélection de livres pour le prix Goncourt, ce qui conduit certains journalistes à s'interroger sur un possible lien entre l'écho médiatique de l'affaire et la décision du jury[52]. Cet exemple illustre bien l'efficacité médiatique possible du droit de réponse. Plusieurs professionnels suggèrent d'ailleurs que cette méthode pourrait être amenée à prospérer dans le futur contentieux littéraire et artistique[53] : outre qu'elle présente l'avantage d'être beaucoup moins lourde qu'une procédure devant un tribunal, elle permet à la victime littéraire de développer ses arguments dans la presse et, ce faisant, d'avoir une plus large audience.

Ces exemples de précontentieux variés montrent que les procès ne représentent qu'une partie des litiges littéraires, et que le tribunal est loin d'être le seul espace de rencontre entre la littérature et le droit. La rencontre des deux domaines prend des formes multiples : elle peut avoir lieu avant la publication d'une œuvre par le biais de la relecture juridique des manuscrits ; les juristes sont aussi susceptibles d'intervenir en aval, au moment de la promotion des livres publiés, ou lors de litiges qui ne se règlent pas toujours au tribunal, mais par la négociation ou le droit de réponse. Les médias sont ainsi un lieu possible d'élaboration d'un contenu juridique (clef d'un personnage lâchée involontairement par un écrivain dans une interview et qui prend une valeur juridique, droit de réponse dans la presse, qui vaut résolution juridique, plainte dans la presse qui conduit à la signature d'une transaction, etc.). Ce résultat contredit donc l'opposition binaire qui est souvent opérée entre tribunal judiciaire et tribunal de l'opinion.

Avec une telle possibilité qu'ont les avocats d'intervenir en amont et en aval de la publication, pourquoi certains livres passent-ils encore

52 Voir par exemple Alice Develey, « Emmanuel Carrère évincé de la deuxième liste du Goncourt », *Le Figaro*, 6 octobre 2020, en ligne URL : https://www.lefigaro.fr/livres/emmanuel-carrere-evince-de-la-deuxieme-liste-du-goncourt-2020-20201006, consulté le 4 avril 2022.

53 Agathe Borne a également choisi d'utiliser son « droit de réponse » en plus du procès qu'elle a gagné contre son ex-compagnon Patrick Poivre d'Arvor. Répondant par ce biais à un article de David Caviglioli dans lequel l'avocat et écrivain Mathieu Simonet critiquait la décision de condamnation du TGI de Paris, elle affiche sa volonté de corriger l'interprétation qui a été faite de la décision de justice et en cite, à cette fin, de nombreux extraits. Voir « Droit de réponse à la demande d'Agathe Borne », *L'Obs*, 1er août 2013.

les portes du tribunal ? Plusieurs réponses peuvent être apportées. Tout d'abord, il semble que certains éditeurs soient prêts à prendre des risques, comme on l'a vu pour les éditions du Seuil qui acceptent un manuscrit de Régis Jauffret pourtant refusé par Gallimard et Flammarion. Cependant, d'autres critères sont probablement pris en compte par les avocats et les éditeurs qui laissent paraître une fiction du réel au contenu potentiellement condamnable. Pour qu'il y ait un procès, il faut qu'il y ait au préalable une action en justice. Ainsi, certains éditeurs et auteurs parient probablement sur le silence des personnes qui se reconnaissent dans des romans : ils savent qu'elles peuvent perdre beaucoup en portant devant les tribunaux leurs affaires personnelles, car elles contribuent à en faire la publicité et à leur donner une visibilité médiatique. Ce calcul repose probablement aussi sur un examen de la jurisprudence antérieure, qui laisse apparaître un taux de condamnation relativement faible, le principe appliqué par les juges d'une liberté de création renforcée, ainsi qu'un certain flou concernant les décisions prises par les tribunaux. En effet, les règles d'arbitrage des conflits étant très générales, le traitement des litiges s'opère au cas par cas, en reposant parfois sur des « arguments non juridiques[54] » et sur des catégories dont les contours sont mal délimités. C'est donc cette fois la manière dont sont arbitrés les conflits sur les limites de la liberté de création qu'il s'agit d'explorer.

54 Françoise Lavocat, *Fait et Fiction. Pour une frontière*, Paris, Le Seuil, 2015, p. 276.

TROISIÈME PARTIE

LA FABRIQUE DE L'INTERPRÉTATION JURIDIQUE

LES PIÈGES DE LA RÉFÉRENCE

INTRODUCTION À LA TROISIÈME PARTIE

L'étape de l'identification est devenue un passage obligé de la méthode d'interprétation des juges en droit de la presse[1]. Que ce soit dans les affaires qui mettent en balance les droits de la personnalité et la liberté de création, ou bien dans celles fondées sur les limites de la loi de 1881, la reconnaissance d'une cible extérieure au discours, réelle, s'avère primordiale pour évaluer un préjudice et/ou caractériser l'infraction. Selon les espèces, cette étape du raisonnement est plus ou moins rapide. En effet, soit l'identification n'est pas contestée, parce qu'elle est posée d'emblée, soit elle est sujette à débats, auquel cas le tribunal doit trancher.

Or si l'identification est une notion à laquelle les juristes ont massivement recours, elle est aussi centrale en linguistique. Elle peut être définie comme l'étape ultime du processus global de construction de la référence[2], « au cours de laquelle le destinataire est amené à se représenter mentalement de quoi ou de qui on veut lui parler[3] ». Déterminer quelle identification est à l'œuvre dans un énoncé implique de prendre en compte des paramètres très variés : l'univers de référence du locuteur (son contexte d'énonciation), les « moyens qu'il utilise pour communiquer cette référence[4] », la « référence sémantique », c'est-à-dire la signification qui est conventionnellement attachée aux expressions linguistiques qu'il

1 Anne-Marie Sauteraud, ex-magistrate de la 17e chambre, en fait par exemple l'un des deux principes phares d'examen des œuvres fictionnelles, voir « Bonne foi et littérature : les limites de la liberté de création », *Legicom*, n° 50, 2013/2, p. 45-50.

2 « La relation qui unit une expression linguistique au "quelque chose" qu'elle exprime est communément appelée *référence* et le "quelque chose" son *référent.* » (Georges Kleiber, « Sens, référence et existence : que faire de l'extra-linguistique », *Langages*, n° 127, 1997, p. 9).

3 Michel Charolles, *La Référence et les expressions référentielles en français*, Paris, Ophrys, 2002, p. 39.

4 *Ibid.*, p. 40 (Michel Charolles reprend ici la description du linguiste Keith Donnellan, « Speaker Reference, Descriptions and anaphora », dans Peter Cole (éd.), *Syntax and Semantics*, vol. 9 : *Pragmatics*, New York, Academic Press, 1978, p. 47-68.)

emploie[5] », les « effets produits sur l'auditoire[6] » ou encore le contexte de réception d'un énoncé[7]. La linguistique aborde donc la référence comme un processus complexe qui comporte une dimension pragmatique et interactionnelle très forte et dont le succès dépend en grande partie du destinataire, selon qu'il partage ou non avec le locuteur un même univers de croyance et de référence.

La relation de la littérature au réel est également un objet d'investigation privilégié de la théorie littéraire. La question est presque aussi vaste et insoluble que celle consistant à définir la notion même de *littérature*. Les méthodes de construction de la référence littéraire varient en effet selon les horizons disciplinaires, les époques, les théories[8]. Comme le rappelle Antoine Compagnon dans *Le Démon de la théorie*, « toute une série de termes posent, sans jamais le résoudre pour de bon, le problème de la relation du texte et de la réalité, ou du texte et du monde (*mimesis*, *vraisemblable*, *fiction*, *illusion*, *mensonge*, *réalisme*)[9] ». Si centrales et indispensables que soient ces notions, elles sont dotées de définitions floues et variables. Par conséquent, elles ne reposent guère sur des critères linguistiquement objectivables et laissent ainsi une grande place à l'interprétation et à l'interprète. Que ce soit du point de vue de la théorie littéraire ou linguistique, l'identification référentielle désigne donc un processus d'interprétation complexe, très largement dépendant des compétences du destinataire, de ses croyances et de ses présupposés.

En linguistique comme dans la théorie littéraire, la recherche de la référence s'est affranchie d'une visée positive au cours de sa théorisation : elle est avant tout descriptive, quitte parfois à ne pas proposer de solution unique. À ce titre, les deux disciplines s'opposent au droit pour plusieurs raisons. Premièrement, les juges doivent nécessairement raisonner selon

5 *Ibid.*

6 *Ibid.*

7 Sur ce point, voir Sandrine Zufferey et Jacques Moeschler, « La référence », dans *Initiation à l'étude du sens. Sémantique et pragmatique*, Paris, Éditions des sciences humaines, « Essais », 2012, p. 67-82.

8 Plusieurs textes théoriques majeurs mettent en avant l'idée qu'il n'existe pas de réalité en dehors du discours. La proclamation du divorce entre *littérature* et *référence au réel* est ainsi devenue l'un des principaux enjeux définitoires de la théorie littéraire des années 1960-1970. Citons par exemple les travaux de Roland Barthes, « Introduction à l'analyse structurale des récits », *Communications*, n° 8, 1966, p. 1-27, « L'effet de réel », *Communications*, n° 11, 1968, p. 81-90 ou encore de Michel Riffaterre, « L'illusion référentielle » [1978], *Littérature et Réalité*, Paris, Le Seuil, coll. « Points », 1982, p. 91-118.

9 Antoine Compagnon, *Le Démon de la théorie*, Paris, Le Seuil, 1998, p. 112.

des normes et trancher. Quand ils se livrent à un travail d'identification, ils poursuivent l'objectif de déterminer un référent unique, quand bien même plusieurs interprétations sont possibles. Deuxièmement, les juges doivent donner l'interprétation la plus vraisemblable[10] en se « plaçant du point de vue d'un récepteur raisonnable[11] ». Un tel type d'analyse vise donc le « sens commun », défini comme « la faculté de juger et de raisonner en tant qu'elle est tenue, par défaut, pour commune à tous les hommes[12] ». Troisièmement, l'analyse juridictionnelle d'un matériau langagier relève d'une linguistique « profane », « populaire », « de sens commun[13] ». Il s'agit d'un « savoir spontané[14] » sur la langue qui n'est pas systématisé ; il est « constitué de connaissances empiriques[15] » et de croyances qui guident l'interprétation. Il s'agira donc d'observer, au regard de ce critère de l'identification référentielle, comment se calcule

10 Sur la comparaison de l'interprétation juridique et de l'interprétation littéraire, voir les travaux de Thomas Hochmann, « L'interprétation juridictionnelle d'un texte fictionnel », dans Christine Baron (dir.), *Transgression, littérature et droit*, Rennes, Presses universitaires de Rennes, « La Licorne, 106 », 2013, p. 23-34 ; Id., « Y a-t-il une loi dans ce tribunal ? "Radicalisation autodestructrice" à propos de l'interprétation », dans Anna Arzoumanov, Arnaud Latil et Judith Sarfati Lanter, *Le Démon de la catégorie*, *op. cit.*, p. 23-45 et Id., « L'interprétation en droit et en littérature. Deux leçons de la théorie littéraire pour la théorie du droit », dans Anna Arzoumanov, Mathilde Barraband, Geneviève Bernard Barbeau et Marty Laforest (dir.), *Les Droits de l'art*, Montréal, Presses universitaires de Montréal, 2022 [à paraître].

11 L'expression est utilisée et définie par Thomas Hochmann, « L'interprétation juridictionnelle d'un texte fictionnel », art. cité.

12 Vincent Nyckees et Georgeta Cislaru, « Introduction », dans Id. (dir.), *Le Partage du sens. Approches linguistiques du sens commun*, Paris, ISTE Éditions, 2019.

13 « Le terme *linguistique populaire* est un calque d'une série de dénominations anglo-saxonnes basées sur *folk* (*folk psychology* ou *folk theory* par exemple), dans lesquelles *folk* est traduit en français par *populaire*, *spontané* ou *naïf*. On peut parler aussi de *linguistique de sens commun* et l'on rencontre également l'expression *linguistique des profanes* » (Marie-Anne Paveau, « Linguistique populaire et enseignement de la langue : des catégories communes ? », art. cité, p. 96). Voir aussi Nancy Niedzielski et Dennis Preston, *Folk Linguistics*, Berlin / New York, Mouton De Gruyter, « Trends in Linguistics. Studies and Monographs, 122 », 2003 [2000] ; Marie-Anne Paveau, « Les non-linguistes font-ils de la linguistique ? Une approche anti-éliminativiste des théories folk », Pratiques, n° 139-140, 2008, p. 93-110 [en ligne] URL : http://pratiques.revues.org/1200, consulté le 4 avril 2022 ; Guy Achard-Bayle et Marie-Anne Paveau, « Présentation. La linguistique "*hors du temple*" », *Pratiques*, n° 139-140, 2008, p. 3-16, [en ligne] URL : http://pratiques.revues.org/1171, consulté le 4 avril 2022. ; Anne-Charlotte Husson, « "Mot-écran" et linguistique folk (1/2) » *(Dis) cursives [Carnet de recherche]*, 26/05/2015, [en ligne] URL : https://cursives.hypotheses.org/117, consulté le 4 avril 2022.

14 Marie-Anne Paveau, « Linguistique populaire et enseignement de la langue : des catégories communes ? », art. cité, p. 96.

15 *Ibid.*, p. 96.

la référence dans un contexte normatif et « profane », où l'interprète vise à établir un « sens commun ». Quelles notions et quels critères sont mobilisés ? Quel « sentiment de la langue[16] » impliquent-ils ?

L'on distinguera trois cas de figure. Soit le débat porte sur l'identification d'un référent individuel, selon qu'il est désigné par son nom propre réel (chapitre 9) ou non (chapitre 10), et dans ce dernier cas, les juges doivent opérer ce qui s'apparente à une lecture à clef. Soit les juges doivent déterminer le référent collectif visé par un discours de haine (chapitre 11).

16 Gilles Siouffi définit le « sentiment de la langue » comme « la relation subjective qu'un locuteur éprouve avec une "langue" » (« Du sentiment de la langue aux arts du langage », *Éla. Études de linguistique appliquée*, n° 147, 2007/3, p. 265-276, [en ligne] : URL : https://www.cairn.info/revue-ela-2007-3-page-265.htm, consulté le 4 avril 2022).

L'IDENTIFICATION D'UN RÉFÉRENT INDIVIDUEL

Le critère de la présence du nom propre

Pour contester une œuvre[1] au motif qu'elle vise un référent individuel, plusieurs fondements juridiques distincts sont possibles : la diffamation, l'atteinte aux droits de la personnalité, l'injure. Chacune de ces qualifications implique un raisonnement juridique qui lui est propre. Néanmoins, quand il s'agit pour le juge de déterminer la validité de ces catégories pour qualifier les mots litigieux, la première étape de son analyse est la même : elle consiste à savoir si le demandeur ou la partie civile est identifiable. En effet, sans sa reconnaissance préalable, il n'y a pas de préjudice possible, et il n'y a alors aucun débat sur le fond et sur le lexique utilisé. Si cette méthode apparaît unanimement reconnue et simple à appliquer, elle soulève pourtant en pratique des problèmes d'interprétation et de détermination de critères pertinents. Quels sont-ils ? À quelles questions théoriques et juridiques les juges doivent-ils apporter des réponses ? Deux cas de figure peuvent être distingués : soit l'auteur fait usage du nom propre de la personne qui estime être représentée ; soit l'auteur tait son nom, et c'est alors au demandeur ou à la partie civile d'apporter la preuve de son identification.

Lorsqu'un auteur fait usage des noms réels, le critère de l'identification est facile à satisfaire. Le nom propre est en effet la catégorie linguistique la plus individualisante, car il réfère directement à son porteur. Dans la

1 Précisons d'emblée qu'il ne sera question que de littérature et de cinéma ici. La photographie, genre également représenté dans les procédures opérées sur les fondements de l'atteinte à la vie privée, ne sera pas évoquée, pour la simple raison que l'étape de l'identification n'est complexe dans aucune des affaires du corpus. Cela ne signifie pas pour autant que le problème de l'identification ne se pose jamais quand quelqu'un affirme être le modèle d'un cliché photographique. La question de l'identification a par exemple été discutée lors des deux procédures judiciaires intentées contre l'auteur de la fameuse photo *Le Baiser de l'hôtel de ville*, de R. Doisneau (1950). Deux couples différents ont intenté une action en justice après avoir affirmé en être les modèles.

plupart des litiges, il fonctionne comme un puissant critère d'appréciation du « coefficient référentiel des récits[2] ». Cependant, la présence du nom propre du demandeur ou de la partie civile ne permet pas toujours de régler aussi aisément la question de l'identification et les juridictions doivent la combiner à l'appréciation d'autres critères. Enfin, la catégorie grammaticale du nom propre est parfois en elle-même au centre des débats. Constitue-t-elle le simple support, transparent, d'une identification ? S'agit-il au contraire d'un attribut de la personne qui doit être protégée par les droits de la personnalité au même titre que la vie privée ?

LE NOM PROPRE, UN PUISSANT CRITÈRE D'APPRÉCIATION DU « COEFFICIENT RÉFÉRENTIEL DES RÉCITS »

Le nom propre est une catégorie qui désigne son porteur directement, la plupart du temps sans ambiguïté. En théorie, lorsqu'un auteur raconte une histoire en utilisant des noms propres d'individus réels, ces derniers sont immédiatement reconnaissables. Le critère de l'identification est alors facilement vérifiable. Yves Baudelle, spécialiste de l'onomastique romanesque, considère ainsi le nom propre comme un critère majeur de taxinomie des genres des écrits de soi, qui permet de les classer parmi les genres fictionnels ou les genres non fictionnels. Plus nombreux sont les noms propres réels dans un récit à la première personne (d'individus, de lieux), plus fort se révèle son « coefficient référentiel[3] ». La présence d'un nom propre réel pèse donc plus lourd que toutes les allégations de fictionnalité, telles la mention « roman » ou « fiction » en début d'ouvrage ou de film, ou la présence d'avertissements du type « toute ressemblance avec ».

Au tribunal, le nom propre est doté d'un même statut de premier plan pour déterminer la validité d'une identification, et ce quels que soient les genres. En règle générale, si un auteur fait usage du nom propre

2 Yves Baudelle « Du critère onomastique dans la taxinomie des genres », dans Id. et Élisabeth Nardout-Lafarge (dir.), *Nom propre et écritures de soi*, Montréal, Presses de l'Université de Montréal, 2011, p. 66.

3 *Ibid.*, p. 66.

réel du demandeur, alors les juges considèrent qu'il est identifiable, et ce même dans les cas fréquents où un récit est intitulé « roman » ou « fiction ». C'est ce qui explique que les avocats qui relisent en amont préconisent que les noms propres soient effacés ou changés, on l'a vu. Lorsqu'un auteur maintient les noms propres, il est plus difficile à défendre au regard du critère de l'identification.

Ainsi, sans surprise, dans le corpus, quand l'auteur utilise les noms propres complets des demandeurs ou parties civiles (prénom et nom de famille), il n'y a aucun débat sur l'identification et le tribunal considère celle-ci comme un élément acquis. C'est le cas par exemple de Jean-Marie Le Pen dans *Le Procès de Jean-Marie Le Pen*, d'Éric Zemmour dans la chanson « À force de le dire », de Scarlett Johansson dans *La première Chose que l'on regarde*, des époux Villemin dans *L'Enfant d'octobre*, de Bernard Preynat dans *Grâce à Dieu* et d'Olivier Durandet dans *Une intime conviction.*

Dans le récit de soi, la présence du seul prénom peut suffire à remplir ce critère, car l'identification des personnages proches de l'auteur est opérable à partir de sa seule identification. Par exemple, le tribunal considère que le critère de l'identification ne fait aucun doute dans deux affaires concernant des récits de soi : *L'Amour, Roman*, où la romancière Camille Laurens fait référence à son ex-mari Yves Mézières, et *De ton visage et quelques autres lieux*, où la compagne de l'auteur, Marie-Claude Caron, n'est désignée que par son prénom et par les initiales M.-C. Pourtant, il y a des cas où la capacité identificatoire du nom propre est moins évidente qu'il n'y paraît[4]. Le tribunal doit alors faire appel à d'autres critères.

4 Le nom propre a suscité un grand intérêt des philosophes et des linguistes qui en ont montré la complexité de fonctionnement et la grande variété discursive, à la fois du point de vue de la manière dont il fait référence et de la signification dont on peut le doter. Nous nous contenterons de donner quelques références : Saul Kripke, *La Logique des noms propres* [trad. de l'anglais], Paris, Éditions de Minuit, 1982 ; Georges Kleiber, *Problèmes de référence : descriptions définies et noms propres*, Paris, Klincksieck, 1981 ; Kerstin Jonasson, *Le nom propre : Constructions et interprétations*, Louvain-la-Neuve, Éditions Duculot, 1984 ; Marie-Noëlle Gary-Prieur, *Grammaire du nom propre*, Paris, Presses universitaires de France, 1994 et Id., *L'individu pluriel. Les noms propres et le nombre*, Paris, CNRS Éditions, 2001 ; Sarah Leroy, *Le Nom propre en français*, Paris, Ophrys, coll. « L'essentiel français », 2004.

LE NOM PROPRE, UNE CAPACITÉ IDENTIFICATOIRE MOINS ÉVIDENTE QU'IL N'Y PARAÎT

Dans certains cas, l'association entre un nom propre et un individu est plus complexe, car le nom propre n'est pas attaché à un seul référent[5]. Plus il est banal, plus il y a une ambiguïté sur le référent qu'il désigne. Les juristes sont confrontés à des problèmes d'interprétation référentielle du nom propre en discours bien connus des linguistes, qui sont liés à l'absence d'« univocité du rapport du nom propre à son référent[6] ». Comment les juges interprètent-ils lorsque le nom propre ne peut constituer un indice fiable d'identification ? Deux cas de figures sont possibles : soit le nom propre choisi par l'auteur se trouve être par hasard celui d'un individu réel, soit le nom propre est insuffisamment rare pour identifier.

Si chaque individu est normalement doté d'un unique nom propre qui est mentionné sur sa carte d'identité, l'inverse n'est pas toujours vrai. Certains noms ou associations de noms propres appartiennent en effet à plusieurs personnes, notamment quand les prénoms ou patronymes sont très répandus. Ainsi, un nom propre est certes un opérateur d'individualisation, mais il n'identifie pas toujours de manière univoque. Pour identifier pleinement son référent, il faut en outre que le locuteur et son destinataire partagent un même univers de référence.

En littérature, cette question se complique encore un peu plus à cause de l'impossibilité qu'ont les auteurs d'inventer un monde *ex nihilo*, ou de s'assurer que les noms imaginés pour leurs personnages n'ont pas déjà un référent dans le monde en dehors du texte. C'est d'autant plus le cas quand ils optent pour des noms réalistes[7] : pour être crédibles, ceux-ci doivent ressembler à des patronymes réels, et peuvent par conséquent déjà être associés à des référents réels. Cela pose un problème juridique

5 Sur ce problème du manque d'unicité et de stabilité du référent du nom propre, voir Agathe Cormier, « Relecture pragmatique de Kripke pour une approche dialogique du nom propre », *Congrès mondial de linguistique française*, 2014, [en ligne] URL : https://www.shs-conferences.org/articles/shsconf/pdf/2014/05/shsconf_cmlf14_01153.pdf, consulté le 4 avril 2022.

6 Sur ce point, voir Michelle Lecolle, Marie-Anne Paveau et Sandrine Reboul-Touré, « Les sens des noms propres en discours », *Les Carnets du Cediscor* [En ligne], 11, 2009. URL : http://journals.openedition.org/cediscor/736, consulté le 4 avril 2022. Voir aussi Nicolas Laurent et Christelle Reggiani (dir.), *Seuils du nom propre*, Limoges, Lambert Lucas, 2017.

7 Pour une étude des noms réalistes dans les romans, voir Yves Baudelle, *Sémantique de l'onomastique romanesque*, Thèse de doctorat microfichée, Lille, 1989.

lorsque ces derniers estiment que l'usage de leur nom dans un roman leur porte préjudice.

En droit, cette question de l'homonymie entre un nom de personnage et un nom désignant un individu réel n'est pas nouvelle, et le xxe siècle est ponctué de procès qui la mettent à l'épreuve. Dans une étude très fouillée qui porte sur plus d'un siècle, Agnès Lucas-Schloetter suggère que, fort heureusement pour les auteurs, la jurisprudence a évolué d'une manière qui leur est favorable[8]. Au début du xxe siècle, l'homonymie entre une personne réelle et un personnage fictif a pu suffire à faire condamner un auteur[9] ; désormais, les juges ont tendance à considérer qu'elle n'est pas une condition suffisante[10]. Il faut d'une part que le demandeur ou la partie civile apporte la preuve d'un risque de confusion entre le demandeur et le personnage : « soit que le nom est rare[11] » (risque de confusion des patronymes), « soit que s'ajoutent à l'homonymie des similitudes quant à l'âge, la profession, le milieu social, ou tout autre élément permettant l'identification[12] » (risque de

8 Agnès Lucas-Schloetter, « Droit d'auteur et droits de la personnalité », *JurisClasseur* Civil Propriété Littéraire et Artistique, Fasc. 1118, 2009.

9 *T. civ. Seine, 1er déc. 1926, duc de Brissac c/ Sté des Films Paramount : DH 1927, p. 128* : « Attendu qu'une des conséquences de la propriété du nom patronymique est plus particulièrement le droit d'interdire à l'auteur d'une œuvre de pure fantaisie de prêter ce nom à l'un de ses personnages ». – *T. civ. Seine, 24 oct. 1936, de Waresquiel c/ Maurice Rostand : Gaz. Pal. 1936, 2, p. 794* : « ceux qui portent un nom ont le droit de se plaindre qu'une œuvre de fantaisie vienne, sans leur autorisation, donner ce nom à des personnages s'ils apparaissent ridicules et surtout odieux ; il existe un préjudice à voir son nom sali publiquement ». – *T. civ. Seine, 28 mars 1944, de Vaugelas c/ Sté Continental Films, Decoin et Duran : Gaz. Pal. 1944, 2, p. 14* : « celui qui le porte est fondé à se plaindre du dommage qui lui est causé par l'attribution de ce nom à un personnage de comédie », cités par Agnès Lucas-Schloetter, « Droit d'auteur… », art. cité.

10 Pour la jurisprudence, il faut « soit que s'ajoutent à l'homonymie des similitudes quant à l'âge, la profession, le milieu social, ou tout autre élément permettant l'identification » (*Ibid.*)

11 *T. civ. Seine, 18 juill. 1941, Costa c/ de Montherlant : Gaz. Pal. 1941, 2, p. 235* : « Attendu que si la loi assure la protection du nom patronymique contre toute appropriation illicite effectuée aux dépens de ses possesseurs réguliers, encore faut-il, pour que l'usurpateur soit passible de dommages-intérêts, que le nom soit exempt de banalité et tout au moins que l'emprunt qui en a été fait soit de nature à créer une confusion ». – *TGI Seine, 22 oct. 1963, de Courseulles c/ Guimard et Éditions Denoël : Gaz. Pal. 1964, 1, p. 86*, cités par Agnès Lucas-Schloetter, « Droit d'auteur… », art. cité.

12 *T. civ. Rouen, 20 févr. 1933, Trintzius c/ Isambert : S. 1933, 2, p. 133* : « Attendu que pour qu'une telle action soit admise, il est nécessaire non seulement qu'il y ait identité de nom patronymique original, mais encore, afin que la confusion soit possible entre la personnalité de l'être imaginé et celle de l'être réel, qu'il y ait similitude de milieu social et de profession ». – *T. civ. Chartres, 4 avr. 1957, dame Lecocq c/ dame Bessette et Éditions Gallimard : Gaz. Pal.*

confusion des référents). Ce dernier critère repose donc sur la comparaison de ce que Marie-Noëlle Gary-Prieur appelle les « contenus[13] » des noms propres, celui du demandeur ou de la partie civile (le référent réel) et celui utilisé dans le récit (le référent textuel). C'est ce raisonnement qui sous-tend les décisions rendues dans les deux affaires suivantes, la première qui déboute le demandeur, la seconde qui reçoit sa demande.

UN NOM ET UN CONTENU DESCRIPTIF TROP BANALS POUR IDENTIFIER ? L'AFFAIRE *HISTOIRE DE LA VIOLENCE*

L'affaire *Histoire de la violence*[14], du nom du livre d'Édouard Louis paru au Seuil en 2016, est remarquable à plusieurs titres. L'affaire est jugée en référé et tout le débat tourne autour d'une identification problématique.

Si Édouard Louis a appelé son livre « roman[15] », il affiche explicitement son caractère autobiographique. Il y raconte à la première personne le viol qu'il aurait subi en 2012 de la part d'un individu prénommé *Reda*,

---

1957, 2, p. 139 : « l'auteur commet une faute lorsqu'il décrit un personnage immoral ou ridicule sous le nom patronymique d'un individu alors surtout que la similitude des lieux et du milieu social rend la confusion possible aux yeux du lecteur ». – *TGI Seine, 11 mars 1968, Goldfinger c/ Sté Les Artistes associés, D. 1968, jurispr. p. 439* : « il ne suffit pas d'établir la simple homonymie entre lui-même et le personnage fictif de l'œuvre, (mais il convient) d'examiner d'abord s'il existe, entre le personnage vivant et le personnage fictif, des ressemblances risquant de conduire à des confusions ». – *TGI Paris, 18 sept. 1991, Stefanaggi c/ Éditions Albin Michel et Quenot : JurisData nº 1991-051178* : « Attendu que la loi assure la protection du nom patronymique contre toute appropriation illicite commise dans une œuvre de fiction aux dépens de ses titulaires, dans la mesure où celle-ci est de nature à créer une confusion dommageable ; Attendu que les demandeurs exercent des professions et occupent des positions sociales diverses dont aucune n'offre d'analogie avec celle de la famille mise en scène par (l'auteur) ». – *CA Paris, 30 oct. 1998, nº 1997/14039, Bidochon c/ Binet, JurisData nº 1998-023281 ; D. 1998, p. 259 ; RTD civ. 1999, p. 61, obs. J. Hauser* : « aucun rapprochement n'est possible entre ces personnages de fiction marginaux et le requérant, personnage honorable et sympathique, intégré dans la vie sociale et professionnelle ; il n'existe par ailleurs aucune référence à la résidence de l'intéressé, à son environnement familial ou à sa profession qui serait de nature à créer une confusion dommageable ; le ridicule indéniable des personnages auxquels l'auteur a prêté son nom ne saurait donc atteindre la personnalité et la vie privée du requérant. » – *CA Versailles, 30 sept. 2004, nº 03/04955, de Roquefeuil c/ TF1 : JurisData nº 2004-265817*, cités par Agnès Lucas-Schloetter, « Droit d'auteur… », art. cité.

13 Le contenu d'un nom propre peut être défini comme « un ensemble de propriétés du référent […] qui interviennent dans l'interprétation de certains énoncés contenant ce nom » (Marie-Noëlle Gary-Prieur, *Grammaire du nom propre*, Paris, PUF, 1994, p. 29). Il réunit des informations variées et potentiellement infinies (l'adresse, la personnalité, des éléments biographiques, etc.).

14 Édouard Louis, *Histoire de la violence*, Paris, Le Seuil, mars 2016.

15 L'étiquette de « roman » apparaît sur la couverture.

dont le prénom est mentionné sans le nom de famille dans le texte. À part le viol, rien ne relie ce dernier à l'auteur, car il s'agit d'un individu croisé dans la rue, qui n'appartient pas à son entourage. La question de sa possible identification se pose donc car elle ne peut s'opérer « par contagion ». Dans l'assignation, le demandeur prétend être identifiable à la fois par la mention de son prénom *Reda* et par sa ressemblance avec certains traits descriptifs du personnage : des origines kabyles, des caractéristiques physiques (les yeux marrons, les sourcils noirs, le visage lisse, des « fossettes »), le type maghrébin, la profession de plombier, une orientation sexuelle (l'homosexualité), le contexte de la rencontre entre les deux personnes (« dans la rue, de façon impromptue et dans la perspective d'un rapport sexuel ») et le fait qu'il fume du cannabis.

L'avocat de l'auteur réfute la possibilité d'une identification et affirme « le caractère irrecevable de l'action[16] ». Il défend cette thèse en deux points. Le premier, plus anecdotique, porte sur « la confusion » que le demandeur « opère » « sur sa réelle identité », car il est connu par son entourage au moins sous cinq noms différents et en a utilisé deux au cours de la procédure[17]. L'avocat en conclut, non sans ironie, que celui-ci a une telle propension à la dissimulation qu'il n'est même pas identifiable par ses avocats, et encore moins par des tiers. Ensuite, les conclusions soulignent plus classiquement le caractère « inopérant » des « éléments intrinsèques soulevés par le demandeur ». Le prénom, tout d'abord, apparaît bien trop commun pour permettre de l'identifier :

> *Reda* est un prénom porté sur le territoire national depuis la moitié du 20e siècle. L'INSEE recense 2633 naissances sous ce prénom sans être en mesure de communiquer le nombre de personnes étrangères le portant également de nos jours en France, ni d'ailleurs le nombre d'hommes l'utilisant à titre de diminutif, augmentant de fait considérablement le nombre.
>
> La simple consultation des quatre premières pages du site internet Twitter en entrant le mot-clé Reda dans l'entrée « nom d'utilisateur » permet de constater qu'il s'agit d'un prénom usuel, surtout dans les jeunes générations.

En outre, les caractéristiques du personnage mentionnées par le demandeur sont beaucoup trop banales pour avoir une quelconque capacité à identifier :

16 Nous citons ici les conclusions rendues par l'avocat de la défense que ce dernier a eu la générosité de bien vouloir nous transmettre, p. 4.

17 *Ibid.*, p. 6.

> ...l'identification d'un homme demeure à l'évidence impossible par le seul fait d'avoir : les « yeux marron » ; les « sourcils noirs » ; un « visage lisse » ; des « traits doux et marqués, masculins » ; d'avoir des fossettes qui creusent un visage ; ou encore d'être « de type maghrébin » ;
> Ces descriptions physiques peuvent correspondre à un nombre considérable d'individus au sein de la capitale française.
> Aucune particularité n'est décrite.
> Il est totalement invraisemblable que le demandeur puisse sérieusement plaider que ces éléments le désignent pour les lecteurs[18].

Pour la défense, il n'y a donc aucun élément textuel suffisamment singularisant. Mis en difficulté par la force des arguments de la défense, les avocats du demandeur tentent le tout pour le tout en se concentrant sur les « fossettes » du personnage. Ils essaient de convaincre le juge qu'il s'agit d'une « malformation physique » suffisamment rare pour l'identifier, mais en vain. Sans surprise, le juge tranche le débat en donnant raison à la défense et en rejetant l'identification. Dans son ordonnance de référé, il motive son jugement en reprenant les deux points de la défense : le recours du demandeur à de multiples identités, qui lui fait « considérer que l'identité du demandeur peut, en l'état, être considérée comme sujette à caution[19] », et le fait que « les éléments d'identification invoqués dans son assignation par le demandeur, tels qu'ils ont été énumérés, sont en eux-mêmes insuffisamment caractéristiques, tant séparément que pris dans leur ensemble[20] ». Comme ce critère fondamental de l'identification n'est pas rempli, l'audience se transforme en véritable « leçon de droit[21] » au détriment des deux avocats du demandeur, à qui le juge fait comprendre le caractère très amateur du dossier qu'ils ont constitué. C'est d'ailleurs la seule fois que ce cas se présente devant les tribunaux. Plusieurs autres affaires affirment également la nécessité du double critère de la rareté du nom propre et de la proximité des contenus des noms propres du demandeur et du personnage homonyme. Mais elles peuvent aboutir à des décisions surprenantes, on va le voir.

18 *Ibid.* [Nous soulignons].

19 TGI Paris, ch. 17, ord. ref., 15 avril 2016, RG 16/53508, Riad Belferroum c/ Éditions du Seuil et Édouard Louis.

20 *Ibid.*

21 Pascale Robert-Diard dans son compte rendu de l'audience : « Édouard Louis, "Reda" et la féroce leçon de droit du juge Bourla », art. cité.

QUAND LE NOM PROPRE NE SUFFIT PAS À IDENTIFIER : L'AFFAIRE NASSER RAMDAME

La décision rendue par la 17e chambre en 2000[22] développe des motifs similaires à ceux vus ci-dessus. Rappelons d'abord le litige que les juges ont à arbitrer. Le 25 mai 2000, TF1 diffuse un épisode de la série policière *Julie Lescaut*. Très secondairement par rapport à l'intrigue principale, il y est question d'une enquête sur un trafic de drogue dans lequel le commissariat de l'héroïne Julie Lescaut est impliqué. Dans ce cadre, l'épisode met en scène un dialogue entre un inspecteur de l'Inspection Générale de la Police Nationale et la commissaire où il lui explique qu'un dealer du nom de *Nasser Ramdame* a été arrêté et a avoué que son fournisseur était un « flic ». Ce personnage est donc uniquement évoqué dans quelques répliques et n'est jamais incarné dans l'épisode. Pourtant, un certain *Nasserdine Ramdane* intente une action au civil devant la 17e chambre sur le fondement de la diffamation. Il estime que l'épisode de la série lui porte préjudice et demande à ce titre 200 000 francs de dommages et intérêts et la publication du jugement à intervenir. Il incrimine ces quelques phrases du film qui évoquent le personnage :

> Nasser Ramdame est une petite frappe et un petit dealer de la cité des Marignières fourni par le commissariat.
>
> Malik fréquente toute la racaille de la cité des Marignières, Ramdame compris.
>
> C'est grâce à cette came que j'ai refilée à Ramdame qu'on a eu Petrossian.
>
> Ramdame s'est fait piquer et a dit que la drogue venait des flics.
>
> Je préfère soupçonner Malik qui vient de la même cité que Ramdame c'est plus évident.
>
> La drogue a été livrée à Nasser Ramdame.

Selon le demandeur, cet extrait lui impute des faits qu'il n'a pas commis et qui portent atteinte à sa réputation, à savoir de figurer « au cœur d'un trafic de stupéfiants et d'être qualifié de *racaille de banlieue* ». Si ces éléments sont suffisants pour constituer une diffamation, dans la mesure où ils imputent des infractions pénales, la question se pose pour le tribunal de savoir si le demandeur est identifiable. Il rappelle en effet que, pour que la diffamation soit constituée, il faut que « l'identification soit rendue

22 TGI Paris, ch. 17, 13 juillet 2000, n° RG 00/12073, Nasserdine Ramdane dit Nasser Ramdane c/ Société Télévision française et Société GMT Productions.

possible, même dans un milieu restreint, soit par l'analyse des termes litigieux, soit par des circonstances extrinsèques qui éclairent et confirment cette désignation de manière à la rendre évidente ». En l'occurrence, il estime que l'analyse des termes litigieux est insuffisante : le nom propre ne suffit pas à identifier, car il existe une légère différence entre les noms du personnage fictif (*Ramdame*) et du demandeur (*Ramdane*). De plus, il juge ce nom trop banal pour désigner un individu particulier, car « tant le nom propre *Ramdame*, que le prénom *Nasser* utilisés dans le scénario querellé sont des patronyme et prénom d'un usage très courant dans la communauté maghrébine ». Quant au second critère, les éléments dits extrinsèques (à savoir la comparaison des contenus des noms propres), le tribunal les considère comme peu probants, car il n'y a pas de confusion possible entre le personnage et la personne réelle, le premier étant « assimilé à un trafiquant de stupéfiants vivant dans une cité de banlieue » et le second étant un individu « connu pour ses activités politiques et estudiantines ». Ainsi le tribunal rejette toute accusation de diffamation, à défaut d'identification certaine, conformément à la jurisprudence antérieure. Ce raisonnement fondant l'analyse sur la fréquence du nom propre et la description des contenus apparaît ici efficace pour trancher le litige. Il permet aux auteurs du film de ne pas être condamnés pour une homonymie fortuite. On remarquera cependant que la méthode évacue complètement le critère de l'intentionnalité. C'est pourquoi ce raisonnement peut aboutir à des décisions plus surprenantes.

PEUT-ON IDENTIFIER ACCIDENTELLEMENT UN INDIVIDU ? L'AFFAIRE ESTELLE MARÉCHAL

Si l'affaire Estelle Maréchal apparaît similaire, elle pose aux juges une question supplémentaire. Peut-on reconnaître une atteinte alors que le défendeur n'a pas eu la volonté de la commettre ?

Le litige porte sur un roman intitulé *Le Petit Corps*[23] publié en 2006 chez Gallimard. Il décrit la lutte d'une jeune fille du nom d'Estelle Maréchal, dont le « petit corps » est mis à l'épreuve d'une grave anorexie. Son autrice Corinne Solliec dit s'être inspirée de sa propre histoire et avoir complètement inventé le nom de son héroïne. Le problème est qu'il existe une vraie Estelle Maréchal et que, cette fois, sa vie présente des similitudes troublantes avec le personnage fictif. Elle assigne en 2007 l'autrice et l'éditeur devant le

---

23 C. Solliec, *Le petit Corps*, Paris, Gallimard, 2006.

tribunal de grande instance de Paris pour atteinte à la vie privée, au motif qu'il existerait « de nombreuses similitudes entre son histoire personnelle et celle de l'héroïne du livre, qui porte son nom » et qu'il ne pourrait « s'agir d'un hasard », l'autrice ayant de toute évidence repris « des détails intimes de sa vie personnelle[24] ». Elle réclame 100 000 euros de dommages et intérêts au nom du préjudice moral qu'elle aurait subi.

Avant l'audience du 22 septembre 2008, la défense parvient à infléchir la position de la demanderesse en la convaincant qu'il ne s'agit là que d'une homonymie fortuite, complètement involontaire de la part de l'autrice. Pour le prouver, elle insiste sur le caractère autobiographique du roman et produit des courriels échangés entre l'autrice et son éditeur. Elle y explique que le choix du prénom Estelle a été guidé par son étymologie (étoile) et celui du patronyme par son goût pour les noms « comportant trois syllabes[25] ». L'avocat de la demanderesse revoit alors sa stratégie en plaidant cette fois non plus un emprunt intentionnel à la vie d'Estelle Maréchal, mais « l'utilisation de son nom sans son autorisation » et « la confusion avec sa propre vie privée que ces coïncidences ont entraînée[26] », autrement dit une identification non voulue. Il évacue donc de son argumentation toute notion d'intentionnalité.

Or, dans cette affaire, les deux critères forgés par la jurisprudence, la rareté du nom et la ressemblance des contenus, sont réunis. Pour le TGI, qui condamne Gallimard à payer 5 000 euros à la demanderesse, le roman porte atteinte à sa vie privée, parce qu'« une confusion entre la demanderesse et l'héroïne du récit qu'elle a publié est possible » et qu'elle a eu pour conséquence « qu'Estelle M. a pu être reconnue par certains lecteurs au travers de ce personnage de fiction[27] ». Le TGI motive sa décision par l'identité des noms du personnage et de la personne et celle de leurs traits descriptifs, les contenus des noms propres :

> La demanderesse justifie, en effet, la réalité de certaines des coïncidences de lieu qu'elle invoque. Il résulte des pièces versées aux débats qu'elle a résidé à Levallois-Perret, soit dans la même commune où la narratrice indique avoir vécu avec son compagnon Alexandre (page 48), puis à Paris, à proximité de

---

24 Extrait de l'assignation cité dans TGI Paris 17e ch. 27/10/2008, affaire : Estelle Maréchal c/ Gallimard.

25 Pièce citée dans l'arrêt du 24 novembre 2010 (CA Versailles, 24 nov. 2010).

26 Cité dans la décision de justice TGI Paris 17e ch. 27/10/2008, affaire : Estelle Maréchal c/ Gallimard.

27 *Ibid.*

> la station de métro Pernety, soit dans le même quartier où habite la grand-mère de la narratrice (page 135). Il est par ailleurs établi (courrier électronique adressé à la demanderesse par une amie, le 30 avril 2007) et non contesté qu'Estelle M. a souffert d'anorexie. Il n'est pas davantage contesté qu'elle ait fait, comme la narratrice, plusieurs tentatives de suicide[28].

Sont comparés ici pour montrer qu'ils sont identiques des éléments biographiques divers : les adresses des domiciles, les lieux fréquentés, les événements vécus (tentatives de suicide et crises d'anorexie). Les deux critères de la présence du nom propre et de la proximité des contenus sont donc remplis. Par conséquent, le tribunal condamne et rend sa décision en évacuant la question de l'intentionnalité de l'autrice. Pourtant, cette dernière ne connaissait pas sa victime littéraire et ne pouvait pas avoir eu la volonté de la prendre pour modèle.

Cette évacuation complète de l'autrice, qui n'est d'ailleurs même pas assignée à titre de complice, et de la notion d'intention est intéressante du point de vue de la théorie de la littérature. Elle résonne en effet avec les théories structuralistes de la mort de l'auteur[29], qui préconisaient de ne plus en faire un critère d'explication du texte littéraire. Pourtant, elle ébranle le sens commun et l'idée même de justice, qui veut qu'on ne soit pas condamné pour une faute qu'on n'a pas commise. D'un point de vue juridique enfin, elle apparaît à la fois cohérente avec la méthode appliquée par les juridictions, mais dépourvue de toute prévisibilité : chaque auteur ou éditeur qui fait usage de noms réalistes est susceptible de se voir assigner et de perdre son procès.

C'est pourquoi les défendeurs y ont vu un moyen de faire réformer le jugement du TGI et d'interjeter appel devant la cour d'appel de Versailles, avec le soutien du Syndicat National de l'Édition (SNE). L'avocat des appelants fonde précisément son argumentation sur la question de l'intentionnalité, au nom d'un principe qu'il formule de la façon suivante : « la réparation de l'atteinte nécessite une faute » et il ne peut y avoir de « responsabilité automatique et objective de l'éditeur à raison d'une simple analogie entre les circonstances imaginaires d'un personnage de roman et le titulaire d'un nom patronymique[30] ». Il en souligne l'absence de

---

28 CA Versailles, 24 nov. 2010.

29 Voir le célèbre article de Roland Barthes, « La mort de l'auteur » (1968), *Le Bruissement de la langue*, Paris, Le Seuil, 1984.

30 *Ibid.*

prévisibilité et de proportionnalité. Cette fois, la cour leur donne raison et rend un arrêt le 24 novembre 2010[31] qui réforme le jugement du TGI. Elle motive son arrêt en statuant précisément sur l'absence de faute. Elle relève ainsi qu'aucune pièce n'a pu « établir l'existence du moindre contact entre l'auteur du livre et Estelle M. au cours de leur existence », ni prouver des « circonstances démontrant une volonté d'entretenir une confusion entre l'héroïne du roman et l'intimée[32] ». Cet arrêt apparaît rassurant pour le monde de l'édition et de la création, car il rend la justice plus prévisible en matière d'homonymie fortuite. En rétablissant la notion d'intentionnalité, il paraît pouvoir mieux s'adapter à la spécificité de la réception littéraire, qui se définit précisément par le fait que l'œuvre est lue au-delà de l'entourage d'un auteur et échappe à son contrôle. Plusieurs enseignements peuvent ainsi être tirés de cette affaire et de ces deux décisions contradictoires. D'une part, il apparaît manifeste que la notion *d'intention d'auteur* est incontestable pour régler les litiges, quand bien même celui-ci n'est pas impliqué dans la procédure. D'autre part, il est certes important que les juges disposent de critères *a priori* pour arbitrer les litiges, mais ils demandent à être adaptés à l'espèce et maniés avec la plus grande prudence.

Dans ces trois affaires, la question qui est posée porte donc sur la capacité qu'a le nom propre à identifier. Les critères mobilisés se révèlent constants : la rareté du nom et la ressemblance entre la personne réelle et le personnage fictif. Si à deux reprises, dans le corpus, ce protocole interprétatif permet de rendre des décisions plutôt favorables à la création, il se révèle problématique dans le cas d'Estelle Maréchal : en appliquant les mêmes critères, les juges parviennent dans cette affaire à une décision conforme à la jurisprudence antérieure, mais dépourvue de toute prévisibilité, dans la mesure où elle évacue la notion d'intentionnalité. Ces exemples témoignent du numéro d'équilibriste auquel sont parfois contraints les juges et de la constante nécessité d'adaptation aux spécificités de l'espèce.

Dans d'autres affaires, le nom propre est encore au centre de l'analyse, non plus en tant que vecteur d'une identification, mais en tant que catégorie linguistique autonome.

---

31 *Ibid.*
32 *Ibid.*

LE NOM PEUT-IL ÊTRE EN LUI-MÊME L'OBJET D'UNE ATTEINTE ?

POSITION DU PROBLÈME

Dans certains cas, l'usage littéraire d'un nom peut porter atteinte à l'honneur de l'être réel qui le porte, même lorsqu'il n'y a aucun risque qu'on le confonde avec le personnage homonyme. Cette question de l'atteinte faite à un nom a été abordée par les linguistes par le biais de plusieurs notions fondamentales : le « référent initial » et le « contenu[33] ». Le référent initial est défini par Marie-Noëlle Gary-Prieur comme « l'individu associé par une présupposition à cette occurrence du nom propre en vertu d'un acte de baptême dont le locuteur et l'interlocuteur ont connaissance[34] ». La notion suppose donc des connaissances partagées sur le monde de référence dans lequel s'inscrit le nom propre, qui permet aux interactants d'un discours d'en identifier le référent. Plus le référent initial est célèbre, plus nombreux sont les interprètes qui ont la capacité de reconnaître cet acte de baptême. Ainsi, lorsqu'apparaît le nom *Adolf Hitler*, il réfère automatiquement au dictateur nazi pour presque tout Européen, quand bien même il est porté par un autre référent. Certains référents sont ainsi plus saillants que d'autres parce qu'ils ont une notoriété plus grande. Dès lors, l'emploi d'un nom propre est chargé du contenu de ce référent célèbre, quand bien même il est utilisé pour désigner d'autres référents. Pour illustrer cette capacité du nom propre à être chargé du contenu d'un référent saillant et infamant, on peut prendre l'exemple du film *Le Prénom*[35], dont le ressort comique repose sur la possibilité ou non de donner le prénom *Adolphe* à un enfant. En effet, lorsqu'un nom est associé à un référent initial (en l'occurrence *Adolf Hitler*), il en hérite le contenu, les propriétés descriptives. L'enjeu est de savoir si avec une autre orthographe, *Adolphe*, c'est le contenu d'un autre référent initial, textuel cette fois, le héros du roman de Benjamin Constant, qui lui est associé. Au-delà du comique produit par

---

33 Cette notion est définie dans la partie précédente, p. 167.

34 Gary-Prieur Marie-Noëlle, *L'individu pluriel. Les noms propres et le nom*bre, Paris, CNRS Éditions, 2001, p. 60.

35 Alexandre de La Patellière et Matthieu Delaporte, *Le Prénom*, Pathé distribution, 2012.

ce déséquilibre dans la célébrité des deux référents initiaux, l'intrigue du film met en lumière de manière aiguë la possibilité bien réelle d'une dégradation du contenu d'un nom propre et le caractère infamant qu'il peut avoir. Si on le traduit en termes juridiques, cela signifie que, si le contenu d'un nom propre a le pouvoir de dévaloriser son porteur, c'est qu'il a la capacité de lui porter atteinte. On pourrait s'attendre donc à ce que le nom propre soit automatiquement protégé, comme caractéristique d'une personne à laquelle on est susceptible de porter atteinte.

Pourtant, la réalité judiciaire est plus complexe. La question de la protection du nom propre a été posée plusieurs fois à des juridictions, avec des réponses variables. En 1936, le tribunal de la Seine a accueilli favorablement une demande en affirmant qu'« il existe un préjudice à voir son nom sali publiquement[36] ». Mais dans l'ensemble, la jurisprudence apparaît très réticente à reconnaître ce préjudice. Pour quelles raisons ?

On en trouve une explication dans un arrêt célèbre, rendu par la cour d'appel de Paris en 1998 dans une affaire opposant les consorts *Bidochon* à Christian Binet, auteur de la célèbre bande dessinée éponyme. Les premiers estimaient que « l'utilisation de leur nom pour désigner des personnages ridicules, grossiers, dépourvus d'éducation » constituait une atteinte à leur vie privée, sur le fondement de l'article 9 du Code civil. Ils soutenaient que leur nom constituait « l'un des éléments de leur personnalité » et qu'il était à ce titre protégeable, tout autant que leur vie sentimentale ou leur image. Les juges leur ont répondu que le nom propre échappait à la sphère de leur vie privée, mais également qu'ils n'avaient pas pu montrer le risque possible de confusion entre les personnages de la bande-dessinée et les porteurs réels du nom *Bidochon*, car ils « exercent des professions et occupent des positions sociales diverses dont aucune n'offre d'analogie avec celle de la famille mise en scène par (l'auteur)[37] ». La cour a donc réitéré le critère vu précédemment de la confusion des référents pour trancher le litige. Pourtant, ce n'est pas la capacité du nom propre à identifier qui est en jeu, mais la possibilité que son contenu en soit dégradé. On peut bien sûr se féliciter du fait que Binet ait pu continuer à user du nom *Bidochon* et que la série de bandes dessinées ne se soit pas arrêtée avec ce procès. Cependant, on peut à l'inverse regretter l'absence de reconnaissance du préjudice subi

36 *T. civ. Seine, 24 oct. 1936, de Waresquiel c/ Maurice Rostand : Gaz. Pal. 1936, 2, p. 794.*
37 CA Paris, 30 oct. 1998, n° 1997/14039, Bidochon c/ Binet : JurisData n° 1998-023281.

par les vrais Bidochon. Il apparaît en effet difficile de nier que, dans ce cas précis, le nom propre ait été chargé d'un contenu dévalorisant, à cause de son lien avec le référent initial fameux qui incarne la « beaufitude » française.

Face à cette question, la jurisprudence semble hésitante, comme en témoignent les différences d'interprétation selon les juridictions de l'affaire « Dolmen ».

L'AFFAIRE « DOLMEN »

En 2005 est diffusée sur TF1 une fiction télévisuelle à succès, « Dolmen », adaptée d'un roman de Nicole Jamet et Marie-Anne Le Pezennec publié chez Michel Lafon[38]. Ce feuilleton policier de 6 épisodes de 90 minutes a pour décor une île bretonne fictive du nom de *Ty Kern* et met en scène quatre familles rivales qui se déchirent violemment : les Kersaint, les Le Bihan, les Pérec et les Kermeur. Or, comme dans les cas précédents, un dénommé *Kersaint* considère que cette fiction lui porte préjudice. Il assigne l'auteur, l'éditeur, le réalisateur du film et son producteur en référé au tribunal de Nanterre sur le fondement de l'article 1382 du Code civil, au motif que la fiction « utilis[e] et discrédit[e] son nom de famille[39] ». Il demande à la fois la saisie du livre et l'arrêt de la diffusion du feuilleton. Son argumentation repose sur le double critère déjà mentionné de l'identité des noms propres réel et fictionnel et de la confusion possible des référents : plusieurs personnages de la série comportent « de nombreux points communs avec lui-même et plusieurs de ses parents, les présentant comme odieux, ridicules ou néfastes[40] ». Lui en particulier considère qu'il peut être confondu avec l'un des personnages secondaires, Pierre-Marie de Kersaint, qui porte le même patronyme que lui, et un prénom composé comme le sien. Débouté en référé au motif qu'il n'y a pas de confusion possible, le demandeur retente une action au fond devant le tribunal de Nanterre, puis la cour d'appel de Versailles en ne demandant cette fois que des dommages et intérêts pour réparer son préjudice moral. La cour d'appel de Versailles confirme la décision en soulignant que certes « le nom patronymique d'une famille donne à ses membres le droit de s'opposer à l'utilisation

38 Nicole Jamet et Marie-Anne Le Pezennec, *Dolmen*, Noyelles, Michel Lafond, 2005.
39 Texte de l'assignation, cité dans Cass. 1re civ. 9 octobre 2009 n° 08-10.045.
40 Id.

faite par un tiers à des fins commerciales ou dans des œuvres de fiction[41] », mais que le demandeur ne réussit pas à justifier d'une confusion possible entre le personnage fictif et lui-même :

> … aucune méprise n'est possible entre M. Guy-Pierre de Kersaint, lequel vit à Paris, est maire d'une commune de l'Oise et exerce dans le milieu bancaire, et Pierre-Marie de X, personnage de l'œuvre, représenté comme un fils de famille cupide, manquant d'envergure et dominé par le caractère écrasant de son père, lequel marche en s'aidant d'une canne comme beaucoup de personnes d'un âge certain, vit sur une île au large de la Bretagne, n'a pas d'activité professionnelle, est mêlé à une histoire comportant meurtres, disparitions, aspects fantastiques tels que des dolmens qui saignent[42].

La cour applique ici de nouveau le raisonnement qui consiste à comparer les contenus des noms propres réels et fictifs pour en souligner les différences (adresse, caractéristiques physiques, statut social). Deux fois débouté, Kersaint se pourvoit alors en cassation devant la première chambre civile qui rend un arrêt le 8 septembre 2009. La Cour de cassation lui donne cette fois raison et casse l'arrêt de la cour d'appel, précisément en refusant de faire du critère de la confusion des référents une condition *sine qua non* d'appréciation. Selon elle, il est certes impossible de prouver un « risque de confusion[43] » entre la personne et les personnages, mais il en existe un concernant le patronyme :

> …s'ils établissent l'absence d'un risque de confusion entre M. Guy-Pierre de Kersaint ou tel de ses proches et les personnages de l'œuvre de fiction, [ils] sont toutefois impropres à établir la même absence de risque avec le patronyme dont il s'agit, la cour d'appel, qui a relevé que la protection en était demandée, qu'il n'est porté que par une seule famille, bretonne et notoirement connue, qu'il a été illustré par des ancêtres célèbres et même donné à des vaisseaux de guerre, l'objectif des auteurs, constaté par ailleurs, ayant été de camper de manière caricaturale une famille aristocratique bretonne, n'a pas donné de base légale à sa décision[44].

La notion de confusion est certes toujours mobilisée ici ; toutefois, elle n'est plus seulement appliquée aux référents, mais aux noms propres eux-mêmes. Ainsi, la Cour de cassation reconnaît la possibilité qu'on

---

41 CA Versailles 25 octobre 2007.

42 *Ibid.*

43 Cass, 1re civ. 1re civ. 9 octobre 2009 n° 08-10.045.

44 *Ibid.*

porte atteinte au nom lui-même et qu'un demandeur obtienne une réparation au nom de la protection du nom.

Toutes ces affaires révèlent donc une grande attention accordée par les juges au nom propre, qui apparaît le plus souvent au premier rang de l'analyse. Si, globalement, l'usage des noms propres réels est un critère plutôt favorable aux demandeurs et aux parties civiles, le principe est cependant aménagé en fonction des espèces qui se présentent devant les tribunaux. En effet, l'étude du corpus révèle l'approche multicritères du nom propre qu'ont développée les juristes : la comparaison des référents et de leurs contenus, la prise en compte de la rareté du nom, l'appréciation du coefficient de fictionnalité, etc. En ce sens, l'analyse s'approche de la lecture discursive que prônent certains linguistes et qui reste encore peu développée dans les travaux académiques[45]. D'un point de vue juridique, ce panorama des problèmes posés par la seule présence du nom propre en littérature semble plaider en faveur d'un meilleur outillage linguistique des juges. Peut-être pourraient-ils trouver dans les notions forgées par les linguistes (le *référent* et le *contenu*) des critères d'appréciation plus précis, parce que davantage théorisés et définis.

Le nom propre n'est cependant pas le seul observatoire déterminant pour établir une identification. En effet, dans la majeure partie des cas, les demandeurs ou parties civiles qui s'estiment identifiés ne sont pas nommés. Il faut alors que le tribunal décide s'ils sont désignés de manière suffisamment précise pour qu'ils soient reconnus.

45 Sur l'approche discursive du nom propre en linguistique, voir Michelle Lecolle, Marie-Anne Paveau, Sandrine Reboul-Touré (dir.), *Le Nom propre en discours*, Paris, Presses Sorbonne nouvelle « Cahiers du cediscor, 11 », 2009.

L'IDENTIFICATION D'UNE PERSONNE QUI N'APPARAÎT PAS SOUS SON VRAI NOM

Dans la plupart des affaires qui sont portées devant les tribunaux, l'œuvre incriminée ne mentionne pas le nom propre de l'individu qui s'y estime représenté, soit parce que le personnage n'a aucun nom, soit parce qu'il porte un nom fictif. Il revient aux avocats du demandeur ou de la partie civile de convaincre les juges qu'il y a bien une identification. Ce protocole de lecture très répandu au tribunal correspond à ce que les études littéraires qualifient de « lecture à clef[1] ». Pour opérer cette lecture, les juges recourent à divers types de critères, que les juristes appellent « internes » et « externes », ou encore « intrinsèques et extrinsèques » ; ils correspondent à ceux que les avocats utilisent lorsqu'ils opèrent des relectures en amont d'une publication[2]. Au premier rang des critères internes figure la liste d'équivalences. Elle consiste à comparer les traits descriptifs de la personne et du personnage (ex. une femme qui a tel âge, vit dans tel quartier, qui a tant d'enfants, à qui il est arrivé tel ou tel événement, qui a telle caractéristique physique, etc.). Elle est devenue le passage obligé de chaque procédure. Secondairement, d'autres « circonstances » dites « extrinsèques » viennent étayer l'argumentation. Elles sont de nature variable et dépendent de l'espèce : attestations demandées à l'entourage, péritexte éditorial, genre de l'œuvre, interviews de l'auteur. Le juge doit les trier et les hiérarchiser pour pouvoir trancher. Si cette tâche apparaît relativement aisée dans certains cas, elle est beaucoup plus délicate dans d'autres. Le protocole de l'identification implique parfois que les juges apportent une réponse définitive à des questions dont les études littéraires se sont attachées à montrer la

1 Sur ce point, on pourra lire Mathilde Bombart et Marc Escola, *Lectures à clés*, *Littératures classiques* n° 54, 2005, ainsi que notre livre *Pour lire les clefs de l'Ancien Régime*, *op. cit.*

2 Voir chapitre 8.

complexité et ont élaboré des théorisations contradictoires. Sur quels critères distinguer un texte fictionnel et un texte non fictionnel ? Qui est l'instance de réception légitime ? L'intention d'auteur est-elle un critère d'interprétation opératoire ?

Je m'attacherai d'abord à décrire les configurations où l'identification est une étape simple à valider pour les juges, puis je me concentrerai sur plusieurs cas problématiques qui mettent en lumière la relativité des critères sur lesquels elle repose.

LECTURES À CLEF INCONTESTABLES

La lecture à clef s'opère aisément dans trois configurations principales : soit la clef est donnée par l'auteur, soit la référence est transparente en raison de la célébrité de la personne, soit elle se déduit de l'identification de l'auteur dans le récit de soi.

LA CLEF DONNÉE PAR L'AUTEUR : L'AFFAIRE STRAUSS-KAHN/IACUB

Quand la clef est donnée par l'auteur, elle est en général non contestée au tribunal. L'étape de l'identification fait partie des éléments sur lesquels tout le monde s'accorde et est mentionnée en début de décision comme étant acquise. Ce cas de figure est peu fréquent, car il complique considérablement l'argumentation de la défense. Néanmoins, il s'est présenté lors de l'affaire Iacub.

En février 2013, paraît chez Stock un « roman » de Marcela Iacub intitulé *Belle et Bête*, qui raconte son histoire d'amour avec un personnage public, désigné par « le cochon » mais jamais par son nom. Il y est décrit comme un « être double, mi-homme, mi-cochon ». Or, avant la sortie du livre en librairie le 27 février, le *Nouvel Observateur* du 21 février lui consacre sa une, titrée « Mon Histoire avec DSK. Le récit explosif de l'écrivain Marcela Iacub » et assortie de deux photographies : l'une, petite, représente l'auteur de face, en bas à droite ; l'autre, très grande, située à gauche, représente Dominique Strauss-Kahn de profil. Il y a donc un redoublement des signes permettant de désigner très explicitement les deux protagonistes du livre.

L'hebdomadaire publie, dans sa rubrique « Livres », un grand entretien avec Marcela Iacub, accompagné des « bonnes feuilles » du livre à venir et intitulé « Mon histoire avec DSK ». L'auteur y qualifie son texte de « sorte de reportage, d'enquête de terrain », dans lequel elle « décri[t] cet individu si singulier ». L'on y apprend notamment qu'elle a entretenu une relation amoureuse avec lui de janvier à août 2012. Quant aux bonnes feuilles, elles redoublent ce dispositif et renforcent l'identification de Dominique Strauss-Kahn : elles sont accompagnées d'une grande photographie de ce dernier. Le magazine situe ainsi sans ambiguïté le livre du côté des œuvres factuelles, plus exactement dans le sillage de l'affaire du Sofitel qui avait défrayé la chronique quelques mois plus tôt[3]. Il joue sur l'intérêt vif du public pour un individu qui a focalisé l'attention des médias et répond à son désir d'en savoir plus sur l'intimité du candidat déchu à l'élection présidentielle française. Par ce dispositif est donc mis en avant l'aspect factuel de *Belle et Bête* : on promet au lecteur des révélations inédites sur l'ex futur candidat à la présidentielle en France. En ce sens, il y a une reprise des codes de la presse à scandale, qui apparaît bien loin des motifs traditionnels de valorisation de la littérature. Pourtant, dans le corps de l'entretien, les cartes sont brouillées, car les catégories phares de la littérature sont invoquées – la valeur, l'universalité, la fiction, le style – qui viennent contredire et complexifier la simple référence au réel. À ce dispositif publicitaire s'ajoute le fait, abondamment commenté dans les médias, que Dominique Strauss-Kahn annonce le même jour qu'il va assigner l'auteur, les éditions Stock et *Le Nouvel Observateur*, avant même la parution du livre. Le procès a lieu devant le juge des référés de la 17e chambre sur le fondement de l'atteinte à la vie privée. La question de l'identification est vite jugée par le tribunal et n'est même pas contestée par les parties. En effet, la révélation dans la presse de l'identité du demandeur, auxquels s'ajoutent quelques allusions textuelles, suffisent à prouver que Dominique Strauss-Kahn est représenté sous les traits du cochon :

> Il est d'abord observé que l'identification du demandeur n'est ni contestable, ni contestée en défense ; en effet, même si Dominique Strauss-Kahn n'est jamais nommé dans l'ouvrage, celui-ci est émaillé de diverses mentions se rapportant spécifiquement à lui ; en outre, l'auteur a très clairement indiqué

---

3 Pour rappel, en mai 2011, le directeur du FMI, Dominique Strauss-Kahn, qui logeait au Sofitel de New York, avait été accusé de viol par une femme de chambre d'origine africaine, Nafissatou Diallo.

> dans son entretien accordé au *Nouvel Observateur* que le livre racontait sa liaison avec lui et elle n'a jamais prétendu avoir écrit une œuvre de fiction[4].

Ce sont ici surtout des éléments épitextuels (l'interview de l'autrice) qui fondent la détermination de l'identification. Quant aux « diverses mentions » évoquées, elles fonctionnent comme des allusions très transparentes à la vie de Dominique Strauss-Kahn : « des responsabilités nationales et internationales importantes[5] », le fait qu'il soit marié à « une femme richissime et célèbre[6] » et qu'il ait voulu devenir « président[7] ». Les autres critères que sont la mention « roman » sur la page de couverture et les allégations de fictionnalité de l'auteur n'ont donc aucun impact sur la décision rendue.

Dans d'autres cas, l'auteur n'a pas besoin d'offrir la clef à son lecteur. Elle se devine aisément du fait de la notoriété de la personne représentée. La référence au réel est alors transparente, comme le montre une autre affaire où Dominique Strauss-Kahn est impliqué, celle qui l'oppose au romancier Régis Jauffret.

L'IDENTIFICATION D'UNE PERSONNE CÉLÈBRE : L'AFFAIRE STRAUSS-KAHN/JAUFFRET

L'affaire Strauss-Kahn/Jauffret a été une affaire d'emblée mal engagée, selon les propos mêmes de l'avocat de Flammarion, notamment à cause du caractère incontestable de l'identification. Pour rappel, en janvier 2014, Régis Jauffret publie au Seuil *La Ballade de Rikers Island*[8]. Ce récit, que l'auteur désigne comme un « roman », est inspiré explicitement de la célèbre affaire du Sofitel de New York. L'intrigue en reprend tous les protagonistes, les lieux et les principaux développements. Dominique Strauss-Kahn n'y est pas nommé, pas plus que son épouse, mais tous les autres personnages, de même que les lieux de l'intrigue, apparaissent sous leurs noms réels : la victime présumée porte ainsi le prénom de *Nafissatou*

---

4 TGI Paris, ch. 17, ord. ref., 26 février 2013, RG 13/51631, Dominique Strauss-Kahn c/ Marcela Iacub, S.A. Le nouvel Observateur, SA les éditions Stock et S.A. Hachette Livre.

5 Au niveau national, Dominique Strauss-Kahn a notamment été ministre de l'économie, des finances et de l'industrie dans le gouvernement formé par Lionel Jospin en 1997. Au niveau international, il a été directeur du Fonds monétaire international de 2007 à 2011.

6 Son ex-épouse Anne Sinclair est une journaliste très connue et est issue d'une famille aisée, notamment grâce à la fortune de son grand-père, marchand d'art réputé.

7 Dominique Strauss-Kahn était candidat à la présidentielle de 2007 et avait gagné la primaire socialiste avant que l'affaire du Sofitel ne le pousse à se désister.

8 Régis Jauffret, *La Ballade de Rikers Island*, Paris, Le Seuil, 2014.

dans le livre ; la prison s'appelle *Rikers Island*, comme celle, célèbre, de New York où Dominique Strauss-Kahn a effectué un séjour très médiatisé en 2012. Il s'ensuit que lorsque ce dernier porte plainte sur le fondement de la diffamation, son identification n'est pas contestée. Cette fois, en effet, l'identification repose moins sur le discours de l'auteur, même si celui-ci l'évoque sous son nom réel dans des interviews promotionnelles, que sur la « compétence encyclopédique[9] » des lecteurs, entendue comme les connaissances qu'ils ont sur le monde et qui sont nécessaires à l'interprétation qu'ils en font. L'affaire, abondamment médiatisée, a produit une onde de choc tellement durable que, même deux ans plus tard, les lecteurs disposent des connaissances nécessaires pour établir de manière certaine la référence au monde réel. En toute logique, le tribunal pose d'emblée que pour contester l'identification, « il ne saurait être argué du fait que le nom du plaignant n'est jamais cité dans l'ouvrage ».

Dans ces deux configurations, le protocole de la lecture à clef est facile à manier, car les indices d'identification sont multiples et tangibles. Pour le récit de soi, quand le demandeur ou la partie civile est un proche de l'auteur, la tâche des juges apparaît là encore bien balisée.

L'IDENTIFICATION « PAR CONTAGION » DANS LE RÉCIT DE SOI

Dans les contentieux impliquant des récits de soi, le tribunal adopte le plus souvent le principe suivant : lorsque le texte est à la première personne et que le narrateur partage avec l'auteur certains traits biographiques, le lecteur opère une identification du narrateur et de l'auteur qui permet « par contagion[10] » « l'identification d'autrui ». Sous les traits de l'épouse ou des enfants du narrateur par exemple, le lecteur peut reconnaître ceux de l'épouse et des enfants de l'auteur, quand bien même ceux-ci ne sont pas nommés ou portent des noms différents. En effet, dans une majorité de cas, lorsque l'auteur est reconnu sous la figure du narrateur et que le demandeur est l'un de ses proches, l'identification est presque systématiquement retenue par les tribunaux. Ils considèrent que « par contagion »,

---

9 Nous reprenons ici le concept forgé par Umberto Eco, *Lector in fabula. Le rôle du lecteur ou la coopération interprétative dans les textes narratifs* (trad. de l'italien par Myriam Bouzaher), Paris, Grasset, 1979.

10 Nathalie Hauksson-Tresch, *Le Dévoilement d'autrui dans les œuvres littéraires. Aspects littéraires et juridiques.* Licentiate Thesis, Göteborg, Göteborgs, Universitet, « Institutionen för språk och litteraturer, 132 », 2014, p. 51.

les relations familiales et intimes dans l'univers réel sont transposables dans l'univers fictif : par exemple, les épouses de l'auteur et du narrateur ne font qu'une. Dans ce cas, la question est très vite expédiée dans un paragraphe qui met explicitement en relation le genre « autobiographique » et l'identification, comme dans la décision rendue dans l'affaire Moury :

> Il s'agit donc d'une œuvre autobiographique [...] et non d'une œuvre fictionnelle, de sorte qu'il ne saurait être sérieusement contesté que les parties demanderesses sont bien identifiables et ont comme telles qualité à agir[11].

La tâche des juges n'est cependant pas toujours aussi simple, car aux critères d'identification sont opposés des critères de « distanciation », qui coupent les fils entre l'œuvre et la réalité. Il faut alors opérer une balance entre les deux, ce qui revient à répondre à l'une des questions majeures de la théorie littéraire, celle de la relation de l'œuvre à la réalité.

LA DÉTERMINATION D'UN COEFFICIENT RÉFÉRENTIEL

Dans certains contentieux, les juges raisonnent en déterminant ce que l'on peut appeler à la suite d'Yves Baudelle « un coefficient référentiel » minimal pour établir une identification. Pour que le livre bascule vers le livre à clef, il faut qu'il comporte une quantité d'équivalences entre les mondes réel et fictif qui dépasse le seuil admis. Ce raisonnement est certes incontestable, mais il suppose que le tribunal fixe intuitivement ce seuil de référence au réel pour chaque espèce, ce qui laisse une grande place à l'interprétation. Les deux affaires qui suivent en témoignent.

L'AFFAIRE COUVE/MILLAU

L'affaire Couve/Millau met particulièrement en lumière l'épineuse question de la détermination d'un seuil qui fait basculer un roman vers le livre à clef.

11 TGI Paris, ch. 17, ref, 16 janvier 2014, RG 13/59470, Nelly N. et Laura Moury c/ Didier Moury et société Édilivre.

Présentons d'abord l'affaire en quelques lignes. Le 12 février 2002, Christian Dubois dit Millau publie aux Éditions de Fallois un récit affiché sur la couverture comme « roman ». Intitulé *Une Campagne au soleil*, il a pour cadre une île méditerranéenne fictive, *Port-cigale* ; l'intrigue porte sur une campagne municipale qui oppose, de manière manichéenne, le corrompu *Max Farina* à un concurrent vertueux, *Saint-Clair*, fraîchement débarqué sur l'île. Or le maire de Saint-Tropez de l'époque, Jean-Michel Couve, se reconnaît sous les traits du premier et affirme qu'il s'agit d'un livre à clef : il assigne l'auteur au civil sur le fondement de la diffamation. L'argumentation des défendeurs est à l'inverse fondée sur la thèse que l'identification est impossible.

Du côté du demandeur, la méthode adoptée pour prouver l'identification repose là encore sur la technique de la liste d'équivalences entre les référent fictif et réel. Elle montre les nombreux points de recoupement entre la biographie de la personne et celle du personnage : leur métier (une profession libérale), des mêmes actions politiques, l'identité des thèmes de campagne de leurs deux opposants, la similarité entre un épisode de meurtre dans le roman et un meurtre réel arrivé à Saint-Tropez, la mention d'une *bravade* (fête traditionnelle du Sud-Est de la France). Le demandeur cherche également à prouver que l'auteur a eu l'intention de le viser, en s'appuyant sur un argument biographique : ce dernier a été président de l'association des amis du concurrent de Jean-Michel Couve à Saint-Tropez, ce qui montre l'hostilité qu'il nourrit à son égard. Le demandeur cite à l'appui une interview de l'auteur dans laquelle celui-ci reconnaît s'être inspiré de sa propre expérience quand il a « imaginé, puis campé ses personnages » et qu'il « a rencontré un homme qui a quelque ressemblance avec Saint-Clair ». Enfin, il présente un dernier argument relevant de la réception : les lecteurs ont reconnu sous les traits de Farina le maire de Saint-Tropez, comme l'attestent plusieurs attestations jointes au dossier. De manière classique, sont donc mobilisés des critères internes et externes pour prouver l'identification. Enfin, le demandeur reconnaît que certains éléments s'écartent de la réalité de sa propre vie, mais considère néanmoins qu'ils entraînent une confusion constitutive d'une diffamation, parce qu'ils reviennent à lui imputer des faits mensongers.

Dans le camp des défendeurs au contraire, on s'applique à relever toutes les différences entre le demandeur et le personnage, et à mesurer l'écart entre la ville de Saint-Tropez et la ville où est campée l'intrigue. Ils défendent la thèse d'une œuvre qui serait une « compilation – non exhaustive – de dérives condamnables et de travers communs à quelques hommes politiques ». Ils proposent donc une interprétation du mélange entre fiction et réalité exactement inverse de celle du demandeur. Certes, le roman comporte des allusions permettant de reconnaître localement la ville de Saint-Tropez, mais les éléments fictifs empêchent l'identification de son maire et confèrent au roman une portée universelle.

Les juges doivent donc trancher entre ces deux interprétations, ce qui revient à déterminer si l'œuvre est majoritairement non-fictionnelle ou à l'inverse fictionnelle. À cette fin, ils doivent répondre à deux questions corollaires posées au tribunal : le livre comporte-t-il des références en nombre suffisant pour permettre une identification ? Les éléments fictifs compromettent-ils cette identification ou, au contraire, sont-ils constitutifs d'une diffamation ?

Le tribunal tranche en faveur de l'interprétation des défendeurs. La liste d'équivalences tout d'abord le convainc en partie : certains éléments du livre « évoquent beaucoup plus directement Saint-Tropez », comme « le projet caché par le maire concernant une marina ou un troisième bassin du port, la découverte d'une jeune femme dévêtue au bord d'une route, l'existence d'un journaliste qui porte le nom même de Roberto ». Néanmoins, il considère que les autres rapprochements sont moins probants, car « certaines des ressemblances relevées par le demandeur manquent de spécificité et d'originalité » au motif :

> … que le terme *bravade* désigne de nombreuses fêtes traditionnelles en Provence et pas seulement celle de Saint-Tropez ; que certains thèmes de campagne des opposants sont également habituels, à savoir les références, en particulier, à l'apolitisme du candidat, la propreté de la ville, les frais de réception de l'équipe sortante, l'endettement, les routes, le petit commerce, le logement à un prix abordable.

Selon le tribunal, le caractère « habituel » des « références » et des « thèmes » compromet l'identification. Aussi conclut-il que si certaines références au demandeur sont décelables, elles ne sont pas suffisantes pour établir une identification à l'échelle du roman : « il n'est pas établi que le roman ne se rapporte qu'à Saint-Tropez ». Il fixe donc implicitement un seuil au-dessous duquel la référence au réel empêche l'identification.

Selon le tribunal, les différences entre Saint-Tropez et Port-Cigale plaident également en faveur de cette interprétation. Ce sont des indices de fiction qui compromettent l'identification. Il en infère une interprétation globale du roman : « l'auteur a légitimement pu s'inspirer de son expérience vécue pour y mêler d'autres exemples réels, ainsi que la part d'imaginaire et de création personnelle inhérente à toute œuvre littéraire ». C'est ainsi un jugement de fictionnalité à l'échelle du roman qu'opère le tribunal : le roman relève globalement de la fiction et les références au réel sont en nombre insuffisant pour établir une identification.

Si le principe du coefficient de référentialité apparaît indiscutable, il implique de déterminer ce qui rend une équivalence convaincante, de fixer un seuil à partir duquel les références au réel sont suffisantes pour basculer dans la non-fictionnalité et d'envisager le passage du livre à clef à l'œuvre d'imagination comme une frontière étanche et objectivable. Pourtant, le jugement de fictionnalité est tributaire à la fois des conceptions que les lecteurs ont de la fiction et de leurs connaissances sur le monde réel, en l'occurrence sur la vie politique à Saint-Tropez. À ce titre, l'absence totale de prise en compte de la réception du roman et du niveau d'information dont disposent les lecteurs apparaît problématique. Dans l'affaire Desplechin, la question du coefficient est aussi posée, mais elle n'est pas tranchée à partir des mêmes critères.

L'AFFAIRE DESPLECHIN

La décision rendue dans l'affaire *Rois et Reine*[12] témoigne également des réticences du tribunal à l'égard d'une lecture à clef trop systématique et de sa volonté d'établir un seuil entre fait et fiction. En 2004, le film d'Arnaud Desplechin sort en salle. Ce réalisateur est connu pour le caractère partiellement autobiographique de ses films, notamment à travers le personnage récurrent de *Paul Dedalus*[13], systématiquement joué par Mathieu Amalric. En l'occurrence, ce personnage n'apparaît pas dans ce nouveau film, où l'intrigue est centrée sur un personnage féminin au nom de *Nora*. Le film raconte notamment son histoire d'amour tragique avec un personnage nommé *Ismaël*, qui s'achève par le suicide de ce dernier et le mariage posthume du couple, alors que cette dernière

---

12 TGI Paris, ch. 17, 3 avril 2006, Denicourt c/ Desplechin.

13 Il apparaît dans les films « Comment je me suis disputé… (ma vie sexuelle) » (1996), « Un conte de Noël » (2008) et « Trois souvenirs de ma jeunesse » (2015).

est enceinte. Or l'ex-compagne du réalisateur, Marianne Denicourt, assigne l'auteur pour atteinte à la vie privée. Selon elle, l'histoire de *Nora* emprunte très largement à sa vie personnelle.

Comme à l'accoutumée, son conseil dresse une liste d'équivalences entre la personne et le personnage pour prouver l'identification : la mort du compagnon, le mariage posthume de la comédienne et les démarches effectuées pour que son fils ait officiellement un père. En outre, il montre que le film reproduit textuellement des extraits d'une lettre que le réalisateur avait lui-même adressée au fils de l'actrice. La conjonction de tous ces éléments plaide donc en faveur d'une lecture à clef, car les similitudes biographiques relevées « sortent suffisamment de l'ordinaire » pour constituer des « emprunts » à la vie de la demanderesse : « ce n'est pas par pure coïncidence que le fruit de l'imagination de l'auteur et la réalité se rejoignent ». En effet, l'histoire de la reconnaissance de paternité posthume est assez extraordinaire pour que sa ressemblance avec la vie de la demanderesse ne puisse pas être considérée comme un hasard. Arnaud Desplechin le reconnaît lui-même et n'oppose « aucune contradiction au rapprochement [...] entre les circonstances de la mort de Joël Denicourt, père de son fils Jérémie, des suites d'une chute alors qu'il tentait de rentrer par une fenêtre dans leur appartement commun » et « la scène du film, où l'on voit, sous forme de flash-back, l'ancien compagnon de l'héroïne, Nora, père de son fils Elias, se heurter à un refus de son amie de lui ouvrir la porte de leur appartement, dont il a pareillement oublié les clés, et y pénétrer en passant par une fenêtre ». Les auteurs du film font cependant valoir toutes les différences entre la vie de la personne et l'intrigue. Ils contestent donc l'identification en faisant valoir un pacte de fictionnalité.

Le tribunal tranche en refusant de reconnaître l'identification, mais cette analyse repose sur une combinaison de critères différente de l'affaire précédente. Il juge que les preuves d'identification données par la demanderesse ne sont pas toutes probantes, car insuffisamment originales : le fait qu'elles aient toutes deux une sœur, qu'elles aient un nouveau compagnon, que leurs fils aient des prénoms de « prophète », qu'elles aient toutes deux une douleur et une marque au foie. Il fait valoir également les différences entre le personnage et la personne, en l'occurrence entre « les lieux, les noms, les professions et le statut social ». À cet égard, son raisonnement s'appuie sur les mêmes critères que dans l'affaire précédente. Mais surtout il introduit un autre critère fondé sur la réception, en formulant le principe qu'« il n'y a d'atteinte que si cette personne peut être identifiée avec certitude par le spectateur de l'œuvre de fiction ». L'utilisation du terme de *spectateur* au singulier établit ainsi implicitement une distinction entre l'interprétation de la demanderesse et celle d'un spectateur qui n'appartient pas à son cercle d'intimes, le spectateur moyen. À cet égard, le raisonnement est radicalement différent de celui mené dans l'affaire Couve/Millau, et il est probable que les auteurs du film auraient pu être condamnés si les juges avaient suivi la même logique que dans cette dernière. La variabilité des critères pour établir le coefficient de référentialité est donc manifeste. L'affaire Angot en témoigne encore, mais le débat porte cette fois davantage sur la question du pacte de fictionnalité mis en place par le roman.

L'AFFAIRE ANGOT : LA FICTION EN DÉBATS[14]

L'affaire Angot a connu plusieurs développements. En 2008, la romancière est accusée une première fois par Élise Bidoit d'avoir porté atteinte à sa vie privée dans son roman *Le Marché des amants*. Le litige se résout par une transaction (10 000 euros), on l'a vu[15], qui met temporairement fin à la querelle juridique entre les deux femmes. Pourtant en 2011, l'autrice récidive en publiant *Les Petits* : cette fois encore, Élise Bidoit s'y reconnaît sous les traits d'Hélène Lucas et assigne l'autrice et son éditeur pour atteinte à la vie privée. Le tribunal lui donne raison en condamnant Christine Angot et son éditeur au versement de 40 000 euros de dommages et intérêts. Comment est-il parvenu à cette décision ? Quels critères ont présidé à cette interprétation ?

Comme dans les affaires vues précédemment, le débat consiste d'abord à évaluer les rapprochements entre la demanderesse et le personnage. L'avocat d'Élise Bidoit dresse une liste d'« éléments d'identification d'Hélène Lucas » pour montrer que sa cliente « est parfaitement identifiable ». Ils sont présentés sous la forme de deux listes successives, presque exactement équivalentes, la première consacrée à la demanderesse, la seconde au personnage :

14 La fiction est une notion qui a fait l'objet de très nombreux travaux académiques ces trente dernières années. Pour une synthèse et une mise en perspective de ces débats, voir tout particulièrement Françoise Lavocat, *Fait et Fiction. Pour une frontière*, Paris, Le Seuil, 2016.

15 Voir le chapitre 8.

Ainsi, alors que Madame Élise Bidoit :
- a habité à Tartane
- a accouché à l'hôpital de la Trinité
- sa mère est née en Tunisie
- est végétalienne depuis plus de 20 ans
- a allaité ses cinq enfants
- habite le 12e arrondissement de Paris
- n'est pas encore divorcée de son premier mari
- a deux sœurs aînées dont une a épousé un homme italien
- est passionnée par la mode notamment japonaise
- est passionnée de Brel, Gainsbourg et Paradis

De façon extrêmement étonnante, Hélène Lucas :
- a habité à Tartane
- a accouché à l'hôpital de la Trinité
- sa mère a vécu dans les pays arabes
- est végétalienne
- a allaité ses cinq enfants
- habite le 12e arrondissement de Paris
- n'est pas encore divorcée de son premier mari
- a deux sœurs aînées dont une a épousé un homme anglais
- est passionnée par la mode notamment japonaise
- est passionnée de Brel, Gainsbourg et Paradis[16]

Sont mêlés ici tous les points de recoupement possible entre les traits descriptifs de la personne réelle et du personnage fictif : état civil, événements biographiques, goûts et pratiques culturels. L'avocat ajoute à cette liste une autre preuve que la romancière s'est inspirée de la vie de sa cliente : la retranscription mot pour mot de « 14 pages » d'« un rapport d'enquête sociale réalisée à l'issue de la séparation de Madame Élise Bidoit et de Monsieur Charly Clovis concernant la résidence des enfants ». En plus de ces arguments textuels, l'avocat fait la démonstration d'une intention manifeste de la part de l'autrice « de nuire à la requérante[17] », car c'est la seconde fois qu'elle la vise. Ces arguments sont complétés par six attestations de lecture, rédigées par une sœur, des voisins et des amis. Ils y affirment l'avoir reconnue par eux-mêmes, par la simple lecture du roman, « bien avant que l'on en parle dans différents magazines ». Il formule enfin un principe concernant la manière de juger les litiges lorsque le demandeur n'a pas de notoriété

16 Nous citons ici les conclusions rendues par l'un des avocats de la défense qui a eu la générosité de bien vouloir nous les transmettre.

17 Toutes les citations de ce paragraphe sont extraites des conclusions de la demanderesse.

particulière[18] : « la vie privée des personnes non connues du grand public doit être davantage protégée par les juridictions que celle des personnes dites publiques ».

De leur côté, les avocats de la défense jouent la partition inverse : « la lecture du livre » « ne permet aucune identification entre le personnage féminin et la demanderesse ». Ils jettent tout d'abord le discrédit sur la « comparaison à laquelle elle se livre » en arguant de leur banalité : il s'agit d'« éléments si anodins que nul ne songerait à s'interroger sur l'identité de celle ou de ceux auxquels ils pourraient réellement se rapporter[19] ». Néanmoins, ils discutent peu ces éléments, probablement parce qu'ils apparaissent incontestables. Les avocats leur substituent d'autres critères, qui selon eux plaident en faveur d'un pacte de fictionnalité. Le premier relève du péritexte : la mention *roman* sur la couverture. Le second est générique : le livre appartient au genre de l'autofiction, qui suppose un « détachement du réel et une forme d'allégorie ». Enfin, la défense invite le tribunal à envisager la réception du roman, ce qui implique de prendre en compte l'absence de notoriété de l'« identifieur ». En se plaçant « du point de vue du lecteur pour savoir comment il reçoit les propos contenus dans l'ouvrage[20] », il remet en cause la possibilité même d'une identification :

> La question n'est donc pas de savoir si Madame Bidoit a pu se reconnaître dans cet ouvrage. La question est de savoir si d'autres lecteurs qu'elle, ses proches, ses familiers et plus généralement tous ceux qui ont lu le livre ont pu spontanément la reconnaître sous les traits d'Hélène Lucas, autrement dit de l'identifier[21].

Ce n'est donc plus la question *qu'est-ce qui dans le roman identifie la demanderesse ?* qui est posée, mais plutôt celle de savoir *qui identifie ?* À ce titre, l'argumentation de la défense s'apparente à celle qui était à l'œuvre dans l'affaire Desplechin. Elle suggère la prise en compte des spécificités de la communication littéraire : un roman publié n'a pas « pour seul propos que de s'adresser à Madame Bidoit », « à une personne déterminée », mais a vocation à être lu par un public élargi. Or « le

18 Le critère de la notoriété est un critère d'arbitrage régulièrement mobilisé dans la jurisprudence.
19 Conclusions pour Christine Angot.
20 Conclusions pour Flammarion.
21 Conclusions pour Christine Angot.

lien entre l'auteur et Madame Bidoit » est trop « confidentiel » « pour permettre aux lecteurs (et à l'éditeur) le moindre rapprochement entre le personnage d'Hélène Lucas et Madame Bidoit ». La demanderesse est donc responsable de son propre préjudice, car c'est elle-même qui a révélé son lien avec le personnage, en faisant une « identification auto-proclamée » dans la presse. Il est intéressant de constater les nombreux points de recoupement entre cette argumentation et la théorisation de la littérature telle qu'elle s'est faite dans la recherche littéraire : la définition d'une situation de communication spécifique au discours littéraire, la place centrale du lecteur moyen dans le processus d'élaboration du sens.

Le débat entre les parties repose aussi sur la qualification du pacte établi avec le lecteur. Il s'agit de savoir si, malgré la référence au réel, le texte de Christine Angot met en place un pacte fictionnel[22], ce qui revient à s'interroger sur la manière dont la référentialité implique le jugement de fictionnalité à l'échelle du livre. Or ce débat rejoue l'affrontement entre deux conceptions de la fiction qui reflètent très exactement les deux positionnements théoriques qui partagent le champ académique littéraire.

Pour rappel, les théoriciens de la fiction s'opposent entre ségrégationnistes et intégrationnistes. Les premiers militent en faveur d'une frontière entre fait et fiction : une fiction peut accueillir des références au réel ponctuelles, mais elle n'a pas le pouvoir d'en modifier le statut logique. C'est par exemple la position que soutient Françoise Lavocat dans son ouvrage *Fait et Fiction*[23]. Cela revient à dire que si Élise Bidoit est représentée dans le cadre de la fiction qu'est *Les Petits*, tous les énoncés qui la concernent peuvent être évalués selon leur conformité à la vie de la personne et déclarés vrais ou faux. À l'opposé, la thèse intégrationniste, soutenue notamment par Thomas Pavel[24], considère que tout référent réel qui entre en terre fictionnelle est fictionnalisé. En l'occurrence, même si Hélène Lucas ressemble à Élise Bidoit, elle est un personnage fictif. Il est donc absurde de vouloir établir une équivalence stricte entre le personnage et le référent réel et de considérer attentatoires à la vie privée de ce dernier des énoncés qui se rapportent au premier.

22 La notion de « pacte de fiction » repose sur une approche pragmatique de la fiction qui a été théorisée par Jean-Marie Schaeffer, *Pourquoi la fiction ?*, Paris, Le Seuil, 1999.

23 Françoise Lavocat, *Fait et Fiction*, *op. cit.*

24 La terminologie consistant à opposer les intégrationnistes aux ségrégationnistes est empruntée à Thomas Pavel, *Univers de la fiction*, Paris, Le Seuil, 1988.

Or c'est exactement ce débat qui se rejoue au tribunal entre les parties, la demanderesse étant du côté des ségrégationnistes et la défenderesse des intégrationnistes, ce qui implique une appréciation radicalement inverse du contrat de lecture. La demanderesse considère que les indices de fiction sont insuffisants pour que l'œuvre soit fictionnelle : par conséquent, les énoncés textuels qui se rapportent au personnage fictif se rapportent également à la personne réelle. Ainsi, même s'ils sont inventés, ils peuvent porter atteinte à sa vie privée. Une telle position ségrégationniste, qui estime que le mélange entre fiction et réalité entraîne une confusion entre les deux mondes, est conforme au principe posé par la jurisprudence de la Cour de cassation en 2006 :

> Après avoir souverainement relevé l'amalgame auquel conduisaient nécessairement les points de similitude [...] entre le personnage du roman et l'intéressée, la cour d'appel a exactement retenu qu'une œuvre de fiction, appuyée en l'occurrence sur des faits réels, si elle utilise des éléments de l'existence d'autrui, ne peut leur en adjoindre d'autres, qui, fussent-ils imaginaires, portent atteinte au respect dû à sa vie privée[25].

À l'inverse de ce principe dicté par la Cour de cassation, la défense soutient que la fiction l'emporte sur la référence et qu'il suffit qu'il y ait des indices de fiction pour que le pacte établi avec le lecteur soit entièrement fictionnel. Elle s'appuie sur des indices de fiction du paratexte qui, selon elle, « conditionnent [l]a lecture » :

> L'indication expresse de la nature de l'œuvre sur son support (roman, autobiographie, témoignage) ou la mention de la collection (fiction, essai, document) à laquelle elle appartient constitue à cet égard plus qu'un indice, une véritable indication de l'intention de l'auteur, immédiatement perceptible par le lecteur et qui va en conditionner sa lecture[26].

La couverture du livre établirait un contrat de type fictionnel qui déterminerait la lecture de l'ensemble. Autrement dit, dans la balance consistant à évaluer si les indices de fictionnalité pèsent plus lourd que les indices de factualité, l'objet-livre est doté d'une valeur contractuelle plus forte que la référence au réel. La fiction pourrait ainsi englober la référence au réel sans pour autant produire des énoncés sérieux et sans que se pose la question du vrai et du faux. On reconnait ici la théorie

25 Cour de cassation, chambre civile 1, 7 février 2006, 04-10.94.

26 Conclusions en réponse.

intégrationniste citée plus haut consistant à dire, à l'instar de Gérard Genette, que Napoléon ou Rouen se transforment en « éléments de fiction[27] », lorsqu'ils sont mobilisés dans un texte présenté comme une fiction. La défense évoque d'ailleurs une forme « d'allégorie » qui impliquerait un « détachement du réel » de la part de l'auteur et la création de « personnages de composition ». Elle affirme également que les « emprunts au réel » « s'inscrivent dans le cadre d'une fiction qui ne revendique pas d'autre statut ».

C'est avec cette même visée d'une lecture intégrationniste de la fiction, que la défense revendique un classement du texte dans le genre de l'autofiction, lequel serait précisément fondé sur la « transfiguration de la réalité » :

> … ce courant littéraire pose comme postulat que tout peut être matière à fiction dès lors que l'écriture opère une transfiguration de la réalité. […] ce n'est pas parce que les éléments qui composent un récit ont l'apparence de la réalité qu'ils ne sont pas imaginaires. Ou encore, ce n'est pas parce que les éléments biographiques qui figurent dans un roman semblent être tirés d'événements vécus par le narrateur ou par ses proches que ces éléments ne seraient pas fictifs[28].

Une telle définition de l'autofiction paraît tout droit inspirée de la théorie intégrationniste, dans la mesure où le genre aurait le pouvoir de rendre imaginaires tous les éléments empruntés au réel. Cependant, à aucun moment, cette déclaration n'est étayée par des considérations textuelles ou formelles. Elle tient donc largement de la pétition de principe et du lieu commun critique, car, pour qui reconnait la demanderesse, il apparaît difficile de soutenir la thèse que Hélène Lucas n'en est qu'un double romanesque purement fictif.

La défense s'appuie également sur les déclarations de l'autrice, dans deux entretiens au journal *Le Monde*, qui rejette le terme d'*autofiction* pour évoquer son œuvre, parce qu'il replierait encore trop son œuvre du côté du réel et de l'autobiographie. À l'appui de cette thèse, elle cite en outre une note publiée sur le blog de Pierre Assouline, dans laquelle Christine Angot confie que son personnage est un « matériau composite ».

Cependant toutes ces preuves contextuelles reposent sur des déclarations de fictionnalité et ne sont jamais démontrées par des critères

27 Gérard Genette, *Fiction et Diction*, Paris, Le Seuil, 1991, p. 37.
28 *Conclusions en réponse.*

formels précis. La défense use d'ailleurs d'un argument d'autorité pour tâcher de convaincre de sa validité :

> L'appréciation par le juge des « procédés littéraires » employés par l'auteur pour se « distancer » de la réalité apparaît toutefois une tâche ardue et en tous cas aléatoire si l'on en croit le nombre d'ouvrages, thèses et essais consacrés par d'éminents spécialistes de la littérature et de la sémantique à définir les contours de la fiction, certains admettant même qu'« il n'y a pas de propriété textuelle, syntaxique ou sémantique qui permette d'identifier un texte comme une œuvre de fiction » (John R. Searle, *Sens et expression*, éd. Minuit, 1992)[29].

L'argument revient à dire que, si même les experts n'arrivent pas à démêler la question des rapports entre fait et fiction, alors il n'appartient pas au tribunal d'en décider.

Pour développer cette ligne intégrationniste, la défense s'appuie également sur les lieux communs de l'histoire littéraire : la référence au réel serait consubstantielle au genre du roman, qui « depuis près de deux siècles » puiserait son matériau dans le réel sans pour autant perdre son caractère fictif. La fiction romanesque se définirait alors comme un reflet de la société de l'auteur, qu'elle aurait pour rôle de transformer. Pour appuyer cette définition, sont mobilisés les exemples de Stendhal, et sa fameuse métaphore du « miroir que l'on promène le long du chemin[30] », et de Flaubert, et sa non moins fameuse formule « Madame Bovary, c'est moi », dont on n'est d'ailleurs même pas sûr qu'elle ait été écrite[31]. La légitimation de l'entreprise de Angot s'appuie ainsi sur une conception très dix-neuvièmiste du roman, que beaucoup de romanciers des XXe et XXIe siècles ne partagent pas, et sur la référence à des auteurs fortement patrimonialisés dont personne n'oserait contester la valeur. Ce développement relève donc là encore largement de l'argument d'autorité.

Cette réinscription du projet de Christine Angot dans une tradition littéraire et la référence au XIXe siècle permettent ensuite de glisser vers un ultime argument, faisant valoir un contrat de lecture non plus seulement propre à la fiction, mais à la littérature, qui bénéficierait de codes

---

29 Conclusions en réponse. En plus de citer John Searle dans le corps de l'argumentation, la défense joint au dossier un extrait du texte du philosophe américain.

30 Stendhal, *Le Rouge et le Noir*, livre premier, épigraphe du chapitre XIII.

31 Cette phrase n'a d'ailleurs jamais été écrite par Flaubert, il n'est même pas sûr qu'il l'ait prononcée, voir Yvan Leclerc « *Madame Bovary, c'est moi*, formule apocryphe », http://flaubert.univ-rouen.fr/ressources/mb_cestmoi.php.

de réception spécifiques et distincts de la communication commune. On reconnait là l'argument de l'autonomie de l'art, consistant à mettre au premier plan la valeur esthétique, laquelle évacue toute considération éthique et du même coup juridique :

> Libre à chacun de contester la valeur artistique de telle ou telle performance ou encore l'hyperréalisme de telles ou telles œuvres graphiques. Mais de telles contestations n'ont certainement pas à être tranchées par la voie judiciaire[32].

Non seulement, la défense fait valoir l'autonomie de l'art, mais elle transforme le préjudice moral de la demanderesse en un sentiment esthétique de rejet d'une œuvre d'art, autrement dit en jugement de goût, sur lequel le tribunal n'a nullement à se prononcer, car « l'écrivain Christine Angot n'a commis aucune faute ». L'usage du mot « écrivain » suit la même visée, il est fortement symbolique, car auréolé de son prestige et renvoyant à l'image d'une figure à protéger, qui doit bénéficier d'un régime particulier vis-à-vis du droit. Là encore cependant, cet argument repose sur une définition essentialiste de l'autonomie de l'art, historiquement marquée et peu adaptée à une littérature qui joue à transgresser les frontières de la fiction.

La question de la frontière fait/fiction est donc fondamentale pour juger Christine Angot. L'accusation produit des critères textuels et convaincants de factualité, là où les arguments produits par la défense relèvent davantage de pétitions de principe et de lieux communs critiques. Les deux théories de la fiction, qui s'affrontent dans le champ académique littéraire, sont donc soumises au débat, à la différence près qu'il y a ici un juge et des assesseurs qui doivent trancher.

En l'occurrence, le tribunal décide de condamner l'autrice et son éditeur à 40 000 euros de dommages et intérêts en réparation du préjudice moral. Les motifs du jugement permettent de saisir la manière dont il a tranché les points de débats soulevés par les deux parties. À la question de l'identification, le tribunal répond qu'elle est effective. Il valide les extraits fournis par l'accusation comme :

> … utilis[ant] de façon systématique des éléments factuels très précis de sa vie privée, y compris en reproduisant, mot pour mot, l'enquête sociale diligentée par le juge aux affaires familiales dans le cadre du litige qui l'oppose à son ancien compagnon, Charly Clovis […].

32 Conclusions en réponse.

Aux yeux du tribunal, cette « similitude des circonstances » pèse plus lourd que les éléments de distanciation fournis par la défense qui « ne sauraient suffire ».

À la question de savoir si l'absence de notoriété de la demanderesse empêche son identification par le public réel, le tribunal répond que les six attestations produites par l'accusation sont « suffisamment probantes ». Contrairement à l'affaire précédente, il rejette toute réflexion sur la réception du roman. Il s'inscrit systématiquement contre les arguments de la défense relatifs à la spécificité de la communication littéraire : « il est sans incidence que la demanderesse ne jouisse pas d'une notoriété qui la rende reconnaissable par un plus vaste public que son entourage propre[33] ». Cette décision d'écarter de la réflexion la réception de l'œuvre par un lecteur moyen, non informé, peut surprendre quand on sait que le raisonnement juridique s'appuie sur des standards. Elle s'oppose en outre presque terme à terme au choix opéré par les juges dans l'affaire Desplechin.

Le tribunal refuse ensuite de considérer l'impact du genre du texte sur le contrat de communication, afin d'éviter d'« être lié par la conception que l'auteur a pu exprimer du rapport entre réalité et imaginaire dans son œuvre, non plus que par la qualification donnée à l'ouvrage en cause par son support ». Il donne ainsi une primauté au critère textuel et linguistiquement objectivable de l'identification sur celui de l'établissement d'un pacte de fiction en le critiquant sévèrement, reprochant à l'auteur de « se dissimuler derrière le style autoproclamé de l'ouvrage "Les petits" dit "d'autofiction" pour éviter toute condamnation ». Il conteste point par point les arguments donnés par la défense en faveur d'une lecture fictionnelle : le genre littéraire, les déclarations de l'auteur, la mention du genre du « roman » sur la couverture, n'ont aucune valeur contractuelle et n'instaurent pas à eux seuls un pacte de fictionnalité. L'intention qu'a eue l'auteur de nuire à la demanderesse l'emporte sur toutes les allégations de fictionnalité. Il retient donc l'argument de l'accusation, selon lequel Christine Angot aurait écrit ce livre pour régler ses comptes avec la demanderesse.

La décision rendue par le tribunal constitue ainsi une remise en cause des postulats théoriques de l'autofiction tels que présentés par la défense et plus globalement de la thèse intégrationniste. La référence

---

33 TGI Paris, 17e ch. Civ., 27 mai 2013, *E. Bidoit c. C. Angot et Flammarion*, *Légipresse*, 2013, n° 310, note A. Tricoire.

au réel est considérée comme un critère supérieur à tous ceux mis en avant par la défense. Les indices du pacte fictionnel sont jugés trop flous, car reposant sur des définitions essentialistes de l'art et de la fiction. Par conséquent, cette affaire met en lumière le fait que les discours de défense de l'autofiction émanant du champ littéraire résistent peu aux arguments de ses détracteurs.

Ces quelques exemples montrent bien les difficultés que peut engendrer la méthode de l'identification. Elle apparaît comme l'étape la plus intuitive et la plus objectivable pour évaluer un litige lié à une atteinte aux droits de la personnalité ou à la réputation, que ce soit sur le fondement de l'atteinte à la vie privée, l'injure ou la diffamation ; elle n'est cependant pas si simple à manier, car très peu guidée par des protocoles d'analyse. Certes, quelques grands critères se retrouvent d'une espèce à une autre : l'importance de la comparaison des traits descriptifs des référents, le critère de la rareté du nom propre, l'idée d'une frontière entre texte factuel et texte fictionnel. Cependant, ces critères et la manière dont ils sont évalués reposent sur des arguments tributaires des propres conceptions que les juges se font des rapports entre le réel et la littérature. En outre, selon les cas, le tribunal se place du côté d'un lecteur standard, alors que dans d'autres, il se situe plutôt au niveau du demandeur ou du plaignant. Cette variation des points de vue montre la capacité d'adaptation des juges qui forgent leurs propres critères d'analyse. Mais elle révèle aussi combien les décisions dépendent du choix des critères mobilisés. En ce sens, la justice rendue dans les cas d'atteinte à la réputation ou à la vie privée de personnes est finalement assez peu prévisible.

Par ailleurs, ce chapitre a montré la difficulté à fixer des critères d'appréciation solides et complètement objectifs, précisément parce qu'ils impliquent des notions floues et impossibles à définir. Ce constat nous invite à reconsidérer la myopie dont on accuse parfois les juges qui condamnent les auteurs. Certes, leurs décisions ne sont jamais complètement satisfaisantes et semblent toujours discutables du point de vue de la théorie littéraire, qui peut relativiser et discuter à l'infini les catégories en usage, mais le juriste n'a pas d'autre choix que de les utiliser, aussi imparfaites qu'elles puissent être.

L'IDENTIFICATION D'UN RÉFÉRENT COLLECTIF DANS LES DISCOURS DE HAINE

Quand on examine l'évolution de la législation et de la jurisprudence en matière de discours de haine, il apparaît que l'identification du référent visé a fait l'objet d'un important travail de précision depuis ces cinquante dernières années. Du point de vue de la loi tout d'abord, la répression des discours appelant à la haine envers une communauté est majoritairement réglementée par la loi de 1881, on l'a vu. Cependant, les critères de définition d'une *communauté* ont été considérablement modifiés au gré des nombreux remaniements de la loi depuis 1972. Le spectre des communautés protégées y a été agrandi et leurs traits définitoires y ont été inscrits explicitement : l'appartenance ou la non-appartenance à une ethnie, une nation, une race ou une religion déterminée, le genre, l'orientation sexuelle ou encore le handicap. Du point de vue de la jurisprudence ensuite, les juridictions ont mené un véritable « travail d'orfèvre », pour reprendre l'expression de Nathalie Droin[1], afin d'établir des critères d'analyse[2] permettant de rendre des décisions proportionnelles. Parmi ceux-ci, l'identification du référent du discours figure au premier plan. En effet, la détermination de la cible des propos

1 Nathalie Droin, « L'appréhension des discours de haine par les juridictions françaises : entre travail d'orfèvre et numéro d'équilibriste », *Revue des droits de l'homme*, n° 14, 2018, [en ligne] URL : https://journals.openedition.org/revdh/4302, consulté le 4 avril 2022.

2 Il ne s'agit pas ici de revenir sur toutes les étapes du raisonnement pour déterminer si ces infractions sont constituées. On se reportera sur ce point à Nathalie Droin, « L'appréhension des discours de haine… », art. cité ; Id., « État des lieux de la répression des propos homophobes dans le cadre de la loi sur la presse du 29 juillet 1881 : entre perfectibilité et incertitudes », *Lexibase pénal*, juin 2018 ; Christophe Bigot, « La Cour de cassation redéfinit les contours du délit de provocation à la haine ou à la violence à caractère homophobe », *Légipresse*, n° 358, 2018, p. 153 ; Arnaud Latil, « Exprimer, provoquer ou exhorter », *COnTEXTES*, 26/2020, 15 janvier 2020, [en ligne] URL : http://journals.openedition.org/contextes/8748, consulté le 4 avril 2022 ; Ulysse Korolitski, *Punir le racisme ? Liberté d'expression, démocratie et discours racistes*, Paris, CNRS, 2015.

contestés constitue en général l'étape initiale du débat de fond, car, si le référent identifié ne correspond pas à certains critères, la notion même de préjudice n'a pas de sens et la relaxe des prévenus s'impose. Au regard de ce critère du référent, trois sous-critères principaux émergent de la jurisprudence. L'objectif visé par le juge est de déterminer si les énoncés font référence ou non à des personnes, d'évaluer l'extension des expressions référentielles du discours contesté et de statuer sur l'existence même du référent. Si ces trois critères sont presque toujours appliqués par la jurisprudence, ils sont théoriques. Lorsque les juges sont confrontés aux différents cas d'espèce, ils doivent les mettre en œuvre et les appliquer aux énoncés litigieux. Il s'agira donc ici de présenter ces trois cas de figure, en décrivant, discutant et catégorisant les indices sur lesquels se fondent les juges pour vérifier que les trois critères sont remplis.

LE CRITÈRE DE LA RÉFÉRENCE À DES PERSONNES

Pour qu'une infraction soit constituée, la jurisprudence a établi pour principe qu'il faut qu'il y ait « une attaque personnelle et directe dirigée contre un groupe de personnes à raison de leur appartenance religieuse[3] » ou raciale, de leur orientation sexuelle, etc. Ce raisonnement consiste à ne condamner que les discours dont le référent est humain (les juifs, les homosexuels, les noirs, les musulmans, etc.) afin d'éviter de sanctionner les délits d'opinion. Ce référent doit être en outre une personne ou un groupe de personnes déterminé « à raison de leur origine ou de leur appartenance ou non-appartenance à une ethnie, une nation, une race ou une religion déterminée[4] » ou encore à raison d'une orientation sexuelle, d'un genre ou d'un handicap. Sur quels critères les juridictions se fondent-elles pour identifier ce référent humain protégé par la loi de 1881 ?

3 Cass. Civ. I, 15 novembre 2006, pourvoi n° 05-15822. Sur ce point, voir Camille Viennot, « Les croyances, symboles et rites religieux en droit de la presse : réflexions autour de l'absence d'incrimination de blasphème on droit français », *Archives de politique criminelle*, n° 36, 2014, p 53-78.

4 Loi de 1881, article 24, alinéa 7.

LES INDICES DE LA RÉFÉRENCE À DES PERSONNES

Les critères mis en œuvre pour établir qu'un discours désigne des personnes sont multiples et changent d'une espèce à une autre, mais quelques tendances sont identifiables. Ces critères ne sont en général pas systématisés ou catégorisés par le biais de notions linguistiques, car ils sont maniés de manière essentiellement intuitive et parfois un peu aléatoire. Pour décrire précisément cette linguistique populaire à l'œuvre dans la jurisprudence, on les regroupera selon les niveaux d'analyse linguistique qu'ils mettent en jeu.

Le premier critère qui émerge de la jurisprudence paraît purement lexical et sémantique et se situe à l'échelle locale des mots utilisés. Il relève de la dénotation, qui désigne la capacité qu'a un mot à « désigner potentiellement une sorte d'être particulier[5] ». Les propos qui sont reconnus pour leur capacité à identifier une communauté contiennent pour la plupart des mots qui sont en langue[6] « prédestinés » à « désigner des entités (des humains, des animés, des objets, des ensembles ou des types d'humains, d'objets, etc.)[7] ». Ainsi, c'est en fonction des mots utilisés que s'opère une ligne de partage, qui permet d'exclure ceux qui dénotent des entités abstraites, *la France*, l'*islam*, et d'inclure ceux qui désignent des entités concrètes, *les Français*, *les musulmans.* Par exemple, la Cour de cassation ne sanctionne pas les auteurs de la phrase « J'baiserai la France jusqu'à ce qu'elle m'aime » en s'appuyant dans les motifs sur le fait que *France* est un nom de pays et qu'il n'y a donc pas de référence directe à ses habitants[8].

Il faut par ailleurs que ces noms désignent des référents collectifs dont la caractéristique identitaire est prévue par la loi de 1881 enrichie des lois plus récentes : l'appartenance ou la non-appartenance à une nation, une religion, une ethnie, l'orientation sexuelle, le genre et le handicap. La liste est exclusive des autres identités, comme l'a montré

5 Michel Charolles, *La Référence et les expressions référentielles en français*, *op. cit.*, p. 7.

6 Depuis les travaux de Saussure, les linguistes opposent la langue au discours. La langue relève de l'institution sociale et peut être défini comme un « moyen de communication commun à ses usagers ». Le discours « recouvre toutes les réalisations individuelles résultant de l'utilisation de ce système » (Martin Riegel, Jean-Christophe Pellat et René Rioul, *Grammaire méthodique du français* [1994], Paris, PUF, 2009, p. 2).

7 *Ibid.*, p. 8.

8 Cass. Crim. 1er mars 2011, pourvoi n° 10-83267, cité par Christophe Bigot, *Pratique du droit de la presse*, *op. cit.*, p. 271.

Christophe Bigot, qu'elles soient régionales (les Corses[9]), sociologiques (les aristocrates[10]) ou politiques (les Harkis[11]).

La jurisprudence n'utilise cependant pas de manière mécanique ce critère fondé sur la capacité du mot à désigner directement en langue des communautés protégées par la loi. Certains propos peuvent être condamnés alors que les mots utilisés sont des noms abstraits et inanimés. Dans ce cas, les décisions dépendent davantage des spécificités de l'espèce et sont également sujettes à des variations d'interprétation plus fortes. Ainsi, en 2016, le TGI[12], puis la cour d'appel de Paris[13] ont condamné Christine Boutin pour sa phrase « L'homosexualité est une abomination », où l'on ne repère aucun nom référant directement à des personnes. La prévenue avait pourtant soutenu que son discours n'ayant pas recours au terme d'*homosexuels* ne visait pas des personnes et formulait donc un jugement sur le fait d'être homosexuel. Les juges de première instance et d'appel ont considéré à l'inverse que « lorsque la conduite visée par les propos qui ont été tenus constitue un aspect qui définit précisément l'identité d'un groupe, les attaques portées contre cette conduite doivent être assimilées à une attaque contre le groupe lui-même et les personnes qui le constituent ». Selon cette lecture, il ne suffit donc pas d'éviter les expressions référentielles qui désignent en langue directement des personnes pour que la référence à des personnes soit établie[14]. La règle[15] que semble appliquer implicitement la jurisprudence semble donc liée au mode de construction du nom : le nom abstrait est interprété comme pouvant désigner des personnes lorsqu'il est dérivé d'un nom ou d'un adjectif et dénote [le fait d'être N ou Adj.]. L'*homosexualité* désigne ainsi le fait d'être homosexuel, là où l'*islam* ne

9 Cass. crim. 3 déc. 2002, *Bull. crim.*, n° 218.

10 Cass. crim., 27 septembre 2005, pourvoi n° 05-80123.

11 Cass. crim. 31 mars 2009, pourvoi n° 07-86892.

12 TGI Paris, ch. 17, 18 décembre 2015, LGBT c/ Boutin.

13 CA Paris, pôle 2, ch. 7, 2 novembre 2016, LGBT c/ Boutin.

14 La Cour de cassation a cassé l'arrêt de la cour d'appel de Paris, sans en remettre en cause la lecture référentielle néanmoins. Elle a considéré que, si le propos était outrageant, il ne relevait pas pour autant d'une provocation à la haine à strictement parler. Elle a ainsi fait valoir une erreur dans la qualification de l'infraction, une injure plutôt qu'une provocation à la haine (Cass. crim. 9 janvier 2018, pourvoi n° 16-87540).

15 Cette règle qui départage la référence implicitement programmée par les noms abstraits selon leur mode de construction n'est pas attestée dans les grammaires. Elle semble pourtant intuitivement convaincante et mériterait d'être explorée sur un corpus plus vaste.

désigne pas le fait d'être musulman. Cependant, cette lecture du terme *homosexualité* et de ses dérivés n'est pas toujours celle qui est opérée par les juges. Dans une autre affaire, un député était poursuivi pour avoir affirmé que le « *comportement homosexuel... est évidemment une menace pour la survie de l'humanité* » et « *qu'elle était inférieure à l'hétérosexualité, et que si on la poussait à l'universel, ce serait dangereux pour l'humanité* ». Si la cour d'appel y a identifié la « manifestation d'une intolérance envers les personnes qui ont fait le choix d'une orientation homosexuelle[16] », et donc la référence à des personnes, la Cour de cassation en a fait une lecture complètement opposée, sans l'expliciter toutefois, considérant que « les termes dénonçaient l'homosexualité plus que les homosexuels[17] » selon la juriste Nathalie Droin. Cet exemple d'identifications différentes du référent désigné par le nom abstrait *homosexualité* montre que dans les cas où les termes utilisés ne sont pas directement des noms qui réfèrent à des personnes, les décisions rendues apparaissent moins prévisibles, car les juges doivent avoir davantage recours à l'interprétation.

À l'inverse, il arrive que les juges concluent qu'un référent humain n'est pas identifiable, alors même que le discours contient un nom qui dénote en langue un groupe protégé explicitement par la loi. Cela revient à ne pas s'en tenir au seul critère du sens dénotatif du nom, mais à faire appel à son usage en contexte pour interpréter. Un des procès de l'humoriste Dieudonné en témoigne. En 2002, il déclare dans une interview publiée le 23 janvier par *Lyon Capitale* : « Pour moi les Juifs, c'est une secte, une escroquerie ». Il est poursuivi par la LICRA pour injure antisémite et l'affaire est jugée par la 17e chambre du tribunal de grande instance de Paris[18], puis par la cour d'appel de Paris (2006[19]) et enfin par la Cour de cassation en 2007[20]. La question que se posent les juges consiste à déterminer si cet énoncé a pour référent la religion juive ou la communauté des juifs. Si l'expression nominale définie *les juifs* est un nom concret humain qui dénote en langue une communauté, et donc bien un groupe de personnes, les juges de fond, puis d'appel, considèrent pourtant que ce nom ne réfère pas à des personnes, mais à

16 CA Douai, 25 janvier 2007, *Légipresse*, 2007, n° 242, III, p. 137, note B. Ader ; *Comm. com. électr.* 2007, comm. 112, obs. A. Lepage.

17 Nathalie Droin, « L'appréhension des discours de haine », art. cité.

18 TGI Paris, 17e ch., 22 octobre 2002, cité dans *Légipresse*, n° 198-I, 2003, p. 12.

19 CA Paris, ch. 11, section B, 9 février 2006 Licra c. M'bala M'Bala.

20 Cass, assemblée plénière, arrêt n° 552 du 16 février 2007, publié au bulletin.

une religion. Ils parviennent à cette analyse en s'appuyant sur le cotexte immédiat de l'interview qui évoque d'autres religions, qui relève « d'un débat théorique sur l'influence des religions[21] ». Selon cette lecture, *les juifs* désignerait donc la religion juive. À l'inverse, la Cour de cassation analyse cette séquence comme une injure à l'égard de la communauté juive[22]. Réunie en assemblée plénière, elle rend une décision à laquelle elle entend donner une portée doctrinale. Elle y suit les préconisations du conseiller rapporteur qui invitait à interpréter le propos de Dieudonné dans le « contexte bien spécifique de l'histoire du peuple juif » et en y lisant « des références indirectes faites à tous les préjugés racistes dont ce peuple a souffert[23] ». L'interprétation référentielle repose donc ici non pas uniquement sur l'analyse des mots utilisés, mais sur la détermination d'un contexte de production de l'énoncé, selon des critères historico-culturels. En faisant varier les traits du contexte considéré comme pertinent pour établir la référence, les juges aboutissent donc à des interprétations radicalement opposées d'un même énoncé. Ces revirements des juges, ces différences significatives s'expliquent très bien au regard du processus complexe de la référence. Certes, les noms prennent une large place dans le processus d'identification des référents, mais à cause de leur polysémie et de leur grande souplesse d'emploi en contexte, ils peuvent laisser une marge de manœuvre considérable à la créativité des locuteurs et à l'interprétation des destinataires. Si cette étape paraît donc convaincante pour restreindre l'appréhension des discours de haine aux seuls discours visant des communautés, elle se heurte pour certaines espèces à des difficultés d'interprétation.

Dans les procès artistiques et littéraires, ce critère de la référence aux personnes est plus particulièrement mobilisé pour arbitrer les conflits entre liberté de croyance et liberté de création. Il explique une jurisprudence très libérale dans les affaires où des communautés religieuses font valoir une atteinte à leur liberté de croyance.

---

21 TGI Paris, 17e ch., 22 octobre 2002, cité dans *Légipresse*, n° 198-I, 2003, p. 12.

22 Cass, assemblée plénière, arrêt n° 552 du 16 février 2007, publié au bulletin.

23 Rapport de M. Gueudet, conseiller rapporteur.

LA DISTINCTION ENTRE RÉFÉRENT ABSTRAIT ET RÉFÉRENT CONCRET AU CŒUR DES PROCÈS POUR ATTEINTE AUX CROYANCES RELIGIEUSES

Les procès intentés au nom du respect des croyances questionnent tout particulièrement la ligne de frontière entre discours de haine envers une entité abstraite – une religion – et une entité concrète – les croyants. L'argumentaire des associations à l'initiative des actions contre des œuvres artistiques repose sur une même thèse : sous couvert d'une référence à la religion se cache une référence indirecte aux croyants. À l'origine, cette volonté de faire reconnaître un tel glissement d'un référent à un autre a été portée devant les tribunaux par des associations de défense des catholiques, en particulier l'AGRIF (l'Alliance Générale contre le Racisme et l'identité française et chrétienne)[24]. Depuis les années 2000, des défenseurs d'autres religions l'ont également repris à leur compte. La jurisprudence a d'abord hésité face à la réponse à donner à ce glissement d'un référent vers un autre[25], mais elle l'a rejeté depuis les années 2000[26], en affirmant fermement la distinction entre délit

24 Sur ce point, voir notamment Jeanne Favret-Saada, *Les Sensibilités religieuses blessées. Christianismes, blasphème et cinéma : 1965-1988*, Paris, Fayard, 2017 et Isabelle Saint-Martin, « Sensibilités catholiques et réactions militantes devant les "blasphèmes en images" », dans Dumons (Bruno) et Guguelot (Frédéric) (dir.), *Catholicisme et identité 1980-2016*, Karthala, 2017, p. 227-259.

25 Voir Christophe Bigot, *Pratique du droit de la presse*, *op. cit.*, p. 262 et suiv.

26 On peut noter cependant quelques décisions qui appliquent un principe contraire, mais qui ont été cassées par la Cour de cassation. En 2005, la cour d'appel de Paris a affirmé qu'une parodie du tableau *La Cène* de Léonard de Vinci constituait une injure à l'égard des catholiques (CA Paris, ch. 14, 8 avril 2005, Sté JC Decaux Publicité). Elle motive sa décision en soulignant le « dévoiement caractérisé d'un acte fondateur de la religion chrétienne avec un élément de nudité racoleur, au mépris du caractère sacré de l'instant saisi », qui fait « gravement injure [...] aux sentiments religieux et à la foi des catholiques », et en conclut et que « cette représentation outrageante d'un thème sacré détourné par une publicité commerciale leur caus[e] [...] un trouble manifestement illicite ». Cet arrêt est cassé par la Cour de cassation en 2006 qui réaffirme la distinction entre atteinte à la religion et atteinte aux croyants : « la seule parodie de la forme donnée à la représentation de la Cène qui n'avait pas pour objectif d'outrager les fidèles de confession catholique, ni de les atteindre dans leur considération en raison de leur obédience, ne constitue pas l'injure, attaque personnelle et directe dirigée contre un groupe de personnes en raison de leur appartenance religieuse » (Cass., civ. 1re, 14 nov. 2006, pourvoir n° 05-15.822, note E. Dreyer). Sur cette affaire, voir Henri Leclerc, « Vinci et le Code », *Légipresse*, n° 223, 2005, p. 143-149 et Bertrand de Lamy, « La Cour de cassation et les marchands du temple ; publicité et injure aux sentiments religieux », *Légipresse*, n° 239, 2007, p. 41-47. La même année, elle casse un arrêt de la Cour d'appel de Toulouse qui avait condamné les auteurs d'un tract au motif qu'il avait « pour effet de créer un amalgame provocateur

d'opinion et préjudice[27], qui repose sur une opposition entre référent abstrait et référent personnel. Comme le souligne Nathalie Droin, « il est désormais de jurisprudence constante que la mise en cause d'une religion ne peut constituer le délit d'injure à défaut de mettre en cause les croyants eux-mêmes, au risque de réintroduire le délit de blasphème[28] ». Ce principe explique les décisions rendues dans les affaires *Golgotha Picnic* et Houellebecq. Sur quels indices les juges se sont-ils fondés pour appliquer le critère de la nature de l'entité visée ?

L'affaire Golgotha Picnic

Commençons par rappeler les termes du débat. En 2011, le théâtre du Rond-Point à Paris programme une pièce de l'auteur argentin Rodrigo García intitulée *Golgotha Picnic*[29]. Comme le suggère le titre, la religion catholique n'y est pas représentée sous son meilleur jour. Les extraits cités dans la prévention portent presque tous sur la figure de Jésus Christ qui est constamment mise à mal dans la pièce. Il y est par exemple qualifié de « messie du SIDA[30] », qui « brandit la menace de la peste et de maladies en tout genre[31] ». L'AGRIF porte plainte en 2011 pour « incitation à la haine des chrétiens », lesquels seraient « visés par-delà le Christ lui-même[32] ». Selon cette lecture, les chrétiens constituent donc le référent ultime indirect de la pièce.

---

et de mauvais goût, ayant pu être ressenti comme une offense envers la communauté catholique en raison de sa croyance et de ses pratiques ». Elle y reformule le principe selon lequel « l'outrage au dogme n'est pas l'injure aux personnes à raison de leur religion et le délit d'outrage à la morale religieuse n'existe pas » (Cass., Crim. 14 févr. 2006, pourvoi n° 05-81.932, obs. J. Francillon).

27 Sur ce point, voir Jean-Yves Monfort, « Liberté d'expression, loi de 1881, et respect des croyances : une cohabitation impossible », dans *Légicom*, n° 55, 2015, p. 29-35 ; Emmanuel Derieux, « Liberté d'expression et respect des croyances et des croyants dans la jurisprudence française et de la Cour européenne des droits de l'Homme », dans *Légicom*, n° 55, 2015, p. 71-82.

28 Nathalie Droin, « L'appréhension des discours de haine », art. cité.

29 La pièce suscite une forte polémique dans les médias et sur les réseaux sociaux, principalement lancée par *Civitas*, et dépasse largement le volet judiciaire. Sur ce point, nous renvoyons au numéro que nous avons coordonné avec Mathilde Barraband, « Polémique autour d'un blasphème : l'affaire *Golgotha Picnic* », *COnTEXTES* [En ligne], 26 | 2020, mis en ligne le 15 janvier 2020. URL : http://journals.openedition.org/contextes/8733, consulté le 4 avril 2022.

30 Rodrigo García, *Golgotha picnic*, Besançon, Les Solitaires Intempestifs, 2011, p. 22.

31 *Ibid.*

32 Ce sont les mots utilisés par l'AGRIF lors de l'audience devant le TGI (TGI Paris, 17e ch., 10 décembre 2015, n° 12305023020, cité dans *Légipresse*, n° 334, 2016, p. 15).

Aux termes de l'information judiciaire, l'affaire est renvoyée vers le tribunal de grande instance de Paris. De manière inhabituelle, le juge assortit son ordonnance de renvoi d'une motivation qui reprend l'argumentation de l'AGRIF et semble s'inscrire contre les critères habituels de distinction entre le blasphème et la haine des chrétiens. Il juge en effet que les propos poursuivis « peuvent s'analyser, par le discrédit qu'ils font peser sur la personne du Christ et son action, par leur violence et la stigmatisation de ceux qui en sont les disciples, en une incitation à la haine, et au rejet des catholiques[33] ». Il accepte donc d'opérer ce glissement qui va de la caractérisation d'un blasphème, en l'occurrence à l'encontre de la figure de Jésus-Christ, à la caractérisation d'une incitation au rejet de la communauté des catholiques.

Pourtant, et conformément à la tendance jurisprudentielle, lorsque l'affaire est jugée par le TGI et la cour d'appel de Paris[34], puis par la Cour de cassation[35], les juges parviennent tous à une même conclusion sans mener d'analyse de détail des énoncés visés par la prévention. Les propos ne sont ni outrageants, ni une provocation à la haine, car ils relèvent du blasphème « au sens de parole ou discours outrageant la divinité ou la religion[36] ». Il ne contiennent donc pas d'« attaques personnelles et directes ou la provocation à la discrimination, la haine ou la violence contre une personne ou un groupe de personnes déterminé[37] ». Autrement dit, toutes les juridictions motivent leurs décisions en réaffirmant qu'on ne peut pas lire un blasphème comme une stigmatisation indirecte des croyants. Puisqu'aucune communauté n'est visée, les extraits contestés, bien que nombreux, ne sont quasiment pas commentés en eux-mêmes par les juges. C'est donc globalement que le référent de la pièce de García est apprécié comme n'étant pas personnel, et non pas dans le détail de chacun des extraits contestés. Cela s'explique aisément au regard du nombre important d'extraits visés par la partie civile. Pourtant, lorsqu'on se situe à une échelle plus locale, il est possible d'identifier comme référent dans certains d'entre eux les catholiques. À la page 18 par exemple, on peut lire « Avec un

33 Ordonnance de renvoi devant le tribunal correctionnel.

34 CA Paris, Pôle 2, ch. 7, 22 juin 2016, RG 16/00342, AGRIF c/ Jean-Michel Ribes, Vurpillot.

35 Cass, crim., 14 novembre 2017, n° 16-84945, AGRIF c/ Jean-Michel Ribes, Vurpillot.

36 TGI Paris, 17e ch., 10 décembre 2015, n° 12305023020, cité dans *Légipresse*, n° 334, 2016.

37 Id.

tel legs graphique, il ne faut pas s'étonner de voir des gens en pousser d'autres par la fenêtre ou voir des gens baiser des gosses ou des gens qui ne se contentent pas de flanquer cinquante coups de couteau dans un même corps ou des gens qui aiment tourner des snuff movies et des gens qui envoient des armées aux quatre coins de la planète[38]… ». Ici, il est clairement question des fidèles, et non de Jésus-Christ. Le référent est donc apprécié au regard de l'ensemble de la pièce.

C'est également cette distinction entre atteinte à la croyance et atteinte aux croyants qui est débattue lors du procès de Michel Houellebecq en 2002, mais cette fois le référent est déterminé plus localement, à l'échelle de l'énoncé.

L'affaire Houellebecq

Le procès contre Michel Houellebecq[39] a été commenté comme signant l'« entrée en scène des associations musulmanes[40] » dans la lutte pour faire reconnaître le blasphème comme une atteinte aux croyants. Jusqu'alors, seuls les chrétiens avaient mené de telles poursuites. Pour rappel, en septembre 2001, Michel Houellebecq fait la promotion de son roman *Plateforme* qui vient d'être publié chez Flammarion. Alors qu'il est interrogé sur le choix d'une focalisation sur l'islam dans une partie de son livre, l'auteur tient des propos très critiques à l'égard de la religion musulmane, notamment dans une interview accordée au magazine *Lire*[41] et une autre recueillie par Bertrand de Saint-Vincent pour le *Figaro magazine* du 25 août 2001[42]. Divers responsables de l'islam de France, dont les recteurs des mosquées de Paris et de Lyon, y lisent l'expression d'une montée du racisme anti-musulmans en France. Ils intentent une action en justice sur les fondements de la provocation à la discrimination, à la haine ou à la violence à l'égard d'un groupe de personnes en raison de son appartenance à une religion

38 Rodrigo García, *Golgotha picnic*, *op. cit.*, p. 18.

39 TGI Paris, ch. 17, 22 octobre 2002, Société des Habous et des lieux saints de l'Islam et autres c/ Houellebecq, Feuillée.

40 Jean Boulègue, *Le Blasphème en procès. 1984-2009. L'Église et la Mosquée contre les libertés*, Paris, Nova, 2010.

41 Didier Sénécal, « Michel Houellebecq. Interview », revue *Lire*, 1er septembre 2001, [en ligne] URL : https://www.lexpress.fr/culture/livre/michel-houellebecq_804761.html, consulté le 4 avril 2022.

42 Bertrand de Saint-Vincent, « Michel Houellebecq. Interview », *Le Figaro magazine*, 25 août 2001.

déterminée et de l'injure envers un groupe de personnes en raison de son appartenance à une religion déterminée[43].

Le procès, qui a lieu le 5 février 2002 devant la 17e chambre du tribunal de grande instance de Paris, dure près de dix heures et est très suivi médiatiquement et politiquement. Une des stratégies de la défense consiste à transformer le procès en spectacle littéraire[44], à plaider l'impunité de l'écrivain et à agiter l'épouvantail de la censure[45]. Leur rôle est de parler davantage du livre et de l'écrivain que des interviews incriminées. Pourtant, aucun des propos poursuivis n'est extrait de l'œuvre littéraire de Houellebecq, car les mots qui sont jugés sont extraits d'interviews où l'auteur parle en son nom. Le débat juridique réside en réalité là encore dans le fait de savoir quel est le référent des propos de l'écrivain, comme le résume la procureure dans ses réquisitions, qui, après avoir souligné que le procès ne porte pas sur le livre, invite à recentrer les débats autour de l'identification : « il faut tout d'abord viser une personne ou un groupe de personnes[46] ». Selon elle, les parties civiles demandent au tribunal « un glissement sémantique de la pensée vers la communauté[47] », qu'il faut rejeter, rappelant qu'« attaquer l'islam, ce n'est pas attaquer la communauté musulmane[48] ».

43 L'action est intentée par des associations de défense des droits des musulmans, la fameuse Société des Habous et des lieux saints de l'Islam, qui intentera un procès à *Charlie hebdo* contre les caricatures de Mahomet quelques années plus tard, l'Association rituelle de la grande mosquée de Lyon, la Fédération nationale des musulmans de France et la Ligue islamique mondiale. La Ligue des droits de l'homme se porte également partie civile pour dénoncer « l'intolérable charge contre l'islam et les musulmans à laquelle s'est livré Michel Houellebecq » (communiqué de la LDH, 17 septembre 2002). Chaque partie civile demande le paiement de 200 000 francs (30 489,80 euros) de dommages et intérêts pour les propos parus dans *Lire* et 50 000 francs (7 622,45 euros) pour ceux parus dans *Le Figaro magazine*. En outre, les parties civiles sollicitent pour l'ensemble une publication d'un communiqué judicaire dans la revue *Lire* et deux publications d'audience nationale. Enfin, la Ligue française pour la défense des droits de l'homme et du citoyen, représentée par Agnès Tricoire, demande que Michel Houellebecq lui verse la somme de 0,15 euro symbolique à titre de dommages et intérêts.

44 Lors de l'entretien que j'ai mené avec Emmanuel Pierrat, il a beaucoup insisté sur cette dimension spectaculaire, théâtrale de l'audience.

45 À la barre défilent sept témoins, tous issus du monde littéraire et médiatique, qui sont « la caution apportée par Saint-Germain-des-Prés à l'écrivain Houellebecq ». Leur rôle est de parler davantage du livre et de l'écrivain que des interviews incriminées.

46 Philippe Perrier, « Minutes du procès Houellebecq », *Quelquesplumes.info*, 6 septembre 2020, [en ligne] URL : https://www.quelquesplumes.info/index.php/plumes/item/38-minutes-du-proces-houellebecq, consulté le 4 avril 2022.

47 *Ibid.*

48 *Ibid.*

À l'inverse de l'affaire *Golgotha*, peu d'extraits sont poursuivis. Les parties civiles en relèvent cinq, réduits à quatre pour des questions de procédure. Trois d'entre eux portent sans ambiguïté sur la religion désignée par son nom d'*islam* :

> Extrait n° 2 (poursuivi pour provocation à la haine raciale) :
> D.S. Pour l'islam, ce n'est plus du mépris que vous exprimez, mais de la haine ?
> M.H. Oui, oui, on peut parler de haine[49].
>
> Extrait n° 3 (poursuivi pour injure à raison de l'appartenance à une religion déterminée)
> la religion la plus con, c'est quand même l'islam. Quand on lit le Coran, on est effondré… effondré ! La Bible, au moins, c'est très beau, parce que les juifs ont un sacré talent littéraire… ce qui peut excuser beaucoup de choses. Du coup, j'ai une sympathie résiduelle pour le catholicisme, à cause de son aspect polythéiste. Et puis il y a toutes ces églises, ces vitraux, ces peintures, ces sculptures[50]…
>
> Extrait n° 5 (poursuivi pour provocation à la haine raciale) :
> La lecture du Coran est une chose dégoûtante. Dès que l'islam naît, il se signale par sa volonté de soumettre le monde. Dans sa période hégémonique, il a pu apparaître comme raffiné et tolérant. Mais sa nature c'est de soumettre. C'est une religion belliqueuse, intolérante qui rend les gens malheureux[51].

Dans ces trois extraits, le tribunal lit une référence directe à l'islam, mais jamais aux musulmans. Il motive son interprétation en détaillant son analyse de chacun des énoncés. Dans l'extrait n° 2, il « ne peut être considéré qu'exprimer uniquement, et d'ailleurs dans des termes distanciés[52] (« on peut parler ») sa haine pour une religion constituerait un appel à la haine envers le groupe d'individus qui pratiquent cette religion ou se réclament d'elle[53] ». Ainsi même si, pour le tribunal, cette phrase « peut heurter ces personnes elles-mêmes dans leur attachement ou leur foi », ces dernières ne sont pas le référent visé directement par le discours.

49 Extrait de l'interview publiée dans la revue *Lire*, art. cité.
50 *Ibid.*
51 Extrait de l'interview publiée dans la revue *Le Figaro magazine*, art. cité.
52 Sur l'usage de la catégorie de la distanciation, voir notre article, « Les catégories de l'identification et de la distanciation dans les procès de fictions », dans Anna Arzoumanov, Arnaud Latil et Judith Sarfati-Lanter (dir.), *Le Démon de la catégorie*, *op. cit.*, p. 197-210.
53 TGI Paris, ch. 17, 22 octobre 2002, Société des Habous et des lieux saints de l'Islam et autres c/ Houellebecq, Feuillée.

Dans l'extrait n° 3, Michel Houellebecq exprime là encore un jugement à l'égard de l'islam par le biais d'une insulte au superlatif (« la plus con du monde »), qu'il compare avec le catholicisme, jugé supérieur en raison de deux arguments : son « polythéisme » et le raffinement architectural de ses lieux de cultes. Ainsi, le tribunal note que le terme « con » pour qualifier l'islam a une « connotation outrageante ou à tout le moins méprisante[54] » et relève donc bien du champ de l'infraction d'injure. Mais il précise que « l'appréciation ainsi portée concerne donc uniquement une religion comme système de pensée, et comparée à d'autres », et non pas un « groupe de personnes composé des adeptes de la religion considérée ». L'identification n'est donc pas retenue.

De la même façon dans l'extrait n° 5, Michel Houellebecq utilise un terme dévalorisant (« dégoûtante ») qui pourrait être caractérisé d'injure, mais il porte sur le livre sacré des musulmans, le Coran, et non la communauté des croyants. La deuxième partie de la citation porte explicitement sur l'islam, présenté comme une religion intrinsèquement belliqueuse. Pour le tribunal, il n'y a donc « aucun appel à en tirer des conséquences discriminatoires à l'égard de quiconque » et l'infraction n'est pas caractérisée.

L'identification du référent est donc sans ambiguïté pour le tribunal. Si l'on se fonde, comme il l'a fait, sur le critère du mot qui désigne une entité abstraite, elle est effectivement incontestable. Cependant, elle apparaît plus discutable dans l'extrait n° 5, où l'on repère la présence d'une figure de style, la personnification, qui rend la référence un peu moins transparente qu'elle n'en a l'air, car en attribuant à la religion une « volonté », en la qualifiant de « belliqueuse et intolérante », il la dote de traits humains. Cette figure a ainsi pour effet d'opacifier la référence et l'identification d'une entité abstraite n'est pas complètement satisfaisante.

Enfin, dans le dernier extrait (extrait n° 1), le tribunal considère en revanche que les musulmans sont identifiables :

> Extrait n° 1 (poursuivi pour provocation à la haine raciale) :
>
> Question :
>
> *Plateforme* est situé en partie à l'étranger et traite à la fois du tourisme sexuel et de l'islam. Vous cherchez franchement les sujets qui fâchent ?
>
> Réponse :
>
> Je ne les cherche pas, je tombe dessus. À l'intersection de ces deux sujets, il y a quelque chose qui m'a beaucoup frappé : c'est de voir des touristes arabes

54 *Ibid.*

> à Bangkok. Je ne m'y attendais pas du tout… J'imaginais bêtement que tous les musulmans étaient tous de bons musulmans. Quand on parle de l'islam, on pense toujours au sort des femmes. Et tout à coup je me suis rendu compte qu'il y avait aussi beaucoup d'hommes qui se faisaient horriblement chier dans les pays arabes. Contrairement à l'image qu'on en a, beaucoup d'entre eux n'ont pas la foi et vivent dans la plus totale hypocrisie. Quand ils viennent en Thaïlande, ils sont encore beaucoup plus frénétiques que les Occidentaux dans leur quête du plaisir. Ça a été le point générateur du livre[55].

Plusieurs expressions référentielles dénotent les personnes qui pratiquent l'islam, au prix d'ailleurs d'une assimilation classique entre les arabes et les musulmans : *touristes arabes, musulmans, bons musulmans, des femmes, beaucoup d'hommes qui se faisaient chier dans les pays arabes*, etc. C'est donc sans surprise que le tribunal identifie ici comme référent « une personne ou un groupe de personnes déterminé, à raison de leur appartenance ou de leur non-appartenance à une ethnie, une nation, une race ou une religion déterminée ». Cependant, il utilise un second critère qui lui permet de prononcer une relaxe totale. Il faut qu'il y ait un « acte positif d'incitation manifeste, d'exhortation ou d'excitation à ces actions, attitudes ou sentiments[56] ». Celui-ci est inexistant ici, car le prévenu « n'exprime aucun sentiment de haine ni même de mépris envers les « musulmans » ou les « touristes arabes » et n'incite aucunement le lecteur « à un choix entre deux modes de vie différents[57] ».

Dans les décisions évoquées jusqu'à maintenant, les mots utilisés sont dotés d'une extension maximale (les juifs, l'islam, l'homosexualité, etc.). Ce n'est pas le cas dans toutes les affaires. En effet, un deuxième critère est à l'œuvre dans la jurisprudence, qui consiste à déterminer si tous les représentants de la catégorie sont désignés.

55 Extrait de l'interview publiée dans la revue *Lire*, art. cité.

56 TGI Paris, ch. 17, 22 octobre 2002, Société des Habous et des lieux saints de l'Islam et autres c/ Houellebecq, Feuillée.

57 *Ibid.*

LE CRITÈRE DE L'EXTENSION

Il ne suffit pas que les expressions référentielles du discours poursuivi renvoient à des personnes pour qu'il puisse y avoir identification d'une communauté protégée par la loi : « il faut en effet que le propos rejaillisse sur la totalité de la communauté pour que l'infraction soit constituée. Elle ne l'est donc pas si seule une catégorie de personnes appartenant audit groupe est visée[58]. » Ce critère que l'on peut appeler du tout et de la partie s'approche donc de celui que l'on nomme en linguistique l'*extension*, qui désigne « l'ensemble potentiel des êtres ou des objets[59] » qu'une expression référentielle dénote. Lorsque l'extension est maximale, un discours est susceptible d'être condamné ; à l'inverse, lorsqu'elle est restreinte, il ne constitue pas un délit. Or, on va le voir, ce critère n'est pas toujours simple à mettre en œuvre lorsqu'il y a un écart entre la description de l'extension en langue et la détermination des référents effectivement désignés dans le discours.

LES INDICES DE L'EXTENSION EN LANGUE

Lorsque les énoncés contiennent des mots dont l'extension en langue correspond au nombre de référents effectivement désignés en discours, le critère de l'extension apparaît très efficace. L'exemple de l'affaire *Pogrom*[60] l'illustre. Seul un de ses chapitres, qui consiste en un long discours indirect libre attribué au personnage secondaire de Mourad, se résume en une longue énumération de tous les clichés de l'antisémitisme : les Juifs sont « partout », « à la télé, à la radio, à la banque, sur Internet, la Bourse, la justice, la médecine, la culture[61] », ils « ressortent leur Génocide dès qu'ils sont peu ou prou suspectés, discutés, attaqués, sifflés par la communauté internationale », etc. Le locuteur y crie sa haine

58 Nathalie Droin, « L'appréhension des discours de haine… », art. cité, URL : http://journals.openedition.org/revdh/4302., consulté le 4 avril 2022.

59 Marc Wilmet, « Les déterminants du nom en français : essai de synthèse », dans *Langue française* n° 57, 1983, Paris, Larousse, p. 18.

60 Pour rappel, les auteurs de ce roman publié en 2005 sont poursuivis par le ministère public pour provocation à la haine raciale et injure publique en raison de la race envers les Juifs.

61 Éric Bénier-Bürckel, *Pogrom*, Paris, Flammarion, 2005.

et affirme « qu'on ne les aime qu'en cendres chaudes ou empalées sur des tombes profanées, avec plein de croix gammées peinturlurées sur la gueule », ou encore « que le peuple élue pue du cul ». Neuf extraits assez longs sont visés par la prévention. Dans les extraits poursuivis, l'extension est maximale à cause de la nature même des mots utilisés. On repère tout d'abord des noms ou des adjectifs qui renvoient à une catégorie collective explicitement protégée par la loi (la « judéo-crétinerie » (p. 139), « les Juifs » (p. 138), un Juif (p. 138), « la saleté juive » (p. 139)). Les énoncés contiennent aussi des « descriptions définies complètes », à savoir des syntagmes nominaux auxquels sont adjointes des expansions qui restreignent l'extension du nom « au point que l'expression obtenue ne vaut, comme un nom propre, que pour une seule entité ou un seul groupe d'entités[62] » : « le peuple élu » (p. 143) est une description définie complète qui désigne sans ambiguïté une entité collective, la communauté juive[63]. À ces critères relatifs à l'extension des mots en langue s'ajoutent des déterminants dont l'extensité[64] est maximale. Ils ont une valeur générique qui leur permet de désigner la totalité de la classe des juifs : *le peuple juif*, *les Juifs*, *la judéo-crétinerie*, etc. Selon ce

62 Michel Charolles, *La Référence et les expressions référentielle*, *op. cit.*, p. 76.

63 Pour autant, même si ce critère de l'identification est validé, il n'est qu'une première étape et ne signifie pas nécessairement que le délit est caractérisé. En l'occurrence, le tribunal prononce une relaxe, en faisant valoir un autre critère, l'insertion de ces extraits dans un contexte fictionnel, qu'il interprète comme impliquant une « distanciation ». Ce n'est pas la seule fois que ce critère de la fiction est utilisé par les juges pour relaxer, alors que l'analyse du sens littéral plaide en faveur d'une caractérisation de l'infraction. Ce critère, qui témoigne d'une approche libérale de la fiction littéraire par les juges apparaît nécessaire pour éviter de condamner des auteurs pour les propos de leurs personnages. Sur cette affaire et l'argument de la distanciation, voir Agnès Tricoire, « Quand la fiction exclut le délit », *Légipresse*, n° 240, 2014, p. 72-79. Nous nous permettons également de renvoyer à nos articles qui discutent le critère de la distanciation : « Les frontières du discours indirect libre au tribunal : aperçu de la jurisprudence contemporaine en droit de la presse », *Fabula*, « Marges de l'indirect libre » (dir. Gilles Philippe et Joël Zufferey), 2018, [en ligne] URL : http://www.fabula.org/colloques/document5412.php, consulté le 4 avril 2022 ; « L'auteur peut-il être tenu responsable des propos fictifs de ses personnages ? Retour sur le feuilleton judiciaire Lindon, POL *vs* Jean-Marie Le Pen », dans Karine Germoni et Claire Stolz (dir.), *Aux marges du discours rapporté*, Paris, Academia / L'Harmattan, 2019, p. 111-126 ; « Les catégories de l'identification et de la distanciation dans les procès de fictions », art. cité ; Id. et Arnaud Latil, « Juger la provocation onirique : éléments pour une interprétation des expressions polyphoniques. Commentaire de Crim, 28 mars 2017, n° 15-87.415 », *Juris Art etc.*, octobre 2017, p. 38-43.

64 Marc Wilmet définit l'extensité comme « la quantité d'êtres ou d'objets auxquels le discours applique dans un moment donné un substantif » (« Les déterminants du nom en français : essai de synthèse », art. cité).

critère de l'extension seront donc sanctionnés des énoncés qui stigmatisent par exemple les musulmans, les Français. En revanche, ne seront pas sanctionnés ceux qui contiennent des mots dont l'extension est plus restreinte en langue en raison d'une intension[65] plus grande. En effet, lorsque les traits sémiques augmentent, ils permettent de prélever un sous-groupe d'individus sur l'ensemble plus large qu'est la communauté : les *intégristes*, *les Français racistes*, ou encore *certains juifs*, *certains Français*. Le délit n'est pas constitué non plus lorsque les propos ne mettent en cause que « ses dirigeants, ou seulement certains éléments extrémistes ou délinquants[66] ». Lorsque les énoncés analysés par les juges présentent des exemples aussi canoniques, la détermination de l'extension n'est pas problématique : il y a une correspondance entre les propriétés linguistiques des termes en langue (selon que les noms contiennent ou non des traits sémiques qui diminuent l'extension et que les déterminants ont ou non une extensité maximale) et leur usage en discours.

En revanche, dans d'autres cas, à défaut d'indices linguistiques aussi transparents et catégorisables, la ligne de partage entre une extension maximale et une extension restreinte constitue précisément le point débattu au tribunal, parce qu'elle pose le problème du passage de la description de la langue au discours. Elle implique de prendre en compte d'autres critères que l'extension en langue des expressions utilisées. C'est ce difficile passage d'une sémantique de la langue à une sémantique de discours qu'illustre de manière exemplaire l'interprétation juridictionnelle des Caricatures de Mahomet.

L'AFFAIRE DES CARICATURES DE MAHOMET

Dans l'affaire dite des Caricatures[67], la détermination de l'extension est au centre du raisonnement des juges qui a motivé les deux décisions

---

65 Plus les traits sémiques d'un mot augmentent (l'intension d'un mot), plus l'extension diminue. Pour l'illustrer, on peut donner un exemple de Marc Wilmet (*Ibid.*) : de *plante* à *chêne*, l'extension diminue dans la mesure ou les traits sémiques s'accumulent, mais l'intension augmente.

66 Christophe Bigot, *Pratique du droit de la presse*, *op. cit.*, p. 271. Il donne l'exemple d'un arrêt de la Cour de cassation qui considère le délit de provocation non constitué dans un discours portant sur des dirigeants serbes, et non pas sur les Serbes comme communauté (Cass. crim. 5 mars 2002, *Bull.* n° 54).

67 Les caricatures ont été publiées dans le journal *Charlie Hebdo*, n° 172, 8 février 2006. La bibliographie sur l'affaire des Caricatures étant très importante, nous ne donnerons que les références des commentaires des décisions juridiques : Agathe Lepage, « Protection

successives de relaxe totale des auteurs, que ce soit en 2007 en première instance, ou en 2008 en appel[68]. En effet, ces décisions se comprennent premièrement au regard de la distinction de principe, vue plus haut, entre atteinte à la religion et atteinte aux croyants, principe réaffirmé dans les attendus du jugement de la 17e chambre du TGI en 2007 :

> En France, société laïque et pluraliste, le respect de toutes les croyances va de pair avec la liberté de critiquer les religions quelles qu'elles soient et avec celle de représenter des sujets ou objets de vénération religieuse ; que le blasphème qui outrage la divinité ou la religion n'y est pas réprimé à la différence de l'injure, dès lors qu'elle constitue une attaque personnelle et directe dirigée contre une personne ou un groupe de personnes en raison de leur appartenance religieuse[69].

Cependant, le raisonnement à l'œuvre dans l'analyse de chacune des caricatures à proprement parler est différent des cas mentionnés plus haut. Le point soumis à l'attention des juges concerne leur extension : il s'agit de déterminer si parmi les douze dessins, les trois qui sont visés par la prévention ont pour référent une partie des musulmans, les intégristes, ou la totalité de la communauté musulmane. Comme ce sont des dessins, les critères retenus par les juges peuvent ne pas être seulement linguistiques, ils peuvent également être iconographiques, matériels, etc. Quelle solution les juges retiennent-ils ? Et sur quels indices fondent-ils alors leur interprétation ?

La deuxième caricature est peu sujette à débat. On y voit un personnage sous les traits duquel on identifie Mahomet accueillant sur un

du sentiment religieux et injure publique envers un groupe de personnes à raison de leur appartenance à une religion déterminée », *Communication Commerce électronique* n° 5, Mai 2007, comm. 74 ; Henri Leclerc, « Caricatures, blasphème et défi », *LEGICOM*, n° 55, 2015/2, p. 114-119 et Id., « Les caricatures de Mahomet. Suite », *Legicom*, n° 55, 2015/2, p. 120-123, [en ligne] URL : https://www.cairn.info/revue-legicom-2015-2-page-120.htm, consulté le 4 avril 2022 ; Camille Viennot, « Les caricatures de Mahomet appréciées par les juridictions françaises », *Les Cahiers de la Justice*, n° 2, 2015/2, p. 265-282, [en ligne] URL : https://www.cairn.info/revue-les-cahiers-de-la-justice-2015-2-page-265.htm, consulté le 4 avril 2022 ; et Gaël Henaff, « Caricature, satire et parodie : l'affranchissement des lois du genre » dans Leszek Brogowski, Joseph Delaplace et Joël Laurent (dir.), *Défier la décence. Crise du sens et nouveaux visages du scandale dans l'art*, Arras, Artois Presses Université, « Études littéraires », 2016, p. 185 et suiv. On pourra se reporter aussi à la retranscription des plaidoiries des avocats de la défense, Georges Kiejman et Richard Malka, dans *Éloge de l'irrévérence*, Paris, Grasset, 2019.

68 CA Paris, ch. 11 A, 12 mars 2008, *Légipresse* n° 252. III. 107, note Henri Leclerc ; Recueil Dalloz, 2009, p. 1779 obs. Jean-Yves Dupeux et Thierry Massis.

69 TGI Paris, ch. 17, 22 mars 2007, Société des Habous et consorts c/ Val, éditions Rotative.

nuage des hommes, facilement reconnaissables comme des terroristes à cause de leurs vêtements déchirés et de ce qui s'apparente à une ceinture d'explosifs placée dans leur dos. Le prophète leur adresse la phrase « Stop, we run out of virgins ». Pour le tribunal et la cour d'appel, le dessin fait référence « aux attentats-suicides ». Le référent étant donc un sous-ensemble de la communauté des musulmans, les terroristes, l'infraction n'est pas constituée.

Dans les deux autres caricatures, l'identification référentielle est plus complexe, et sujette à interprétation. La première, réalisée par Cabu, figure en une du journal et représente un homme barbu, explicitement identifié comme étant Mahomet, la tête couverte d'un turban ; il se tient la tête dans les mains. Conformément aux codes de la bande dessinée, une bulle blanche lui attribue un discours direct : « C'est dur d'être aimé par des cons ». Au-dessus du dessin figure un énoncé qui s'apparente à un titre ou une légende : « Mahomet débordé par les intégristes ». Pour le TGI et la cour d'appel, le référent du discours est donc là encore le sous-ensemble des intégristes et l'infraction n'est pas constituée. Le TGI l'affirme sans motiver davantage cette identification référentielle. La cour d'appel, pour sa part, se range derrière l'interprétation du TGI en ajoutant toutefois une motivation supplémentaire : l'argument matériel de la légende « qui figure en grand à gauche et débordant légèrement sur le turban de l'homme qui pleure[70] ». Ainsi, la prise en compte du cotexte immédiat vient éclairer le processus de la référence. Puisque ce n'est pas l'ensemble de la communauté musulmane, mais seulement une partie de celle-ci qui est visée par le dessin, l'infraction n'est donc pas constituée.

La motivation de cette analyse est minimale. Pourtant, la détermination du référent effectivement désigné par le discours reste incertaine. En effet, l'expression litigieuse *des cons* ne contient aucun trait sémique lui conférant une « capacité identificatoire[71] » en elle-même. Cette identification est en outre complexifiée par la présence dans le groupe nominal *des cons* de l'article indéfini qui ne permet pas d'identifier pleinement le référent du discours. Pour cette raison, l'énoncé doit être lu au regard du contexte et de la situation d'énonciation. L'expression référentielle

70 CA Paris, ch. 11 A, 12 mars 2008, *Légipresse* n° 252. III. 107, note Henri Leclerc ; Recueil Dalloz, 2009, p. 1779 obs. Jean-Yves Dupeux et Thierry Massis.

71 Michel Charolles, *La Référence et les expressions référentielles en français*, *op. cit.*, p. 77.

injurieuse est placée dans un discours direct attribué à Mahomet par le biais d'une convention typographique propre à la bande dessinée, la bulle. L'identité de ce locuteur, le prophète de tous les musulmans, peut orienter l'interprétation référentielle de l'énoncé vers la communauté musulmane dans son ensemble, dans la mesure où Mahomet se plaint de ceux qui l'aiment, et donc de ses fidèles. Cependant, la cour d'appel l'a souligné, c'est dans le cotexte qu'il faut chercher des éléments d'interprétation de l'extension du référent. Dans l'énoncé « Mahomet débordé par les intégristes », l'expression référentielle[72] *les intégristes* désigne directement un référent clairement identifiable, une partie seulement de la communauté musulmane. Pour autant, la relation entre cette expression référentielle et *des cons* n'est pas marquée explicitement, car il manque des indices de cohésion[73]. La chaine de référence[74] est en effet insuffisamment explicite d'un point de vue linguistique. Pour qu'elle le soit, il aurait fallu une relation anaphorique qui fasse dépendre le groupe *des cons* de celui *les intégristes* : la répétition par exemple (« C'est dur d'être aimé par ces cons *d'intégristes* »), l'utilisation d'un déterminant démonstratif (« C'est dur d'être aimé par *ces* cons »), ou encore d'un synonyme d'intégristes (« C'est dur d'être aimé par ces cons de *fanatiques* »). Dans le dessin, la cohésion aurait pu également être marquée d'un point de vue graphique par la présence d'un cadre[75], qui aurait permis de délimiter un intérieur

72 Les expressions référentielles sont « toutes les expressions à même de faire allusion à une entité extralinguistique (concrète, abstraite, générique, spécifique, etc.) existant dans un monde quelconque » (Michel Charolles, *La Référence*, *op. cit.*, p. 247).

73 La notion de *cohésion* est issue de la linguistique textuelle. Elle désigne les liens entre des propositions et des phrases qui permettent de conférer à l'ensemble une unité textuelle. Sur ce point, voir notamment Michel Charolles, « Cohésion, cohérence et pertinence du discours », *Travaux de linguistique* nº 29, 1995, p. 125-151 et Jean-Michel Adam, *La Linguistique textuelle. Introduction à l'analyse textuelle des discours*, Paris, Armand Colin, 2005.

74 La chaîne de référence désigne un ensemble d'expressions référentielles qui construisent une même référence. Voir les travaux de Catherine Schnedecker, *Nom propre et chaînes de référence*, Paris, Klincksieck, 1997 ou encore « De l'intérêt de la notion de *chaîne de référence* par rapport à celles d'*anaphore* et de *coréférence* », *Cahiers de praxématique*, nº 72, 2019, [en ligne] : URL : http://journals.openedition.org/praxematique/5339, consulté le 4 avril 2022.

75 Sur cette fonction du cadre dans le dessin de presse, voir Isabelle Desailly, *Le Dessin de presse. Une forme de discours dialogique*, thèse de doctorat de sciences du langage (dir. Patricia von Münchow), soutenue le 27 novembre 2017, Université Paris Descartes, [en ligne] : https://tel.archives-ouvertes.fr/tel-02281717/document, p. 35, consulté le 4 avril 2022.

et un extérieur. Il aurait marqué explicitement l'unité thématique et référentielle de ce qui est placé dedans et d'en exclure ce qui est dehors. Or, en l'occurrence, le dessin est placé en une de l'hebdomadaire satirique qui, à l'époque, ne marquait aucune différence entre le titre du journal, le sommaire et le dessin[76]. Par conséquent, il n'est pas aisé de délimiter les frontières du dessin et, partant, de déterminer si l'énoncé « Mahomet débordé par les intégristes » joue le rôle de titre du dessin ou de titre du « dossier spécial » annoncé en une du journal. Deux critères jouent cependant en faveur de la première interprétation. Premièrement, le nom propre *Mahomet* dans cet énoncé a le même référent que le personnage représenté dans le dessin, ce qui construit une chaîne de référence. Par ailleurs, l'énoncé déborde très légèrement sur le dessin, plus précisément sur le turban de Mahomet, ce qui marque visuellement leur lien étroit et peut être interprété comme un indice de cohésion. D'ailleurs, ce détail n'est pas un hasard. Dans le film documentaire de Daniel Leconte *C'est dur d'être aimé par des cons*, la rédaction de *Charlie* a expliqué l'avoir fait sciemment pour que le dessin ne puisse pas être coupé de sa légende. Cependant, ce lien reste très discret et il n'est pas sûr qu'il soit si unanimement perceptible. Enfin, le genre du dessin de presse guide aussi le lecteur dans la construction de la référence, car il a une fonction de « commentaire d'un événement médiatique[77] » et repose sur la connaissance supposée par le lecteur du fait d'actualité auquel il fait référence. L'identification référentielle fait donc appel aux « compétences encyclopédiques[78] » du lecteur. En l'occurrence, le dessin est publié en pleine polémique sur l'affaire des caricatures au Danemark, après la publication par le journal *Jyllands Posten* de 12 caricatures, le 30 septembre 2005. Pour récapituler, l'identification du référent du discours, une partie ou la totalité de la communauté des musulmans,

76 On peut noter à ce propos que la plupart des unes de *Charlie hebdo* de ces dernières années comportent un cadre qui sépare le dessin du titre de journal et du sommaire.

77 Isabelle Desailly, *Le Dessin de presse*, *op. cit.*, p. 20 et suiv.

78 Les « compétences encyclopédiques » sont définis par Catherine Kerbrat-Orecchioni comme un « réservoir d'informations extra-énonciatives portant sur le contexte et regroupent les savoirs et les croyances » (*L'Implicite*, Paris, Armand Colin 1986, p. 162). Voir aussi la notion de « savoirs partagés » utilisée par Patrick Charaudeau, « La situation de communication comme lieu de conditionnement du surgissement interdiscursif », dans *Tranel* n° 44, *Interdiscours et intertextualité dans les médias*, Institut de linguistique de l'Université de Neuchâtel, Neuchâtel, 2006, [en ligne] : URL : https://www.patrick-charaudeau.com/La-situation-de-communication.html, consulté le 4 avril 2022.

est rendue complexe à cause de plusieurs facteurs : une expression référentielle qui ne permet pas d'identifier complètement son référent, une cohésion textuelle insuffisamment marquée et l'appel aux compétences encyclopédiques du lecteur. La détermination des entités effectivement désignées par le discours présente ainsi une marge d'incertitude, qui soumet son interprétation aux aléas de la réception. Dans cet exemple, les juges semblent avoir tranché en privilégiant le critère du « sens commun », à savoir l'interprétation la plus plausible en fonction des compétences attribuées à un récepteur standard.

La troisième caricature est également d'interprétation complexe pour qui cherche à se demander si ce sont les terroristes ou les musulmans qui y sont représentés. Il s'agit de la reproduction de l'une des caricatures danoises, parues initialement dans le journal *Jyllands-Posten*. Ce dessin représente le visage d'un homme barbu, coiffé d'un turban en forme de bombe, dont la mèche est allumée ; sur le turban figure en arabe la profession de foi de l'islam, « Allah est grand, Mahomet est son prophète ». Le personnage est identifiable comme étant Mahomet et ce n'est pas contesté au tribunal. Or, contrairement à l'affaire *Golgotha Picnic* où le raisonnement des juges a consisté à refuser le glissement allant de l'atteinte à Jésus-Christ à l'atteinte faite aux chrétiens, la question n'est pas tranchée cette fois en vertu d'une distinction entre représentation blasphématoire de Mahomet et injure envers la communauté musulmane. Les juges raisonnent en se demandant si ce dessin est une injure faite à l'égard de l'ensemble de la communauté, ou seulement à un sous-ensemble de celle-ci, les terroristes. Pour passer de l'identification du référent Mahomet à celle d'une communauté, il faut donc un travail d'interprétation considérable, qui consiste à déterminer le référent auquel Mahomet représenté sous les traits d'un terroriste pourrait renvoyer indirectement. Or sur cette question, le TGI et la cour d'appel proposent deux analyses exactement opposées, ce qui n'est pas surprenant étant donné le peu d'indices verbaux ou paraverbaux sur lesquels s'appuyer. En première instance, le tribunal juge que c'est l'ensemble des musulmans qui est visé. Pour lui, « la représentation d'une bombe formant le turban même du prophète » et « l'inscription de la profession de foi musulmane sur la bombe » « laisse[nt] clairement supposer que cette violence terroriste serait inhérente à la religion musulmane[79] ». Le tribunal motive particulièrement cette lecture, en s'appuyant sur plusieurs autorités qui ont interprété

79 TGI Paris, ch. 17, 22 mars 2007, Société des Habous et consorts c/ Val, éditions Rotative.

cette caricature selon l'effet qu'elle pouvait provoquer chez les musulmans. Pour la journaliste Caroline Fourest, il s'agit du seul dessin « qui soulève particulièrement l'émoi[80] ». Pour l'écrivain et universitaire Abdelwahab Meddeb, le dessin est islamophobe, car « son interprétation est univoque en ce qu'il réduit un personnage multidimensionnel à un seul aspect[81] ». Quant au politologue et rédacteur des *Cahiers de l'Orient* Antoine Sfer, il s'est dit « ému à la vision de ce dessin, comprenant que l'on puisse en être choqué[82] ». En suggérant le caractère blasphématoire du dessin, ces trois discours soulignent davantage la possibilité qu'il blesse les musulmans qu'ils n'explicitent l'extension référentielle de la caricature. Pourtant, le tribunal conclut que « par sa portée, ce dessin apparaît en soi, et pris isolément, de nature à outrager l'ensemble des adeptes de cette foi[83] ».

Lorsque la caricature est rejugée par la cour d'appel en 2007, les juges évacuent toute analyse du sens littéral et interprètent les caricatures à la lumière du contenu de l'ensemble du journal qui porte sur « le danger des fanatismes religieux, de l'instrumentalisation de l'islam à des fins politiques et des atteintes à la liberté d'expression[84] ». Sur la foi de ce cotexte, ils parviennent à une conclusion radicalement inverse de celle du TGI, en jugeant que les caricatures dans leur ensemble « visent clairement une fraction et non l'ensemble de la communauté musulmane[85] ». Cette identification très différente du référent en fonction du paramètre d'analyse montre bien qu'elle reste en elle-même assez indéterminable ; elle témoigne également de la difficulté qu'ont eue les juges pour statuer sur son interprétation référentielle.

Malgré des analyses complètement opposées de cette dernière caricature, les juges des deux juridictions concluent à la relaxe totale des auteurs. Ceci s'explique par la primauté donnée dans les deux décisions à l'examen du contexte[86] de publication. Ce choix de se fonder davantage sur des critères extrinsèques qu'intrinsèques peut expliquer qu'avec des

80 *Ibid.*
81 *Ibid.*
82 *Ibid.*
83 *Ibid.*
84 CA Paris, ch. 11 A, 12 mars 2008, *Légipresse* n° 252, III, 107, note Henri Leclerc ; Recueil Dalloz, 2009, p. 1779 obs. Jean-Yves Dupeux et Thierry Massis.
85 *Ibid.*
86 La juriste Camille Viennot a déjà souligné l'importance donnée aux éléments de contexte dans les décisions du TGI et de la CA, voir « Les caricatures de Mahomet appréciées par les juridictions françaises », art. cité.

analyses opposées les deux juridictions aient pu parvenir à un même résultat final. Surtout, il semble témoigner d'une certaine réticence des tribunaux à développer une analyse linguistique, alors même que l'identification référentielle est au centre de leur raisonnement. C'est ce que confirme l'affaire Zep, mais cette fois la référence est envisagée sous un autre angle, celui de l'existence de la communauté identifiée par les parties civiles.

LE CRITÈRE DE L'EXISTENCE DU RÉFÉRENT DANS L'AFFAIRE ZEP

L'affaire Zep est un hapax dans le corpus pour la manière dont elle met en œuvre la question de la référence. En effet, si le conflit est là encore essentiellement arbitré sur le critère de la référence, il se démarque des deux autres cas de figure sur un point : le débat ne consiste pas à déterminer quel est le référent du discours, mais porte presque entièrement sur l'existence[87] même de ce référent, sur laquelle le tribunal est amené à trancher. Or un tel rôle de détermination de l'existence de référents dans le monde réel revient à donner aux juges le pouvoir de dire ce qui est réel ou ce qui ne l'est pas, ou encore de dire à l'une des parties que son « univers de croyance[88] » est moins légitime que celui de son adversaire.

Commençons d'abord par rappeler les termes de l'affaire Zep qui a connu de multiples épisodes judiciaires. Elle est lancée en 2011, quand l'AGRIF dépose une plainte avec constitution de partie civile contre le chanteur du groupe Zep et l'auteur d'un livre, sur le double fondement de l'injure publique à caractère racial et de la provocation à la haine

87 Le lien entre référence et existence est exprimé en ces termes par le linguiste Georges Kleiber : « Accepter que les expressions linguistiques réfèrent à quelque chose, qu'elles ont un référent, revient à accepter l'existence de ce référent. Je ne puis renvoyer à quelque chose avec une expression linguistique que s'il y a quelque chose à quoi référer et donc que si ce quelque chose existe. La référence repose crucialement sur un "axiome d'existence" ». (« Sens, référence et existence, … », art. cité, p. 10).

88 Robert Martin définit l'« univers de croyance » comme « l'ensemble des propositions que, au moment où il parle, le locuteur tient pour vraies » (*Pour une logique du sens*, Paris, PUF, 1983, p. 36).

raciale. La prévention vise à la fois un disque (*Devoir d'insolence*) et un livre (*Nique la France. Devoir d'insolence*[89]), que l'association partie civile considère comme « outrageants et donc injurieux pour la communauté des Français blancs dits de souche[90] ». Les auteurs du disque et du livre sont mis en examen et renvoyés devant la 17e chambre du tribunal correctionnel de Paris en 2015[91]. Le feuilleton judiciaire ne se clôt qu'en 2018 par un arrêt de la Cour de cassation[92], après être passé par plusieurs juridictions : la cour d'appel de Paris[93] (2015), la Cour de cassation[94] (2018), puis la cour d'appel de Lyon[95] (2018). Ainsi, ce contentieux est remarquable par sa durée, par la dimension politique que revêt la question de l'identification du référent collectif et par le raisonnement des juges. Pour cette affaire, les décisions seront interprétées au regard des conclusions[96], qui permettent de connaître la stratégie argumentative de chacune des parties.

Là encore, les juges doivent répondre à la question de savoir si les propos litigieux permettent l'identification d'une communauté. Toute l'attention des juges porte sur la validité de la catégorie utilisée par la partie civile pour désigner la communauté qui serait visée, les « Français de souche ». Ils s'interrogent donc sur l'existence même de ce référent, afin de déterminer s'il représente une entité aux caractéristiques homogènes qui existe en tant que telle dans le monde social. Or le problème qui se pose est précisément que la modélisation du monde que cette expression suppose est « soumise aux variations subjectives d'un sujet percevant à l'autre[97] » et qu'elle n'est pas partagée entre les deux parties. Le tribunal est donc mis en position de choisir laquelle des deux visions du monde qui s'opposent est la plus pertinente pour décrire la réalité sociale.

En effet, ce sont bien deux visions du monde qui s'opposent devant le tribunal. Pour l'AGRIF, l'action en justice s'inscrit dans une stratégie

89 Zep, *Nique la France. Devoir d'insolence*, ZEP, 2010.

90 Cette question a été ensuite au centre des débats à la cour d'appel et à la cour de cassation.

91 TGI Paris, ch. 17, 19 mars 2015, AGRIF c/ Said Zouggagh et Said Bouamama.

92 Cass. crim., 11 décembre 2018, Inédit, n° de pourvoi 18-80.525.

93 CA Paris, ch. 2-7, 9 décembre 2015, RG 15/02/415, AGRIF c/ Said Zouggagh et Said Bouamama.

94 Cass. crim., 28 février 2017, n° pourvoi 16-80.522, publié au bulletin.

95 CA Lyon, ch. 4, 12 janvier 2018, AGRIF c/ Zaid Zouggagh (arrêt sur renvoi de cassation).

96 Nous tenons à remercier l'avocat des prévenus, Henri Braun, qui a eu la gentillesse de nous communiquer l'ensemble des conclusions et des décisions.

97 Georges Kleiber, « Sens, référence et existence. », art. cité, p. 12.

plus vaste consistant à faire reconnaître le racisme anti-blancs et anti-chrétiens comme réalité sociale. Elle entend donner une légitimité à la catégorie des Français dits de souche, qui est revendiquée par les milieux de la droite identitaire, mais qui est très largement controversée dans le débat public et a donné lieu à de multiples prises de position en sa faveur ou en sa défaveur[98]. Le passage par le tribunal poursuit donc un but politique. Dans ses conclusions, la partie civile procède ainsi à des arguments de définition : les « Français blancs dits de souche » constituent une entité homogène formant communauté, dont sont exclus les « noirs, arabes et musulmans originaires de pays anciennement colonisés[99] ». Elle en décrit les traits définitoires : « l'appartenance à une origine (les Français dits de souche), une race (en l'espèce blanche) et la non-appartenance à une origine ou une race (en l'espèce noire ou arabe) ou une religion (en l'espèce musulmane) déterminée[100] ». Pour montrer que cette communauté homogène n'est pas de son invention, elle cite le texte de la chanson de Zep (les expressions « Bidochons décomplexés », « gros beaufs qui ont la haine de l'étranger », « culs tout blancs » et « petits gaulois de souche ») et plusieurs extraits du livre (« pourquoi aurions-nous honte d'être Arabe, Noir, Musulman… d'être des non-blancs », « ils étaient blancs et nous ne le sommes pas ; ils n'étaient pas issus de la colonisation et nous le sommes »). Autrement dit, la partie civile entend ici montrer que l'expression *Français de souche* désigne également une catégorie raciale pour les prévenus et que les deux parties tiennent son existence pour vraie. Selon l'AGRIF, les Français de souche sont donc définis comme une communauté à laquelle n'appartiennent pas

98 Beaucoup de travaux se sont intéressés à la catégorie, notamment le démographe Hervé Le Bras dans « Les Français de souche existent-ils ? », *Quaderni*, n° 36, Automne 1998, p. 83-96 et *Le Démon des origines*, Paris, Éditions de l'aube, 1998. Voir également les articles de synthèse suivants : Emmanuel Debono, « À la recherche du français de souche sans guillemets », *Le Monde*, 27 février 2015, [en ligne] URL : https://www.lemonde.fr/blog/antiracisme/2015/02/27/a-la-recherche-du-francais-de-souche-sans-guillemets/, consulté le 4 avril 2022. ; Rémi Noyon, « "Français de souche", idée manipulée par l'extrême droite », *Rue 89*, 21 novembre 2016, [en ligne] https://www.nouvelobs.com/rue89/rue89-les-mots-demons/20140821.RUE5374/francais-de-souche-idee-manipulee-par-l-extreme-droite.html, consulté le 4 avril 2022. ; Vincent Geisser, « Exit "français de souche" ? De la prudence rhétorique à la prégnance idéologique », *Migrations Société*, n° 158, 2015/2, p. 3-18, [en ligne] URL : https://www.cairn.info/revue-migrations-societe-2015-2-page-3.htm, consulté le 4 avril 2022.

99 *Ibid.*

100 Conclusions de la partie civile.

les auteurs de l'album et du livre, à savoir une communauté définie par la couleur de peau (blanche) et par le fait de n'être ni arabe, ni noir, ni musulman.

À l'inverse la stratégie de la défense consiste principalement à dénier tout existence à ce référent[101], les Français de souche ne pouvant « constituer une catégorie de personnes protégées par la loi[102] ». Citant à l'appui de cette affirmation un arrêt de la Cour de cassation[103] formulant le fait que « le Français de souche n'est pas susceptible de recevoir la moindre définition légale ou sociologique[104] », les prévenus affirment que « la race blanche est un mythe politique nauséabond qui ne recouvre aucune catégorie anthropologique[105] ». À cette fin, elle nie que les « Français blancs dits de souche » soient le référent des propos visés et en propose une autre description : le référent désigné par la chanson et le livre sont les Français blancs « qui prôneraient une idéologie raciste[106] ». Autrement dit, selon cette interprétation, seule une partie des Français blancs serait visée, réunie non par une identité raciale, religieuse ou sexuelle, mais par une même idéologie, ce qui ne permet pas de définir une communauté protégée par la loi de 1881. Enfin, la catégorie même de *Français de souche* est présentée comme problématique pour décrire une réalité sociale. Plusieurs arguments sont donnés à l'appui. Tout d'abord, l'ensemble des Français blancs ne peut se reconnaître dans les qualificatifs « souchiens[107] » et « blancs ». Ensuite, cette association lexicale « constitue l'un des problèmes politiques majeurs de la France au début du XXIe siècle ». Pour appuyer cette thèse, plusieurs témoins sont convoqués à la barre : le politiste spécialiste de l'histoire coloniale Olivier Le Cour Grandmaison, la sociologue Christine Delphy, qui a pour rôle d'expliquer l'origine de la catégorie *Français de souche*, et la journaliste et militante Rokhaya Diallo qui affirme le caractère raciste de l'expression elle-même, « tradui[san]t une vision racialiste de la France ». La stratégie de la défense est donc d'amener le tribunal à statuer sur la notion même de *Français de souche*, afin de pouvoir contester les termes

101 Ils contestent également la qualification d'injure ou de provocation à la haine pour tous les propos dont le référent est la France, en vertu d'une distinction entre la France et ses ressortissants, les Français.

102 Conclusions en défense.

103 Cass. crim., 14 janvier 2014, n° 12-88282.

104 Conclusions en défense.

105 *Ibid.*

106 *Ibid.*

107 *Ibid.*

mêmes de la plainte. Il faut enfin noter la présence rare au tribunal d'une experte du discours, la linguiste Dominique Lagorgette[108], spécialiste de l'insulte, dont le rôle est de produire une analyse linguistique des énoncés litigieux afin de déterminer si les injures relevées par la partie civile sont caractérisées.

Lorsque la 17e chambre[109] relaxe totalement les prévenus, elle motive sa décision en ne réutilisant aucun argument linguistique, ce qui montre bien que son analyse ne porte pas sur les mots utilisés par les prévenus. À la place, elle reprend à son compte les arguments relatifs à l'existence de la catégorie de *Français de souche* en faisant référence au politiste Olivier Le Cour Grandmaison et à la sociologue Christine Delphy. Pour les juges, le terme *Français de souche* peut « revêtir de multiples acceptions » et se trouve dotée d'une « définition malaisée, pour ne pas dire impossible[110] ». Pour le tribunal, aucun des traits définitoires dont on peut le doter n'a de validité pour rendre compte d'une réalité sociale. Le premier, d'ordre racial, « la blancheur », n'apparaît « en aucune manière une composante juridique de la qualité de Français[111] ». Le second, l'identité chrétienne, n'est pas plus opératoire pour désigner une catégorie cohérente, car la « race blanche » inclut tous « les Français blancs, y compris donc musulmans[112] ». Le tribunal en conclut donc que « les Français blancs dits de souche » ne forment pas un « groupe de personnes[113] » homogène au sens de la loi du 29 juillet 1881. La première étape de l'identification n'étant pas validée, le débat de fond ne se poursuit pas, car, s'il n'y a personne à injurier, la qualification d'injure tombe d'elle-même aussi.

L'affaire est pourtant relancée quelques mois plus tard, quand l'AGRIF interjette appel devant la cour d'appel de Paris[114]. Son argumentation consiste à dire que le TGI s'est trompé de procès, car il aurait jugé les

108 Dominique Lagorgette a également été témoin dans les procès de Condkoï en 2004, de La Rumeur en 2007, de Maurice Sinet en 2009. Voir Dominique Lagorgette, « "Le crime est dans l'œil de celui qui regarde le dessin" : l'analyse linguistique pour les tribunaux dans les procès Siné (2009) », *Langage et société*, nº 132, 2010/2, p. 77-99, [en ligne] URL : https://www.cairn.info/revue-langage-et-societe-2010-2-page-77.htm, consulté le 4 avril 2022.

109 TGI Paris, ch. 17, 19 mars 2015, AGRIF c/ Said Zouggagh et Said Bouamama.

110 *Ibid.*

111 *Ibid.*

112 *Ibid.*

113 *Ibid.*

114 CA Paris, ch. 2-7, 9 décembre 2015, RG 15/02/415, AGRIF c/ Said Zouggagh et Said Bouamama.

opinions de l'AGRIF, en les posant comme racistes, au lieu de juger les expressions litigieuses. Pour montrer la fausseté du jugement du tribunal, la partie civile a recours à un argument éthique : l'avocat décrit la composition même de l'association, qui comprendrait « de nombreux Français de toutes religions et de toutes origines[115] ». Mais surtout, sa stratégie pour ce nouveau procès consiste à se distancier de la catégorie *Français de souche*, qui a retenu l'attention des juges de la 17e, afin « d'éviter toute argutie[116] ». Elle considère en effet que « le tribunal a prétexté ce terme pour relaxer les prévenus en prétendant que les Français de souche n'existaient pas[117] ». Elle lui reproche d'avoir examiné « la définition de Français de souche, qui ne constitue qu'une désignation ou une appellation[118] », plutôt que « les seuls critères légaux ». Or, selon la partie civile, cette désignation était celle du camp adverse : « ce sont les prévenus eux-mêmes qui visent ce terme en parlant notamment de "petit gaulois de souche" aux "culs tout blancs[119]" ». Pour clore le débat, elle propose alors de nommer le référent qu'elle identifie dans la chanson et le livre par une expression plus neutre, les « français non-noirs, non-arabes et non-musulmans[120] », dont elle demande à la cour de constater qu'il s'agit bien d'un « groupe défini ». Ce n'est pas elle qui affirme l'existence de cette communauté, car « ce sont bien les prévenus qui opposent certaines catégories de la population à d'autres, en l'espèce les "blancs" aux "noirs, arabes et musulmans" » ; à ce titre, elle reproche aux témoins d'avoir été « manipul[és] afin de « faire passer l'idée » « insidieusement » « que l'AGRIF défendrait une vision raciale de la nation[121] ». Elle fait en outre grief au tribunal d'avoir refusé l'idée même de « race blanche » alors que « l'existence de la race noire ne fait aucune difficulté[122] ». Il y aurait donc deux poids deux mesures quant au traitement des communautés qui recourent aux lois anti-racistes. Les prévenus répliquent par des conclusions beaucoup plus courtes, dans lesquelles ils réitèrent l'argument de la non-existence de la communauté visée. Malgré ce changement de stratégie de l'AGRIF, la cour d'appel

---

115 Conclusions de la partie civile devant la Cour d'appel.
116 *Ibid.*
117 *Ibid.*
118 *Ibid.*
119 *Ibid.*
120 *Ibid.*
121 *Ibid.*
122 *Ibid.*

confirme la décision de première instance, en soulignant l'inutilité du passage à une catégorie plus neutre : « il importe peu que l'AGRIF ait décidé de s'inspirer d'expressions prétendument employées par les prévenus pour définir la communauté qu'elle estime visée par les propos qu'elle poursuit[123] ». La cour d'appel reprend d'ailleurs les arguments du TGI et fait usage de la catégorie *Français de souche* pour désigner le référent identifié dans les chansons, qu'elle appelle également « Français blancs[124] ». Pour elle, aucun groupe homogène n'est identifiable dans les chansons, car, si le terme *Français* « réfère précisément à l'appartenance à une nation[125] » et « remplit l'un des critères légaux[126] », « le terme de "blancs" dont la définition est pour le moins incertaine, sinon malaisée pour ne pas dire impossible[127] » « ne permet pas de distinguer la catégorie de Français qu'il vise à définir[128] ». La motivation repose donc là encore sur la remise en cause de l'existence même du référent collectif.

Insatisfaite de cet arrêt, l'AGRIF se pourvoit alors devant la plus haute juridiction[129] qui casse l'arrêt de la cour d'appel le 28 février 2017[130]. L'AGRIF reproche à la cour d'appel d'avoir violé les articles 24 alinéa 8, 33 alinéa 3, 53 de la loi du 29 juillet 1881 et 593 du code de procédure pénale, en raison de ce qu'elle considère comme un excès de pouvoir, des défauts de motifs de son arrêt et d'un manque de base légale. La cour d'appel aurait ainsi raisonné en analysant non pas les propos litigieux, mais la désignation utilisée par l'AGRIF : « la cour a cru devoir rechercher si la plainte de la partie civile désignait avec suffisamment de précision un tel groupe de personnes ». L'AGRIF fait donc de nouveau grief à la cour d'appel de s'être trompée sur l'objet du procès – les mots de la partie civile, plutôt que les mots des prévenus – et d'avoir « opéré une complète inversion de son office[131] ». Elle conteste en outre son analyse de « Français de souche » et « Français

123 CA Paris, ch. 2-7, 9 décembre 2015, RG 15/02/415, AGRIF c/ Said Zouggagh et Said Bouamama.

124 *Ibid.*

125 *Ibid.*

126 *Ibid.*

127 *Ibid.*

128 *Ibid.*

129 Cass. crim, 28 février 2017, publié au bulletin. Sur cet arrêt, voir Damien Roets, « La loi du 29 juillet 1881 sur la liberté de la presse à l'épreuve du "racisme anti-français" », *Recueil Dalloz*, Dalloz, 2017, p. 904.

130 *Ibid.*

131 Mémoire ampliatif de l'AGRIF.

blancs » comme expressions renvoyant à une « catégorie de Français non identifiable et ne correspondant pas à un groupe de personnes au sens de la loi sur la presse ». À l'appui de cet argument, elle souligne que « les journalistes ont bien été contraints de reconnaître aussi, depuis maintenant une dizaine d'années au moins, le racisme dont elle [cette catégorie de Français] fait l'objet[132] » et cite plusieurs articles du *Monde* évoquant des « violences anti-blancs[133] ». Elle entend ainsi montrer que la catégorie reflète bien une réalité sociologique et que la Cour a exclu pour des raisons idéologiques « les seuls Français blancs[134] » de la protection apportée par la loi de 1881. La défense conteste ces deux moyens en reprenant à peu près les mêmes arguments que ceux qu'elle avait opposés devant le TGI et la cour d'appel.

Or, cette fois, l'AGRIF obtient gain de cause devant la Cour de cassation qui prononce une cassation partielle. Cette dernière opère pour la première fois une distinction entre le livre et la chanson, en confirmant pour le premier la relaxe prononcée par la cour d'appel et en réformant celle prononcée pour la chanson. Elle considère en effet que le seul propos « Nique la France » n'entendant pas « viser [...] les Français en tant que groupe constitutif d'une nation[135] ». En revanche, elle conteste l'analyse que la cour d'appel a faite en affirmant l'impossible identification d'une communauté dans la chanson. Pour elle, le groupe visé est au contraire parfaitement déterminable « à travers les références constituées par la représentation symbolique de la République, le drapeau français et l'hymne national[136] ». Il s'agit bien d'une communauté dans son ensemble, toutes les « personnes appartenant à la nation française[137] », qui ont pour point commun le seul fait d'être français, et non pas une identité religieuse, ethnique ou raciale. Selon cette lecture, le groupe visé est donc une communauté protégée par la loi, interprétation qui permet d'éviter de se poser la question

---

132 *Ibid.*

133 *Ibid.* Elle fait notamment référence à un incident survenu juste après les attentats du 13 novembre 2015, à la suite duquel « un jeune Marocain installé en France depuis 2012 » a été condamné à six mois de prison ferme pour avoir crié à des policiers : « Ils ont eu raison Daech de niquer la France et d'exploser des bombes. Les Français, vous avez bien ramassé. Ils vont tous vous niquer ! ».

134 *Ibid.*

135 Cass. crim, 28 février 2017, publié au bulletin.

136 *Ibid.*

137 *Ibid.*

de l'existence ou de la non-existence d'une communauté définie par le fait d'être blanche. L'affaire est alors renvoyée devant la cour d'appel de Lyon[138] qui rend un arrêt le 12 janvier 2018 condamnant le rappeur à un euro symbolique de dommages et intérêts.

Pour la cour d'appel de Lyon, il n'est plus question non plus de discuter de l'existence d'une communauté de *Français de souche* ou de *Français blanc*, car à l'instar de la Cour de cassation, elle conclut que la chanson renvoie « purement et simplement à l'ensemble de la communauté française, parfaitement identifiable en soi au travers de la citation ou la référence faite, d'abord et en premier lieu de manière générique à “la France”, puis à celle, directe et explicite, au “démocrate républicain”, à “Marianne”, puis au “drapeau”, “à l'hymne à deux balles”, ou encore “à la Patrie[139]” ».

Cette décision est à son tour cassée par la Cour de cassation[140], qui marque un point final au feuilleton judiciaire, car la haute instance ne renvoie pas les parties devant une cour d'appel. Or, pour la première fois au cours de ce long feuilleton judiciaire, la Cour ne motive aucunement son arrêt[141] sur la question de l'existence du référent. Elle reconnaît l'atteinte, mais l'estime proportionnée en raison de l'objectif poursuivi et de la fonction sociale des propos : « pour outranciers, injustes ou vulgaires qu'ils puissent être regardés, ils s'inscrivent à ce titre dans le contexte d'un débat d'intérêt général[142] ». On reconnaît ici l'une des notions phares de la CEDH qui a fait de l'intérêt général une des clefs d'arbitrage des limites de la liberté d'expression et du contrôle de proportionnalité[143]. En l'occurrence, l'intérêt général est le fait que les chanteurs « entendent dénoncer le racisme prêté à la société française,

138 CA Lyon, ch. 4, 12 janvier 2018, AGRIF c/ Said Zouggagh.

139 *Ibid.*

140 Cass. crim, 11 décembre 2018, inédit. Les motivations étaient cette fois très différentes, la cour faisant valoir notamment la liberté de création artistique et la portée d'intérêt général de la chanson.

141 Sur cette affaire, voir Lyn François, « Provocation à la discrimination : consolidation du choix de la rigueur. À propos de la chanson de rap *Nique la France* », *Légipresse*, n° 370, avril 2019, p. 219-222.

142 Cass. crim, 11 décembre 2018, inédit.

143 Voir plus haut la définition du contrôle de proportionnalité. Sur la notion d'*intérêt général* à la CEDH, voir Simon Denys, « L'intérêt général vu par les droits européens », dans Bertrand Mathieu et Michel Verpeaux (dir.), *L'Intérêt général, norme constitutionnelle*, Paris, Dalloz, « Thèmes et commentaires. Cahiers constitutionnels de Paris I », 2007, p. 47-67.

qu'elle aurait hérité de son passé colonialiste, et s'inscrivent à ce titre dans le contexte d'un débat d'intérêt général[144] ». De plus, pour la première fois dans cette affaire, le genre de la chanson est un critère de l'analyse. Le rap apparaît comme un élément déterminant d'appréciation du litige qui « éclaire » l'outrance et la justifie. Là encore, en articulant l'intérêt général et l'excès propre aux chansons de rap, la Cour de cassation utilise une motivation classique des procès du rap[145]. Enfin, elle développe une interprétation dite restreinte du délit de provocation, déjà adoptée dans sa jurisprudence antérieure, qui consiste à ne pénaliser la provocation que lorsqu'elle est exprimée directement, c'est-à-dire lorsqu'elle suppose « une incitation active à la haine[146] ». La solution trouvée par la Cour de cassation revient finalement à changer de niveau d'analyse pour évacuer les chausse-trappes de l'identification référentielle.

De ce long feuilleton judiciaire, on peut retenir que l'argument de la non-existence du référent apparaît particulièrement délicat à manier, parce qu'il revient à nier les revendications identitaires de la partie civile et donc à se positionner dans un débat politique, à opter pour une vision du monde plutôt qu'une autre. Le changement qui s'opère à partir du premier arrêt de cassation, qui consiste à passer de la catégorie des Français de souche aux Français dans leur ensemble, est à cet égard habile : il permet de sortir du débat politique et de mettre d'accord les parties au moins sur l'existence du référent identifié.

Ainsi, l'étude des décisions met en lumière la primauté du critère de l'identification dans la perspective des tribunaux et l'existence d'un principe qui unifie la jurisprudence pour caractériser une infraction : l'exigence d'un référent collectif uni par une identité raciale, sexuelle, religieuse ou encore fondée sur un handicap et une référence à l'ensemble de la communauté. Lorsque les expressions référentielles utilisées ont une forte capacité identificatoire et qu'elles sont transparentes, ce principe s'avère efficace pour limiter les condamnations et ne pas sanctionner les délits d'opinion. Néanmoins, certaines affaires ont pu montrer la difficulté à l'appliquer à des discours, lorsqu'il implique de déterminer une extension référentielle insuffisamment marquée linguistiquement,

---

144 Cass. crim, 11 décembre 2018, inédit.

145 Sur ce point, voir Nathalie Droin, « Le juge et le rap », art. cité.

146 Sur cette question, voir Arnaud Latil, « Exprimer, provoquer ou exhorter », *COnTEXTES*, 26/2020, 15 janvier 2020, [en ligne] URL : http://journals.openedition.org/contextes/8748, LGDJ, 2015, consulté le 4 avril 2022.

d'aller au-delà des mots utilisés ou encore de se positionner dans un débat entre des visions du monde qui s'opposent. Si le critère général de l'identification du référent est incontournable, il est manifeste que les critères mobilisés par les juges pour l'appliquer changent d'une espèce à l'autre et sont loin d'être systématiques. Cela s'explique au regard du processus complexe d'établissement de la référence, qui implique de nombreux niveaux d'analyse. Certains litiges se résolvent ainsi à la faveur d'arguments qui peuvent être linguistiques, contextuels (sociologiques, culturels ou politiques), selon des degrés qui varient considérablement. L'on peut bien sûr se féliciter de cette intégration de données non juridiques qui montre combien lorsqu'il est appliqué à l'espèce, le droit est « flexible » au « non-droit », pour reprendre la célèbre formule de Jean Carbonnier[147]. Cependant, l'absence de protocole systématique d'analyse des données judiciaires peut aussi être interprétée comme un risque d'insécurité juridique. C'est pourquoi il apparaît urgent de mettre en place les conditions d'un véritable dialogue entre disciplines, qui permettrait de réfléchir aux meilleures manières d'outiller les juges dans leur difficile travail d'interprétation des discours de haine[148].

147 Jean Carbonnier, *Flexible droit. Pour une sociologie du droit sans rigueur*, Paris, Librairie générale de droit et de jurisprudence, 1988.

148 Dominique Largorgette, qui est la seule linguiste française à intervenir au tribunal, souhaite que les linguistes trouvent leur place au tribunal et qu'ils n'interviennent pas en tant que témoins, mais en tant que véritables experts auprès des tribunaux. Sur ce point, voir ses articles : « "Le crime est dans l'œil de celui qui regarde le dessin" : l'analyse linguistique pour les tribunaux dans les procès Siné (2009) », *Langage et société*, 2010/2, n° 132, p. 77-99, en ligne, URL : https://www.cairn.info/revue-langage-et-societe-2010-2-page-77.htm, consulté le 4 avril 2022 ; « Plaidoyer pour une linguistique judiciaire », dans Sandrine Chassagnard Pinet, Pierre Lemay, Céline Regulski et Dorothée Simonneau (dir.), *Droits, arts, sciences humaines et sociales : (dé)passer les frontières*, LGDJ/Lextenso, « Droit et Société. Recherches et travaux », 2014, p. 185-202 ; « Insulte, injure et diffamation : de la linguistique au code pénal ? », *Argumentation et Analyse du Discours*, n° 8, 2012, en ligne, URL : http://journals.openedition.org/aad/1312, consulté le 4 avril 2022, et son livre *Les Insultes en français, de la recherche fondamentale à ses applications*, Chambéry, Presses de l'université de Savoie, 2009.

CONCLUSION GÉNÉRALE

Pour conclure ce livre, nous voudrions revenir sur le double questionnement soulevé en introduction : un premier de l'ordre de la connaissance de la situation judiciaire de la liberté de création, un second d'ordre épistémologique sur la place que peut occuper l'analyse linguistique et littéraire pour déterminer les limites de la liberté de création.

En ce qui concerne le premier volet, ce livre espère avoir apporté des éléments de réponse à plusieurs questions fréquemment soulevées au sujet de la liberté de création. La création artistique et littéraire est-elle particulièrement judiciarisée à notre époque contemporaine ? Si l'on en croit le discours porté par les polémiques, la réponse est indéniablement oui. La période est souvent décrite comme étant celle d'un recul des droits des écrivains et des artistes. Pourtant, à y regarder de plus près, il apparaît que ce discours brouille les cartes et empêche de saisir précisément les modalités de restriction de la création par le droit. L'argument de la censure est omniprésent, il disqualifie, inquiète, plus qu'il ne permet d'appréhender la réalité judiciaire. De la même façon, l'argument de l'exception artistique homogénéise les cas, essentialise l'art et la littérature et, par conséquent, masque les questions que l'évolution des pratiques artistiques et littéraires pose au législateur.

Si l'on se fie aux discours des acteurs du monde judiciaire qui ont la charge de réguler l'expression (à l'exception de quelques experts qui s'expriment dans le débat public), la liberté de création semble au contraire bénéficier d'une protection inédite. Depuis les années 2000, elle s'est autonomisée de la liberté d'expression et elle est devenue une liberté fondamentale mentionnée comme telle dans la jurisprudence, qui a été reconnue par la législation en 2016. Certaines décisions de justice témoignent de cette évolution en faisant valoir des caractéristiques propres au discours créatif (la fiction, la distanciation, etc.). Néanmoins, cette consécration de la liberté de création n'est pas sans paradoxes, car elle est une manière de reconnaitre que le droit a la capacité de lui faire obstacle et donc, finalement, de donner du crédit au discours dénonçant un contrôle trop important du droit sur la création artistique et littéraire.

Faut-il donc s'en inquiéter ? L'analyse des discours portant sur la création littéraire et artistique n'a pas permis de répondre véritablement à cette question. Elle a surtout révélé le manque de données fiables sur lesquelles se fonder pour y apporter des éléments de réponse. La méthode choisie a été de constituer un corpus *ad hoc*, fondé sur des critères à la fois internes et externes au droit : des décisions de justice rendues par la 17e chambre dans le cadre de procédures intentées contre des œuvres artistiques et littéraires.

L'étude de ce corpus a montré que, d'un point de vue global, les procès d'écrivains et d'artistes semblent comparativement peu nombreux au regard du contentieux de la liberté d'expression. Cependant, ce résultat de 46 procédures en 20 ans pour la seule 17e chambre montre qu'il existe bien un contentieux littéraire et artistique qui est régulièrement nourri (entre 2012 et 2013, on peut ainsi en recenser 11 jugées par la seule 17e chambre). Cette concentration de procès le plus souvent médiatisés a ainsi pu contribuer à nourrir l'image d'une censure omniprésente. Pour autant, ce résultat est voué à rester partiel, tant qu'il n'est pas réinscrit dans une histoire longue[1]. En ce sens, ce livre espère encourager des études portant sur cette période : elles devraient être rendues plus faciles grâce à la décision très récente de publicité des décisions de justice[2], couramment appelée *open data*.

À défaut de données plus globales, plusieurs résultats ont cependant pu accréditer la thèse d'une judiciarisation croissante de la création artistique et littéraire. Le panorama des années 2000 rend compte de

1 Si des études existent pour la période qui va jusqu'aux lendemains de la seconde guerre mondiale, les cinquante années suivantes sont très peu étudiées. Voir Anne Simonin, *Les Éditions de Minuit 1942-1955 : le devoir d'insoumission* [1994], IMEC, coll. « L'édition contemporaine ». Ouvrage réédité en 2003, et faisant l'objet en 2008 d'une réédition augmentée de cinq articles concernant le Nouveau Roman et la guerre d'Algérie ; Jean-Marc Levent, « Un acte de censure scélérat : Sade en procès (1954-1958) », *Lignes* 2000/3, n° 3, p. 109-126.

2 Décret n° 2020-797 du 29 juin 2020 relatif à la mise à la disposition du public des décisions des juridictions judiciaires et administratives. Pour mener ce type de recherches quantitatives, il apparait cependant souhaitable que ces bases de données soient interrogeables à partir de catégories externes au droit, comme celles de *fiction*, *roman*, *autofiction*, *rap* ou encore *procès artistiques*, *procès littéraires*. Il serait donc souhaitable que des non-juristes s'associent à ce travail de publication et contribuent à la réflexion sur les critères pertinents d'interrogation des décisions mises à la disposition du public.

la convergence entre une évolution légale et une évolution artistique. L'extension de la pénalisation des discours de haine a donné un pouvoir nouveau aux associations identitaires pour contester des œuvres artistiques et littéraires au nom de la protection d'une communauté. En outre, les droits de la personnalité, tels qu'ils se sont développés depuis les années 1970, protègent tout ce qui a trait au for privé. Ils s'appliquent donc particulièrement bien au matériau romanesque. Quand on observe les genres mis en cause, il est manifeste que l'essor de la littérature du réel, que ce soit sous la forme du récit de soi ou du roman enquête, est un autre facteur explicatif.

La deuxième question à laquelle cet ouvrage entendait répondre était celle de la limitation effective de la création par le champ du droit. Notre étude a montré qu'il est très rare que des auteurs voient leur expression artistique limitée effectivement par des mesures d'interdiction ou de modification de leur contenu. Le dépassement des limites assignées par le droit à l'art et à la littérature est surtout réprimé par le biais de mesures financières, et les condamnations sont faibles par rapport au taux global de condamnations en France. La liberté de création artistique et littéraire apparaît à ce titre plutôt bien protégée lorsqu'elle arrive devant le tribunal. Hors du tribunal en revanche, les professionnels du droit ont un pouvoir d'intervention qu'ils exercent de diverses façons : la réécriture, le conseil lors de la promotion d'une œuvre, le règlement à l'amiable avec des demandeurs potentiels, la publication d'un droit de réponse, etc.

Troisièmement, les enjeux identitaires dominent-ils l'arène judiciaire relative à la création artistique ? Dans le corpus étudié, peu d'affaires d'offenses à un groupe ont été identifiées. Il y a donc un écart sensible entre la réalité juridique et celle du débat public où s'accumulent des polémiques qui portent sur les limites de l'atteinte aux sensibilités religieuses, sur la régulation des discours de haine et/ou des propos racistes, du problème de l'appropriation culturelle, etc. Dans ce contexte, la justice apparaît donc comme une instance régulatrice parmi d'autres, avec une capacité d'arbitrage et de résolution qui paraît faible au regard d'autres sphères (médiatiques notamment).

Enfin, concernant le dialogue entre le droit et les disciplines littéraires et linguistiques, notre ouvrage espère avoir contribué à en montrer l'intérêt et à en poser les conditions. L'étude du matériau judiciaire et des questions que pose l'arbitrage de la liberté de création met en lumière les points aveugles des théories et leurs contradictions (l'autofiction, la mort de l'auteur). L'ampleur des questions linguistiques que ce corpus soulève permet de mesurer les problèmes qui se posent lors de l'interprétation d'un discours, notamment parce qu'il interroge les conditions d'une identification référentielle réussie. Du point de vue du droit, cette approche externe des décisions de justice espère avoir montré que, si la justice est rendue au nom de l'État, le juge ne peut en être un porte-parole parfaitement transparent. Dans le détail de l'analyse, il est manifeste que les critères mobilisés témoignent des sensibilités particulières des juridictions sollicitées et de leurs univers de croyance. Plutôt que de nier cette influence, les juristes ont tout à gagner à en tirer parti pour affiner leurs outils et méthodes d'analyse. La variété des espèces se présentant devant le tribunal montre ainsi la nécessité d'une approche multicritères du discours qui, tout en s'adaptant aux circonstances de chaque cas, soit davantage systématisée grâce au recours à d'autres disciplines.

ANNEXE

Présentation chronologique du corpus de décisions analysées

Ce corpus présente 46 affaires qui ont fait l'objet d'une décision judiciaire rendue par la 17e chambre. Lorsque l'affaire a été portée devant une juridiction supérieure (cour d'appel, Cour de cassation, Cour européenne des droits de l'homme), elle est envisagée dans la globalité des décisions rendues.

Les documents que nous avons pu nous procurer ne sont pas toujours exactement de la même nature : parfois il s'agit de la décision elle-même, parfois des minutes du Greffe, parfois de la copie de travail. Pour cette raison, il y a quelques variations mineures dans les informations dont nous disposons (concernant par exemple le nom des avocats, la date de l'audience).

I. MATHIEU LINDON, *LE PROCÈS DE JEAN-MARIE LE PEN*

Œuvre : Mathieu Lindon, Le Procès de Jean-Marie Le Pen*, Paris, POL, septembre 1998.*

Ce roman raconte le procès fictif d'un militant du Front National, Ronald Blistier, qui, un soir où il colle des affiches à Paris, assassine un jeune arabe, Hadi Benfarkouk, uniquement en raison de ses origines. Le roman raconte le procès qui en résulte et en décrit les diverses étapes et délibérations ainsi que les comptes rendus ou déclarations dans la presse. Écrit à la 3e personne, le récit adopte le point de vue du jeune avocat de la défense Pierre Mime, juif, homosexuel et sympathisant de gauche, qui, pour défendre le crime raciste de son client, déplace l'accusation vers Jean-Marie Le Pen. Le procès de la personne fictive glisse vers celui de la personne réelle, le postulat étant que le crime fictif est le résultat de la haine à laquelle incite le président du Front National. Le roman a donc pour vocation d'explorer de manière fictionnelle les conséquences possibles du discours du Front National sur ses sympathisants. C'est ce qui conduit Jean-Marie Le Pen à porter plainte contre le romancier et son éditeur.

Six passages du livre sont incriminés.

TGI Paris, ch. 17, 11 octobre 1999, n° d'affaire 983410399, Le Pen c/ Lindon-Otchakovsky
Audience : 18 décembre 1998
Juridiction pénale
Président : Jean-Yves Monfort
Parties civiles : Jean-Marie Le Pen et Front national
Avocat : François Wagner
Prévenus : Mathieu Lindon et Paul Otchakovsky-Laurens
Avocat : Roland Rappaport et Henri Leclerc
Fondements : diffamation envers un particulier (articles 29 et 32 loi 1881)
Prétentions des parties civiles :

- Condamnation *in solidum* des prévenus à 200 000 francs de dommages et intérêts et à une indemnité de 20 000 francs en application de l'article 475-1 du code de procédure pénale
- Publication dans deux journaux d'un communiqué judiciaire faisant état de la décision.

Amende encourue : 12 000 euros.
Décision :

- Déclare les prévenus coupables du délit de diffamation publique envers des particuliers.
- Amende de 15 000 francs chacun
- Condamnation solidaire des prévenus à 25 000 francs de dommages et intérêts chacun à verser aux parties civiles et 2 500 francs en application de l'article 475-1 du code de procédure pénale
- Publication dans deux journaux, au choix des parties civiles d'un communiqué judiciaire

CA Paris, ch. 11, 13 septembre 2000, Lindon, Otchakovsky-Laurens c/ Le Pen
Président : Dominique Charvet
Appelants : Mathieu Lindon et Paul Otchakovsky-Laurens
Avocat : Roland Rappaport et Henri Leclerc
Décision :
- Confirmation du jugement de première instance sur le caractère diffamatoire de trois des quatre passages retenus par le TGI
- Confirmation de la peine d'amende et du montant des dommages et intérêts

Cass, crim., 27 novembre 2001, Lindon, Otchakovsky-Laurens et July c/ Le Pen
Pourvoi formé par Lindon et Otchakovsky-Laurens
Moyen : méconnaissance de l'article 10 de la CEDH
Décision : Confirmation de l'arrêt de la Cour d'appel

CEDH, grande chambre, 22 octobre 2007, requêtes n° 21279/02 et 36448/02, Lindon, Otchakovsky-Laurens et July c/ France
Requête formée par Lindon, Otchakovsky-Laurens et July
Audience : 13 décembre 2006
Président : Christos Rozakis
Décision :
- Dit par treize voix contre quatre qu'il n'y a pas eu de violation de l'article de 10 de la convention
- Dit à l'unanimité qu'il n'y a pas eu violation de l'article 6§ 1 de la Convention

2 opinions séparées :
- Opinion concordante de M. Loucaides
- Opinion dissidente commune à M. Rozakis, Sir Bratza, Mme Tulkens et M. Sikuta

II. LUCIO MAD, *PARADIS B*

Œuvre : Lucio Mad (Éric Madelin), Paradis B., *Paris, Gallimard, janvier 1998.*

Dans ce roman, l'auteur désigne l'un de ses personnages principaux du nom de Joël Bravinsky, qu'il emprunte à l'un de ses amis. Ce dernier assigne l'auteur et son éditeur pour atteinte à la vie privée, en arguant du fait que le personnage est présenté comme un obsédé sexuel, un toxicomane et un trafiquant de drogue et habite à la même adresse que son homonyme réel. Il perd cependant son procès car les défendeurs montrent qu'il avait donné son consentement à l'auteur et qu'il s'était même « montré très enthousiaste » à l'idée que son ami lui emprunte son nom (TGI p. 4).

TGI Paris, ch. 17, 16 novembre 1999, RG 98/2105, Bravinsky c/ Madelin et Gallimard
Audience : 12 octobre 1999
Juridiction civile
Président : Jean-Yves Monfort
Demandeur : Joël Bravinsky
Avocat : Pascal Cherki
Défendeurs : Éric Madelin et les éditions Gallimard
Avocats : Frédéric Garcias et Laurent Merlet
Fondements : Atteinte à la vie privée sur le fondement des articles 9 et 1382 du Code civil
Prétentions :

- Condamnation in solidum à 500 000 francs de dommages et intérêts
- Frais de publication du jugement dans 3 journaux de son choix, dans la limite de 15 000 Francs par insertion
- Indemnité de 15 000 francs sur le fondement de l'article 700 du nouveau code de procédure civile
- Interdiction de continuer à exploiter l'ouvrage, sous astreinte de 500 francs par infraction
- Destruction de la totalité des exemplaires sous astreinte de 500 francs par jour de retard.

Décision : demande rejetée

III. THIERRY JONQUET, *MOLOCH*

Œuvre : Thierry Jonquet, Moloch, *Paris, Gallimard, avril 1998.*

Les inspecteurs Rovère, Dimeglio, Dansel et Choukroun enquêtent sur l'assassinat de plusieurs enfants. À l'Hôpital Armand-Trousseau, Françoise Delcourt est confrontée à un cas de maltraitance sur mineur lié au syndrome de Münchhausen par procuration. On désigne par là une forme grave de maltraitance : un adulte qui a la responsabilité médicale d'un enfant, feint ou provoque à son égard, de manière délibérée, des problèmes de santé sérieux et répétés.

La famille d'une mère soupçonnée d'avoir empoisonné son enfant, décédée depuis lors, affirme que l'histoire est inspirée de sa propre histoire et qu'elle y est identifiable.

TGI Paris, ch. 17, 7 février 2000, RG 99/17667, Preudhomme c/ Jonquet et Gallimard
Audience : 10 janvier 2000
Juridiction civile
Présidente : Martine Ract-Madoux
Demandeurs : Danielle Preud'homme et Suzanne Preud'homme
Avocat : Pierre-Olivier Sur
Défendeurs : Thierry Jonquet et les éditions Gallimard
Avocat : Laurent Merlet
Fondements : Atteinte à la mémoire de Liliane Preud'homme sur le fondement de l'article 1382 du code civil
Prétentions :

- Condamnation *in solidum* des défendeurs à payer la somme de 500 000 francs en réparation du préjudice causé à la mémoire de Liliane Preud'homme représentée par ses parents et à celle de 10 000 francs, sur le fondement de l'article 700 du nouveau code de procédure civile
- Ordonner la publication du présent jugement dans différents journaux, aux frais des défendeurs.

Décision : Demande rejetée

CA Paris, chambre 1 section B, 5 avril 2001, Preud'homme et Berthe c/ Jonquet et Éditions Gallimard

(L'arrêt de la cour d'appel de Paris rendu le 5 avril 2001 concerne le fondement juridique. Le tribunal avait déclaré recevable l'action fondée sur l'article 1382 du Code civil pour atteinte à la mémoire d'une personne décédée, mais la cour d'appel infirme la décision en la requalifiant sur le fondement de l'article 34 de la loi du 29 juillet 1881 et en la déclarant prescrite. Il n'y a donc dans cet arrêt aucune motivation qui a trait à la protection de la liberté de création artistique.)

Audience : 1er mars 2001
Président : Claude Grellier
Appelants : Danielle Preud'homme et Suzanne Preud'homme
Avocat : Pierre-Olivier Sur
Intimés : Thierry Jonquet et les éditions Gallimard
Avocat : Laurent Merlet
Décision :

- Dit que l'action introduite par les époux Preud'homme est une action en diffamation contre la mémoire des morts relevant de l'article 34 de la loi du 29 juillet 1881
- Déclare leur action prescrite
- Condamne les époux Preud'homme à verser à M. Thierry Jonquet et les éditions Gallimard la somme de 10 000 francs au titre de l'article 700 du nouveau code de procédure civile
- Rejette toutes demandes plus amples

IV. MARC WEITZMANN, *MARIAGE MIXTE*

Œuvre : Marc Weitzmann, Mariage mixte, *Stock, 23 août 2000.*

« Le 21 mars 1991 au matin, un vétérinaire fortuné de Nice, Jean-Louis Turquin, appelle la police : son fils de huit ans, Charles-Édouard, a disparu. Son épouse, Michèle, a quitté le domicile conjugal et demande le divorce. Il ne le supporte pas. Trois mois plus tard, elle séduit et piège son mari, obtenant après l'amour l'aveu enregistré du meurtre de l'enfant. Interrogé par la police, Turquin

se rétracte : il affirme avoir raconté à sa femme ce qu'elle voulait entendre, pour qu'elle revienne. Le corps de l'enfant ne sera jamais retrouvé. Turquin est condamné à vingt ans de réclusion criminelle pour assassinat en 1997. Depuis, il affirme que Charles-Édouard vit en Israël, où sa femme a voyagé et étudié. Un pourvoi en révision a été introduit.

Le troisième roman de Marc Weitzmann, Mariage Mixte, est une "rêverie" ambiguë, hachée, fantasmée à partir de ce fait divers célèbre : "Le mariage mixte, explique-t-il page 222, entre les quelques faits accessibles rapportés par la presse et l'histoire telle que je l'avais imaginée, dix-huit mois durant". L'auteur suit une pratique assez répandue chez les jeunes écrivains français : le cannibalisme des faits par l'autofiction. Il se paie sur cette redoutable bête sans queue ni tête, le réel (avec italiques d'intimidation) : "J'affrontais le réel, ce Minotaure au centre du labyrinthe que tout écrivain contemporain se doit d'arpenter" (page 113). Le réel, c'est l'affaire Turquin – que Weitzmann utilise comme prétexte pour mettre en scène sa propre crise d'identité vis-à-vis de son père et de ses origines juives. » (Extrait de Philippe Lançon, « Droit de veto », Libération, *31 août 2000)*

Le demandeur n'apparaît pas sous son vrai nom dans le texte.

TGI Paris, ch. 17, ref, RG 2000/08111, 16 août 2000, Turquin c/ Éditions Stock
Juridiction civile
Présidente : Marie-Claude Dombe
Demandeur : Jean-Louis Turquin
Avocat : André Bertrand
Défendeur : éditions Stock
Avocate : Anne Veil
Fondements : atteinte à la vie privée (article 9 du code civil)
Prétentions :
- Communication par les éditions Stock du manuscrit du livre au demandeur
- Injonction à l'éditeur de retarder la publication de l'ouvrage

Décision : demande rejetée

CA Paris, ch 14, section A, ord. ref, RG 2000/15977, 13 septembre 2000, Turquin c/ Éditions Stock
Appelant : Jean-Louis Turquin
Intimé : éditions Stock

Prétentions :

- Condamner les Éditions Stock à lui payer à titre de provision sur les dommages-intérêts qui lui sont dus la somme de 50 000 francs
- Ordonner aux Éditions Stock de retirer de la vente le livre de Marc Weitzmann, sous astreinte de 500 francs par infraction constatée
- Condamner les Éditions Stock à lui payer une indemnité au titre de l'article 700 du nouveau code de procédure civile

Décision : confirmation de la décision de première instance

V. *JULIE LESCAUT*, ÉPISODE « L'INCONNUE DE LA NATIONALE »

Œuvre : épisode de la série Julie Lescaut *intitulé « L'inconnue de la nationale » diffusé 25 mai 2000 sur TF1.*

« L'épisode raconte le drame d'une jeune réfugiée africaine retrouvée morte sur le bord d'une route nationale, après avoir été violée. Parallèlement à ces investigations policières, alors qu'un jeune homme d'origine maghrébine, nommé Malik, était recruté au sein du commissariat au titre d'un emploi-jeune, une enquête de l'Inspection Générale de la Police Nationale était diligentée au sein du commissariat à la suite des révélations faisant apparaître que la drogue découverte lors de l'arrestation d'un délinquant avait été fournie par l'un des policiers travaillant dans ce commissariat. Le dealer interpellé portait le nom de Nasser Ramdane et était cité à plusieurs reprises au cours de l'épisode. » (TGI)

Nasser Ramdane assigne les deux sociétés productrices pour diffamation. Il se plaint que le roman lui impute le fait d'être au cœur d'un trafic de stupéfiants et le qualifie de « racaille » de banlieue.

TGI Paris, ch. 17, 1er décembre 2000, n° RG 00/12073, Nasserdine Ramdane dit Nasser Ramdane c/ Société Télévision française et Société GMT Productions
Assignation : 14 juillet 2000
Juridiction civile

Audience : 27 octobre 2000
Président : Édith Dubreuil
Demandeur : Monsieur Nasserdine Ramdane dit Nasser Ramdane
Avocat : Dominique Tricaud
Défendeurs : Société Télévision française 1, Société GMT Productions
Avocats : Louis Bousquet et Isabelle Théry
Fondements : diffamation envers un particulier (articles 29 et 32 Loi 1881)
Prétentions du demandeur :

- Condamnation *in solidum* des prévenus à 200 000 francs de dommages et intérêts et une indemnité de 20 000 francs en application de l'article 700 du code de procédure civile
- Publication du jugement à intervenir aux frais des défendeurs

Décision :

- Rejet
- Condamne Nasserdine Ramdane aux entiers dépens
- Condamne Nasserdine Ramdane à payer aux demanderesses la société GMT la somme de 7000 francs sur le fondement de l'article 700 du nouveau code de procédure civile.

VI. AFFICHE DU FILM *AMEN* DE COSTA-GAVRAS

Œuvre : affiche du film Amen *(Costa-Gavras).*

Le film dénonce l'attitude du pape Pie XII pendant la Seconde Guerre mondiale ; l'affiche représente une croix gammée incomplète, dans laquelle semble se dessiner une croix chrétienne. Elle présente également les photographies d'un prêtre et d'un officier allemand, avec au centre le titre « Amen ». Une telle mise en relation de symboles et représentants catholiques et nazis suscite la colère de plusieurs associations et personnalités de l'Église, parmi lesquelles le cardinal Jean-Marie Lustiger, archevêque de Paris, et le président de la conférence des évêques de France, Mgr Jean-Pierre Ricard. L'association traditionaliste AGRIF porte l'affaire devant les tribunaux, en faisant valoir le caractère diffamatoire de l'affiche envers les catholiques.

TGI Paris, ch. 17, ord. ref., RG02/5185, 21 février 2002, AGRIF c/ Société Renn Productions, Constantin Costa-Gavras, Société Pathé Distributions
Sortie du film : 27 février 2002
Assignation : 15 février 2002
Audience civile
Demanderesse : AGRIF
Avocat : Jean-Pierre Wallerand de Saint Just
Défendeurs : Société Renn Productions, Constantin Costa-Gavras, Société Pathé Distributions
Avocat : Georges Kiejman
Fondements : diffamation envers un groupe de personnes à raison de leur appartenance à une religion déterminée, en même temps qu'elle constitue une « offense gratuite, inutile et publique aux sentiments religieux les plus respectables » (articles 809 du nouveau Code de procédure civile et articles 29 alinéa Ier et 32 alinéa 2 de la loi du 29 juillet 1881)
Prétentions :

- Faire interdire l'affichage sur la voie publique de ladite affiche, et ce dès l'ordonnance à intervenir, sous astreinte de 400 euros par jour et par infraction constatée
- Condamnation solidaire des défendeurs aux dépens et régler à l'AGRIF la somme de 1500 euros par application des dispositions de l'article 700 du nouveau Code de procédure civile

Décision : demande rejetée

CA Paris, 11e chambre, section A, 3 novembre 2004, RG 03/03/443, Costa Gavras, Seydoux, Toscani c/ AGRIF
Audience : 22 septembre 2004
Présidente : Madame Trébuc
Prévenus appelants : Costa Gavras, Seydoux, Toscani
Avocat : Georges Kiejman
Partie civile appelante : AGRIF
Avocat : Jacques Tremolet de Villers
Décision : Confirmation du jugement du TGI

VII. MICHEL HOUELLEBECQ, INTERVIEW DANS LE CADRE DE LA PROMOTION DE *PLATEFORME*

Propos publiés dans la revue Lire *et* Le Figaro magazine *lors de la campagne de promotion du livre de Michel Houellebecq,* Plateforme, *Paris, Flammarion, août 2001*[1].

Tribunal saisi par citation à la requête de la Société des Habous et des lieux saints de l'Islam, de l'association rituelle de la grande mosquée de Lyon, de la fédération nationale des Musulmans de France et de la ligue islamique mondiale.

TGI Paris, ch. 17, 22 octobre 2002, Société des Habous et des lieux saints de l'Islam et autres c/ Houellebecq, Feuillée
Date audience : 17 septembre 2002
Audience pénale
Président : Nicolas Bonnal
Prévenus : Michel Houellebecq (avocat Emmanuel Pierrat) et Marc Feuillée directeur de publication de SA groupe express (avocat : Bruno Landry)
Parties civiles poursuivantes : Société des Habous et des lieux saints de l'Islam (avocats : Jean-Marc Varaut et Chems-Eddine Hafiz), de l'association rituelle de la grande mosquée de Lyon (Kamel Kabtane et Chems-Eddine Hafiz), de la fédération nationale des Musulmans de France (avocat : Christophe Pereire) et de la ligue islamique mondiale (avocat : Salah Djemal)
Partie civile : Ligue française pour la défense des droits de l'homme et du citoyen (avocate : Agnès Tricoire)
Fondements : Provocation à la discrimination nationale, religieuse par parole, écrit, image ou moyen de communication par voie électronique (article 24 loi de 1881), injure publique envers un particulier en raison de la race, de la religion ou de l'origine par parole, écrit, image ou moyen de communication par voie électronique (article 33 loi de 1881).

1 Les propos poursuivis ne sont pas extraits du roman, mais ont été prononcés à l'occasion de la sortie du roman. Le prévenu plaide l'exception de fiction en jouant sur l'ambiguïté entre les propos tenus dans le roman et hors du roman. C'est pourquoi nous avons pris la décision d'inclure cette procédure dans le corpus.

Prétentions des parties civiles :

- Condamnation du prévenu à verser à chacune 50 000 francs de dommages et intérêts
- Publication dans la revue *Lire* et dans deux journaux d'audience nationale
- Condamnation solidaire à payer 40 000 francs à chacune des parties civiles sur le fondement de l'article 475-1 du code de procédure pénale

Réquisitions du Ministère public : information non disponible
Décision : relaxe

VIII. CAMILLE LAURENS, *L'AMOUR. ROMAN*

Œuvre : Camille Laurens, L'Amour. Roman, *Paris, POL, 2003.*

Camille Laurens met en scène une femme de 47 ans, professeure de lettres séparée de son mari qui se crée un compte Facebook sous une fausse identité afin d'espionner son amant. Elle rentre donc en contact avec un ami de son amant, qu'elle va amener à tomber amoureux du personnage fictif qu'elle a créé de toutes pièces. Camille Laurens ne cesse d'écrire qu'elle doit balancer tout le monde, qu'elle ne peut que donner les vrais noms, qu'elle ne parvient plus à cacher. Le mari réel de l'écrivaine affirme se reconnaitre dans le personnage de Yves et tente de faire interdire le livre au motif qu'il porte atteinte à sa vie privée.

TGI Paris, ch. 17, 4 avril 2003, ord. réf., 03/53477 Mézières c/ Ruel, épouse Mézières (dite Camille Laurens) et POL
Audience civile
Audience : 27 mars 2003
Présidente : Catherine Bezio
Demandeurs : Yves Mézières
Avocat : Philippe Bessis
Défendeurs : Laurence Ruel, épouse Mézières, et POL éditeurs comparant en la personne de Paul Otchakovsky-Laurens
Avocat : Pas d'avocat
Fondements : Atteinte à la vie privée (article 9 du code civil et articles 800 et 809 du nouveau code de procédure civile)

Prétentions :
- Suspension immédiate de la diffusion du livre
- Saisie des exemplaires en librairie
- 50 000 euros de dommages et intérêts pour le demandeur et 50 000 euros pour sa fille
- 6000 euros sur le fondement de l'article 700 du nouveau code de procédure civile

Décision : Demande rejetée

IX. CHRISTIAN DUBOIS DIT MILLAU, *UNE CAMPAGNE AU SOLEIL*

Œuvre : Christian Dubois dit Millau, Une Campagne au soleil*, Éditions de Fallois, 12 février 2002.*

Il s'agit d'une « épopée burlesque qui relate les péripéties d'une campagne électorale et des élections municipales dans une île méditerranéenne dénommée Port-cigale, dont le maire sortant, Max Farina, particulièrement malhonnête et intéressé, se trouve confronté à un concurrent intègre et altruiste » (extrait du TGI).

Le maire de Saint-Tropez Jean-Michel Couve se reconnait dans ce personnage et assigne l'auteur. Onze passages sont poursuivis pour diffamation simple, vingt-deux pour diffamation publique envers un citoyen chargé d'un service public ou d'un mandat public, deux pour injure publique envers un particulier.

TGI Paris, ch. 17, 8 décembre 2003, n° RG 02/09208, Couve c/ Millau
Assignation : 10 mai 2002
Audience : 27 octobre 2003
Audience civile
Président : Anne-Marie Sauteraud
Demandeur : Jean-Michel Couve
Avocat : Emmanuel Pierrat
Défendeurs : Christian Dubois, dit Millau, Bernard de Fallois, SA Bernard de Fallois
Avocats : Jean-Miche Baloup

Fondements : diffamation envers un particulier (articles 22 et 29 alinéa 1 et sanctionnés par l'article 32 alinéa 1 de la loi du 29 juillet 1881) et injures publiques envers un particulier, (articles 23 et 29 alinéa 2 et sanctionnées par l'article 33 alinéa 2 de la loi de 1881).

Prétentions :

- Condamnation *in solidum* des prévenus à 25 000 euros de dommages et intérêts pour diffamation envers un particulier
- Condamnation *in solidum* des prévenus à 35 000 euros de dommages et intérêts pour diffamation envers un particulier
- Condamnation *in solidum* des prévenus à 15 000 euros de dommages et intérêts pour injure envers un particulier
- Publication du jugement dans deux organes de presse nationaux de son choix ainsi que dans le quotidien *Var matin* et le bimensuel *Le Bavar*
- Condamnation des défendeurs *in solidum* au paiement de la somme de 5000 euros en application de l'article 700 du nouveau Code de procédure civile

Décision :

- Rejet
- Condamne Jean-Michel Couve aux dépens

X. LUC DELAHAYE, *L'AUTRE*

Œuvre : *L'Autre*, éditions Phaidon, 15 septembre 1999

Luc Delahaye, photographe de l'agence Magnum, a publié un livre de photographies de visages d'anonymes pris dans le métro parisien, qu'il a cosigné avec Jean Baudrillard.

Un certain M. Bensalah se plaint d'avoir découvert son portrait par hasard, à l'occasion du visionnage du film de Michaël Haneke Code inconnu, *dans lequel le portrait était repris. Il assigne l'auteur de la photographie et son éditeur pour violation du droit à l'image, invoquant « l'exploitation mercantile de ses traits à laquelle il n'a jamais entendu se prêter, l'expression de tristesse qui se dégage du portrait et le ridiculise et les répercussions négatives sur son équilibre familial qu'ont eues ces publications »* (TGI).

TGI Paris, ch. 17, 2 juin 2004, M. Bensalah c/ L. Delahaye Magnum, Éditions Phaidon Presse Limited et SA Mk2
Assignation : 19 juin 2002
Audience : 29 mars 2004
Audience civile
Présidente : Marie-Thérèse Feydeau
Demandeur : Neji Bensalah
Avocat : Rémy Bijaoui
Défendeurs : Luc Delahaye, Éditions Phaidon, MK2
Avocats : Isabelle Lescure et Bruno Ryterband
Fondements : droit à l'image (articles 9 et 1382 du Code civil)
Prétentions :

- Condamner solidairement les défendeurs à lui payer 100 000 euros de dommages et intérêts
- Ordonner le retrait de la photographie des éditions présentes et à venir du livre
- Condamner solidairement les défendeurs à lui payer 15 000 euros en application de l'article 700 du nouveau code de procédure civile

Décision : Demande rejetée

XI. GÉRARD VINCENT, *DE TON VISAGE ET QUELQUES AUTRES LIEUX*

Œuvre, Gérard Vincent, De ton visage et quelques autres lieux*, Paris, Éditions du Rocher, février 2005.*

Il s'agit d'un « récit autobiographique qui présente, sous la forme d'un journal intime – du 1er janvier au 7 août 1999 –, la vie du narrateur, ses pensées, ses réflexions, ses lectures, la "faillite amoureuse" du couple formé avec la demanderesse – citée cinquante-neuf fois sous les initiales M.C. et quatre fois sous son prénom réel complet : Marie-Claude –, l'aventure passionnelle vécue avec une jeune femme prénommée Myriam. » (TGI)

L'ex-épouse de l'auteur l'assigne pour atteinte à l'intimité de sa vie familiale et de couple « résultant de la narration de la vie quotidienne du couple et de leur famille dans leurs aspects les plus intimes », pour atteinte à l'intimité de sa vie privée, en raison de la révélation du viol dont elle a été victime, ainsi que de la poursuite par celle-ci d'une psychothérapie et, pour « dénigrement » de sa personne, au motif que Gérard Vincent « n'a pas hésité à dresser d'elle un portrait désobligeant » (TGI).

TGI Paris, ch. 17, 14 novembre 2005, nº RG 05/13084, Caron c/ éditions du Rocher, Gérard Vincent
Assignation : 31 août 2005
Audience civile
Audience : 10 octobre 2005
Président : Nicolas Bonnal
Demanderesse : Marie-Claude Caron, divorcée Vincent
Avocat : Gabrielle Odinot
Défendeurs : Société Éditions du Rocher et Gérard Vincent
Avocats : Michel Rasle
Fondements : Atteinte à la vie privée (articles 9 et 1382 du Code civil)
Prétentions :

- Condamnation *in solidum* des défendeurs à payer à la partie civile la somme de 20 000 euros de dommages et intérêts au titre du préjudice résultant de l'atteinte portée à sa vie familiale et de couple
- Condamnation à payer la somme de 20 000 euros en réparation du préjudice résultant de l'atteinte portée à l'intimité de sa vie privée
- Condamnation à payer la somme de 20 000 euros en réparation du préjudice résultant du dénigrement
- Condamnation à payer la somme de 5000 euros sur le fondement des dispositions de l'article 700 du nouveau code de procédure civile
- Mesures complémentaires de modification de l'ouvrage litigieux et de retrait de la vente sous astreintes.

Décision :

- Condamne *in solidum* la société Éditions du Rocher et Gérard Vincent à 3000 euros à titre de dommages et intérêts, en réparation des atteintes portées à sa vie privée sur le fondement de l'article 9 du code civil
- Déboute Marie-Claude Caron de sa demande en dommages et intérêts formée sur le le fondement de l'article 1382 du code civil
- Déboute Marie-Claude Caron de l'ensemble de ses demandes complémentaires

– Condamne *in solidum* la société Éditions du Rocher et Gérard Vincent aux entiers dépens de l'instance ainsi qu'au paiement à Marie-Claude Caron de la somme de 2000 euros sur le fondement de l'article 700 du nouveau code de procédure civile

XII. FRANÇOIS-MARIE BANIER, *PERDRE LA TÊTE* (1)

Œuvre : François-Marie Banier, Perdre la tête, *Paris, Gallimard, octobre 2005.*

Le livre est un recueil d'environ 170 photographies d'anonymes photographiés dans la rue, de célébrités (telles que Ray Charles, Claude Levi-Strauss, Michel Tournier), d'animaux et d'objets. Quelques textes accompagnent le recueil. Plusieurs d'entre eux assignent l'auteur en faisant valoir leur droit à l'image.

TGI Paris, ch. 17, ord. ref., Espaces tutelles, Michelle Dolibois c/ François Marie Banier et éditions Gallimard, 16 janvier 2006

La première procédure a eu lieu devant le juge des référés. Il lui a été demandé d'interdire l'utilisation et l'exploitation des clichés litigieux et de restituer les planches-contacts et les négatifs. Les demanderesses avaient été déboutées par une ordonnance de référé rendue le 16 janvier 2006[2]*.*

L'association Espaces Tutelles, Michelle Dolibois et Patricia Gray saisissent alors au fond le TGI de Paris.

TGI Paris, ch. 17, 25 juin 2007, RG 06/10149, Espaces tutelles, Michelle Dolibois c/ François Marie Banier et éditions Gallimard

[6 clichés poursuivis]

Assignation : 28 juin 2006
Audience civile
Audience : 21 mai 2007
Présidente du Tribunal : Anne-Marie Sauteraud.
Demanderesses : Espaces tutelles, Michelle Dolibois et Patricia Gray
Avocate : Isabelle Cope Bessis
Défendeurs : François-Marie Banier et éditions Gallimard

---

2 Nous n'avons pas pu nous procurer la décision.

Avocat : SCP Darteville-Benazeraf-Merlet-Dubest
Fondements : Violation du droit à l'image et atteinte à leur droit à la dignité, Articles 9 et 1382 du Code civil 22, article 700 du code de procédure civile.
Prétentions :
- Condamnation solidaire des défendeurs à payer à chacune des demanderesses la somme de 30 000 euros à titre de dommages et intérêts
- Publication de la décision dans trois quotidiens nationaux de leur choix et sur le site internet de Gallimard, aux frais des défendeurs
- Condamnation solidaire aux dépens, incluant les frais de sommation, et au paiement d'une somme de 10 000 euros

Décision : demande rejetée

XIII. FRANÇOIS-MARIE BANIER, *PERDRE LA TÊTE* (2)

TGI Paris, ch. 17, 9 mai 2007, Chastenet de Puységur Isabelle c/ Gallimard et François-Marie Banier

[un cliché poursuivi]

Œuvre, *Banier. Perdre la tête*, Paris, Gallimard, octobre 2005

Demanderesse : Isabelle de Chastenet de Puységur
Défendeurs : Gallimard et François Marie Banier
Avocat : Laurent Merlet
Fondements : Violation du droit à l'image et atteinte à leur droit à la dignité, Articles 9 et 1382 du Code civil 22, article 700 du code de procédure civile.
Prétentions :
- Condamnation solidaire des défendeurs à payer à la demanderesse la somme de 200 000 euros à titre de dommages et intérêts
- Retrait de l'ouvrage sous astreinte d'une somme de 500 euros par jour de retard
- Publication de la décision dans trois journaux de leur choix et sur le site internet de Gallimard, aux frais des défendeurs
- Condamnation solidaire à la somme de 10 000 euros

Décision : demande rejetée

CA Paris, ch 11, section A, 5 novembre 2008, RG 07/10198, Chastenet de Puységur Isabelle c/ Gallimard et François-Marie Banier

[un cliché poursuivi]

Œuvre, *Banier. Perdre la tête*, Paris, Gallimard, octobre 2005

Audience : 1er octobre 2008

Présidente de la Cour : Laurence Trébucq

Appelante : Isabelle de Chastenet de Puységur

Avocat : SCP Fanet-Serra, assistée de Jean-Jacques Neuer

Intimés : Gallimard et François Marie Banier

Avocat : SCP Baskal Chalat Natal assistés de Laurent Merlet

Fondements : Violation du droit à l'image et atteinte à leur droit à la dignité, Articles 9 et 1382 du Code civil 22, article 700 du code de procédure civile.

Prétentions :

- Condamnation solidaire des défendeurs à payer à la demanderesse la somme de 200 000 euros à titre de dommages et intérêts
- Retrait de l'ouvrage sous astreinte d'une somme de 500 euros par jour de retard
- Publication de la décision dans trois journaux de leur choix et sur le site internet de Gallimard, aux frais des défendeurs
- Condamnation solidaire à la somme de 10 000 euros

Décision :

- Confirme le jugement de première instance

XIV. ARNAUD DESPLECHIN, *ROIS ET REINE*

Œuvre : Arnaud Desplechin, Rois et Reine, *22 décembre 2004.*

Ce film met en scène deux personnages principaux, Ismaël et son amie Nora, qui connait de multiples déboires sentimentaux. L'actrice Marianne Denicourt qui a été l'ex-compagne d'Arnaud Desplechin affirme se reconnaitre dans ce personnage féminin bien qu'elle ne porte pas son nom et accuse le réalisateur d'avoir porté atteinte à sa vie privée. Elle lui reproche notamment l'utilisation d'épisodes douloureux de son histoire personnelle et de leur vie commune (la mort de son compagnon, le mariage posthume de la comédienne et les démarches pour que son fils ait officiellement un père, la reproduction d'extraits d'une lettre que le réalisateur avait lui-même adressée au fils de l'actrice).

TGI Paris, ch. 17, 3 avril 2006, RG 04/01407, Denicourt c/ Desplechin
Audience civile
Audience : 27 février 2006
Présidente : Anne-Marie Sauteraud
Demanderesse : Marianne Denicourt et Jérémie Denicourt (intervenant volontaire)
Avocat : Jacques Georges Bitoun
Défendeurs : Arnaud Desplechin et société Why not productions
Avocats : Laurent Merlet et Michel Magnien
Fondements : Atteinte à la vie privée (articles 9 et 1382 du Code civil)
Prétentions :

- Condamnation *in solidum* des défendeurs à payer à la partie civile au titre du préjudice moral la somme de 100 000 euros à Marianne Denicourt et de 1 euro à Jérémie Denicourt de dommages et intérêts au titre des préjudices corporel et professionnel
- Condamnation des défendeurs à payer la somme de 100 000 euros à Marianne Denicourt à raison d'un harcèlement imposé à Marianne Denicourt ayant entrainé une incapacité totale de travail de 20 mois
- Subsidiairement désignation d'un expert pour l'évaluation de son préjudice
- Condamnation *in solidum* des défendeurs au paiement de la somme de 6000 euros sur le fondement des dispositions de l'article 700 du nouveau code de procédure civile

Décision : demande rejetée

XV. ÉRIC BÉNIER-BURCKEL, *POGROM*

Œuvre, Éric Bénier-Burckel, Pogrom, *Paris, Flammarion, janvier 2005.*

Le roman met en scène un personnage, appelé « L'inqualifiable », qui est professeur de philosophie. Un épisode raconte la rencontre du héros avec une femme juive, Rachel, qui lui est présentée par son ami Mourad. À cette occasion, ce dernier développe longuement son opinion sur les Juifs dans un chapitre qui condense tous les clichés de l'antisémitisme. Selon l'auteur, la violence du propos et le style adopté, largement ordurier et outrancier, s'inscrivent dans la lignée de Céline et de Bret Easton Ellis qui connaît alors un grand succès en France.

Quelques semaines après sa parution, le livre attire l'attention du CRIF, du premier ministre de l'époque Jean-Pierre Raffarin, ainsi que des écrivains Bernard Comment et Olivier Rollin qui publient une tribune dans Le Monde *afin d'en dénoncer le caractère antisémite. Face à la polémique, le tribunal est saisi par requête du Procureur de la République le 9 décembre 2005.*

TGI Paris, ch. 17, 16 novembre 2006, Ministère public c/ Bénier-Burckel
[Extrait des minutes du greffe]
Citation à la requête du procureur de la République : 9 décembre 2005
Date audience : 12 janvier 2006
Audience pénale
Présidente : Anne-Marie Sauteraud
Prévenu : Gilles Haeri, directeur général des éditions Flammarion et Éric Bénier-Bürckel
Avocats : Maitres Christophe Bigot et Jean-Claude Zylberstein
Témoins : Raphaël Sorin et Juliette Joste
Fondements : Provocation à la discrimination nationale, religieuse par parole, écrit, image ou moyen de communication par voie électronique (articles 23 et 24 loi de 1881), injures publiques en raison de la race, de la religion ou de l'origine par parole, écrit, image ou moyen de communication par voie électronique (articles 23, 29, 33, 47 et 48 loi de 1881), diffusion de message violent, pornographique ou contraire à la dignité, accessible à un mineur (articles 227-24, 227-29, 227-31, 227-28-1 et 42, 43 loi de 1881)
Réquisitions du Ministère public : relaxe
Décision : relaxe

XVI. PHILIPPE BESSON, *L'ENFANT D'OCTOBRE*

Œuvre : Philippe Besson, L'enfant d'octobre, *Paris, Grasset, 5 avril 2006.*

Vingt ans après l'assassinat de Gregory Villemin, Philippe Besson aborde dans ce roman ce fait-divers familial. En alternance avec la narration des faits, il imagine le récit du point de vue de Christine Villemin et lui donne la parole, donnant à la fois accès à ses discours et à ses pensées.

Les époux Villemin accusent l'auteur et son éditeur d'avoir travesti leur histoire. Ils les assignent pour atteinte au nom, à la vie privée et diffamation.

TGI Paris, ch. 17, 17 septembre 2007, RG 06/10152, Villemin c/ Besson, Nora, Éditions Grasset et Fasquelle
Assignation : 29 juin 2006
Audience civile
Audience : 25 juin 2007
Président du tribunal : Nicolas Bonnal
Demandeurs : Christine Blaise épouse Villemin, Jean-Marie Villemin
Avocat : Anne Boissard
Défendeurs : Philippe Besson, Olivier Nora, Éditions Grasset et Fasquelle
Avocat : Dominique de Leusse
Fondements : Atteinte aux noms des droits des requérants et à leur dignité (articles 22 de la déclaration universelle des droits de l'homme et 1er de la loi du 6 fructidor an II), atteinte à la vie privée (article 9 du Code civil), diffamation à l'égard de Christine de Villemin (articles 29 alinéa 1er et 32 alinéa 1er de la loi du 29 juillet 1881), article 700 du code de procédure civile
Prétentions :

- Condamnation solidaire des défendeurs au paiement de 50 000 euros de dommages et intérêts à Christine Villemin et 20 000 euros à Jean-Marie Villemin pour réparation de l'atteinte au nom et à leur dignité humaine
- Condamnation solidaire des défendeurs à payer 20 000 euros à chacun des demandeurs en réparation de l'atteinte à la vie privée
- Condamnation solidaire des défendeurs à payer 100 000 euros à Christine Villemin pour diffamation

- Arrêt de la commercialisation sous astreinte et rapatriement aux fins de destruction de tous les ouvrages en librairie, interdiction de réimpression de l'ouvrage à défaut d'occultation de tous les chapitres en italiques
- À titre subsidiaire impression sous astreinte dans tous ces tirages ou éditions futures du dispositif de cette décision
- Condamnation solidaire des défendeurs au paiement de la somme de 7000 euros

Décision :
- Condamnation de la société Éditions Grasset et Fasquelle à payer 10 000 euros à Christine Blaise épouse Villemin et 5000 euros à Jean-Marie Villemin en réparation de l'atteinte à la vie privée
- Condamnation solidaire des défendeurs à payer 20 000 euros de dommages et intérêts à Christine Villemin pour diffamation
- Insertion d'un communiqué judiciaire dans tous les exemplaires existants ou à venir
- Condamnation solidaire des défendeurs au paiement de la somme de 5000 euros
- Condamnation solidaire aux dépens

CA Paris, ch. 11, 18 décembre 2008, RG 07/17917, Villemin c/ Besson, Nora, Éditions Grasset et Fasquelle

[Sur le jugement rendu le 17 septembre 2007]

Audience : 6 novembre 2008
Président de la Cour : Philippe Castel
Appelants : Philippe Besson, Olivier Nora, Éditions Grasset et Fasquelle
Avocat : SCP Bernabé-Chardin-Cheviller et Dominique de Leusse
Intimés : Christine Blaise épouse Villemin, Jean-Marie Villemin
Avocat : Louis-Charles Huyghe et Anne Boissard
Prétentions :
- Confirmation de la décision entreprise en ce qu'elle a débouté les époux Villemin de leurs demandes fondées sur l'atteinte au droit au nom et à la dignité
- Confirmation de la décision entreprise de ce qu'elle a débouté Christine Villemin de ses demandes visant 4 passages
- Infirmation de la décision entreprise en ce qu'elle a condamné les éditions Grasset et Fasquelle pour atteinte à la vie privée et

condamnation de Jean-Marie Villemin à restituer les dommages et intérêts perçus
- Infirmation de la décision entreprise en ce que les passages figurant en pages 116 à 122 de l'ouvrage ont été constitutifs d'une diffamation et condamnation de Christine Villemin à restituer la somme de 20 000 euros
- Condamnation solidaire des intimés aux entiers dépens

Décision :
- Confirmation de la décision entreprise en ce qu'elle a débouté les époux Villemin de leurs demandes fondées sur l'atteinte au droit au nom et à la dignité
- Confirmation de la décision entreprise de ce qu'elle a débouté Christine Villemin de ses demandes visant 4 passages
- Confirmation de la décision entreprise en ce que les passages figurant en pages 116,122 et 171 de l'ouvrage ont été constitutifs d'une diffamation et condamnation de Christine Villemin
- Infirmation du jugement sur les autres passages poursuivis et dit que sont également diffamatoires les autres passages poursuivis
- Infirmation du jugement sur le montant des dommages et intérêts
- Condamnation de la société Éditions Grasset et Fasquelle à payer 10 000 euros à Christine Villemin et 5000 euros à Jean-Marie Villemin en réparation de l'atteinte à la vie privée
- Condamnation solidaire des défendeurs à payer 20 000 euros de dommages et intérêts à Christine Villemin pour diffamation
- Condamnation de la société Éditions Grasset et Fasquelle à payer 15 000 euros à Christine Villemin et 15 000 euros à Jean-Marie Villemin en réparation de l'atteinte à la vie privée
- Condamnation solidaire des défendeurs à payer 50 000 euros de dommages et intérêts à Christine Villemin pour diffamation
- Confirmation de l'insertion d'un communiqué judiciaire dans tous les exemplaires existants ou à venir
- Suppression à l'occasion de la réimpression ou réédition de l'ouvrage des passages retenus comme attentatoires à la vie privée et diffamatoires
- Confirmation du jugement sur la condamnation prononcée en application de l'article 700 du code de procédure civile

XVII. JEAN-FRANÇOIS LAMUNIÈRE, *PASTIS À L'OM*

Œuvre : Jean-François Lamunière, Pastis à l'OM, *Payot, 7 mars 2007.*

Ce roman policier fait le récit d'un meurtre ayant pour cadre le club de football marseillais, l'Olympique de Marseille. Certaines personnes réelles y sont désignées sous leur vrai nom et la quatrième de couverture met à mal le pacte fictionnel en posant la question « Pure fiction ? À vous de juger… ». L'attachée de presse du club affirme se reconnaitre sous les traits de Danièle Casanova, personnage qui multiplie les relations sexuelles au sein du club. Elle porte plainte pour diffamation.

TGI Paris, ch. 17, 7 février 2008, Paris Paoli c/ Lamunière
Citation : 5 juin 2007
Audience pénale
Audience : 20 décembre 2007
Présidente : Anne-Marie Sauteraud
Parties civiles : Nathalie Paoli
Avocat : Maitre Domingues
Prévenus : Jean-François Lamunière et SAS Éditions Rivages et Payot
Avocat : Maitre Guy Lambot
Fondements : Diffamation publique, articles 23, 29 alinéa 1 et 32 alinéa 1 de la loi du 29 juillet 1881
Prétentions :

- Condamnation *in solidum* du prévenu et de la société civilement responsable à lui payer les sommes de 50 000 euros à titre de dommages et intérêts et de 5000 euros sur le fondement de l'article 475-1 du Code de procédure pénale, la publication du dispositif de la décision à venir dans les quotidiens *La Provence* et *L'Équipe* ainsi que dans l'hebdomadaire *Le Point*, sous astreinte

Réquisitions du Ministère public : relaxe
Décision :

- Amende de 1000 euros
- Versement de 1500 euros et 2500 euros de dommages et intérêts à la partie civile

XVIII. CORINNE SOLLIEC, *LE PETIT CORPS*

Œuvre : Corinne Solliec, Le petit Corps, *Paris, Gallimard, 31 août 2006.*

Ce roman décrit la lutte d'une jeune fille anorexique, Estelle Maréchal, contre son « petit corps ». Son autrice Corinne Solliec dit s'être inspirée de sa propre histoire pour construire son récit. Le problème est qu'il existe une vraie Estelle Maréchal dont la vie présente des similitudes troublantes avec le personnage fictif, au point que, selon ses affirmations, certains de ses amis l'auraient alertée sur une confusion possible. En 2007, elle assigne l'éditeur devant le tribunal de grande instance de Paris pour atteinte à la vie privée, au motif qu'il existerait « de nombreuses similitudes entre son histoire personnelle et celle de l'héroïne du livre, qui porte son nom » et qu'il ne pourrait « s'agir d'un hasard », l'auteur ayant de toute évidence repris « des détails intimes de sa vie personnelle[3] ». Elle sollicite 100 000 euros de dommages et intérêts au nom du préjudice moral qu'elle aurait subi.

TGI Paris, ch. 17, 27 octobre 2008, RG 07/12091, Estelle Maréchal c/ Gallimard.
Assignation : 4 septembre 2007
Audience civile
Audience : 22 septembre 2008
Présidente : Anne-Marie Sauteraud
Demanderesse : Estelle Maréchal
Avocat : Gérard Faivre
Défendeur : SAS des éditions Gallimard
Avocat : Laurent Merlet
Fondements : Atteinte à la vie privée (articles 9 du code civil et 10 de la CEDH)
Prétentions :

- Interdiction à Gallimard de poursuivre la publication du roman, sous astreinte de 5000 euros par infraction constatée à compter de la signification de la décision à intervenir et destruction sous

3 Extrait de l'assignation cité dans TGI Paris 17e ch. 27/10/2008, affaire : Estelle M. c/ Gallimard. Pièce citée dans l'arrêt du 24 novembre 2010 (CA Versailles, 24 nov. 2010).

astreinte de tous les exemplaires existants du livre, tant dans ses stocks que chez les différents dépositaires
- Condamnation de Gallimard au paiement des sommes de 100 000 euros à titre de dommages et intérêts et de 5000 euros sur le fondement des dispositions de l'article 700 du Code de procédure civile

Décision :
- Condamnation de Gallimard à 5000 euros de dommages et intérêts en réparation du préjudice liée à l'atteinte à la vie privée et à 2500 euros sur le fondement de l'article 700 du code de procédure civile
- Déboute Estelle Maréchal de toutes ses autres demandes

CA Paris, Pôle 2 chambre 7, 24 novembre 2010, 08/24381, Gallimard c/ Estelle Maréchal
Audience : 7 octobre 2010.
Président de la cour : Alain Verleen
Appelants : Gallimard
Avocat : SCP Baskal-Chalut-Natal représentés par Laurent Merlet
Intimée : Estelle Maréchal
Avocats : Pascale Naboudet-Vogel, Caroline Hatet-Sauval et Gérard Faivre
Partie intervenante : Syndicat national de l'édition
Avocats : avoués SCP Fisselier, Chiloux, Boulay, assistés de Christophe Bigot
Prétentions :
- Infirmation du jugement, débouté d'Estelle Maréchal et condamnation de celle-ci
- Paiement de la somme de 3000 euros sur le fondement de l'article 700 du code de procédure civile. Soutient que l'article 9 du code civil est inapplicable en l'espèce

Décision : réforme le jugement et déboute Estelle Maréchal de toutes ses demandes

XIX. LALIE WALKER, *AUX MALHEURS DES DAMES*

Œuvre, Lalie Walker, Aux malheurs des dames, *Paris, Parigramme, 2009.*

Le roman paraît le 5 novembre 2009. Son intrigue policière prend pour cadre le Marché Saint Pierre à Paris. Le 5 février 2010, le président du conseil d'administration et le directeur général de la société Village d'Orsel qui gère le Marché Saint Pierre assignent l'auteur, l'éditeur et deux anciens salariés. Il leur est reproché de citer et de dégrader le nom du magasin.

TGI Paris, ch. 17, 19 novembre 2010, Village d'Orsel, Elbaz, Gabbay c/ Besse, Ayadi, Magdelonnette
Type de document : copie de travail
Audience : 15 octobre 2010
Audience pénale
Demandeurs : Société Village d'Orsel, Salomon Elbaz, Robert Gabbay.
Avocat : Claire Puireux-Reillac
Défendeurs : François Besse (directeur de Parigramme), Lalie Walker, Philippe et Hélène Magdelonnette en qualité de complices de droit commun, Société Compagnie parisienne du livre
Avocat : Emmanuel Pierrat
Fondements : Diffamation et injures publiques envers un particulier, articles 29, 32 alinéa 1er et 33 alinéa 2 de la loi du 29 juillet 1881
Prétentions des parties civiles : condamnation *in solidum* des défendeurs :

- 1 000 000 euros de dommages et intérêts à la société Village d'Orsel et 500 000 euros à chacune des autres parties civiles
- Cessation de la distribution du livre et retrait de tous les points de vente, sous une astreinte de 20 000 euros par jour de retard
- Publication d'un communiqué judiciaire dans le quotidien *Le Parisien*, le journal municipal de l'arrondissement de Montmartre, sur six sites internet généralistes ou spécialisés
- 10 000 euros sur le fondement de l'article 475-1 du code de procédure pénale

Décision : Relaxe et demandes des parties civiles rejetée

XX. ABDUL X, « TIREZ SUR LES KEUFS »

Œuvre : Abdul X, « Tirez sur les keufs », autodiffusion 2010.

Le rappeur met en ligne le 2 juillet 2010 une chanson intitulée « Tirez sur les keufs » qui contient notamment les paroles « 77, 78 Brûle la police !, 91, 92 Brûle la police !, 93, 94 Brûle la police ! » ou encore « Mon gros, s'il te plait, si t'en vises un, tue-le, le rate pas ». Le chanteur joint en outre le geste aux paroles et pointe, face caméra, son arme à feu.

« En août 2010, Alliance, deuxième syndicat de policiers, et Synergie-Officiers ont demandé au ministre de l'Intérieur d'engager des poursuites contre l'auteur du titre, dans lequel ils voient un appel au meurtre. Brice Hortefeux a déposé plainte contre le rappeur en vertu du code de déontologie de la Police Nationale, qui stipule que le ministre doit "défendre les fonctionnaires de la police nationale contre les menaces, les violences, les voies de fait, les injures, diffamations ou outrages dont ils sont victimes". Mme Alliot-Marie a par ailleurs demandé au parquet de Paris d'ouvrir une enquête préliminaire suite à certains propos – relevant de l'apologie de crime – tenus par Abdul X, selon un communiqué de la Chancellerie » (Vanessa Ferrere, « Quand le rap irrite les politiques », L'Express, 13 août 2010, consulté le 13 novembre 2019, URL : https://www.lexpress.fr/culture/musique/quand-le-rap-irrite-les-politiques_912299.html, consulté le 4 avril 2022)

TGI Paris, ch. 17, 16 juin 2011, Ministère public c/ Benzerrouk Henry (dit Abdul X)
Citation le 15 septembre 2010
Audience : 6 mai 2011
Audience pénale
Présidente du Tribunal : Anne-Marie Sauteraud
Prévenus : Benzerrouk Massi-Nissa (auteur du vidéo-clip et diffuseur sur internet) (avocat maitre Bouzrou) (avocat maitre Nathalie Roze), Younes (chanteur) et Henry Pascal (chanteur et auteur) (avocat maitre Bouzrou)
Fondements : délit d'injure publique envers un corps constitué, un fonctionnaire, un dépositaire de l'autorité ou un citoyen chargé d'un service public par parole, écrit, image ou moyen de communication

par voie électronique (articles 23, 30, 33, 42, 43, 47, 48 de la loi de 1881), provocation non suivie d'effet au crime ou délit par parole, écrit, image ou moyen de communication par voie électronique (articles 23, 30, 33, 42, 43, 47, 48 de la loi de 1881), apologie de crime ou délit par parole, écrit, image ou moyen de communication par voie électronique (articles 23, 30, 33, 42, 43, 47, 48 de la loi de 1881)

Réquisitions du Ministère public : condamnation à 1000 euros d'amende pour Massi-Nissa Benzerrouk et 120 jours-amende de 30 euros pour Pascal Henry

Décision :

- 1000 euros d'amende pour les deux prévenus
- Pour Pascal Henry, amende sous la forme de 120 jours-amende d'un montant unitaire de 10 euros

XXI. PATRICK POIVRE D'ARVOR, *FRAGMENTS D'UNE FEMME PERDUE*

Œuvre : Patrick Poivre d'Arvor, Fragments d'une femme perdue*, Paris, Grasset, août 2009.*

Le livre est présenté en couverture comme un « roman » et raconte les amours tumultueuses d'Alexis O. et d'une « femme fatale ». L'ex-compagne de l'auteur, Agathe Borne, affirme qu'il s'agit du récit de la liaison qu'ils ont entretenue en 2007 et 2008. Elle soutient que le livre est une « punition que lui a infligée Patrick Poivre d'Arvor pour avoir osé le quitter ».

Le texte alterne les points de vue de divers narrateurs énoncés à la première personne et des lettres échangés entre les deux personnages.

La demanderesse n'est pas nommée par son vrai nom. Elle se reconnaît sous le personnage de Violette.

TGI Paris, ch. 17, 7 septembre 2011, RG 10/01674, Agathe Borne c/ PPDA
Audience : 9 février 2011
Audience civile
Demanderesse : Agathe Borne

Avocat : Nathalie Dubois
Défendeurs : Patrick Poivre d'Arvor et Grasset Éditions
Avocats : Francis Teitgen
Fondements : Atteinte au respect dû à l'intimité de sa vie privée, article 9 du Code civil, et contrefaçon, articles L 111-3 alinéa 1, L 122-4, L 121-1, L 121-2 et L 122-1 du Code de la propriété intellectuelle.
Prétentions : condamnation *in solidum* des défendeurs :

- 150 000 euros de dommages et intérêts
- Faire un encart dans tous les livres en cours de distribution et de diffusion et sur tous les points de vente, sous astreinte de 500 euros par infraction constatée
- Cesser immédiatement toute nouvelle diffusion de l'ouvrage
- S'interdire toute réimpression, réédition et exploitation dérivées, notamment en format poche
- Faire insérer le dispositif du jugement dans 5 journaux ou magazines de leur choix, à leur choix dans la limite de 15 000 euros par insertion
- Les condamner solidairement au versement de la somme de 10 000 euros en application de l'article 700 du Code de procédure civile

Décision : Condamnation

- 25 000 de dommages et intérêts à Agathe Borne
- Interdit toute réimpression, réédition et exploitation dérivée de l'ouvrage, notamment en format poche
- Ordonne la publication dans deux organes de presse du choix de la demanderesse, aux frais des défendeurs dans la limite de 4000 euros par insertion, d'un communique judiciaire faisant mention de la condamnation
- Condamne *in solidum* au versement de la somme de 8000 euros en application de l'article 700 du Code de procédure civile

XXII. YOUSSOUPHA, « À FORCE DE LE DIRE »

Œuvre : chanson de rap « À force de le dire » (Youssoupha), Album Sur les chemins du retour *(2009)*

[Une strophe poursuivie :
« À force de juger nos gueules les gens le savent
Qu'à la télé souvent les chroniqueurs diabolisent les banlieusards
Chaque fois que ça pète on dit que c'est nous
Je mets un billet sur la tête de celui qui fera taire ce con de Zemmour »]
Plusieurs personnes sont poursuivies pour les mêmes propos :

- *Ludovic Marin pour les avoir mis en ligne courant avril-mai 2009 sur le site www.rap1pulsif.com*
- *Youssoupha Mabiki, auteur de ces propos diffusés le 17 mars 2009 sur le site internet www.youssoupha.com*
- *Grégory Kocher de les avoir mis en ligne le 22 mars 2009 sur le site www.mahokayacan.free.fr*
- *Valérie Queinnec de les avoir mis en ligne le 19 mars 2009 sur www.youssoupha.com (directrice de la publication du site)*

TGI Paris, ch. 17, 25 octobre 2011, Éric Zemmour c/ Marin, Mabiki, Kocher, Queinnec
Date de la plainte : 23 avril 2009
Nature du document : extrait des minutes du greffe
Audience pénale
Audience : 15 septembre 2011
Président du Tribunal : Jean-Marc Cathelin
Parties civiles : Éric Zemmour
Avocat : Laurence Dauxin substituant Olivier Pardo
Prévenus : Ludovic Marin (Lorraine Delva), Youssoupha Mabiki (Fabien Honorat), Grégory Kocher (Olivia Uzan), Valérie Queinnec (Nathalie Senyk et Alain Weber)
Fondements : Injure publique envers un particulier
Prétentions de la partie civile :

- Condamnation *in solidum* de Grégory Kocher, Ludovic Marin et Valérie Queinnec à 1500 euros de dommages et intérêts

- Condamnation de Youssoupha Mabiki à 5000 euros de dommages et intérêts
- Ordonner la suppression de l'extrait sur 8 sites internet dont la liste est donnée au tribunal et dans toute nouvelle édition de la chanson en cause sur quelque support que ce soit, sous astreinte de 1000 euros par infraction constatée
- Ordonner la publication du jugement à intervenir aux frais des prévenus, dans les quotidiens *Le* Figaro, *Libération* et *Le Parisien*
- Les condamner solidairement au versement de la somme de 3000 euros sur le fondement de l'article 475-1 du Code de procédure pénale

Réquisitions du ministère public : relaxe

Décision :

Volet pénal :

- 500 euros d'amende pour Valérie Quiennec et 800 euros pour Youssoupha Mabiki
- Relaxe de Grégory Kocher et Ludovic Marin

Volet civil :

- Condamne solidairement Youssoupha Mabiki et Valérie Queinnec à payer à Éric Zemmour la somme de 1000 euros à titre de dommages et intérêts, ainsi que celle de 2000 euros en application de l'article 475-1 du code de procédure pénale
- Ordonne à Youssoupha Mabiki de prendre toutes mesures en vue de la suppression du passage auprès des directeurs de publication des 8 sites demandés
- Ordonne à Youssoupha Mabiki de supprimer dans le mois de la date à laquelle le présent jugement sera devenu définitif, dans la chanson la phrase et à Valérie Queinnec de supprimer dans le même délai du site www.youssoupha.com auprès du service web de la maison de disque EMI France dans la chanson la phrase

CA Paris, chambre 7, pôle 2, 28 juin 2012, RG 11/9903, Youssoupha Mabiki c/ Éric Zemmour

Œuvre : chanson de rap « À force de le dire » (Youssoupha), Album *Sur les chemins du retour* (2009) : 1 phrase poursuivie « Je mets un billet sur la tête de celui qui fera taire ce con de Zemmour ».

Audience : 24 mai 2012

Président de la cour : Alain Verleene
Appelants : Youssoupha Mabiki (maître Fabien Honorat) et Valérie Queinnec (Maître Chaumard)
Intimé : Éric Zemmour
Avocat : Gille Croissant
Fondements : Injure publique envers un particulier
Prétentions des parties civiles

- Condamnation *in solidum* de Grégory Kocher, Ludovic Marin et Valérie Queinnec à 1500 euros de dommages et intérêts
- Condamnation de Youssoupha Mabiki à 5000 euros de dommages et intérêts
- Ordonner la suppression de l'extrait sur 8 sites internet dont la liste est donnée au tribunal et dans toute nouvelle édition de la chanson en cause sur quelque support que ce soit, sous astreinte de 1000 euros par infraction constatée
- Ordonner la publication du jugement à intervenir aux frais des prévenus, dans les quotidiens *Le Figaro*, *Libération* et *Le Parisien*
- Les condamner solidairement au versement de la somme de 3000 euros sur le fondement de l'article 475-1 du Code de procédure pénale

Décision :

- Confirme le jugement sur l'absence de diffamation
- Le réforme pour le surplus
- Déclare les prévenus non coupables d'avoir commis les faits visés à la prévention et les renvoie des fins de leur poursuite

XXIII. SYLVIE OHAYON, *PAPA WAS NOT A ROLLING STONE*

Œuvre : Sylvie Munier épouse Ohayon, Papa was not a rolling stone, *Robert Laffont, Janvier 2011.*

« Sophie Dorfner et Elie Ohayon se sont mariés en 1995 et ont divorcé en 2007. Ils ont eu deux enfants, Gabriel et Elsa. Elie Ohayon s'est remarié en 2008 avec Sylvie Munier.

En janvier 2011, les Éditions Robert Laffont ont publié un livre de Sylvie Ohayon intitulé Papa was not a Rolling Stone. *L'auteur est présenté en ces termes en quatrième de couverture :*

"Sylvie Ohayon est juive et kabyle. Née en 1970, elle a passé toute son enfance dans la cité des 4000 à La Courneuve, qu'elle a quittée en 1996. Après des études de lettres, elle est devenue créative dans la publicité. Papa was not a Rolling Stone, *roman autobiographique, est son premier livre". La défenderesse décrit elle-même son ouvrage comme un "roman autobiographique au ton incisif et à l'humour dévastateur" dans lequel elle "évoque avec énergie et sans tabous ses souffrances et son indéfectible détermination à mener une vie meilleure" ». (extrait du jugement du TGI)*

Bien qu'elle ne soit pas nommée dans le roman, Sophie Dorfner affirme qu'elle est identifiable dans neuf passages, qu'elle considère comme attentatoires à sa vie privée.

TGI Paris, ch. 17, 4 avril 2012, Dorfner c/ Munier Ohayon, SA Robert Laffont
Assignation : 8 mars 2011
Audience civile
Demanderesse : Sophie Dorfner
Défendeurs : Sylvie Munier épouse Ohayon et SA Éditions Robert Laffont.
Fondements : atteinte à la vie privée (article 9 du Code civil)
Prétentions :

- condamner solidairement les défenderesses au paiement de la somme de 15 000 euros (portée à 50 000 euros par conclusions) à titre de dommages-intérêts en réparation du préjudice subi par l'atteinte à sa vie privée
- ordonner la suppression des 9 passages litigieux (qui seront repris dans la suite du présent jugement) concernant Sophie Dorfner et ses enfants, dans tout nouveau tirage et toute nouvelle édition de l'ouvrage
- condamner *in solidum* les défenderesses à lui régler la somme de 3000 euros en application de l'article 700 du code de procédure civile

Décision :

- Condamne *in solidum* Sylvie Munier épouse Ohayon et la SA Les Éditions Robert Laffont à payer à Sophie Dorfner la somme de 5000 euros à titre de dommages-intérêts pour atteinte à la vie privée

- Ordonne la suppression de 7 passages dans tout nouveau tirage et toute nouvelle édition de l'ouvrage
- Condamne *in solidum* Sylvie Munier épouse Ohayon et la SA Les Éditions Robert Laffont à payer à Sophie Dorfner la somme de 3000 euros en application de l'article 700 du code de procédure civile

XXIV. NICOLAS FARGUES, *J'ÉTAIS DERRIÈRE TOI*

Œuvre : Nicolas Fargues, J'étais derrière toi*, Paris, POL, mars 2006.*

Ce roman à la première personne raconte la rupture du narrateur avec sa femme Alexandrine, survenue après la révélation de la relation qu'il a entretenue avec une chanteuse prénommée Gassy.

« Un homme blanc, le narrateur, "la trentaine bien entamée" » (p. 96), marié à une femme noire, Alexandrine, « quasi de la même taille et du même poids que lui » (p. 88), avec laquelle il vit depuis plus de dix ans et dont il a deux jeunes enfants, avoue à cette dernière qu'« à la mi-mai » (p. 20) il a commis un « écart » (p. 22) avec Gassy, « une chanteuse de passage » (p. 20) (extrait du jugement du TGI)

L'ex-compagne de l'auteur se reconnait dans le personnage d'Alexandrine et l'assigne pour atteinte à la vie privée.

TGI Paris, ch. 17, 16 mai 2012, RG 11/03128, Tudiesche c/ Fargues, POL éditeur
Assignation : 28 février 2011
Audience : 14 mars 2012
Audience civile
Président du Tribunal : Jean-Marc Cathelin
Demanderesse : Ngamala Tudieshe
Avocat : Didier Sepho
Défendeurs : Nicolas Fargues et POL éditeur.
Avocats : Roland Rappaport
Fondements : Atteinte au respect dû à la vie privée (articles 9 et 1382 du Code civil), et violation du droit moral, articles L 111-1, L 121-1 et L 121-2 du Code de la propriété intellectuelle.

Prétentions : condamnation *in solidum* des défendeurs :
- 150 000 euros de dommages et intérêts à titre de réparation de l'atteinte portée au droit du respect à la vie privée
- 75 000 euros à titre de réparation du préjudice moral du dénigrement
- 10 000 euros à titre de réparation de la violation du droit moral
- Ordonner l'insertion dans tout nouveau tirage et toute nouvelle édition de l'ouvrage, et quelle que soit la langue, d'un encart qui figurera à la page de garde de chaque exemplaire et qui indiquera que le tribunal de céans a condamné Nicolas Fargues et la société POL éditeur à payer des dommages-intérêts à Ngamala Anasthasie Tudiesche pour avoir, dans le livre *J'étais derrière toi*, porté atteinte à la vie privée de la demanderesse et avoir publié des propos fautifs à son égard
- (À titre subsidiaire) Interdire toute réimpression, réédition et exploitation dérivée de l'ouvrage
- Ordonner la publication dans deux organes de presse du choix de Ngamala Anasthasie Tudiesche d'un communiqué
- Les condamner solidairement au versement de la somme de 10 000 euros en application de l'article 700 du Code de procédure civile

Décision : demande rejetée

XXV. ORELSAN, « SALE PUTE »

Cette chanson n'appartient à aucun album et n'a jamais été chantée sur scène par le rappeur.

Le vidéo-clip de la chanson Sale pute *date de 2006 et est d'abord publié sur le réseau social* Myspace. *Mais les 12 et 24 février 2009, l'artiste le republie sur son blog et sur* dailymotion. *C'est alors que naît la polémique.*

La chanson raconte l'histoire d'un homme trompé par « sa poupée ». Les paroles de la chanson sont une longue suite d'insultes qui lui sont adressées : « J'te déteste j'te hais / J'déteste les petites putes genre Paris Hilton les meufs qui sucent des queues de la taille de celle de Lexington / T'es juste bonne à te faire péter le rectum même si tu disais des trucs intelligents t'aurais l'air conne / J'te déteste j'veux que tu crèves lentement ».

Le 18 mars 2009, la blogueuse Kokolat publie un billet dans lequel elle dénonce la chanson d'Orelsan qu'elle interprète comme un appel à la violence conjugale.

Le 8 avril 2009, l'association « Ni putes ni soumises » porte plainte et se constitue partie civile.

TGI Paris, ch. 17, 12 juin 2012, Ministère public et Ni putes ni soumises c/ Cotentin (dit Orelsan)
Date audience : 7 mai 2012
Audience pénale
Présidente du Tribunal : Marie Mongin
Parties civiles : « Ni putes ni soumises » (avocate Samia Meghouche)
Prévenu : Aurélien Cotentin
Avocat : Simon Tahar
Fondements :

- Provocation non suivie d'effet à la commission d'atteintes volontaires à la vie, à l'intégrité corporelle des personnes et d'agressions sexuelles envers une personne ou un groupe de personnes à raison de leur sexe
- Provocation à la discrimination, à la haine ou à la violence envers une personne ou un groupe de personnes (articles 23, 24, 42, 43, 47, 48-5 de la loi de 1881, 93-2 et 93-3 de la loi du 29 juillet 1982)

Prétentions des parties civiles

- 30 000 euros de dommages et intérêts
- Suppression de la chanson sur les deux sites litigieux sous astreinte
- Interdiction de toute diffusion de la chanson et de son vidéo-clip, autorisation de mise en ligne d'extraits du jugement sur le site de l'association

Réquisitions du Ministère public : relaxe
Décision : relaxe

XXVI. ABDUL X ET CORTEX, « TU SAIS QUI ON EST »

Œuvre : Abdul X et Cortex, chanson « Tu sais qui on est », 20 septembre 2010

Les rappeurs Abdul X et Cortex ont publié une chanson sur le site http : www.rap2tess.net. *Interprétée en duo, elle s'intitule « Tu sais qui on est ». Dans cette chanson, ils interpellent directement Brice Hortefeux, alors ministre de l'Intérieur, qui porte plainte contre les deux chanteurs.*

Plusieurs passages sont poursuivis :

Chantés par Abdul X :

- *« les keufs et les ministres, on les baise, une balle dans leur race, une balle dans leur race à l'aise » pour injures publiques envers des personnes dépositaires de l'autorité publique (la police)*
- *« Wesh, Monsieur le ministre de l'Intérieur lyrical coup de bite en direction de son postérieur » pour injure publique envers un membre du gouvernement*

Cortex :

- *« Cortex, Abdul X, on baise la police, les flics », « Si y a pas le choix, j'irai tirer sur les keufs, gros » pour injures publiques envers des personnes dépositaires de l'autorité publique (la police)*
- *Abdul X est également poursuivi pour des propos tenus lors d'une interview de promotion de la chanson le 25 décembre 2010 « Hortefeux ! Ma grosse bite dans ta bouche, ma grosse bite de noir dans ta bouche »*

TGI Paris, ch. 17, 8 novembre 2012, Ministère public c/ Henry, Gozlin
Citation : 19 et 20 mai 2011
Audience : 4 août 2011
Audience pénale
Prévenus : Pascal Henry et Sébastien Gozlin
Avocat : Yassine Bouzrou
Réquisitions du Ministère public :

- Relaxe pour les propos contenus dans la chanson
- Condamnation de Pascal Henry à une amende de 5000 euros pour ceux contenus dans la vidéo promotionnelle

Fondements :

- Injures publiques envers des personnes dépositaires de l'autorité publique (la police) (articles 23, 29 alinéa 2, 31, 33 alinéa 1, 47, 48

1°bis loi du 29 juillet 1881 et 93-2 et 93-3 de la loi du 29 juillet 1982)
- Injure publique envers un membre du gouvernement (articles 23, 29 alinéa 2, 31, 33 alinéa 1, 47, 48 1°bis loi du 29 juillet 1881 et 93-2 et 93-3 de la loi du 29 juillet 1982)

Décision :
- Relaxe pour les propos issus de la chanson
- Condamnation de Pascal Henry pour les propos tenus lors de l'interview à 3 000 euros d'amende

XXVII. IRINA IONESCO, PHOTOGRAPHIES EXPOSÉES À L'ESPACE GERMAINE PILON

« La Galerie E.G.P présente "Irina Ionesco", une exposition inédite regroupant les photographies prises par Irina Ionesco pour les grands magazines de mode internationaux (Vogue, Dazed and Confused, Stiletto…) ou les maisons de mode qui ont souhaité imprégner leurs pages d'un univers insolite, féminin et sensuel, l'univers reconnaissable entre tous de Irina Ionesco.

Dans les photographies de Irina Ionesco, chaque séance est une mise en scène conçue comme une séquence théâtrale. Depuis toujours, les œuvres de Irina Ionesco montrent des femmes savamment habillées, parées de bijoux, gants et autres atours, accompagnées d'objets symboliques comme des foulards et autres objets fétichistes, posant d'une manière provocante, s'offrant à moitié dénudées comme objet de possession sexuelle.

La photographie de mode est un vecteur idéal pour Irina Ionesco dont le monde est peuplé de femmes à la sensualité tantôt débridée tantôt discrète. » (Présentation de la collection par l'Espace Germaine Pilon)

Dans cette exposition, figurent plusieurs clichés de la fille de la photographe, Eva Ionesco. Encore petite fille, elle apparait dénudée et dans des poses sexualisées.

Elle assigne sa mère pour atteinte à la vie privée et violation de son droit à l'image.

TGI Paris, ch. 17, 17 décembre 2012, RG 11/07888, Eva Ionesco c/ Irina Ionesco, Valérie Servant, SARL Galerie Espace Germaine Pilon et Reine Ulmann
Assignation : 13 mai 2011

Audience : 12 novembre 2012
Audience civile
Présidente : Isabelle Chesnot
Demanderesse : Eva Ionesco
Avocat : Jacques Bitoun
Défenderesses : Irina Ionesco, Valérie Servant et SARL Galerie Espace Germaine Pilon
Avocats : René Jean Ulmann et Léon-Lef Forster
Fondements : Atteinte à la vie privée et à l'image (articles 9 et 16 du code civil, 8 et 3 de la CEDH)
Prétentions :

- Confirmer et valider l'ordonnance de saisie du 6 avril 2011
- Ordonner la restitution à son profit de toutes les photographies sous astreinte de 10 000 euros par infraction et par jour de retard
- Interdiction d'exploitation, représentation ou reproduction des images sous astreinte
- Condamner *in solidum* les défenderesses à 200 000 euros de dommages et intérêts
- Condamner *in solidum* les défenderesses à lui verser 15 000 euros sur le fondement de l'article 700 du code de procédure civile
- Condamner aux dépens

Décision :

- Condamne Irina Ionesco à 10 000 euros de dommages et intérêts pour atteinte à la vie privée
- Ordonne la restitution des négatifs à Irina Ionesco
- Rejette le surplus des demandes formées par Irina Ionesco

CA Paris, pôle 2, chambre 27, 27 mai 2015, RG 13/00051
Audience : 25 février 2015
Présidente : Sophie Portier
Décision :

- Confirme le jugement mais avec des dommages et intérêts plus importants (70 000 euros)
- Ordonne l'interdiction d'exposer, vendre ou diffuser des images d'Eva Ionesco

XXVIII. JUAN FRANCISCO CASAS, PHOTOGRAPHIES PUBLIÉES SUR 24 SITES INTERNET

Œuvre : ensemble de photographies représentant Virginie G.

« Juan Francisco Casas est devenu un artiste peintre mondialement connu depuis plusieurs années dans le secteur de l'art contemporain. Dans ce contexte, Mademoiselle X considérait que cinq des œuvres de l'artiste portaient atteinte tant à son droit à l'image qu'à sa vie privée et en a vainement demandé la restitution auprès de ce dernier de manière amiable :

- *Une pour laquelle le défendeur a reçu un prix et qui la représente assise vêtue d'une robe noire*
- *Une représentant la demanderesse dans des ébats amoureux intitulée "Autoretratoconvirginie2"*
- *Une où elle apparaît dénudée les mains sur les seins*
- *Une autre le visage recouvert d'un masque cosmétique embrassant un homme*
- *Une dernière où elle apparaît courbée, deux personnes étant accroupies à ses côtés » (Anthony Bem, « L'expression du consentement préalable à la diffusion publique d'une image ou d'une photographie », URL : https://www.legavox.fr/blog/maitre-anthony-bem/expression-consentement-prealable-diffusion-publique-10700.pdf, consulté le 4 avril 2022)*

TGI Paris, ch. 17, ord. ref., 10 janvier 2013, RG 12/1256564, Virginie G c/ Juan Francisco Casas
Assignation : 22 août 2012
Audience : 6 décembre 2012
Audience civile
Présidente : Marie Mongin
Demanderesse : Virginie G.
Avocat : Anthony Bem
Défendeur : Juan Francisco Casas
Fondements : Atteinte au droit à l'image (articles 9 et 1382 du code civil)
Prétentions :

- Ordonner au défendeur de s'abstenir à l'avenir de diffuser par quelque moyen que ce soit des images, portraits, dessins, photographies représentant Virginie G. et obtenues à son insu

- Le condamner à verser une provision indemnitaire d'un montant de 20 000 euros et 4 500 euros sur le fondement de l'article 700 du code de procédure civile

Décision :

- 5000 euros de dommages et intérêts pour atteinte à la vie privée et 2000 euros sur le fondement de l'article 700 du code de procédure civile
- Rejette les autres demandes

XXIX. MARCELA IACUB, *BELLE ET BÊTE*

Œuvre : Marcela Iacub, Belle et Bête, *Paris, Stock, mars 2013* + Le Nouvel observateur *(21-27 février 2013) qui a publié les bonnes feuilles et une interview de l'auteur.*

Dans ce récit à la première personne, l'autrice s'adresse à un « porc » sans jamais le nommer et relate la liaison qu'elle a eue avec lui. Dans le magazine Le nouvel Observateur, *elle identifie explicitement Dominique Strauss-Kahn sous les traits de son personnage. Il assigne l'auteur, son éditeur et le magazine en référé pour atteinte à la vie privée.*

TGI Paris, ch. 17, ord. ref., 26 février 2013, RG 13/51631, Dominique Strauss-Kahn c/ Marcela Iacub, S.A. Le nouvel Observateur, SA les éditions Stock et S.A. Hachette Livre

Assignation : 23 février 2013

Audience civile

Présidente du Tribunal : Anne-Marie Sauteraud

Demandeur : Dominique Strauss-Kahn

Avocats : Richard Malka, Jean Veil, Frédéric Beaulieu et Henri Leclerc

Défendeurs : Marcela Iacub, S.A. Le nouvel Observateur, SA les éditions Stock et S.A. Hachette Livre

Avocats : Christophe Bigot et Didier Leick

Fondements : Atteinte au respect dû à la vie privée, articles 9 du Code civil, 8 de la Convention européenne de sauvegarde des droits de l'homme, articles 808 et 809 du code de procédure civile.

Prétentions : condamnation *in solidum* des défendeurs :

À titre principal :

- Ordonner aux éditions Stock l'insertion d'un encart dans chaque exemplaire de l'ouvrage avant toute disposition et mise à disposition du public sous astreinte de 100 euros par infraction constatée
- Ordonner à la société Le nouvel Observateur du Monde la publication d'un communiqué judiciaire en page de couverture de l'hebdomadaire publié le 28 février 2013.

À titre subsidiaire concernant les éditions Stock et la société Hachette distribution Livre :

- Ordonner l'interdiction de toute diffusion de l'ouvrage, ainsi que la cession des droits de ce livre, à compter de la signification de l'ordonnance et sous astreinte de 100 euros par infraction constatée.

En tout état de cause :

- 100 000 euros à titre de dommages et intérêts
- 10 000 euros à titre de réparation de la violation du droit moral
- Les condamner solidairement au versement de la somme de 5000 euros en application de l'article 700 du Code de procédure civile

Décision :

- Insertion d'un encart dans chaque exemplaire de l'ouvrage avant toute disposition et mise à disposition du public sous astreinte de 50 euros par infraction constatée
- Publication d'un communiqué judiciaire en page du *nouvel Observateur* dans les huit jours suivant la date de la signification de l'ordonnance.
- 50 000 euros de dommages et intérêts pour Marcela Iacub et les éditions Stock *in solidum* et 3000 euros en application de l'article 700 du code de procédure civile
- 25 000 euros de dommages et intérêts pour *Le nouvel observateur* et 3000 euros en application de l'article 700 du Code de procédure civile.

XXX. LIONEL DUROY, *COLÈRES*

Œuvre : Lionel Duroy, Colères, *Paris, Robert Laffont, mars 2011.*

Dans ce récit, le narrateur, qui présente de nombreux traits biographiques communs avec l'auteur, décrit ses relations tumultueuses avec son fils David. Tout est donc fait pour que l'on identifie Lionel Duroy dont les relations avec son fils Raphaël sont très mauvaises. Ce dernier affirme ainsi que c'est lui qui est représenté sous les traits de David et que le lecteur peut l'identifier sans ambiguïté. Il assigne donc l'éditeur pour atteinte à la vie privée.

TGI Paris, ch. 17, 22 mai 2013, RG 11/16506, Duroy c/ éditions Robert Laffont
Assignation : 3 novembre 2011
Audience : 18 mars 2013
Audience civile
Présidente du tribunal : Marie Mongin
Demandeur : Raphaël Duroy
Avocate : Isabelle Wekstein
Défendeurs : Éditions Robert Lafont
Avocats : William Bourdon
Fondements : Atteinte à l'intimité de la vie privée, article 9 du Code civil.
Prétentions :

- Condamner la société Éditions Robert Laffont à lui verser la somme de 15 000 euros à titre de dommages et intérêts en réparation de l'atteinte portée au droit au respect de sa vie privée
- Interdire à la société Éditions Robert Laffont toute nouvelle exploitation du roman *Colères* sous astreinte de 1000 euros par jour de retard passé le délai d'un mois suivant signification du jugement à venir
- Condamner la société Éditions Robert Laffont à lui payer la somme de 5000 euros au titre de l'article 700 du Code de procédure civile
- Prononcer l'exécution provisoire de la décision à intervenir et ce notamment en ce qui concerne les mesures d'interdiction d'exploitation du roman

Décision :

- Condamne la société Éditions Robert Laffont à verser à Raphaël Duroy la somme de 10 000 euros à titre de dommages et intérêts

en réparation du préjudice moral résultant des atteintes au respect dû à sa vie privée par la publication et 4000 euros sur le fondement de l'article 700 du Code de procédure civile
- Rejette le surplus des demandes

XXXI. CHRISTINE ANGOT, *LES PETITS*

Œuvre : Christine Angot, Les Petits, *Paris, Flammarion, 8 janvier 2011.*
En 2008, Christine Angot publie Le Marché des amants, *roman dans lequel Élise Bidoit, l'ex-compagne de l'actuel compagnon de l'auteur, Doc Gynéco, affirme se reconnaître. Elle menace de porter plainte, mais le litige se résout par le versement d'une transaction (10 000 euros). En 2011, l'autrice publie* Les Petits *et cette fois encore Élise Bidoit s'y reconnait sous les traits d'Hélène Lucas. Cette dernière l'assigne pour atteinte à la vie privée.*

TGI Paris, ch. 17, 27 mai 2013, RG 11/13697, Bidoit c/ Angot et Flammarion
Audience : 25 mars 2013
Audience civile
Présidente du tribunal : Marie Mongin
Demandeur : Élise Bidoit
Avocat : William Bourdon
Défendeurs : Christine Angot et SA Flammarion
Avocats : Georges Kiejman et Christophe Bigot
Fondements : Atteinte au respect de la vie privée, articles 9, 1134 et 1382 du code civil, article 700 du Code de procédure civile.
Prétentions :
- 200 000 euros de dommages et intérêts et 12 000 euros en application des dispositions de l'article 700 du Code de procédure civile

Décision :
- 40 000 euros de dommages et intérêts in solidum pour Christine Angot et Flammarion en réparation du préjudice moral résultant des atteintes portées au droit au respect de sa vie privée et 4500 euros à Élise Bidoit sur le fondement de l'article 700 du Code de procédure civile

XXXII. ORELSAN, « PERDU D'AVANCE »

Œuvre : Orelsan, « Perdu d'avance »
Une deuxième procédure judiciaire vise le rappeur pour ses titres chantés lors d'un concert public le 13 mai 2009 au Bataclan dans le cadre de la promotion de son album « Perdu d'avance ». Huit chansons sont poursuivies par cinq associations féministes.

TGI Paris, ch. 17, 31 mai 2013, Ministère public c/ Cotentin (dit Orelsan)
Date audience : 21 mars 2013
Audience pénale
Président du Tribunal : information inconnue
Parties civiles :
- Mouvement français pour le planning familial
- Fédération nationale solidarité femmes (avocats : Nicole Crepeau, Alain Weber, Anne-Laure Dumeau et Sophie Geistel)
- Femmes solidaires (avocats : Sabine Salmon, Alain Weber, Anne-Laure Dumeau et Sophie Geistel)
- Chiennes de garde (avocats : Marie-Noëlle Bas, Alain Weber, Anne-Laure Dumeau et Sophie Geistel)
- Collectif féministe contre le viol (avocats : Sophie Lascombe, Alain Weber, Anne-Laure Dumeau et Sophie Geistel)

Prévenu : Aurélien Cotentin (avocat : Simon Tahar)
Fondement :
- Délit d'injure publique envers une personne ou un groupe de personnes à raison de leur sexe
- Provocation à la discrimination, à la haine ou à la violence envers une personne ou un groupe de personnes

Prétentions des parties civiles :
- 1 euro de dommages et intérêts à chacune des parties civiles
- Mesure de publication judiciaire

Réquisitions du Ministère public : relaxe
Décision :
- 1000 euros d'amende avec sursis
- 1 euro de dommages et intérêts aux associations parties civiles et 800 euros à chacune sur le fondement des dispositions de l'article 475-1 du code de procédure pénale

[Entre les deux procédures du TGI de Paris et de la cour de Versailles, deux arrêts ont été rendus (cour d'appel de Paris 14 mai 2014 et Cour de cassation juin 2014), qui ont porté pour l'essentiel sur des questions de délai de prescription. La cour d'appel de Paris a jugé les poursuites prescrites sans se prononcer sur le fond, mais cet arrêt a été cassé par la Cour de cassation qui a renvoyé Orelsan devant la cour d'appel de Versailles. Les juges ne s'étant pas prononcés sur le fond, nous avons fait le choix d'exclure ces procédures du corpus.]

CA Versailles, ch. 8, 18 février 2016, RG 15/02687, Cotentin c/ Chiennes de garde et autres
Date audience : mercredi 16 décembre 2015
Président de la cour : Olivier Leurent
Prévenu : Aurélien Cotentin (avocat : Simon Tahar), appelant
Parties civiles appelantes :
- Mouvement français pour le planning familial (avocats : Alain Weber et Anne-Laure Dumeau)
- Fédération nationale solidarité femmes (avocats : Nicole Crepeau, Alain Weber, Anne-Laure Dumeau et Sophie Geistel)
- Femmes solidaires (avocats : Sabine Salmon, Alain Weber, Anne-Laure Dumeau et Sophie Geistel)
- Chiennes de garde (avocats : Marie-Noëlle Bas, Alain Weber, Anne-Laure Dumeau et Sophie Geistel)
- Collectif féministe contre le viol (avocats : Sophie Lascombe, Alain Weber, Anne-Laure Dumeau et Sophie Geistel)

Témoins : Pierre-Yves Ginet et Michelle Perrot
Fondements : Injure publique à raison du sexe et incitation à la haine, à la violence et à la discrimination en raison de l'appartenance à un sexe
Prétentions des parties civiles :
- 1 euro de dommages et intérêts pour chacune d'entre elles
- Publication d'un communiqué judiciaire dans la limite de 5000 euros par annonce dans les colonnes des quotidiens *Le Monde*, *Le Figaro* et *Libération*
- Paiement de 5000 euros à chacune des parties civiles au titre de l'article 475-1 du code de procédure pénale

Réquisitions du Ministre public : se rapporte à justice.
Décision : Casse jugement de première instance et relaxe Aurélien Cotentin.

XXXIII. OLIVIER FRÉBOURG, *GASTON ET GUSTAVE*

Œuvre : Olivier Frébourg, Gaston et Gustave, *Paris, Mercure de France, 15 septembre 2011.*

« L'ouvrage en cause, mêle récit autobiographique – ayant pour thème central le drame familial vécu par le narrateur et sa femme Camille à la suite de la naissance le 29 mai 2007, à vingt-six semaines et demie de gestation, de deux jumeaux, dont l'un, Arthur, décède lors de l'accouchement et dont l'autre, Gaston, se bat pour survivre – et "voyage autour de Flaubert", "Parthénon et Panthéon de la littérature". Indissociables l'un de l'autre, le récit autobiographique chronologique et l'essai littéraire se font sans cesse écho et permettent à Olivier Frébourg, dans un portrait croisé de lui-même et de celui qui l'a "sidéré", qui fut son "opium", son "phare dans la nuit d'une jeunesse provinciale" (p. 43) et qui reste sa "cathédrale" (p. 35), de s'exprimer, au travers de ses choix et de ceux de Flaubert, sur la littérature et la vie, la paternité, la transmission » (TGI, p. 4).

Dans de très nombreux passages, le narrateur évoque son épouse « Camille » dont le nom est différent de celui de l'épouse de l'auteur.

TGI Paris, ch. 17, 5 juin 2013, RG 16/867, Guérard ép. Frébourg c/ Frébourg et Mercure de France
Assignation : 24 et 28 octobre 2011
Audience : 10 avril 2013
Audience civile
Président du tribunal : Alain Bourla
Demandeur : Cécile Guérard épouse Frébourg
Avocate : Nathalie Dubois
Défendeurs : Olivier Frébourg, Mercure de France
Avocats : Philippe Lauzeral et Laurent Merlet
Fondements : Atteinte au respect de la vie privée, articles 9, 1382 et méconnaissance des prérogatives de l'autorité parentale, article 372 du Code civil.
Prétentions :
- Cesser définitivement la diffusion du livre
- Interdire toute réimpression, réédition ou exploitation dérivée au format de Poche, ainsi que tout adaptation cinématographique ou visuelle

– 80 000 euros de dommages et intérêts
– Condamner *in solidum* au paiement de 10 000 euros sur le fondement de l'article 700 du Code de procédure civile

Décision : demande rejetée

XXXIV. DIDIER MOURY, *J'AI DE LA PEINE, J'AI DE LA HAINE ET ÇA SE SAURA !*

TGI Paris, ch. 17, ref, 16 janvier 2014, RG 13/59470, Nelly N. et Laura Moury c/ Didier Moury et société Édilivre

Œuvre : Didier Moury, J'ai de la peine, j'ai de la haine et ça se saura !, *Édilivre-Aparis, 9 juillet 2013.*

« Nelly N. et Didier Moury ont vécu en concubinage pendant plusieurs années. De leur union sont nées deux filles : M. et Laura. M. est décédée le 10 septembre 2005 à l'âge de 15 ans. À la suite de ce décès, Didier Moury a rédigé un livre autobiographique. [...] Centré sur les circonstances du décès tragique de M. et sur ses circonstances familiales, il relate l'histoire de la rencontre puis de la rupture de l'auteur avec la mère de M. et de Laura, la mère étant présentée comme étant Nelly L, s'avérant avoir été victime d'attouchements de la part de son père de 7 à 14 ans, être devenue alcoolique, bipolaire et psycho-maniaco dépressive. L'ouvrage relate également les difficultés financières rencontrées par le couple et une partie du parcours professionnel de l'auteur, Sandrine, qu'il a ensuite épousée, et de leurs enfants communs, ainsi que les relations difficiles entretenues par la cellule familiale avec Laura (à laquelle un chapitre entier est consacré, et avec Nelly N. » (TGI).

Laura Moury et Nelly N. assignent l'auteur et son éditeur pour atteinte à la vie privée les 27 et 28 novembre 2013.

Assignation : 27 et 28 novembre 2013
Audience : 12 décembre 2013
Audience civile
Président du tribunal : Julien Senel
Demanderesses : Nelly N. et Laura Moury
Avocat : Romain Darrière
Défendeurs : Didier Moury et Éditions Aparis

Avocat : Bruno Ryterband
Fondements : Atteinte à la vie privée (article 9 du code civil)
Prétentions :

- Interdire toute diffusion et commercialisation du livre sous astreinte de 100 euros par infraction constatée
- Retirer tous les exemplaires encore en stock chez les distributeurs et les revendeurs commerçants sous astreinte de 100 euros par jour
- Publier un communiqué judiciaire sur le site internet des éditions et dans un quotidien régional de leur choix
- Condamner *in solidum* à 3000 euros de dommages et intérêts

Décision :

- Interdit toute diffusion et commercialisation du livre sous astreinte de 100 euros par infraction constatée
- Ordonne de retirer tous les exemplaires encore en stock chez les distributeurs et les revendeurs commerçants sous astreinte de 100 euros par jour
- Condamne *in solidum* les défendeurs à 1000 euros de dommages et intérêts pour chacune des demanderesses
- Condamne *in solidum* les défendeurs à 750 euros pour chacune des demanderesses au titre de l'article 700 du code de procédure civile

XXXV. GRÉGOIRE DELACOURT, *LA PREMIÈRE CHOSE QUE L'ON REGARDE*

Œuvre : Grégoire Delacourt, La première Chose qu'on regarde, *Paris, Lattès, mars 2013.*

Le roman, publié en mars 2013, met en scène les amours entre Arthur Dreyfuss et un sosie de Scarlett Johansson. Au milieu du roman, la narration fictive s'interrompt quelque temps pour décrire les amours de la star hollywoodienne. Cette digression vaut à l'auteur et son éditeur une assignation pour atteinte à la vie privée et exploitation frauduleuse du nom les 5 juin et 30 décembre 2013.

TGI Paris, ch. 17, 2 juillet 2014, RG 13/07651, Scarlett Johansson c/ Grégoire Delacourt et SNC Éditions Jean-Claude Lattès
Assignation : 5 juin et 30 décembre 2013
Audience : 14 mai 2014
Audience civile
Présidente du Tribunal : Marie Mongin
Demandeur : Scarlett Johansson
Avocat : Vincent Toledano
Défendeurs : Grégoire Delacourt et Éditions J.C. Lattès
Avocats : Anne Veil
Fondements :

- Atteinte au respect de l'intimité de la vie privée
- Exploitation frauduleuse du nom, de l'image et de la notoriété de Scarlett Johansson, articles 9 et 1382 du *Code civil*

Prétentions :

- 20 000 euros en réparation du préjudice moral résultant des atteintes portées au respect de la vie privée
- 30 000 euros en réparation du préjudice matériel et patrimonial résultat de l'exploitation frauduleuse de son nom, de son image et de sa notoriété
- Interdire sous astreinte ainsi qu'à tout ayant droit en cas de cession des droits de reproduction et d'adaptation de l'ouvrage toute exploitation non autorisée du nom, de l'image et de la notoriété de Scarlett Johansson
- 5000 euros sur le fondement de l'article 700 du Code de procédure civile

Décision :

- 2500 euros de dommages et intérêts en réparation du préjudice moral résultant de l'atteinte à la vie privée
- Déboute Scarlett Johansson de ses demandes en dommages et intérêts et en interdiction d'exploitation de son nom de son image et de sa notoriété
- 2500 euros sur le fondement de l'article 700 du Code de procédure civile

XXXVI. RÉMY BÜRCKEL, *INTIME CONVICTION*

Ce programme a été diffusé sur Arte en 2014. Il est organisé en trois parties :

- *« Un téléfilm diffusé le 14 février, qui retrace l'enquête sur la mort par arme à feu de la femme d'un médecin légiste, le docteur Villiers, mort initialement attribuée par les gendarmes à un suicide, avant qu'une enquêtrice pugnace ne parvienne à convaincre ses supérieurs hiérarchiques et l'autorité judiciaire de poursuite et d'instruction que cette femme avait été tuée par son mari, le film se terminant avec cette enquête de police, sur les images du docteur Villers conduit menotté devant un juge »*
- *« Une web-série diffusée quotidiennement et qui devait prendre fin le 2 mars par l'énoncé du verdict, sous forme d'une trentaine de vidéos mises en ligne sur le site internet* www.intimeconviction.arte.fr *reconstituant le procès du docteur Villiers, y compris les délibérés, avec la participation des comédiens ayant joué dans le téléfilm et continuant leur personnage, mais également d'avocats et d'anciens magistrats et de jurés sélectionnés par la production ; que la société productrice de ce programme précise que cette web-série laisse une large place à l'improvisation »*
- *« une partie interactive permettant aux internautes de consulter les pièces fictives du dossier d'instruction et leur offrant la possibilité "après chaque audience de donner leur intime conviction sur l'accusé et de consulter l'avis des internautes et leurs amis Facebook" » (TGI 5 novembre 2014)*

Jean-Louis Muller assigne les producteurs et les diffuseurs du programme. Il affirme que le film permet de l'identifier et porte atteinte à sa vie privée.

TGI Paris, ord. réf, 27 février 2014, Muller c/ Maha productions
Demandeur : Jean-Louis Muller
Avocat : Éric Dupont-Moretti
Fondements : Atteinte à la vie privée et à la présomption d'innocence, article 9 du Code civil
Décision :

- Cessation immédiate de la diffusion du programme sous astreinte de 50 000 euros

- 10 000 euros pour le diffuseur et 30 000 euros pour le producteur de dommages et intérêts à titre de provision sur les 100 000 euros réclamés en réparation du préjudice subi par Jean-Louis Muller

CA Paris, réf, Pôle 1, chambre 2, 28 février 2014, Maha productions c/ Jean-Louis Muller, Arte France
Confirmation de la décision.

TGI Paris, ch. 17, 5 novembre 2014, RG 14/03844, Société Maha Productions c/ Jean-Louis Muller

Assignation : 12 mars 2014
Audience : 1er octobre 2014
Présidente du Tribunal : Marie Mongin
Demandeurs : société Maha productions
Avocat : Christophe Bigot
Défendeurs : Jean-Louis Müller (avocats Jérémie Assous et Éric Dupont-Moretti)
Intervenant volontaire : Union syndicale de la production audiovisuelle (avocat Christophe Caron)
Fondements : (Articles 9 et 1382 du Code civil et 9 de la Convention de sauvegarde des droits de l'homme et des libertés fondamentales)
Prétentions :
À titre principal :
- Dire que l'arrêt rendu le 28 février 2014 cessera de produire effet à compter du jugement à intervenir
- Dire que le programme *Intime conviction* ne porte pas atteinte à la vie privée de Jean-Louis Muller
- Ordonner en conséquence le remboursement des sommes versées en exécution de l'arrêt du 28 février 2014

À titre subsidiaire :
- Débouter Jean-Louis Muller de ses demandes de cessation de diffusion du programme et ramener le préjudice invoqué à hauteur d'un euro symbolique en ordonnant en conséquence le remboursement des sommes versées en exécution de l'arrêt du 28 février 2014

Décision :
- Constate l'atteinte à la vie privée de Jean-Louis Muller du fait de la diffusion du programme

- Condamne la société Maha productions, la société Arte et le GEIE Arte à verser à Jean-Louis Muller la somme de 50 000 euros à titre de dommages et intérêts
- Ordonne l'insertion d'un avertissement avant le générique du film
- Fait interdiction aux sociétés Maha productions, Arte France et GEIE Arte de diffuser sur quelque support que ce soit les deuxième et troisième parties du programme

Cass, civ. 1, pourvoi n° C 14-16.273, 30 septembre 2015, Arte et Maha productions c/ J.L. Muller
Pourvoi formé par la société Maha productions contre arrêt de la CA du 28 février 2014 (réf)
Présidente : Madame Batut
Premier moyen : violation des articles 9 du code civil, 809 du code de procédure civile et 10 de la CEDH
Deuxième moyen : atteinte particulièrement grave à la liberté d'expression
Décision : rejet

XXXVII. ZEP, « NIQUE LA FRANCE. DEVOIR D'INSOLENCE »

La polémique porte sur l'ouvrage intitulé Nique la France. Devoir d'insolence, *éditions Dama, avril 2010, et le CD du même nom qui l'accompagne, du groupe « Zone d'expression populaire » (Zep). Deux extraits de la chanson « Nique la France » sont considérés comme répondant au délit de provocation à l'égard d'une personne ou d'un groupe de personnes, en l'espèce des Français dits de souche, à raison de leur origine (le fait d'être Français de souche) ou de leur appartenance à une race (la race blanche) ou une ethnie. Huit autres extraits de la chanson sont poursuivis pour injures publiques raciales (nazillons, bidochons décomplexés, ton pays est puant, raciste, assassin, etc.).*

Par ailleurs, le livre est poursuivi pour son titre « Nique la France », sa photographie de couverture et les photographies intérieures.

La procédure est lancée par une plainte de l'AGRIF le 28 février 2011 qui crie au racisme anti-blanc. Les deux prévenus bénéficient alors du soutien du magazine Les Inrocks *qui lance une pétition intitulée « Devoir d'insolence ».*

Tout au long du feuilleton judiciaire, le débat juridique porte d'une parte sur la catégorie « Français blancs dits de souche » et sur la détermination d'un appel ou une exhortation explicite à la discrimination de ce groupe.

TGI Paris, ch. 17, 19 mars 2015, AGRIF c/ Said Zouggagh et Said Bouamama
Extrait des minutes du greffe.
Audience : 28 janvier 2015
Audience pénale
Présidente du Tribunal : Fabienne Siredey-Garnier
Parties civiles : AGRIF
Avocat : Jérôme Triomphe
Prévenus : Said Zouggagh et Said Bouamama
Avocat : Henri Braun
Témoins cités par la défense : Rokhaya Diallo, Christine Delphy, Olivier Le Cour Grandmaison, Maurice Plocki dit Rajsfus et Dominique Lagorgette
Fondements :

- Contre Said Zouggagh : Provocation à la discrimination nationale, raciale, religieuse par parole, écrit, image ou moyen de communication au public par voie de publication électronique (articles 23 et 24 Loi du 29 juillet 1881), injure à caractère racial envers un particulier par parole, écrit, image ou moyen de communication au public par voie électronique (articles 23, 29 et 33 Loi du 29 juillet 1881)
- Contre Said Bouamama : injure envers un particulier par parole, écrit, image ou moyen de communication au public par voie électronique (articles 23, 29 et 33 Loi du 29 juillet 1881)

Prétentions des Parties civiles

- Condamnation des deux prévenus à payer 5000 euros chacun de dommages et intérêts à l'AGRIF
- Publication d'un communiqué judiciaire dans 3 quotidiens de leur choix
- Condamnation des deux prévenus à payer solidairement 5000 euros à l'AGRIF au titre de l'article 475-1 du Code de procédure pénale

Réquisition du Ministère public : relaxe
Verdict : Relaxe et rejet des demandes des parties civiles

CA Paris, ch. 2-7, 9 décembre 2015, RG 15/02/415, AGRIF c/ Said Zouggagh et Said Bouamama
Audience : 21 octobre 2015
Président de la cour : Sophie Portier
Partie civile appelante : AGRIF (Jérôme Triomphe)
Intimés : Said Zouggagh et Said Bouamama (avocat Henri Braun)
Témoins : Dominique Lagorgette, Frédéric Grimaud et Pierre Tevanian
Fondements :

- Contre Said Zouggagh : Provocation à la discrimination nationale, raciale, religieuse par parole, écrit, image ou moyen de communication au public par voie de publication électronique (articles 23 et 24 Loi du 29 juillet 1881), injure à caractère racial envers un particulier par parole, écrit, image ou moyen de communication au public par voie électronique (articles 23, 29 et 33 Loi du 29 juillet 1881)
- Contre Said Bouamama : injure envers un particulier par parole, écrit, image ou moyen de communication au public par voie électronique (articles 23, 29 et 33 Loi du 29 juillet 1881)

Décision : confirme le jugement de première instance qui prononce la relaxe

Cass. crim. ; 28 février 2017, n° pourvoi 16-80.522, publié au bulletin
Demandeur au pourvoi : AGRIF
(contre arrêt de la cour d'appel de Paris, chambre 2-7, en date du 9 décembre 2015)
Importance : publié au bulletin
Président de la cour : M. Guérin
Rapporteur : M. Parlos
Avocat général : M. Lemoine
Audience : 10 janvier 2017
1 moyen unique de cassation : violation des articles 24, alinéa 8, 33 alinéa 3, 53 de la loi du 29 juillet 1881 sur la liberté de la presse et 593 du code de procédure pénale, excès de pouvoir, défaut de motifs et manque de base légale.
Décision : Moyen retenu, casse et annule l'arrêt en ses dispositions relatives à M. Y et le renvoie devant la cour d'appel de Lyon

CA Lyon, ch. 4, 12 janvier 2018, AGRIF c/ Zaid Zouggagh (arrêt sur renvoi de cassation)
Audience : 10 novembre 2017
Président du Tribunal : Bernard Boulmier
Appelant : AGRIF
Avocat : Jérôme Triomphe
Intimés : Zaid Zouggagh (paroles de la chanson) et Saïd Bouamama (titre de l'ouvrage)
Avocat : Henri Braun
Fondements : Injures publiques raciales et provocation à la haine raciale. Poursuit à la fois la photographie et le titre de couverture du livre ainsi que 95 photographies intérieures, et le morceau « Nique la France »
Prétentions des parties civiles :

- 5000 euros de dommages et intérêts
- 5000 euros sur le fondement des dispositions de l'article 475-1 du code de procédure pénale
- Publication de l'arrêt à venir au sein de 3 quotidiens de son choix et dans la limite de 5000 euros s'agissant des frais afférents

Décision : Condamnation des prévenus à 1 euro à titre de dommages et intérêts à l'AGRIF, outre une indemnité de 3000 euros sur le fondement des dispositions de l'article 475-1 du code de procédure pénale

Cass. crim. ; 11 décembre 2018, Inédit, n° de pourvoi 18-80.525, inédit
Pourvoi formé par M. Saïd X, contre arrêt de la cour d'appel de Lyon, 4e chambre en date du 12 janvier 2018
Président de la cour : M. Soulard
Audience : 30 octobre 2018
Importance : inédit
3 moyens de cassation :

- La nation française n'est pas mise en cause en tant que telle et il est impossible de déterminer quel groupe protégé est visé par les propos
- 2e moyen de cassation : violation des articles 29, alinéa 2, 33, alinéa 3 et 24, alinéa 7 de la loi du 29 juillet 1881 sur la liberté de la presse
- 3e moyen de cassation : violation de l'article 10 de la Convention européenne des droits de l'homme

Décision : 2e et 3 moyens réunis, casse et annule arrêt de la cour d'appel de Lyon sans renvoi

XXXVIII. SIMON LIBERATI, *EVA*

TGI Paris, ch. 17, ord. ref., 7 août 2015, RG 15/56586, Irène Ionesco c/ Éditions Stock et Simon Liberati

Œuvre : Simon Liberati, Eva, *Paris, Stock, 2015.*

« Dans ce récit à la première personne, le narrateur fait un portrait de sa compagne, Eva, dont il raconte l'enfance et les relations complexes avec sa mère. Sous les traits de ce personnage, on identifie facilement la compagne de l'auteur Eva Ionesco dont la relation avec sa mère Irène Ionesco a été largement médiatisée. Ce récit n'est pas du goût de cette dernière qui assigne en référé l'auteur juste avant sa sortie. Le litige porte sur sept passages que "Irène Ionesco qualifie d'atteintes à sa vie privée", "faisant état de sa filiation incestueuse, de ses relations sentimentales, de sa santé et de son hygiène de vie, enfin de son rapport à l'argent et de son patrimoine" » (TGI, p. 3).

Assignation : 24 juillet 2015
Audience : 3 août 2015
Audience civile
Présidente du tribunal : Marie-Hélène Poinseaux
Demanderesse : Irène Ionesco
Avocats : Emmanuel Pierrat
Défendeurs : Éditions Stock et Simon Liberati
Avocats : Anne Veil
Fondements : Atteinte à la vie privée, article 9 du Code civil, condamnation solidaire article 700 du Code de procédure civile
Prétentions :

- Condamnation de la société Stock à supprimer tout ou partie de passages du livre
- Interdiction sous astreinte de publication de ces passages
- Subsidiairement insertion d'un encart dans chaque exemplaire du livre, avertissant de l'atteinte à la vie privée
- Condamnation solidaire des défenderesses à lui verser à titre provisionnel la somme de 40 000 euros de dommages et intérêts en réparation de l'atteinte à la vie privée
- Condamnation solidaire au paiement de 8000 euros sur le fondement de l'article 700 du Code de procédure civile et aux dépens

Décision :

- Demande rejetée
- Condamnation d'Irène Ionesco à verser aux éditions Stock et à Simon Liberati la somme de 3000 euros au titre de l'article 700 du code de procédure civile et condamnation aux dépens dans les conditions de l'article 699 du code de procédure civile

XXXIX. RODRIGO GARCÍA, *GOLGOTHA PICNIC*

Œuvre : Rodrigo García, Golgotha Picnic, *Les Solitaires intempestifs, 2011, représentée au théâtre du Rond-Point du 8 au 17 décembre 2011 dans le cadre du Festival d'automne*

Golgotha Picnic est une pièce du dramaturge argentin Rodrigo García représentée pour la première fois en janvier 2011 en Espagne. Elle est ensuite mise en scène à Toulouse au théâtre Garonne en novembre 2011, puis à Paris au théâtre du Rond-Point dans le cadre du Festival d'automne en décembre 2011. Le texte de la pièce est publié aux Solitaires intempestifs en octobre 2015. Comme son nom l'indique, la pièce multiplie les références à la Bible et met à mal les symboles chrétiens.

Le 23 juillet 2011, l'AGRIF annonce qu'elle « a décidé d'agir conjointement à Toulouse et à Paris. Pour cela, elle a chargé Maître Pierre-Marie Bonneau, du Barreau de Toulouse, et Maître Jérôme Triomphe, du Barreau de Paris, d'engager des actions concertées dès la rentrée. ». La première des procédures s'ouvre le 8 novembre 2011 juste avant les représentations toulousaines au théâtre Garonne, lorsque l'AGRIF dépose au tribunal administratif de Toulouse « une requête en annulation au fond, préalable nécessaire à la requête en référé-suspension de la programmation au théâtre Garonne » de Golgotha picnic, qui est rejetée par les juges. Cette relaxe est suivie d'une procédure d'appel.

La deuxième procédure est engagée à Paris au tribunal correctionnel. L'AGRIF demande encore une fois l'interdiction des représentations, mais cette fois au théâtre du Rond-Point à Paris, en utilisant la voie pénale. Elle est déboutée dans une ordonnance de référé rendue le 7 décembre 2011. Le 31 octobre 2012, l'AGRIF engage une troisième procédure, en déposant une plainte contre Golgotha picnic devant la 17ᵉ chambre avec constitution de partie civile estimant qu'un certain nombre de propos de la pièce sont « constitutifs de l'infraction de provocation à la discrimination, à la haine ou à la violence envers les chrétiens ». Après une instruction menée par une juge d'instruction, le 31 mars 2014 est prononcé un Réquisitoire de renvoi devant le tribunal correctionnel. Le 18 juillet 2014, l'éditrice de Les Solitaires intempestifs, Pascale Vurpillot, et le directeur du théâtre du Rond-Point, Jean-Michel Ribes, sont renvoyés par ordonnance devant le tribunal correctionnel de Paris. Le 30 octobre 2015 a lieu l'audience devant la 17ᵉ chambre du TGI de Paris. Le 10 décembre 2015, le tribunal correctionnel de Paris rend sa décision et prononce la relaxe de l'éditrice et du directeur du Théâtre du Rond-Point. L'AGRIF fait immédiatement appel devant la cour d'appel de Paris qui confirme le jugement dans un arrêt rendu le 22 juin 2016. L'AGRIF se pourvoit alors en cassation et la Cour de cassation rejette le pourvoi dans un arrêt rendu le 14 novembre 2017.

TGI Paris, ch. 17, 10 décembre 2015, AGRIF c/ Jean-Michel Ribes, Vurpillot
Audience : 30 octobre 2015
Présidente du Tribunal : Fabienne Siredey-Garnier
Parties civiles : AGRIF (avocat Jérôme Triomphe)
Prévenu : Jean-Michel Ribes et Pascale Vurpillot (avocate Brigitte Richard)
Fondements : provocation à la discrimination, à la haine ou à la violence envers les chrétiens
Témoins :
LDH représentée par Françoise Dumont
Observatoire de la liberté de création représenté par Agnès Tricoire
Prétentions des parties civiles : non reproduites dans copie de travail
Réquisitions du Ministère public : relaxe
Décision : relaxe

CA Paris, Pôle 2, ch. 7, 22 juin 2016, RG 16/00342, AGRIF c/ Jean-Michel Ribes, Vurpillot
Audience : 11 mai 2016
Présidente de la cour : Sophie Portier
Partie civile appelante : AGRIF (Jérôme Triomphe)
Intimés : Jean-Michel Ribes et Pascale Vurpillot (avocate Brigitte Richard)

Prétentions des parties civiles : Infirmation du jugement en ses dispositions civiles et condamnation *in solidum* de Jean-Michel Ribes et de Pascale Vurpillot à lui verser la somme de 5000 euros de dommages et intérêts et 3000 euros à titre de l'article 475-1 du code de procédure pénale
Décision : confirme le jugement en ses dispositions civiles

Cass, crim., 14 novembre 2017, n° 2666, AGRIF c/ Jean-Michel Ribes, Vurpillot
Président : Christophe Soulard
Moyen unique de cassation : violation des articles 6, § 1 et 10 de la CEDH, 24, alinéa 8, de la loi du 29 juillet 1881, 2 et 593 du code de procédure pénale, 1382 du code civil
Décision : moyen rejeté

XL. ÉDOUARD LOUIS, *HISTOIRE DE LA VIOLENCE*

Œuvre : Édouard Louis, Histoire de la violence, *Paris, Le Seuil, mars 2016.*

Cette affaire est « l'histoire d'un télescopage inédit entre deux univers, d'un fait divers pris entre deux vérités. L'une, littéraire ; l'autre, judiciaire. L'histoire d'un suspect et d'une victime dont les rôles sont figés par l'écriture, alors même que la justice ne s'est pas encore prononcée sur l'innocence ou la culpabilité du premier » (Libération, 30 janvier 2019). En mars 2016, le juge des référés Alain Bourla est amené à se prononcer dans une affaire qui oppose Édouard Louis à son violeur présumé. Ce dernier l'accuse d'avoir porté atteinte à sa présomption d'innocence et au respect de sa vie privée dans son roman autobiographique Histoire de la violence. *L'auteur y raconte à la première personne le viol qu'il aurait subi en 2012 et y fait une description de son violeur tout en détaillant son histoire.*

Or deux jours après la publication du livre, son violeur présumé est arrêté de façon suspecte et est confondu par son ADN. Une enquête est alors ouverte pour viol et le violeur présumé est placé onze mois en détention puis libéré sous contrôle judiciaire. L'affaire est jugée au tribunal bien après la publication du livre, en mars 2021.

La polémique est relancée en janvier 2020 quand le livre est adapté pour le théâtre par Thomas Ostermeier et mis en scène au Théâtre des Abbesses (30 janvier-15 février 2020).

TGI Paris, ch. 17, ord. ref., 15 avril 2016, RG 16/53508, Riad Belferroum c/ Éditions du Seuil et Édouard Louis
Assignation : 11 et 12 février 2016
Audience : 18 mars 2016
Audience civile
Président du tribunal : Alain Bourla
Demandeur : Riad Belferroum
Avocats : Matthieu de Vallois et Thomas Ricard
Défendeurs : Éditions du Seuil et Édouard Louis
Avocats : Emmanuel Pierrat, Bénédicte Amblard et Christophe Bigot
Fondements : Atteinte à la présomption d'innocence et au respect de la vie privée, articles 6 et 8 de la convention européenne des droits de l'homme et des libertés fondamentales, article préliminaire du Code de procédure pénale, articles 9 et 9-1 du Code civil, article 809 du Code de procédure civile.
Prétentions :

- Ordonner sous astreinte à la société Éditions du Seuil d'insérer dans chaque exemplaire de l'ouvrage en cause actuellement en vente un encart
- Condamner *in solidum* à 25 000 euros de dommages et intérêts en réparation de l'atteinte à la présomption d'innocence, 25 000 euros de dommages et intérêts en réparation de l'atteinte à la vie privée
- Condamner la société Éditions du Seuil à modifier dans toutes les rééditions du livre le nom de *Reda*
- Condamner *in solidum* au paiement de 5000 euros sur le fondement de l'article 700 du Code de procédure civile

Décision : demande rejetée

XLI. RÉGIS JAUFFRET, *LA BALLADE DE RIKERS ISLAND*

Œuvre : Régis Jauffret, La Ballade de Rikers Island, *Paris, Le Seuil, 16 janvier 2014*

(+ propos tenus dans l'émission Comme on nous parle *sur France inter)*

Le texte retrace l'enquête de l'auteur, qui cherche une autre vérité sur la très célèbre et médiatique affaire du Sofitel, au cours de laquelle l'ex-président du FMI Dominique Strauss-Kahn avait été accusé de viol par une femme de chambre, Nafissatou Diallo. Le roman consacre un chapitre entier à l'acte sexuel et le représente comme un viol. Dominique Strauss-Kahn porte plainte pour diffamation.

TGI Paris, ch. 17, 2 juin 2016, Dominique Strauss-Kahn c/ Régis Jauffret et Olivier Bétourné
Audience : 24 mars 2016
Audience pénale
Présidente du tribunal : Fabienne Siredey-Garnier
Partie civile : Dominique Strauss-Kahn
Avocat : Henri Leclerc
Prévenus : Régis Jauffret (avocat Christophe Bigot) et Olivier Bétourné (avocate Bénédicte Amblard) pour les éditions du Seuil
Fondements : Diffamation publique (article 29 loi de 1881)
Prétentions de la partie civile :

- Interdiction de toute nouvelle édition, diffusion et commercialisation de l'ouvrage comportant les passages poursuivis sous astreinte de 1000 euros par infraction constatée
- Interdiction de toute cession de droits afférente aux passages litigieux aux fins d'exploitation par un tiers sous astreinte de 1000 euros par infraction constatée
- Insertion d'un encart dans chaque exemplaire déjà édité de l'ouvrage à placer en tête de l'ouvrage, également sous astreinte
- Condamnation solidaire des prévenus et des éditions du Seuil à lui verser la somme de 50 000 euros à titre de dommages et intérêts

- Condamnation des prévenus à lui verser, chacun, la somme de 5000 euros sur le fondement de l'article 475-1 du Code de procédure pénale
- Au titre de l'interview diffusée sur France Inter, Monsieur Dominique Strauss-Kahn sollicite la condamnation de Monsieur Régis Jauffret à lui verser la somme de 50 000 euros à titre de dommages et intérêts, également sous le bénéfice de l'exécution provisoire

Réquisitions du Ministère public : condamnation des prévenus
Décision : Condamnation de Régis Jauffret
Action publique :

- Condamne Régis Jauffret à une amende de 1500 euros

Action civile :

- Condamnation à 10 000 euros de dommages et intérêts pour les propos tenus dans le livre et 5000 euros pour les propos tenus dans l'émission *Comme on nous parle*
- Interdiction de toute nouvelle édition, diffusion et commercialisation de l'ouvrage comportant les passages diffamatoires
- Condamnation à 4000 euros sur le fondement de l'article 475-1 du Code pénal

CA Paris, 11 mai 2017
Appelants : Régis Jauffret
Intimés : Dominique Strauss-Kahn
Décision : confirme le jugement

XLII. SOCIÉTÉ CAPODIMONTE, EXPOSITION RIO DE JANEIRO PAR WILLY RIZZO

TGI Paris, ch. 17, 1er mars 2017, n° RG : 15/17504, Elsa Tia (dite Elsa Martinelli) c/ Société Capodimonte S.A.R.L.

Œuvre : exposition intitulée Rio de Janeiro par Willy Rizzo *organisée à Paris du 27 septembre 2013 au 1er novembre 2013*

Cette exposition montrant l'œuvre du photographe de célébrités, Willy Rizzo, est organisée dans une galerie d'art et a donc une vocation artistique affichée.

Parmi les clichés exposés, figurent ceux de l'ex-épouse du photographe, Elsa Martinelli, qui ont pris lors de vacances privées du couple à Rio de Janeiro. Cette dernière assigne la société qui exploite les droits de son ex-mari pour atteinte au droit à l'image.

Assignation : 20 octobre 2015
Audience : 16 janvier 2017
Audience civile
Président du tribunal : Thomas Rondeau
Demandeur : Elsa Tia (dite Elsa Martinelli)
Avocats : Carine Piccio
Défendeurs : Société Capodimonte S.A.R.L.
Avocats : Pascal Narboni
Fondements : Atteinte au droit à l'image (article 9 du code civil et article 8 de la Convention de sauvegarde des droits de l'Homme et des libertés fondamentales)
Prétentions :

- Condamner la société Capodimonte à lui verser la somme de 20 000 euros en réparation de son préjudice moral
- Interdire à cette société de faire usage sans son autorisation expresse et spéciale, sous quelque forme que ce soit et à quelque titre que ce soit, de photographies d'elle, sous astreinte de 3000 euros par infraction constatée
- Condamner cette société à procéder au retrait de l'ensemble des photographies la représentant de son site internet accessible à l'adresse « www.willyrizzo.com », dans un délai de 30 jours à compter de la signification de la décision à intervenir, et d'en justifier
- Condamner la société défenderesse à lui payer la somme de 4000 euros sur le fondement de l'article 700 du code de procédure civile, outre les dépens dont distraction au bénéfice de son conseil

Décision : demande rejetée

- Condamne Elsa Tia (dite Elsa Martinelli) à payer à la société Capodimonte S.A.R.L. la somme de 2500 euros en application des dispositions de l'article 700 du code de procédure civile
- Condamne Elsa Tia (dite Elsa Martinelli) aux dépens

XLIII. JO LE PHÉNO, « BAVURE »

Œuvre : vidéo-clip « Bavure », diffusé le 18 août 2016 par le biais d'un tweet publié sur le compte Twitter du prévenu donnant un lien vers le vidéo-clip posté sur Youtube le 17 août 2016.

Dans ce vidéo-clip, le rappeur se met en scène « dans le quartier parisien de la rue des Amandiers, seul dans certaines séquences et, dans d'autres, entouré d'enfants et de jeunes gens arborant pour certains d'entre eux des T-shirts portant l'inscription "La Banane", nom communément donné à ce même quartier. La vidéo comport[e] aussi des séquences faisant apparaître, notamment, un jeune homme mimant face à l'objectif le geste de la mise en joue et du tir avec une arme à feu, ou encore le chanteur faisant aller et venir l'index de sa main droite entre le pouce et l'index de sa main gauche, placés en cercle, geste évocateur de l'acte sexuel, ou bien encore lançant un crachat sur un fourgon de la police nationale. D'autres séquences [so]nt extraites de vidéos externes : certaines f[o]nt apparaître des policiers en uniforme et en intervention dans les quartiers parisiens ; une autre représent[e] la voiture de police qui avait été incendiée sur le quai de Valmy en mai 2016, en marge des manifestations de syndicats de police sur la place de la République, et dont l'équipage avait été attaqué » (TGI, p. 5).

La chanson appelle « à fumer », à « taper » « les condés », « à se défouler sur la flicaille », ou encore « à se farcir de la volaille ». Trois plaintes sont déposées : par un policier, par le Syndicat des Cadres de la sécurité intérieure et par le ministre de l'Intérieur, Bernard Cazeneuve.

TGI Paris, ch. 17, 8 décembre 2017, Francis Tremblay, Agent judiciaire de l'État, Syndicat des cadres de la sécurité intérieure c/ Jois Ndjibu Milambu (dit Jo le Phéno)
Citation : 14 novembre 2016 et 11 janvier 2017
Audience : 27 octobre 2017
Audience pénale
Président du Tribunal : Thomas Rondeau
Parties civiles : Francis Tremblay, Agent judiciaire de l'État, Syndicat des cadres de la sécurité intérieure (SCSI)
Avocats : Géraldine Lesieur (assisté par Benoît Huet), Benoit Chabert et Philippe Gernez

Prévenu : Jois Ndjibu Milambu
Avocat : Said Harir
Fondements :

- Provocation non suivie d'effet au crime ou délit par parole, écrit, image ou moyen de communication au public par voie électronique
- Injure publique envers un corps constitué, un fonctionnaire, un dépositaire de l'autorité ou un citoyen chargé d'un service public par parole, écrit, image ou moyen de communication au public par voie électronique sur le fondement de l'article 24, alinéas 1 et 24.1 de la loi du 29 juillet 1881

Prétentions des Parties civiles :

- Agent judiciaire de l'État : 1 euro de dommages et intérêts, outre 3000 euros sur le fondement des dispositions de l'article 475-1 du code de procédure pénale
- SCSI : 1 euro de dommages et intérêts, outre 2000 euros sur le fondement des dispositions de l'article 475-1 du code de procédure pénale
- Francis Tremblay : 5000 euros de dommages et intérêts, outre 1500 euros sur le fondement des dispositions de l'article 475-1 du code de procédure pénale

Réquisitions du Ministère public : 125 jours-amende à 25 euros par jour
Décision :

- Amende de 1000 euros avec sursis
- 3000 euros de dommages et intérêts à Francis Tremblay et 1500 euros sur le fondement des dispositions de l'article 475-1 du code de procédure pénale
- 1 euro de dommages et intérêts à l'Agent judiciaire de l'État

XLIV. FRANÇOIS OZON, *GRÂCE À DIEU*

Œuvre cinématographique : François Ozon, Grâce à Dieu, *sortie en salle mercredi 20 février 2019.*

Le film raconte la naissance de l'association de victimes « La parole libérée », fondée à Lyon en 2015 par d'anciens scouts accusant d'agressions sexuelles le père Bernard Preynat. L'affaire est en cours d'instruction au moment de la sortie du film.

Juste avant sa sortie en février 2019, deux procédures sont intentées pour atteinte à la vie privée et à la présomption d'innocence.

Le prêtre lyonnais Bernard Preynat assigne François Ozon en référé pour obtenir un report de sa sortie en salle quelques jours avant sa sortie. Parallèlement, Régine Maire, ex-membre du diocèse de Lyon, poursuivie aux côtés de l'archevêque de Lyon pour non-dénonciation, demande que son nom soit retiré du film au nom de la protection de la vie privée et de la présomption d'innocence. Ce deuxième litige a été tranché par le juge des référés du tribunal de grande instance de Lyon (TGI Lyon, ord. réf., 19 février 2019, R. Maire c/ F. Ozon et a. Nous ne l'incluons donc pas dans le corpus).

TGI Paris, ch. 17, ord. ref., 18 février 2019, RG 19/51499, Preynat c/ SAS Mandarin productions, SAS France 3 cinéma et SAS mars film
Date assignation : 31 janvier 2019
Date audience : 15 février 2019
Audience civile
Président du tribunal : Thomas Rondeau
Demandeur : Bernard Preynat
Avocat : Emmanuel Mercinier-Pantalacci
Défendeurs : SAS Mandarin productions, SAS France 3 cinéma et SAS mars film
Avocats : Paul-Albert Iweins et Benoît Goulesque Monaux
Fondements : Atteinte à la présomption d'innocence et au respect de la vie privée, article 6 de la convention européenne des droits de l'homme, articles 9 et 10 de la déclaration des droits de l'homme et du citoyen de 1789, articles 9 et 9-1 du Code civil
Prétentions :

- Ordonner l'interdiction de toute diffusion du film quelle qu'en soit la modalité jusqu'à l'intervention d'une décision de justice définitive sur la culpabilité de Bernard Preynat
- Ordonner l'insertion dans chaque copie et avant le début du film d'une mention décrivant précisément la décision de justice définitive sur les faits reprochés au demandeur sur lequel porte l'information judiciaire, en ce compris, le cas échéant, l'ordonnance définitive de non-lieu rendue par la juridiction d'instruction
- Assortir la décision d'une astreinte de 100 000 euros par copie diffusée en méconnaissance des dispositions du jugement à intervenir

- Condamner les sociétés défenderesses
- Les condamner solidairement aux dépens et frais de l'instance
- Subsidiairement, ordonner la suppression dans les copies diffusées en France de toute mention écrite et orale de Bernard Preynat
- Ordonner l'insertion dans chaque copie et avant le début du film d'une mention rappelant que les faits décrits dans le film n'ont pas été jugés et que la culpabilité du mis en cause n'est pas établie
- Ordonner l'insertion dans chaque copie et avant le début du film d'une mention décrivant précisément la décision de justice définitive, en ce compris, le cas échéant, l'ordonnance définitive de non-lieu rendue par la juridiction d'instruction

Décision : demande rejetée

CA Paris, pôle 1, ch. 3, arrêt de référé, 26 juin 2019, n° 19/03880, B. Preynat c/ SAS Mandarin Production et a.
Appelant : Bernard Preynat
Intimés : SAS Mandarin production et a.
Décision : confirme le jugement

Cass. crim., 1re ch. Civ, 6 janvier 2021, n° pourvoi 19-21.718.
Demandeur au pourvoi : Bernard Preynat
Importance : non publié au bulletin
Président de la cour : Mme Batut
Rapporteur : M. Chevalier
Avocat général : M. Chaumont
1 moyen unique de cassation : violation de l'article 9-1 du Code civil et de l'article 6 de la CEDH
Décision : Rejet du pourvoi

XLV. OLIVIER RAIMBAULT, *UNE INTIME CONVICTION*

Œuvre : Olivier Raimbault, Une intime conviction, *sortie en salle le 6 février 2019.*

« Bénéficiant d'un vrai succès en salle, le film relate une histoire vraie et incroyable : l'affaire Suzanne Viguier. Cette professeure de danse de 38 ans a disparu à Toulouse en février 2000. Accusé de l'avoir tuée, son époux Jacques Viguier, professeur de droit, a été jugé deux fois aux assises et deux fois acquitté. Suzanne Viguier n'a jamais été retrouvée, aucun coupable n'a été condamné. Le fait divers avait passionné la France. Le film met en scène le second procès en suivant le combat de son célèbre avocat Éric Dupont-Moretti, incarné à l'écran par l'acteur Olivier Gourmet. Une intime conviction *revient aussi sur le rôle d'Olivier Durandet, l'amant de la disparue, qui avait été le premier à alerter la police à propos de sa disparition le 1er mars 2000 et qui aurait orienté les enquêteurs sur la piste de Jacques Viguier. » (Laurent Léger et Thibaut Solano, « Le film* Une intime conviction *sera-t-il interdit ? », L'Express, 15 février 2019, en ligne, URL : https://www.lexpress.fr/actualite/societe/justice/le-film-une-intime-conviction-sera-t-il-interdit_2062338.html, consulté le 4 avril 2022)*

TGI Paris, ch. 17. ord. réf., RG 19/51611, 22 février 2019, Olivier Durandet c/ SARL Delante Films et a.

Assignation : 14 Février 2019
Audience : 19 Février 2019
Audience civile
Présidente : Caroline Kuhnmunch
Demandeur : Olivier Durandet
Avocat : Emmanuel Tricoire
Défenderesses : S.A.R.L. Delante Films et S.A.S. Memento Films Distribution
Avocate : Anne Boissard
Fondements : Atteinte à la vie privée (article 809 du code de procédure civile et de l'article 9 du code civil)
Prétentions :

- Ordonner aux défenderesses de faire cesser toute diffusion intégrale ou partielle du film, attentatoire à la vie privée du demandeur, quelle qu'en soit la modalité, sous astreinte de 50 000 euros par jour et par diffusion constatée, dans l'attente d'une décision des juges du fond
- Condamner les défenderesses à lui verser la somme de 30 000 euros à titre de provision en réparation de son préjudice consécutif à l'atteinte à la vie privée
- Condamner les sociétés défenderesses au paiement de la somme de 10 000 euros au titre de l'article 700 du code de procédure civile, ainsi qu'aux dépens

Décision : demande rejetée

XLVI. NICK CONRAD, « PENDEZ LES BLANCS »

TGI Paris, ch. 17, 19 mars 2019, AGRIF, LICRA c/ Conrad Moukouri Manga Moussole (dit Nick Conrad)

Le rappeur Nick Conrad a été poursuivi pour un vidéo-clip intitulé PLB (Pendez les blancs) posté sur Youtube *le 17 septembre 2018. Ce clip de plus de neuf minutes qui appelle à « pendre les blancs » s'ouvre sur un plan montrant le rappeur allumant un cigare alors qu'en arrière-plan, un pendu blanc se balance au bout d'une corde. La chanson « PLB » démarre alors. On y voit le chanteur entrer dans une crèche et décrire le fait qu'il tue les bébés blancs, enfoncer un revolver dans la bouche d'un homme blanc préalablement séquestré dans un coffre de voiture, avant de lui tirer dessus, etc. Dès sa publication, la classe politique réagit fortement et unanimement en condamnant la violence du vidéo-clip, qui résulterait de ceux que certains appellent le « racisme anti-blanc ». La vidéo est immédiatement supprimée de la plateforme* Youtube.

Le parquet de Paris ouvre une information judiciaire dès septembre et deux associations portent plainte, l'AGRIF et la LICRA.

Citation : le 28 septembre 2018 (nouvelle citation : 10 décembre 2018)
Audience : 9 janvier 2019
Président du Tribunal : Thomas Rondeau

Parties civiles : AGRIF et LICRA
Prévenus : Conrad Moukouri Manga Moussole
Avocats : David Apelbaum et Chloé Arnoux
Fondements : Provocation publique à la commission d'une atteinte à la vie sur le fondement de l'article 24, alinéas 1 et 2 de la loi du 29 juillet 1881
Prétentions des parties civiles :
- AGRIF : 6000 euros de dommages et intérêts, outre 4000 euros sur le fondement des dispositions de l'article 475-1 du code de procédure pénale
- LICRA : 3000 euros de dommages et intérêts, outre 2000 euros sur le fondement des dispositions de l'article 475-1 du code de procédure pénale

Réquisitions du Ministère public : 5000 euros d'amende avec sursis
Décision :
- Amende de 5000 euros avec sursis
- 1000 euros de dommages et intérêts à chacune des parties civiles

BIBLIOGRAPHIE

ŒUVRES CITÉES

ŒUVRES LITTÉRAIRES

ALARD, Nelly, *Moment d'un couple*, Paris, Gallimard, 2013.
ANGOT, Christine, *Le Marché des amants*, Paris, Flammarion, 2008.
ANGOT, Christine, *Les Petits*, Paris, Flammarion, 8 janvier 2011.
BANIER, François-Marie, *Perdre la tête*, Paris, Gallimard, 2005.
BÉNIER-BÜRCKEL, Éric, *Pogrom*, Paris, Flammarion, 2005.
BESSON, Philippe, *L'Enfant d'octobre*, Paris, Grasset, 5 avril 2006.
BITTON-CABANA, Anna, *Cécilia*, Paris, Gallimard, 2008.
CARRÈRE, Emmanuel, *L'Adversaire*, Paris, POL, 2000.
CARRÈRE, Emmanuel, *Yoga*, Paris, POL, 2020.
CHANDERNAGOR, Françoise, *Le Roman vrai du docteur Godard*, *Le Figaro*, juillet 1999.
DELACOURT, Grégoire, *La première Chose qu'on regarde*, Paris, JC Lattès, 2013.
DUGAIN, Marc, *L'Emprise*, Paris, Gallimard, 2014.
DUROY, Lionel, *Colères*, Paris, Robert Laffont, mars 2011.
ENTHOVEN, Raphaël, *Le Temps gagné*, Paris, Éditions de l'Observatoire, 2020.
FAILLER, Jean, *Le Renard des Grèves*, Éditions du Palémon, 2004.
FARGUES, Nicolas, *J'étais derrière toi*, Paris, POL, mars 2006.
FILIPETTI, Aurélie, *Un homme dans la poche*, Paris, Stock, 2006.
FOURNIER, Jean-Louis, *La Servante du Seigneur*, Paris, Stock, 2013.
FRÉBOURG, Olivier, *Gaston et Gustave*, Paris, Mercure de France, 2011.
FRÈCHE, Émilie, *Vivre ensemble*, Paris, Stock, 2018.
GARCÍA, Rodrigo, *Golgotha picnic*, Besançon, Les Solitaires Intempestifs, 2011.
HOUELLEBECQ, Michel, *Les Particules élémentaires*, Paris, Flammarion, 1998.
HOUELLEBECQ, Michel, *Plateforme*, Paris, Flammarion, 2001.
IACUB, Marcela, *Belle et Bête*, Paris, Stock, 2013.
JAUFFRET, Régis, *Sévère*, Paris, Le Seuil, 2010.
JAUFFRET, Régis, *La Ballade de Rikers Island*, Paris, Le Seuil, 16 janvier 2014.

JONES-GORLIN, Nicolas, *Rose bonbon*, Paris, Gallimard, 2006.
JONQUET, Thierry, *Moloch*, Paris, Gallimard, avril 1998.
KELLY, Christine, *L'Affaire Flactif, enquête sur la tuerie du Grand-Bornand*, Paris, Calman-Lévy, 2006.
KOAH, Nathalie, *Revenge Porn – Foot, sexe, argent : le témoignage de l'ex de Samuel Eto'o*, Paris, éditions du moment, interdit.
JAMET, Nicole et LE PEZENNEC, Marie-Anne, *Dolmen*, Noyelles, Michel Lafond, 2005.
LAMUNIÈRE, Jean-François, *Pastis à l'OM*, Payot, 2007.
LAURENS, Camille, *L'amour, roman*, Paris, POL, 2003.
LIBERATI, Simon, *Eva*, Paris, Stock, 2015.
LINDON, Mathieu, *Le Procès de Jean-Marie Le Pen*, Paris, POL, 1998.
LOUIS, Édouard, *Histoire de la violence*, Paris, Le Seuil, mars 2016.
MAD, Lucio (Madelin Éric), *Paradis B.*, Paris, Gallimard, janvier 1998.
MILLAU, Christian (Dubois Christian), *Une Campagne au Soleil*, Éditions de Fallois, 12 février 2002.
MOIX, Yann, *Orléans*, Paris, Grasset, 2019.
MOURY, Didier, *J'ai de la peine et de la haine et ça se saura !*, Saint-Denis, Édilivre-Aparis, 2011.
OHAYON, Sylvie, *Papa was not a rolling stone*, Paris, Robert Laffont, Janvier 2011.
PERRAULT, Gilles et Daure-Jouvin, Christine, *Notre ami le roi*, Paris, Gallimard, 1990.
POIVRE D'ARVOR, Patrick, *Fragments d'une femme perdue*, Paris, Grasset, août 2009.
SKORECKI, Louis, *Il entrerait dans la légende*, Paris, Leo Scheer, 2002.
SOLLIEC, Corinne, *Le petit Corps*, Paris, Gallimard, 2006.
SPRINGORA, Vanessa, *Le Consentement*, Paris, Grasset, 2020.
WALKER, Lalie, *Aux malheurs des dames*, Paris, Parigramme, 2009.
WEITZMANN, Marc, *Mariage mixte*, Paris, Stock, 23 août 2000.

ŒUVRES MUSICALES

ABDUL X, « Tirez sur les keufs », vidéo-clip, 2010.
ABDUL X et CORTEX, « Tu sais qui on est », vidéo-clip diffusé sur www.rap-2tess.net, 2010.
CONRAD, Nick, « PLB », vidéo-clip diffusé sur Youtube le 17 septembre 2018.
JO LE PHÉNO, « Bavure », vidéo-clip diffusé sur Twitter et Youtube les 17 et 18 août 2016.
ORELSAN, « Sale pute », vidéo-clip, diffusé sur *Myspace*, 2006.
ORELSAN, « Perdu d'avance », Concert au Bataclan, 13 mai 2009.
YOUSSOUPHA, « À force de le dire », *Sur les chemins du retour*, 2009.
ZEP, *Nique la France. Devoir d'insolence*, ZEP, 2010.

ŒUVRES VISUELLES

BANIER, François-Marie, *Perdre la tête*, Paris, Gallimard, octobre 2005.
CASAS, Juan Francisco, photographies publiées sur 24 sites internet différents.
CHARLIE HEBDO, Caricatures de Mahomet, *Charlie hebdo* n° 172, 8 février 2006.
DOISNEAU, Robert, *Le baiser de l'hôtel de ville*, 1950.
DELAHAYE, Luc, *L'autre*, éditions Phaidon, 15 septembre 1999.
IONESCO, Irina, « Irina Ionesco », exposition à l'espace Germaine Pilon et Reine Ulmann, Paris, 6 juin 2010 – 31 juillet 2011.
RIZZO, Willy, « Rio de Janeiro » exposition au studio Willy Rizzo, Paris, 27 septembre 2013-1er novembre 2013.
TOSCANI, Oliveiro, affiche du film *Amen* (Costa-Gavras), 2001.
VINCENT, Gérard, *De ton visage et quelques autres lieux*, Paris, Éditions du Rocher, février 2005.

ŒUVRES AUDIOVISUELLES

BÜRCKEL, Rémy, *Intime conviction*, diffusion Arte, 14 février 2014.
DE LA PATELLIÈRE, Alexandre et Delaporte, Matthieu, *Le Prénom*, Pathé distribution, sortie en salle 25 avril 2012.
DESPLECHIN, Arnaud, *Rois et Reine*, sortie en salle 22 décembre 2004.
JEANNEAU, Daniel, « L'inconnue de la nationale », épisode de *Julie* Lescaut, diffusion TF1, 25 mai 2000.
LECONTE, Daniel, *C'est dur d'être aimé par des cons*, sortie en salle 17 septembre 2008.
OZON, François, *Grâce à Dieu*, sortie en salle 20 février 2019.
RAIMBAULT, Olivier, *Une intime conviction*, sortie en salle 6 février 2019.
SCORSESE, Martin, *La dernière Tentation du Christ*, sortie en salle 21 septembre 1988.

JURISPRUDENCE

DÉCISIONS DE PREMIÈRE INSTANCE

T. civ. Seine, 1er déc. 1926, duc de Brissac c/ Sté des Films Paramount ; *DH* 1927, p. 128.
T. civ. Rouen, 20 févr. 1933, Trintzius c/ Isambert, S. 1933, 2, p. 133.

T. civ. Seine, 24 oct. 1936, de Waresquiel c/ Maurice Rostand, *Gaz. Pal.*, 1936, 2, p. 794.
T. civ. Seine, 18 juill. 1941, Costa c/ de Montherlant, *Gaz. Pal.* 1941, 2, p. 235.
T. civ. Seine, 28 mars 1944, de Vaugelas c/ Sté Continental Films, Decoin et Durant, *Gaz. Pal.*, 1944, 2, p. 14.
T. civ. Chartres, 4 avr. 1957, dame Lecocq c/ dame Bessette et Éditions Gallimard, *Gaz. Pal.*, 1957, 2, p. 139.
TGI Seine, 22 oct. 1963, de Courseulles c/ Guimard et Éditions Denoël, *Gaz. Pal.* 1964, 1, p. 86.
TGI Seine, 11 mars 1968, Goldfinger c/ Sté Les Artistes associés : D. 1968, jurispr. p. 439.
TGI Paris, 18 sept. 1991, Stefanaggi c/ Éditions Albin Michel et Quenot, *JurisData* n° 1991-051178.
TGI Paris, ch. 1, 2 juin 1993, Lavergne c/ Doisneau.
TGI Paris, ch. 17, 11 octobre 1999, n° d'affaire 983410399, Le Pen c/ Lindon-Otchakovsky.
TGI Paris, ch. 17, 16 novembre 1999, RG 98/2105, Bravinsky c/ Madelin et Gallimard.
TGI Paris, ch. 17, 7 février 2000, RG 99/17667, Preudhomme c/ Jonquet et Gallimard.
TGI Paris, ch. 17, ref, 16 août 2000, RG 2000/08111, Turquin c/ Éditions Stock.
TGI Paris, ch. 17, 1er décembre 2000, RG 00/12073, Nasserdine Ramdane dit Nasser Ramdane c/ Société Télévision française et Société GMT Productions.
TGI Paris, ch. 17, ord. ref., 21 février 2002, RG 02/5185, AGRIF c/ Société Renn Productions, Constantin Costa-Gavras, Société Pathé Distributions.
TGI Paris, ch. 17, 22 octobre 2002, Société des Habous et des lieux saints de l'Islam et autres c/ Houellebecq, Feuillée.
TGI Paris, ch. 17, 22 octobre 2002, LICRA c/ M'Bala M'Bala cité dans *Légipresse*, n° 198-I, 2003, p. 12.
TGI Carpentras, 7 mars 2003, Consorts Bonnet et autres c/ L. Scheer.
TGI Paris, ch. 17, 4 avril 2003, ord. réf., 03/53477 Mézières c/ Ruel, épouse Mézières (dite Camille Laurens) et POL.
TGI Paris, ch. 17, 8 décembre 2003, RG 02/09208, Couve c/ Millau.
TGI Paris, ch. 17, 2 juin 2004, M. Bensalah c/ L. Delahaye Magnum, Éditions Phaidon Presse Limited et SA Mk2.
TGI Paris 3e chambre, 27 septembre 2004, Lopez c. Philibert.
TGI Paris, ch. 17, 14 novembre 2005, RG 05/13084, Caron c/ éditions du Rocher, Gérard Vincent.
TGI Paris, ch. 17, 3 avril 2006, RG 04/01407, Denicourt c/ Desplechin.

TGI Paris, ch. 17, 16 janvier 2016, ord. ref., Espaces tutelles, Michelle Dolibois c/ François Marie Banier et éditions Gallimard.
TGI Paris, ch. 17, 16 novembre 2006, Ministère public c/ Bénier-Bürckel et a., *Légipresse* 2007, n° 240-III.
TGI Paris, ch. 17, 22 mars 2007, Société des Habous et consorts c/ Val, éditions Rotative.
TGI Paris, 9 mai 2007, Chastenet de Puységur c/ Galimard François-Marie Banier.
TGI Paris, ch. 17, 17 septembre 2007, RG 06/10152, Villemin c/ Besson, Nora, Éditions Grasset et Fasquelle.
TGI Paris, ch. 17, 7 février 2008, Paris Paoli c/ Lamunière.
TGI Paris, ch. 17, 27 octobre 2008, RG 07/12091, Estelle Maréchal c/ Gallimard.
TGI Paris, ch. 17, 19 novembre 2010, Village d'Orsel, Elbaz, Gabbay c/ Besse, Ayadi, Magdelonnette.
TGI Paris, ch. 17, 16 juin 2011, Ministère public c/ Benzerrouk Henry (dit Abdul X).
TGI Paris, ch. 17, 7 septembre 2011, Agathe Borne c/ Patrick Poivre d'Arvor.
TGI Paris, ch. 17, 25 octobre 2011, Éric Zemmour c/ Marin, Mabiki, Kocher, Queinnec.
TGI Paris, ch. 17, 4 avril 2012, Dorfner c/ Munier Ohayon, SA Robert Laffont.
TGI Paris, ch. 17, 16 mai 2012, RG 11/03128, Tudiesche c/ Fargues, POL éditeur.
TGI Paris, ch. 17, 12 juin 2012, Ministère public et Ni putes ni soumises c/ Cotentin (dit Orelsan).
TGI Paris, ch. 17, 8 novembre 2012, Ministère public c/ Henry, Gozlin.
TGI Paris, ch. 17, 17 décembre 2012, RG 11/07888, Eva Ionesco c/ Irina Ionesco, Valérie Servant, SARL Galerie Espace Germaine Pilon et Reine Ulmann.
TGI Paris, ch. 17, ord. ref., 10 janvier 2013, RG 12/1256564, Virginie G c/ Juan Francisco Casas.
TGI Paris, ch. 17, ord. ref., 26 février 2013, RG 13/51631, Dominique Strauss-Kahn c/ Marcela Iacub, S.A. Le nouvel Observateur, SA les éditions Stock et S.A. Hachette Livre.
TGI Paris, ch. 17, 22 mai 2013, RG 11/16506, Duroy c/ éditions Robert Laffont.
TGI Paris, ch. 17, 27 mai 2013, RG 11/13697, Bidoit c/ Angot et Flammarion.
TGI Paris, ch. 17, 31 mai 2013, Ministère public c/ Cotentin (dit Orelsan).
TGI Paris, ch. 17, 5 juin 2013, Guérard ép. Frébourg c/ Frébourg, Mercure de France.
TGI Paris, ch. 17, ord. ref, 16 janvier 2014, RG 13/59470, Nelly N. et Laura Moury c/ Didier Moury et société Édilivre.
TGI Paris, ch. 17, ord. réf, 27 février 2014, Muller c/ Maha productions.

TGI Paris, ch. 17, 2 juillet 2014, RG 13/07651, Scarlett Johansson c/ Grégoire Delacourt et SNC Éditions Jean-Claude Lattès.

TGI Paris, ch. 17, 5 novembre 2014, RG 14/03844, Société Maha Productions c/ Jean-Louis Muller.

TGI Paris, ch. 17, 19 mars 2015, AGRIF c/ Said Zouggagh et Said Bouamama.

TGI Paris, ch. 17, ord. ref., 7 août 2015, RG 15/56586, Irène Ionesco c/ Éditions Stock et Simon Liberati.

TGI Paris, ch. 17, 10 décembre 2015, AGRIF c/ Jean-Michel Ribes, Vurpillot.

TGI Paris, ch. 17, 18 décembre 2015, LGBT c/ Boutin.

TGI Paris, ch. 17, ord. ref., 15 avril 2016, RG 16/53508, Riad Belferroum c/ Éditions du Seuil et Édouard Louis.

TGI Paris, ch. 17, 2 juin 2016, Dominique Strauss-Kahn c/ Régis Jauffret et Olivier Bétourné.

TGI Paris, ch. 17, 1er mars 2017, N° RG 15/17504, Elsa Tia (dite Elsa Martinelli) c/ Société Capodimonte S.A.R.L.

TGI Paris, ch. 3, 9 mars 2017, n° 15/01086, Franck Davidovici c/ Bonami et consorts.

TGI Paris, ch. 17, 8 décembre 2017, Francis Tremblay, Agent judiciaire de l'État, Syndicat des cadres de la sécurité intérieure c/ Jois Ndjibu Milambu (dit Jo le Phéno).

TGI Paris, ch. 17, ord. ref., 18 février 2019, RG 19/51499, Preynat c/ SAS Mandarin productions, SAS France 3 cinéma et SAS Mars film.

TGI Paris, ch. 17. ord. réf., RG 19/51611, 22 février 2019, Olivier Durandet c/ SARL Delante Films et a.

TGI Paris, ch. 17, 19 mars 2019, AGRIF, LICRA c/ Conrad Moukouri Manga Moussole (dit Nick Conrad).

DÉCISIONS D'APPEL

CA Paris, 30 octobre 1998, n° 1997/14039, Bidochon c/ Binet, *JurisData* n° 1998-023281 ; D. 1998, p. 259 ; RTD civ. 1999, p. 61, obs. J. Hauser.

CA Paris, ch. 11, 13 septembre 2000, Lindon, Otchakovsky-Laurens c/ Le Pen.

CA Paris, ch. 14, sect. A, ord. ref, 13 septembre 2000, RG 2000/15977, Turquin c/ Éditions Stock.

CA Paris, ch. 1 sect. B, 5 avril 2001, Preud'homme et Berthe c/ Jonquet et Éditions Gallimard.

CA Versailles, 30 septembre 2004, n° 03/04955, de Roquefeuil c/ TF1, *JurisData* n° 2004-265817.

CA Paris, ch. 11, sect. A, 3 novembre 2004, RG 03/03/443, Costa Gavras, Seydoux, Toscani c/ AGRIF.

CA Paris, ch. 14, 8 avril 2005, AGRIF c/ Sté JC Decaux Publicité.

CA Paris, ch. 11, sect. B, 9 février 2006 LICRA c/ M'Bala M'Bala.
CA Paris, 29 mars 2006, Lopez c/ Philibert.
CA Douai, 25 janvier 2007, Vanneste c/ Act'Up, SOS Homophobie et SNEG, *Légipresse*, 2007, n° 242, III, p. 137, note B. Ader ; *Comm. com. électr.* 2007, comm. 112, obs. A. Lepage.
CA Versailles, Jamet, le Pezennec c/ Kersaint, 25 octobre 2007.
CA Paris, ch. 11, sect. A, 12 mars 2008, Val, éditions Rotative c/ UOIF, *Légipresse* n° 252. III. 107, note Henri Leclerc ; *Recueil Dalloz*, 2009, p. 1779 obs. Jean-Yves Dupeux et Thierry Massis.
CA Paris, ch 11, section A, 5 novembre 2008, RG 07/10198, Chastenet de Puységur Isabelle c/ Galimard et François-Marie Banier.
CA Paris, ch. 11, 18 décembre 2008, RG 07/17917, Villemin c/ Besson, Nora, Éditions Grasset et Fasquelle.
CA Paris, Pôle 2 chambre 7, 24 novembre 2010, 08/24381, Gallimard c/ Estelle Maréchal.
CA Paris, chambre 7, pôle 2, 28 juin 2012, RG 11/9903, Youssoupha Mabiki c/ Éric Zemmour.
CA Paris, 21 janvier 2014, LICRA c/ Djender.
CA Paris, réf, Pôle 1, chambre 2, 28 février 2014, Maha productions c/ Jean-Louis Muller, Arte France.
CA Paris, pôle 2, 27 mai 2015, RG 13/00051, Eva Ionesco c/ Irina Ionesco, Valérie Servant, SARL Galerie Espace Germaine Pilon et Reine Ulmann.
CA Paris, ch. 2-7, 9 décembre 2015, RG 15/02/415, AGRIF c/ Said Zouggagh et Said Bouamama.
CA Versailles, ch. 8, 18 février 2016, RG 15/02687, Cotentin c/ Chiennes de garde et autres.
CA Lyon, ch. 4, 12 janvier 2018, AGRIF c/ Zaid Zouggagh.
CA Versailles 18 février 2016, Cotentin c/ PC.
CA Paris, Pôle 2, ch. 7, 22 juin 2016, RG 16/00342, AGRIF c/ Jean-Michel Ribes, Vurpillot.
CA Paris, pôle 2, ch. 7, 2 novembre 2016, LGBT c/ Boutin.
CA Paris, pôle 1, ch. 3, ord. ref, 26 juin 2019, n° 19/03880, B. Preynat c/ SAS Mandarin Production et a.

DÉCISIONS DE CASSATION

Cass. civ 1re, 29 octobre 1990, *Bull.*, arrêt n° 226, *D.* 1992, p. 72, note T. Hassler.
Cass. civ 1re, 16 mars 1999, pourvoi n° 97-11465.
Cass. crim., 27 novembre 2001, Lindon, Otchakovsky-Laurens et July c/ Le Pen.
Cass. crim., 3 déc. 2002, *Bull. crim.*, n° 218.
Cass. crim., 27 septembre 2005, pourvoi n° 05-80123.

Cass. crim., 14 févr. 2006, pourvoi n° 05-81.932, obs. J. Francillon.
Cass. civ. 1re, 15 nov. 2006, pourvoi n° 05-15.822, note E. Dreyer.
Cass. assemblée plénière, 16 février 2007, arrêt n° 552.
Cass. civ. 1re, 13 novembre 2008, Lopez c/ Philibert.
Cass. crim., 31 mars 2009, pourvoi n° 07-86892.
Cass. civ. 1re, 9 octobre 2009, pourvoi n° 08-10.045.
Cass. crim., 1er mars 2011, pourvoi n° 10-83267.
Cass. crim., 14 janvier 2014, pourvoi n° 12-88282.
Cass. civ. 1re, 30 septembre 2015, pourvoi n° C 14-16.273.
Cass. crim., 28 février 2017, pourvoi n° 16-80.522, publié au bulletin.
Cass, crim., 14 novembre 2017, arrêt n° 2666.
Cass. crim., 9 janvier 2018, pourvoi n° 16-87540.
Cass. crim., 11 décembre 2018, pourvoi n° 18-80.525, inédit.

DÉCISIONS DE LA CEDH

Oberschlick c/ Autriche (n° 1) – 11662/85, 23 mai 1991.
Karatas c/ Turquie, 8 juillet 1999.
Alinak et a. c/ Turquie, 4 mai 2006.
Vereinigung Bildender Kunstler c/ Autriche, 25 janvier 2007.
Ulusoy et a. c/ Turquie, 3 mai 2007.
Lindon Otchakovsky-Laurens et July c/ France, 22 octobre 2007.
Leroy c/ France, 2 octobre 2008.
Akdas c/ Turquie, 16 février 2010.
Alves Da Silva c/ Portugal, 20 octobre 2010.

JURISPRUDENCE ADMINISTRATIVE

Conseil d'État, Assemblée du 27 octobre 1995, 136727, publié au recueil Lebon.

CONCLUSIONS D'AVOCATS

Affaire Michelle Dolibois c/ François Marie Banier et éditions Gallimard.
Affaire Chastenet de Puységur Isabelle c/ Gallimard et François-Marie Banier.
Affaire Ministère public et Ni putes ni soumises c/ Cotentin (dit Orelsan).
Affaire Bidoit c/ Angot et Flammarion.
Affaire Ministère public c/ Cotentin (dit Orelsan).
Affaire Muller c/Maha productions.
Affaire AGRIF c/ Said Zouggagh et Said Bouamama.
Affaire Riad Belferroum c/ Éditions du Seuil et Édouard Louis.
Affaire Dominique Strauss-Kahn c/ Régis Jauffret et Olivier Bétourné.
Affaire AGRIF, LICRA c/ Conrad Moukouri Manga Moussole (dit Nick Conrad).

BIBLIOGRAPHIE CRITIQUE

ACHARD-BAYLE, Guy et PAVEAU, Marie-Anne, « Présentation. La linguistique *hors du temple* », *Pratiques* n° 139-140, 2008, en ligne, URL : http://pratiques.revues.org/1171, consulté le 4 avril 2022.

ADAM, Jean-Michel, *La Linguistique textuelle. Introduction à l'analyse textuelle des discours*, Paris, Armand Colin, 2005.

ADER, Basile, « La caricature, exception au droit à l'image », *LEGICOM*, 1995/4, n° 10, p. 10-13, en ligne, URL : https://www.cairn.info/revue-legicom-1995-4-page-10.htm, consulté le 4 avril 2022.

ADER, Basile, « Le dépaysement des propos racistes dans le Code pénal : une fausse bonne idée », *Légipresse*, 2015, p. 135, en ligne, URL: http://www.legipresse.com/011-37253-Le-depaysement-des-propos-racistes-dans-le-Code-penal-une-fausse-bonne-idee.html, consulté le 4 avril 2022.

ADER, Basile, « Les lois du genre du discours humoristique », dans Patrick Charaudeau (dir.), *Humour et Engagement politique*, Limoges, Lambert Lucas, 2015.

AFP, « Caricatures : Chirac réprouve les provocations manifestes », en ligne, URL : https://www.lefigaro.fr/international/2006/02/08/01003-20060208ARTFIG90263-caricatures_chirac_reprouve_les_provocations_manifestes_.php, consulté le 4 avril 2022.

MICHEL-AGUIRRE, Caroline, « L'ex beau-père de Raphaël Enthoven assigne en justice l'éditeur de l'écrivain », *Le Nouvel Obs*, 4 septembre 2020, en ligne, URL : https://www.nouvelobs.com/justice/20200904.OBS32899/exclusif-l-ex-beau-pere-de-raphael-enthoven-assigne-en-justice-l-editeur-de-l-ecrivain.html, consulté le 4 avril 2022.

ANONYME, « Goncourt : Emmanuel Carrère pris dans les soubresauts de la guerre de l'édition », *La Lettre A.fr*, 23 septembre 2020, en ligne, URL : https://www.lalettrea.fr/medias/2020/09/23/goncourt--emmanuel-carrere-pris-dans-les-soubresauts-de-la-guerre-de-l-edition,109608591-evl, consulté le 4 avril 2022.

AÏSSAOUI, Mohammed, « Jean-Louis Fournier attaqué par sa fille », *Le Figaro*, 26 août 2013, en ligne, URL : https://www.lefigaro.fr/livres/2013/08/26/03005-20130826ARTFIG00401-jean-louis-fournier-attaque-par-sa-fille.php, consulté le 4 avril 2022.

AMADIEU, Jean-Baptiste, *La littérature française au* XIX*e* *siècle mise à l'Index. Les procédures*, Paris, Éditions du Cerf, 2017.

AMADIEU, Jean-Baptiste, *Le Censeur critique littéraire. Les jugements de l'Index, du romantisme au naturalisme*, Paris, Hermann, coll. « Des morales et des œuvres », 2019.

AMOSSY, Ruth, *Apologie de la polémique*, Paris, Presses universitaires de France, 2014.

ANGENOT, Marc, *Dialogues de sourds. Traité de rhétorique antilogique*, Paris, Mille et une nuits, 2008.

ANGENOT, Marc, *La Parole pamphlétaire. Typologie des discours modernes*, Paris, Payot, 1982.

ANGENOT, Marc, « L'Esprit de censure : nouvelles censures et nouveaux débats sur la liberté d'expression », *Discours social / Social Discourse*, vol. VII, n° 1-2 « L'esprit de censure / The Censoring Mind », Hiver-Printemps 1995, p. 7-48.

ARGAND, Catherine, « A-t-on encore le droit de s'inspirer des faits-divers ? », *L'Express*, 1er mai 2000, en ligne, URL : https://www.lexpress.fr/culture/livre/a-t-on-encore-le-droit-de-s-inspirer-des-faits-divers_805644.html, consulté le 4 avril 2022.

ARTOUS-BOUVET, Guillaume, *L'Exception littéraire*, Paris, Belin, coll. « L'extrême contemporain », 2012.

ARZOUMANOV, Anna, *Pour lire les clefs de l'Ancien Régime. Anatomie d'un protocole interprétatif*, Paris, Garnier, 2013.

ARZOUMANOV, Anna, « De l'art ou du cochon ? », *L'homme dans le style et réciproquement*, Aix-en-Provence, Presses universitaires de Provence, 2015, p. 193-205.

ARZOUMANOV, Anna, « Réel (référence au, effet de) », *Lexique Socius : ressources sur le littéraire et le social*, mars 2015, en ligne, URL : http://www.ressources>socius.info, consulté le 4 avril 2022.

ARZOUMANOV, Anna, « Les catégories de l'identification et de la distanciation dans les procès de fictions », dans Anna Arzoumanov, Arnaud Latil et Judith Sarfati Lanter (dir.), *Le Démon de la catégorie. Retour sur la qualification en droit et en littérature*, Paris, Mare et Martin, 2017, p. 197-210.

ARZOUMANOV, Anna, « “Toute ressemblance avec…”. Quand le droit se penche sur l'usage fictionnel du nom propre », dans Nicolas Laurent et Christelle Reggiani (dir.), *Seuils du nom propre*, Limoges, Lambert Lucas, 2017, p. 197-210.

ARZOUMANOV, Anna, « Le fait divers littéraire au tribunal. Une jurisprudence stylisticienne ? », dans Laetitia Gonon et Pascale Roux (dir.), « Le fait divers dans la fiction contemporaine. Approches stylistiques », *Recherches et travaux* 2018/1, en ligne, URL : https://journals.openedition.org/recherches-travaux/955, consulté le 4 avril 2022.

ARZOUMANOV, Anna, « Les frontières du discours indirect libre au tribunal : aperçu de la jurisprudence contemporaine en droit de la presse », *Fabula*, rubrique « Colloques en ligne », « Marges de l'indirect libre » (dir. Gilles Philippe et Joël Zufferey), 2018, en ligne, URL : http://www.fabula.org/colloques/document5412.php, consulté le 4 avril 2022.

ARZOUMANOV, Anna, « Littérature versus droit ? L'exemple du procès Angot », *Entertainment. Droit médias art culture*, n° 2018-1, p. 45-57.

ARZOUMANOV, Anna, « L'auteur peut-il être tenu responsable des propos fictifs de ses personnages ? Retour sur le feuilleton judiciaire Lindon, POL vs Jean-Marie Le Pen », dans Karine Germoni et Claire Stolz (dir.), *Aux marges du discours rapporté*, Paris, Academia L'Harmattan, p. 111-126.

ARZOUMANOV, Anna, « Le style peut-il être un bouclier juridique ? L'argument du style dans quelques procès de fictions contemporains », *Romanic Review* « *Censure et style* », vol. 109, janvier-novembre 2019, p. 31-52.

ARZOUMANOV, Anna, « La critique d'actualité a-t-elle tous les droits ? Regards croisés sur la satire et l'autofiction 17e-21e siècles », dans Sara Harvey (dir.), *La Critique au temps présent*, Actes du colloque de Montréal 17-19 juin 2015, Paris, Garnier 2019, p. 101-114.

ARZOUMANOV, Anna, « La fiction objet de droit ? Réflexions sur une catégorie juridique émergente en droit de la presse », dans Christine Baron et Laurence Elena (dir.), « Savoirs et interprétation. Valeur critique et heuristique de la fiction », Rennes, Presses universitaires de Rennes à paraître en 2021.

ARZOUMANOV, Anna, Avec Barraband Mathilde, « Les traditionnalistes à l'assaut de l'art : retour sur l'affaire *Golgotha picnic* », *Entertainment*, n° 4, 2019, p. 253-262.

ARZOUMANOV, Anna, Avec Barraband Mathilde (dir.), « *Polémique autour d'un blasphème. Regards croisés sur l'affaire* Golgotha picnic », revue *Contextes*, janvier 2020, en ligne, URL : https://journals.openedition.org/contextes/8617, consulté le 4 avril 2022.

ARZOUMANOV, Anna, Avec Barraband Mathilde et Laforest Marty, « "Mais c'est une fiction !" Mobilisation et démobilisation d'une notion controversée dans l'affaire *Golgotha picnic* », dans Arzoumanov Anna et Barraband Mathilde (dir.), *Polémique autour d'un blasphème. Regards croisés sur l'affaire* Golgotha picnic (2011), revue *Contextes*, janvier 2020, en ligne, URL : https://journals.openedition.org/contextes/8709, consulté le 4 avril 2022.

ARZOUMANOV, Anna, Avec Latil Arnaud, « Juger la provocation onirique : éléments pour une interprétation des expressions polyphoniques. Commentaire de Crim, 28 mars 2017, n° 15-87.415 », *Juris Art etc.*, octobre 2017, p. 38-43.

ARZOUMANOV, Anna, avec LATIL, Arnaud et SARFATI, Lanter Judith (dir.), *Le Démon de la catégorie. Retour sur la qualification en droit et en littérature*, Paris, Mare et Martin, 2017, p. 197-210.

ARZOUMANOV, Anna, avec RICHARD, Marie-Odile, « *Golgotha Picnic* christianophe ? La polémique au miroir de la presse », dans Arzoumanov Anna et Barraband Mathilde (dir.), *Polémique autour d'un blasphème. Regards croisés sur l'affaire* Golgotha picnic, revue *Contextes*, janvier 2020, en ligne, URL : https://journals.openedition.org/contextes/8670, consulté le 4 avril 2022.

ASSOULINE, Pierre, « Christine Angot face à la révolte de ses personnages », *Le Monde*, 17 février 2011, en ligne, URL : https://www.lemonde.fr/livres/article/2011/02/17/christine-angot-face-a-la-revolte-de-ses-personnages_1481332_3260.html, consulté le 4 avril 2022.

AVON, Dominique, *La Caricature au risque des autorités politiques et religieuses*, Rennes, Presses universitaires de Rennes, 2010.

BARBÉRIS, Isabelle, *L'Art du politiquement correct*, Paris, PUF, 2019.

BARON, Christine (dir.), *Transgression, littérature et droit*, Rennes, PUR, « La Licorne », 2013.

BARON, Christine, *Contextes littéraires, émotions judiciaires*, Paris, Garnier, 2021.

BARON, Christine, *La Littérature à la barre*, Paris, CNRS Éditions, 2021.

BARON, Christine et Sarfati Lanter, Judith (dir.), *Droit et littérature*, Paris, Société Française de Littérature Générale et Comparée / Lucie Éditions, 2019.

BARRABAND, Mathilde, « La non-fiction au tribunal. Peut-on faire parler et penser des personnages réels ? », dans Anna Arzoumanov, Arnaud Latil, Judith Sarfati Lanter (dir.), *Le démon de la catégorie. Droit et littérature*, Paris, Mare & Martin, 2017, p. 117-131.

BARRABAND, Mathilde, « Censure, censure, censure », *Postures*, « De l'Index au droit d'auteur : scandales et procès littéraires », nº 32, 2020, en ligne, URL : http://revuepostures.com/fr/articles/barraband-32, consulté le 4 avril 2022.

BARRABAND, Mathilde et CAMUS, Jean-Yves, « Les associations catholiques intégristes françaises et la surveillance de l'art », dans Anna Arzoumanov et Mathilde Barraband (dir.), *Polémique autour d'un blasphème. Regards croisés sur l'affaire* Golgotha picnic, revue *Contextes*, janvier 2020.

BARTHES, Roland, « Introduction à l'analyse structurale des récits », *Communications*, nº 8, 1966, p. 1-27.

BARTHES, Roland, « La mort de l'auteur » (1968), *Le Bruissement de la langue*, Paris, Le Seuil, 1984.

BARTHES, Roland, « L'effet de réel », *Communications*, nº 11, 1968, p. 81-90.

BAUDELLE, Yves, *Sémantique de l'onomastique romanesque*, Thèse de doctorat microfichée, Lille, 1989.

BAUDELLE, Yves, « Du critère onomastique dans la taxinomie des genres », dans Yves Baudelle et Élisabeth Nardout-Lafarge (dir.), *Nom propre et écritures de soi*, Montréal, Presses de l'Université de Montréal, 2011.

BÉNICHOU, Paul, *Le Sacre de l'écrivain*, Paris, Corti, 1973.

BIGOT, Christophe, « La liberté de l'image dans tous ses états », *Légipresse* n° 214, 1er septembre 2004, en ligne, URL : https://www.legipresse.com/011-42846-LA-LIBERTE-DE-L-IMAGE-DANS-TOUS-SES-ETATS.html, consulté le 4 avril 2022.

BIGOT, Christophe, « La liberté de création artistique prévaut, dans certaines limites, sur le droit à l'image », *Recueil Dalloz*, 2009, p. 470.

BIGOT, Christophe, « Les procès littéraires du point de vue des avocats », dans Anna Arzoumanov, Arnaud Latil et Judith Sarfati Lanter, *Le Démon de la catégorie*, Paris, Mare et Martin, 2017.

BIGOT, Christophe, « La Cour de cassation redéfinit les contours du délit de provocation à la haine ou à la violence à caractère homophobe », *Légipresse*, n° 358, 2018.

BIGOT, Christophe, *Pratique du droit de la presse. Presse écrite – Édition – Télévision – Radio – Internet*, Paris, *Légipresse*, 2017.

BIGOT, Christophe, « La Cour de cassation redéfinit les contours du délit de provocation à la haine ou à la violence à caractère homophobe », *Légipresse*, n° 358, 2018, p. 153

BINCTIN, Nicolas, *Droit de la propriété intellectuelle*, Paris, LDGJ, 4e édition, 2016.

BLANCHET, Alain et GOTTMAN, Anne, *L'Enquête et ses méthodes. L'entretien*, Paris, Armand Colin, 2005.

BLANCKEMAN, Bruno et MURA-BRUNEL, Aline et DAMBRE, Marc (dir.), *Le Roman français au tournant du XXIe siècle*. Paris, Presses Sorbonne Nouvelle, 2004.

BOLOGNE, Jean-Claude, « La liberté de création est-elle soluble dans la liberté d'expression », Bruxelles, Académie royale de langue et de littérature françaises de Belgique, 2015, en ligne, URL : http://www.arllfb.be, consulté le 4 avril 2022.

BOMBART, Mathilde, « Romans à clés : une pratique illégitime au filtre de la critique littéraire des journaux », dans Anthony Glinoer (dir.), *Romans à clés. Les ambivalences du réel*, Liège, Presses universitaires de Liège, 2017, p. 43-65.

BOMBART, Mathilde, et ESCOLA, Marc (dir.), *Lectures à clés*, *Littératures classiques* n° 54, 2005.

BONNAL, Nicolas, « Les conflits entre les droits de la personnalité et la liberté de création et d'illustration », *Légicom*, n° 43, 2009/2, p. 23-28.

BONNAL, Nicolas, « Les chausse-trappes procédurales de la loi de 1881 : mythe ou réalité ? Essai d'étude statistique », *Légipresse* n° 289, 1er décembre 2011, en ligne, URL : https://www.legipresse.com/011-46290-Les-chausse-trappes-procedurales-de-la-loi-de-1881-mythe-ou-realite-Essai-d-etude-statistique.html, consulté le 4 avril 2022.

BONNAL, Nicolas, « Un exemple de spécialisation : la chambre de la presse du Tribunal de Grande Instance de Paris », dans *La Spécialisation des juges*, Toulouse, Presses de l'Université Toulouse 1 Capitole, 2012, en ligne, URL : http://books.openedition.org/putc/527, consulté le 4 avril 2022.

BORNE, Agathe, « Droit de réponse à la demande d'Agathe Borne », *L'Obs*, 1er août 2013.

BOULÈGUE, Jean, *Le Blasphème en procès 1984-2009. L'Église et la mosquée contre les libertés*, Paris, Nova, 2010.

BOURDIEU, Pierre, « Le marché des biens symboliques », *L'Année sociologique*, n° 22, 1971, p. 49-126

BOURDIEU, Pierre, « La force du droit. Éléments pour une sociologie du champ juridique », *Actes de la Recherche en Sciences Sociales*, 1986, n° 64, p. 3-19.

BOURDIEU, Pierre, *Les Règles de l'art. Genèse et structure du champ littéraire*, Paris, Le Seuil, « Points », 1998 [1992].

BRUGUIÈRE, Jean-Michel, « Dans la famille des droits de la personnalité, je voudrais… », *Recueil Dalloz*, Dalloz, 2011, p. 28.

CAÏRA, Olivier, *Définir la fiction. Du roman au jeu d'échec*, Paris, EHESS, 2011.

CALVÈS, Gwenaëlle, *Envoyer les racistes en prison. Le procès des insulteurs de Christiane Taubira*, Issy-les-Moulineaux, 2015.

CARBONNIER, Jean, *Flexible droit. Pour une sociologie du droit sans rigueur*, Paris, Librairie générale de droit et de jurisprudence, 1988.

CARON, Christophe, « Utilisation de la balance des intérêts pour résoudre les conflits de droits fondamentaux », *Recueil Dalloz*, 2004 p. 1633.

CARON, Christophe, « À propos du conflit entre les œuvres de fiction et la vie privée », *Recueil Dalloz*, 2005, p. 1715.

CARON, Christophe, *Droit d'auteur et droits voisins*, Paris, *LexisNexis*, 2013.

CARPENTIER, Laurent, « À la Sorbonne, la guerre du *blackface* gagne la tragédie grecque », *Le Monde*, 27 mars 2019, en ligne, URL : https://www.lemonde.fr/culture/article/2019/03/27/a-la-sorbonne-la-guerre-du-blackface-gagne-la-tragedie-grecque_5441663_3246.html, consulté le 4 avril 2022.

CARRÈRE, Emmanuel, « "C'est la nature de *Yoga* d'être impur" : Emmanuel Carrère répond à son ex-femme », *Libération*, 2 octobre 2020, en ligne, URL : https://next.liberation.fr/livres/2020/10/02/emmanuel-carrere-repond-a-son-ex-femme_1801245, consulté le 4 avril 2022.

CASSIN, Yolande, « Le procès des *Fleurs du mal* », *Europe, Revue Littéraire Mensuelle*, vol. 456-457, 1967, p. 183-197.

CAUVILLE, Joëlle, « L'affaire Villemin. Quand la littérature s'empare du fait-divers », *Nouvelles études francophones*, vol. 25, n° 2, automne 2010, p. 115-127.

CAVIGLIOLI, David et LEMÉNAGER, Grégoire, « La littérature a-t-elle tous les droits ? Vie privée, mode d'emploi », *Le nouvel Observateur*, 7 mars 2013, p. 94.

CHAROLLES, Michel, « Cohésion, cohérence et pertinence du discours », *Travaux de linguistique* n° 29, 1995, p. 125-151.

CHAROLLES, Michel, *La Référence et les expressions référentielles en français*, Paris, Ophrys, 2002.

CHEMIN, Ariane, « Six vies de Michel Houellebecq : le procès-verbal », *Le Monde*, 18 août 2015, en ligne, URL : https://www.lemonde.fr/festival/article/2015/08/19/six-vies-de-michel-houellebecq-3-6-le-proces-verbal_4729784_4415198.html, consulté le 4 avril 2022.

CHIRSEN, Sarah, *Fiction et vie privée*, mémoire de master 2 en droit de la communication, Université Panthéon-Assas, 2015.

COLLECTIF, *Nous sommes tous Charlie*, Paris, Le livre de poche, 2015.

COLLECTIF D'ÉDITEURS, « L'air rance de la censure », *Le Monde*, 12 septembre 2002.

COLOSIMO, Anastasia, « Pourquoi le blasphème continue à faire scandale », entretien avec Virginie Larousse, *Le Monde*, 6 septembre 2020, en ligne, URL : https://www.lemonde.fr/le-monde-des-religions/article/2020/09/06/pourquoi-le-blaspheme-continue-a-faire-scandale_6051162_6038514.html, consulté le 4 avril 2022.

COMMAILLE, Jacques, *À quoi nous sert le droit ?*, Paris, Gallimard, 2015.

CONFAVREUX, Joseph et WAJEMAN, Lise, « De Carrère à Enthoven, que vaut la vie d'un écrivain ? », *Mediapart*, 20 septembre 2020, en ligne, URL : https://www.mediapart.fr/journal/culture-idees/200920/de-carrere-enthoven-que-vaut-la-vie-d-un-ecrivain?onglet=full, consulté le 4 avril 2022.

CORMIER, Agathe, « Relecture pragmatique de Kripke pour une approche dialogique du nom propre », Congrès mondial de linguistique française, 2014, en ligne, URL : https://www.shs-conferences.org/articles/shsconf/pdf/2014/05/shsconf_cmlf14_01153.pdf, consulté le 4 avril 2022.

CORNU, Gérard, *Linguistique juridique*, 3e édition, Paris, Montchrestien, 2005.

COULTHARD, Malcolm, « Forensic Linguistics : the application of language description in legal contexts », *Langage et société*, vol. 2, n° 132, 2010, p. 15-33.

DARNTON, Robert, *De la censure. Essai d'histoire comparée*, Paris, Gallimard, 2014.

DEBONO, Emmanuel, « À la recherche du français de souche sans guillemets », *Le Monde*, 27 février 2015, en ligne, URL : https://www.lemonde.fr/blog/antiracisme/2015/02/27/a-la-recherche-du-francais-de-souche-sans-guillemets/, consulté le 4 avril 2022.

DEFAUD, Emma, « Autofiction, vie privée. La polémique de Rugy-Frèche », *L'Express*, 9 août 2018, en ligne, URL : https://www.lexpress.fr/culture/livre/autofiction-vie-privee-la-polemique-de-rugy-freche_2030128.html, consulté le 4 avril 2022.

DEJEAN, Joan, « Une autobiographie en procès. L'affaire Théophile de Viau », *Poétiques*, n° 48, novembre 1981, p. 431-448.

DELATTRE, Mélanie et LABBÉ, Christophe, « Proglio au cœur d'un polar nucléaire », *L'Express*, 3 janvier 2013, en ligne, URL : https://www.lepoint.fr/economie/proglio-au-coeur-d-un-polar-nucleaire-03-01-2013-1691818_28.php, consulté le 4 avril 2022.

DELGADO, Marie-Mélodie (dir.), *La Caricature, et si c'était sérieux ? Décryptage de la violence satirique*, Paris, Éditions Nouveau Monde, 2015.

DELPORTE, Christian, « Anastasie : L'imaginaire de la censure dans le dessin satirique (XIXe-XXe siècles) », dans Pascal Ory, *La censure en France à l'ère démocratique (1848-…)*, Bruxelles, Éditions Complexe, 1997.

DEMANZE, Laurent, *Un nouvel âge de l'enquête*, Paris, José Corti, 2019.

DERIEUX, Emmanuel, « Liberté d'expression et respect des croyances et des croyants dans la jurisprudence française et de la Cour européenne des droits de l'Homme », *Légicom*, n° 55, 2015, p. 71-82.

DESAILLY, Isabelle, *Le Dessin de presse. Une forme de discours dialogique*, thèse de doctorat de sciences du langage (dir. Patricia von Münchow), soutenue le 27 novembre 2017, Université Paris Descartes, en ligne, URL : https://tel.archives-ouvertes.fr/tel-02281717/document, p. 35, consulté le 4 avril 2022.

DESMONS, Éric et PAVEAU, Marie-Anne (dir.), *Outrages, insultes, blasphèmes et injures : violences du langage et polices du discours*, Paris, L'Harmattan, 2008.

DESPENTES, Virginie, « Désormais on se lève et on se barre », *Libération*, 1er mars 2020, en ligne, URL : https://www.liberation.fr/debats/2020/03/01/cesars-desormais-on-se-leve-et-on-se-barre_1780212/, consulté le 4 avril 2022.

DEVARRIEUX, Claire, « Il y a erreur sur la personne », *Libération*, 6 janvier 2000, en ligne, URL : https://next.liberation.fr/livres/2000/01/06/catherine-erhel-il-y-a-erreur-sur-la-personne_314350, consulté le 4 avril 2022.

DEVARRIEUX, Claire, « *Rose bonbon*, censure à l'horizon », *Libération*, 3 octobre 2002, en ligne, URL : https://next.liberation.fr/culture/2002/10/03/rose-bonbon-censure-a-l-horizon_417368, consulté le 4 avril 2022.

DEVELEY, Alice, « Emmanuel Carrère évincé de la deuxième liste du Goncourt », *Le Figaro*, 6 octobre 2020, en ligne, URL : https://www.lefigaro.fr/livres/emmanuel-carrere-evince-de-la-deuxieme-liste-du-goncourt-2020-20201006, consulté le 4 avril 2022.

DEVINAT, François, « Les "particules" échappent à la saisie. Michel Houellebecq devra changer quelques détails de son roman », *Libération*, 4 septembre 1998, en ligne, URL : http://next.liberation.fr/culture/1998/09/04/les-particules-echappent-a-la-saisie-michel-houellebecq-devra-changer-quelques-details-de-son-roman_247500, consulté le 4 avril 2022.

DEVYNCK, Hélène, « Droit de réponse : Hélène Devynck, l'ex-compagne d'Emmanuel Carrère, répond à la polémique autour de *Yoga* », *Vanity fair*, 29 septembre 2020, en ligne, URL : https://www.vanityfair.fr/actualites/articles/-yoga-demmanuel-carrere-est-pris-dans-une-guerre-de-ledition/81076, consulté le 4 avril 2022.

DOLLÉ, Marie (dir.), *Quel scandale !*, Vincennes, Presses Universitaires de Vincennes, « Culture et Société », 2006.

DOMECQ, Jean-Philippe, *Misère de l'art*, Paris, Calmann Lévy, 1999.

DOMECQ, Jean-Philippe, *Qui a peur de la littérature ?*, Paris, Mille et une nuits, 2002.

DONNELLAN, Keith, « Speaker reference, Descriptions and anaphora », dans P. Cole (dir.), *Pragmatics, syntax and semantics*, 9, p. 47-68.

DROIN, Nathalie, « État des lieux de la répression du négationnisme en France et en droit comparé », *Revue trimestrielle des droits de l'homme*, 2014, n° 98, p. 363 et s.

DROIN, Nathalie, « Diffamation et débat d'intérêt général : la bonne foi plie mais ne rompt pas », *Recueil Dalloz*, n° 16, 30 avril 2015, rubrique chronique, p. 931.

DROIN, Nathalie, « Le glas sonne-t-il pour la loi Gayssot ? » (à propos de l'arrêt de la Cour de cassation du 6 octobre 2015 n° 15-84335), *Revue des droits et libertés fondamentaux*, 2015, chron. n° 26, en ligne, URL : www.revuedlf.com, consulté le 4 avril 2022.

DROIN, Nathalie, « La notion de discrimination dans le contentieux de presse », dans *Le principe de non-discrimination : l'analyse des discours*, rapport final rendu par le CREDESPO (Université de Bourgogne) pour la mission GIP Justice, 2016, p. 279.

DROIN, Nathalie, « Le juge et le rap », *Revue du droit public et de la science politique*, 2016/5, p. 1377.

DROIN, Nathalie, « Diffamation, débat d'intérêt général et bonne foi : la Cour de cassation persiste et signe ! », *La Semaine juridique, éd. Générale*, n° 11, 13 mars 2017, n° 278.

DROIN, Nathalie, « État des lieux de la répression des propos homophobes dans le cadre de la loi sur la presse du 29 juillet 1881 : entre perfectibilité et incertitudes », *Lexibase pénal*, juin 2018.

DROIN, Nathalie, « L'appréhension des discours de haine par les juridictions françaises : entre travail d'orfèvre et numéro d'équilibriste », *La Revue des droits de l'homme*, n° 14, 2018, en ligne, URL : https://journals.openedition.org/revdh/4302?lang=en, consulté le 4 avril 2022.

DROIN, Nathalie, « Rap et débat d'intérêt général : quand le juge mêle utilement rigueur et bienveillance », *Légipresse*, Dalloz, 2019, p. 475 et s.

DROIN, Nathalie, « Irrévérence et Satire versus Blasphème et Christianophobie :

l'issue attendue de la pièce Golgotha Picnic devant le juge de la presse », dans Anna Arzoumanov et Mathilde Barraband (dir.) *Polémiques autour d'un blasphème*, *ConTEXTES*, janvier 2020.

Dubreuil, Laurent, *La Dictature des identités*, Paris, Gallimard, 2019.

Dupuis, Jérôme, « Procès de l'édition, les maitres de la retouche », *L'Express*, 11 septembre 2013, en ligne, URL : https://www.lexpress.fr/culture/livre/proces-de-l-edition-les-maitres-de-la-retouche_1280586.html, consulté le 4 avril 2022.

Dupuis, Jérôme, « Yann Moix attaqué en justice par son frère Alexandre », *L'Express*, 9 janvier 2020, en ligne, URL : https://www.lexpress.fr/culture/livre/yann-moix-attaque-en-justice-par-son-frere-alexandre_2113784.htm, consulté le 4 avril 2022.

Eco, Umberto, *Lector in fabula. Le rôle du lecteur ou la coopération interprétative dans les textes narratifs* (trad. de l'italien par Myriam Bouzaher), Paris, Grasset, 1979.

Edelman, Bernard, *La Propriété littéraire et artistique*, Paris, Presses universitaires de France, « Que sais-je », 2008.

Esquivel, Patricia, *L'Autonomie de l'art en question. L'art en tant qu'Art*, L'Harmattan, 2008.

Favret-Saada, Jeanne, *Comment produire une crise mondiale avec douze petits dessins*, Paris, Fayard, 2007.

Favret-Saada, Jeanne, *Les Sensibilités religieuses blessées. Christianismes, blasphèmes et cinéma, 1965-1988*, Paris, Fayard, coll. « Histoire de la Pensée » 2017.

Fayolle, Vincent et Masson-Floch, Adeline, « Rap et politique », *Mots. Les langages du politique*, n° 70, 2002, en ligne, URL : http://journals.openedition.org/mots/9533, consulté le 4 avril 2022.

Fish, Stanley, *Quand lire c'est faire : l'autorité des communautés interprétatives*, Paris, Les Prairies ordinaires, 2007

Foster, Hal, *Le Retour du réel : situation actuelle de l'Avant-Garde*, Exhibitions International, 2005.

Fouassier, Christophe, *Le Droit de la création cinématographique en France*, Paris, L'Harmattan, 2004.

Fourlon, Armelle, « "Toute ressemblance avec des personnages existant ou ayant existé…" est-elle constitutive d'une atteinte aux droits de la personnalité ? Étude de la jurisprudence rendue en matière de fictions du réel », *Communication commerce électronique*, mars 2007.

Frachon, Alain, « Les anonymes de François-Marie Banier », *Le Monde 2*, 25 février 2006.

Freemuse, "Security, creativity, tolerance and their co-existence : the new agenda of European freedom of artistic expression", *Freemuse* report, 2020, en ligne,

URL : http://www.live-dma.eu/wp-content/uploads/2020/01/SECURITY-CREATIVITY-TOLERANCE-AND-THEIR-CO-EXISTENCE.pdf, consulté le 4 avril 2022.

GARY-PRIEUR, Marie-Noëlle, *Grammaire du nom propre*, Paris, PUF, 1994.

GARY-PRIEUR, Marie-Noëlle, *L'individu pluriel. Les noms propres et le nombre*, Paris, CNRS Éditions, 2001

GAULTHIER, Anaïs, « Le juge administratif et l'art : entre protection de la liberté de création et impératifs d'ordre public », *La Gazette de l'IDPA, Revue de l'institut de droit public des affaires*, janvier 2019, n° 36, p. 15-20.

GAUTIER, Pierre-Yves, *Propriété littéraire et artistique*, Paris, PUF, 2019.

GEFEN, Alexandre, « Théorie du droit et théorie littéraire », dans A.-M. Luciani, C. Grall (dir.), *Imaginaires juridiques et poétiques littéraires*, Presses Universitaires de France, 2013.

GEFEN, Alexandre, *L'Idée de littérature. De l'art pour l'art aux écritures d'invention*, Paris, Corti, 2021.

GEISSER, Vincent, « Exit "français de souche" ? De la prudence rhétorique à la prégnance idéologique », *Migrations Société*, 2015/2, n° 158, p. 3-18, en ligne, URL : https://www.cairn.info/revue-migrations-societe-2015-2-page-3.htm, consulté le 4 avril 2022.

GENETTE, Gérard, *Seuils*, Paris, Le Seuil, 1987.

GENETTE, Gérard, *Fiction et Diction*, Paris, Le Seuil, 1991.

GIRARD, Charles, « Punir la haine ? Les discours de haine en démocratie », *Esprit*, 418, octobre 2015, p. 5-66 (avec Erik Bleich).

GIRARD, Charles, « La liberté d'expression ; état des questions », *Raisons politiques*, 63, 2016, p. 13-33.

GIRARD, Charles, « Offense & Préjudice. La liberté d'expression selon Ruwen Ogien », *Raison publique*, 6 février 2018.

GLINOER, Anthony (dir.), *Romans à clés. Les ambivalences du réel*, Liège, Presses universitaires de Liège, 2017.

GOUDEMARE, Sylvain et PIERRAT, Emmanuel, *L'Édition en procès*, Paris, Léo Sheer, 2003.

GRAS, Frédéric, « Censure et ordre public : les associations procureurs », *Légipresse*, n° 343, 2016.

GRELL, Isabelle, « Autofiction et autocensure : instrument d'autocensure », *Art Press*, Hors-série « censure », 2003, en ligne, URL : http://www.autofiction.org/index.php?post/2008/10/31/autofiction-et-autocensure2, consulté le 4 avril 2022.

GUNTHART, André, « Rire avec Fox news », dans « L'image sociale, carnet de recherches », 7 mai 2021, en ligne, URL : https://imagesociale.fr/9777, consulté le 4 avril 2022.

HAMMOU, Karim, *Une histoire du rap*, Paris, La Découverte, 2014.

HAUKSSON-TRESCH, Nathalie, *Le Dévoilement d'autrui dans les œuvres littéraires. Aspects juridiques et littéraires*, Göteborg, Göteborgs Universitet, 2014.

HEINICH, Nathalie, *Être artiste. Les transformations du statut des peintres et des sculpteurs*, Paris, Klincksieck, 1996.

HEINICH, Nathalie, *L'Art contemporain exposé aux rejets*, Paris, Jacqueline Chambon, 1997.

HEINICH, Nathalie, *Ce que l'art fait à la sociologie*, Paris, Éditions de Minuit, 1998.

HEINICH, Nathalie, *Le triple Jeu de l'art contemporain. Sociologie des arts plastiques*, Paris, Éditions de Minuit, 1998.

HEINICH, Nathalie, *Pour en finir avec la querelle de l'art contemporain*, Paris, l'Échoppe, 1999.

HEINICH, Nathalie, *Être écrivain. Création et identité*, Paris, La Découverte, 2000.

HEINICH, Nathalie, *La Sociologie de l'art*, Paris, La Découverte, 2001.

HEINICH, Nathalie, *Face à l'art contemporain*, Paris, L'Échoppe, 2003.

HEINICH, Nathalie, *L'Élite artiste. Excellence et singularité en régime démocratique*, Paris, Gallimard, 2005.

HEINICH, Nathalie, « Les limites de la fiction », *L'Homme* n° 175-176, juillet-décembre 2005, p. 57-76.

HEINICH, Nathalie, *Guerre culturelle et art contemporain. Une comparaison franco-américaine*, Paris, Hermann, 2010.

HEINICH, Nathalie, *De la visibilité*, Paris, Gallimard, 2012.

HEINICH, Nathalie, *Le Paradigme de l'art contemporain : structures d'une révolution artistique*, Paris, Gallimard, 2014.

HEINICH, Nathalie, *Des valeurs. Une approche sociologique*, Paris, Gallimard, 2017.

HEINICH, Nathalie et EDELMAN, Bernard, *L'Art en conflits*, Paris, La Découverte, 2002.

HEINICH, Nathalie et SCHAEFFER, Jean-Marie, *Art, création, fiction. Entre sociologie et philosophie*, Paris, Nîmes, Éditions Jacqueline Chambon, 2004.

HENAFF, Gaël, « Caricature, satire et parodie : l'affranchissement des lois du genre » dans L. Brogowski, J. Delaplace et J. Laurent (dir.), *Défier la décence. Crise du sens et nouveaux visages du scandale dans l'art*, Artois Presses Université, 2016, p. 185-198.

HENNEBIQUE, Mélanie, « La réédition des *Dix petits* Nègres fait déjà polémique », en ligne, URL : https://www.vanityfair.fr/actualites/articles/la-reedition-des-dix-petits-negres-ne-convient-toujours-pas/80993, consulté le 4 avril 2022.

HÉRAN, François, *Lettre aux professeurs sur la liberté d'expression*, Paris, La Découverte, 2021.

HOCHMANN, Thomas, « Diffamation et fiction », *Medialex, Revue suisse de droit de la communication*, n° 1, 2008, p. 56.

HOCHMANN, Thomas, « La protection de la réputation », *Revue trimestrielle des droits de l'homme*, n° 76, 2008, p. 1157-1175.

HOCHMANN, Thomas, « Le procès du *Procès de Jean-Marie Le Pen* », *Revue de droit pénal et de criminologie*, avril 2008, p. 400-407.

HOCHMANN, Thomas, « L'application des limites de la liberté d'expression aux "assertions de feintise partagée" et plus particulièrement aux énoncés fictionnels », dans Nassim Amrouche et al. (dir.), *Censures, Les violences du sens*, Publications de l'Université de Provence, 2011, p. 147-164.

HOCHMANN, Thomas, « Prévisibilité et nécessité des standards dans la régulation de la liberté d'expression », dans Mbongo, Pascal (dir.), *La Régulation des médias et ses standards juridiques*, Paris, Mare et Martin, 2011, p. 21-40.

HOCHMANN, Thomas, « Qu'est-ce qu'un "délit d'opinion" ? », *Les Cahiers de Droit*, vol. 53, n° 4, décembre 2012, p. 793-812.

HOCHMANN, Thomas, « Discours de haine et préjugés », *Revue trimestrielle des droits de l'homme*, n° 93, 2013, p. 179.

HOCHMANN, Thomas, « L'interprétation juridictionnelle du texte littéraire », dans Christine Baron (dir.), *Transgression, littérature et droit*, Rennes, Presses universitaires de Rennes, « La Licorne », 2013, p. 23-34.

HOCHMANN, Thomas, « Censure et critique. Quelques pistes de recherches en droit », dans Laurence Macé et al., *Censure et Critique*, Paris, Classiques Garnier, 2015, p. 157-170.

HOCHMANN, Thomas, « Y a-t-il une loi dans ce tribunal ? "Radicalisation autodestrutrice" à propos de l'interprétation », dans Anna Arzoumanov, Arnaud Latil et Judith Sarfati Lanter, *Le Démon de la catégorie*, Paris, Mare et Martin, 2017, p. 23-45.

HOCHMANN, Thomas, « L'interprétation en droit et en littérature. Deux leçons de la théorie littéraire pour la théorie du droit », à paraître dans Anna Arzoumanov, Mathilde Barraband, Geneviève Bernard Barbeau et Marty Laforest (dir.), *Les Droits de l'art*, Montréal, Presses universitaires de Montréal, 2022.

HUSSON, Anne-Charlotte, « Genre et violence verbale : l'exemple de l'"affaire Orelsan" », *Pratiques*, n° 163-164, 2014, en ligne, URL : http://pratiques.revues.org/2315, consulté le 4 avril 2022.

HUSSON, Anne-Charlotte, « "Mot-écran" et linguistique folk (1/2) » *(Dis)cursives [Carnet de recherche]*, 26/05/2015, en ligne, URL : https://cursives.hypotheses.org/117, consulté le 4 avril 2022.

JAKUBOWICZ, Alain, BIGOT, Christophe, ADER, Basile, SIREDEY-GARNIER,

Fabienne et Clavreuil, Gilles, « La sortie annoncée de la loi de 1881 des infractions relatives aux discours racistes », *Legicom* n° 57, 2016/2, p. 23-33.

Jauss Hans, Robert, *Pour une esthétique de la réception*, trad. de l'allemand par Maillard, Claude, Paris, Gallimard, n° 169, « Tel », 1990.

Jeannelle, Jean-Louis, « Le procès de l'autofiction », *Études*, vol. tome 419, n° 9, 2013, p. 221-230, en ligne, URL : https://www.cairn.info/revue-etudes-2013-9-page-221.htm, consulté le 4 avril 2022.

Jonasson, Kerstin, *Le Nom propre : Constructions et interprétations*, Louvain-la-Neuve, Éditions Duculot, 1984.

Jourde, Pierre, « Scandale, censure et procès dans le champ littéraire contemporain », dans Marie Dollé (dir.), *Quel scandale !*, Vincennes, Presses universitaires de Vincennes, « Culture et Société », 2006, p. 167-190.

Kerbrat-Orecchioni, Catherine (dir.), *Le discours polémique*, Lyon, Presses universitaires de Lyon, 1980.

Kerbrat-Orecchioni, Catherine (dir.), « Texte et contexte », *Scolia*, n° 6, 1996, p. 39-61.

Kessous, Mustapha, « Des parlementaires réclament des poursuites contre des rappeurs », *Le Monde*, 24 novembre 2005, en ligne, URL : https://www.lemonde.fr/societe/article/2005/11/24/des-parlementaires-reclament-des-poursuites-contre-des-rappeurs_713789_3224.html, consulté le 4 avril 2022.

Kiejman, Georges et Malka, Richard, *Éloge de l'irrévérence*, Paris, Grasset, 2019.

Kleiber, Georges, *Problèmes de référence : descriptions définies et noms propres*, Paris, Klincksieck. 1981.

Kleiber, Georges, « Sens, référence et existence : que faire de l'extra-linguistique », *Langages*, 1997, n° 127, p. 9-37.

Kokolat, « Violences conjugales (encore) », 18 mars 2009, en ligne, URL : http://kokolat.canalblog.com/archives/2009/03/18/13024832.html, consulté le 4 avril 2022.

Korolitski, Ulysse, *Punir le racisme ? Liberté d'expression, démocratie et discours racistes*, Paris, CNRS, 2015.

Kripke, Saul, *La Logique des noms propres* [trad. de l'anglais], Paris, Éditions de Minuit, 1982.

Labov, William, « La théorie linguistique à l'épreuve de la justice », *Actes de la Recherche en Sciences Sociales* n° 76-77, 1989, p. 104-114.

Laforest, Marty, « Les appels à l'aide téléphoniques en situation d'urgence. Une négociation des cadres », *Langues et linguistique*, vol. 34, 2012, p. 37-48, en ligne, URL : http://www.lli.ulaval.ca/recherche/revues/revue-langues-et-linguistique/index-des-numeros-et-articles/vol-34-2011/, consulté le 4 avril 2022.

Lagorgette, Dominique, *Les Insultes en français, de la recherche fondamentale à ses applications*, Chambéry, Presses de l'université de Savoie, 2009.

LAGORGETTE, Dominique, « "Le crime est dans l'œil de celui qui regarde le dessin" : l'analyse linguistique pour les tribunaux dans les procès Siné (2009) », *Langage et société*, 2010/2, n° 132, p. 77-99, en ligne, URL : https://www.cairn.info/revue-langage-et-societe-2010-2-page-77.htm, consulté le 4 avril 2022.

LAGORGETTE, Dominique, « Insulte, injure et diffamation : de la linguistique au code pénal ? », *Argumentation et Analyse du Discours*, n° 8, 2012, URL : http://journals.openedition.org/aad/1312, consulté le 4 avril 2022.

LAGORGETTE, Dominique, « Plaidoyer pour la linguistique judiciaire », dans Sandrine Chassagnard Pinet, (dir.), *Droit, arts, sciences humaines et sociales : (dé) passer les frontières*, Lille, Presses de l'Université de Lille 1, 2014, p. 157-201.

LAGORGETTE, Dominique, « Bâtard et fils a putain : du titre à l'insulte », dans Carole Avignon (dir.), « Bâtard et bâtardises dans l'Europe médiévale et moderne », Rennes, Presses universitaires de Rennes, 2018, p. 421-438.

LAGORGETTE, Dominique (dir.), *Linguistique légale et demande sociale : les linguistes au tribunal*, *Langage et société*, vol. 2, n° 132, 2010.

LAMY, Bertrand de, *La Liberté d'expression et le droit pénal*, Paris, LGDJ, 2000.

LAMY, Bertrand de, « La Cour de cassation et les marchands du temple ; publicité et injure aux sentiments religieux », *Légipresse*, n° 239, 2007, p. 41-47.

LAPOUSTERLE, Jean, *L'Influence des groupes de pression sur l'élaboration des normes : illustration à partir du droit de la propriété littéraire et artistique*, Paris, Dalloz, 2009.

LATIL, Arnaud, « La Cour européenne des droits de l'homme renforce la liberté de création artistique face à la protection de la morale », *Revue trimestrielle des droits de l'homme (RTDH)*, n° 83, 2010, p. 769-780.

LATIL, Arnaud, « La liberté artistique et les standards de la liberté d'expression », dans Pascal Mbongo, *La Régulation des médias et ses standards juridiques*, Paris, Mare et Martin, 2011, p. 41-62.

LATIL, Arnaud, « La liberté du photographe », *Juris art etc.*, n° 4, 2013, p. 24 et suiv.

LATIL, Arnaud, « Les fautes d'expression », *Légipresse*, n° 318, Juillet/août 2014, p. 409 et suiv.

LATIL, Arnaud, *Création et droits fondamentaux*, LGDJ, Bibliothèque de droit Privé, n° 224, 2014.

LATIL, Arnaud, « Le contrôle de proportionnalité en droit d'auteur », *JAC*, n° 39, 2016, p. 18.

LATIL, Arnaud, *Le Plagiat. Revue Droit et Littérature*, 2018, p. 50.

LATIL, Arnaud, « Exprimer, provoquer ou exhorter », *COnTEXTES*, 26/2020, 15 janvier 2020, en ligne, URL : http://journals.openedition.org/contextes/8748, LGDJ, 2015, consulté le 4 avril 2022.

LAUNET, Édouard, « La vraie vie est un roman », *Libération*, 26 mars 2011, en ligne, URL : http://www.liberation.fr/auteur/1866-edouard-launet, consulté le 4 avril 2022.

LAURENT, Nicolas et REGGIANI, Christelle (dir.), *Seuils du nom propre*, Limoges, Lambert Lucas, 2017.

LAVOCAT, Françoise, *Fait et Fiction. Pour une frontière*, Paris, Le Seuil, 2016.

LE BRAS, Hervé, « Les Français de souche existent-ils ? », *Quaderni*, n° 36, Automne 1998, p. 83-96.

LE BRAS, Hervé, *Le Démon des origines*, Paris, Éditions de l'aube, 1998.

LECLERC, Henri, « Vinci et le Code », *Légipresse*, n° 223, 2005, p. 143-149.

LECLERC, Henri, « Caricatures, blasphème et défi », *Legicom*, n° 55, 2015/2, p. 114-119.

LECLERC, Henri, « Les caricatures de Mahomet. Suite », *Legicom*, n° 55, 2015/2, p. 120-123, en ligne, URL : https://www.cairn.info/revue-legicom-2015-2-page-120.htm, consulté le 4 avril 2022.

LECLERC, Yvan, *Crimes écrits : la littérature en procès au XIXe siècle*, Paris, Éditions Plon, 1991, rééd. Paris, Garnier, 2021.

LECLERC, Yvan, « Procès, censure et autocensure dans le roman du XIXe siècle : l'exemple de *Madame Bovary* », dans *Cahiers de l'Association internationale des études françaises*, 2010, n° 62, p. 343-359.

LECLERC, Yvan, « Madame Bovary, c'est moi, formule apocryphe », en ligne, URL : http://flaubert.univ-rouen.fr/ressources/mb_cestmoi.php, consulté le 4 avril 2022.

LECOLLE, Michelle, PAVEAU, Marie-Anne et REBOUL-TOURÉ, Sandrine (dir.), *Le Nom propre en discours*, Paris, Presses Sorbonne nouvelle, 2009, cahiers du cediscor 11.

LEDANNOIS, Christophe, « Œuvres audiovisuelles : comment écrire sur la vie d'autrui ou la nécessaire balance entre liberté d'expression et protection des droits de la personnalité », *Légipresse*, n° 225, octobre 2005.

LÉGER, Laurent et SOLANO, Thibaut, « Le film *Une intime conviction* sera-t-il interdit ? », *L'Express*, 15 février 2019.

LEJEUNE, Philippe, « Autobiographie, roman et nom propre », dans *Moi aussi*, Paris, Le Seuil, 1986.

LEMÉNAGER, Grégoire, « Jean-Louis Fournier. Un livre avec un droit de réponse à l'intérieur », *Bibliobs*, 28 août 2013, en ligne, URL : https://bibliobs.nouvelobs.com/actualites/20130828.OBS4566/jean-louis-fournier-un-livre-avec-un-droit-de-reponse-a-l-interieur.html, consulté le 4 avril 2022.

LEMIEUX, Cyril, « À quoi sert l'analyse des controverses ? », *Mil neuf cent. Revue d'histoire intellectuelle* 2007/1 (n° 25), p. 191-212.

LEPAGE, Agathe, « Le rap à l'épreuve de la loi de 1881 ou… la loi de 1881 éprouvée par le rap », Revue *Commerce électronique*, n° 6, 2006, comm. 102, p. 41-42.

LEPAGE, Agathe, « Protection du sentiment religieux et injure publique envers un groupe de personnes à raison de leur appartenance à une religion déterminée », *Communication Commerce électronique* n° 5, Mai 2007, comm. 74.

LE POURHIET, Anne-Marie, « La prolifération des délits d'opinion et la subjectivisation du droit pénal français », Colloque « La liberté d'expression : menacée ou menaçante ? Jusqu'où penser, parler, écrire librement ? », Académie Royale des sciences, des lettres et des beaux-arts de Belgique, 4, 5 et 6 décembre 2014, Publications de l'Académie, 2015, p. 237.

LE POURHIET, Anne-Marie, « Le droit français est-il Charlie ? La prolifération des délits d'opinion », *Revue Le Débat*, Gallimard, n° 185, mai-août 2015, p. 21.

LEROY, Sarah, *Le Nom propre en français*, Paris, Ophrys, coll. « L'essentiel français », 2004.

LEYRIS, Raphaëlle, « Controverse autour du livre d'Emmanuel Carrère, "Yoga". L'ex-épouse de l'écrivain, Hélène Devynck, estime que celui-ci n'a pas respecté le contrat selon lequel elle ne devait pas figurer dans son roman. », *Le Monde*, 02 octobre 2020, en ligne, URL : https://www.lemonde.fr/culture/article/2020/10/02/controverse-autour-du-livre-d-emmanuel-carrere-yoga_6054576_3246.html, consulté le 4 avril 2022.

LIGUE DES DROITS DE L'HOMME, « À propos du livre de Nicolas Jones-Gorlin », communiqué du 29 août 2002, Observatoire de la liberté de création, en ligne, URL : https://www.ldh-france.org/a-propos-du-livre-de-nicolas-jones-gerlin-rose-bonbon/, consulté le 4 avril 2022.

LIGUE DES DROITS DE L'HOMME, *Manifeste de la liberté de création*, 28 février 2003, en ligne, URL : http://www.ldh-france.org/Le-manifeste-de-l-Observatoire-de/, consulté le 4 avril 2022.

LOBIER, Vanessa, « La liberté d'expression artistique dans le domaine de la musique. Le juge face aux paroles de chansons en droit comparé », *Revue du droit public*, n° 4, p. 1047.

LUCAS-SCHLOETTER, Agnès, « Droit d'auteur et droits de la personnalité », *JurisClasseur* Civil Annexes > V° Propriété littéraire et artistique, Fasc. 1118 : « Nature du droit d'auteur », 15 Novembre 2015.

LYN, François, « Provocation à la discrimination : consolidation du choix de la rigueur. À propos de la chanson de rap *Nique la France* », *Légipresse*, n° 370, avril 2019, p. 219-222.

MACÉ, Laurence, Poulouin, Claudine, Leclerc, Yvan (dir.), *Censure et critique*, Paris, Classique Garnier, « Littérature et censure », 2016.

MAINGUENEAU, Dominique, *Initiation aux méthodes de l'analyse du discours*, Paris, Hachette, « Langue, linguistique, communication », 1976.

MAINGUENEAU, Dominique, *Sémantique de la polémique*, Lausanne, Éditions l'Âge d'Homme, 1983.

MALLET-POUJOL, Nathalie, « De la biographie à la fiction : la création littéraire au risque des droits de la personne », *Légicom* n° 24, 1er janvier 2001, p. 107-121

MARTIN, Robert, *Pour une logique du sens*, Paris, PUF, 1983.

MAUREL-INDART, Hélène, *Du plagiat*, Paris, Presses universitaires de France, coll. « Perspectives critiques », 1999, éd. revue et augmentée, Paris, Gallimard, coll. « Folio. Essais », 2011.

MAUREL-INDART, Hélène, « La transmission de l'œuvre », *Médium*, 2014/2, n° 39, p. 107-125, en ligne, URL : https://www.cairn.info/revue-medium-2014-2-page-107.htm, consulté le 4 avril 2022.

MBONGO, Pascal, « Réflexions sur l'impunité de l'écrivain et de l'artiste », *Légipresse*, n° 213, 1er juillet 2004.

MBONGO, Pascal, « La banalisation du concept de censure », Pouvoirs, 2009/3 n° 130, p. 17-30.

MBONGO, Pascal, *La Liberté d'expression en France. Nouvelles questions et nouveaux débats*, Paris, Mare et Martin, 2011.

MEIZOZ, Jérome, *Postures littéraires. Mises en scène de l'auteur*, Genève, Slatkine, 2007.

MEIZOZ, Jérome, *La Fabrique des singularités Postures littéraires II.*, Genève, Slatkine Érudition, 2011.

MICHEL-AGUIRRE, Caroline, « L'ex beau-père de Raphaël Enthoven assigne en justice l'éditeur de l'écrivain », en ligne, URL : https://www.nouvelobs.com/justice/20200904.OBS32899/exclusif-l-ex-beau-pere-de-raphael-enthoven-assigne-en-justice-l-editeur-de-l-ecrivain.html, consulté le 4 avril 2022.

MICHELI, Raphaël, « Contexte et contextualisation en analyse du discours : regard sur les travaux de T. Van Dijk », *Semen*, 21, 2006, 28 avril 2007, en ligne, URL : http://journals.openedition.org/semen/1971, consulté le 4 avril 2022.

MINISTÈRE DE LA JUSTICE, « Les chiffres clés de la justice 2018 », en ligne, URL : http://www.justice.gouv.fr/statistiques-10054/chiffres-cles-de-la-justice-10303/, consulté le 4 avril 2022.

MOLINERO, Stéphanie, *Les Publics du rap. Enquête sociologique*, Paris, L'Harmattan, 2009.

MONFORT, Jean-Yves, « Liberté d'expression, loi de 1881, et respect des croyances : une cohabitation impossible », dans *Légicom*, n° 55, 2015, p. 29-35.

MONTAS, Arnaud, « Le juge et la liberté de création artistique », Paris, Dalloz, « Les Cahiers de la Justice » 2018/4, n° 4, p. 735-751.

MOURON, Philippe, « La liberté de création artistique au sens de la loi du 7 juillet 2016 », *Revue des droits et des libertés fondamentaux*, n° 30, 2017.

NIEDZIELSKI, Nancy et PRESTON, Dennis, *Folk Linguistics*, Berlin, New York, Mouton De Gruyter, 2003 [2000].

NOGUEZ, Dominique, *Houellebecq, en fait*, Paris, Fayard, 2003.

NOREAU, Pierre (dir.), *In the Eye of the Beholder*, Montréal, Thémis, 2005.

NYCKEES, Vincent et CISLARU, Georgeta, *Le Partage du sens. Approches linguistiques du sens commun*, Paris, ISTE Éditions, 2019.

ORY, Pascal (dir.), *La Censure en France à l'ère démocratique (1848-…)*, Bruxelles, Éditions Complexe, 1997.

ORY, Pascal, *Ce que dit Charlie. Treize leçons d'histoire*, Paris, Gallimard, 2016.

OGIEN, Ruwen, *Penser la pornographie*, Paris, PUF, 2003.

OGIEN, Ruwen, *Le Sexe, l'Art et la Morale*, Paris, La Musardine, coll. L'attrape-corps, 2007.

PACOURET, Jérôme, « Qu'est-ce qu'un (auteur de) film ? », *Biens symboliques / Symbolic Goods*, 4/2019, 27 juin 2019, en ligne, URL : https://revue.biens-symboliques.net/322, consulté le 4 avril 2022.

PACOURET, Jérôme et HAUCHECORNE, Mathieu (dir.), *Autonomies des arts et de la culture*, revue *Bien symboliques* 4/2019, 27 juin 2019, en ligne, URL : https://revue.biens-symboliques.net/327, consulté le 4 avril 2022.

PAVEAU, Marianne, « Linguistique populaire et enseignement de la langue : des catégories communes ? », *Le français aujourd'hui* 2005/4, n° 151, p. 95-107.

PAVEAU, Marianne, « Les non-linguistes font-ils de la linguistique ? », *Pratiques* n° 139-140, 2008, en ligne, URL : http://pratiques.revues.org/1200, consulté le 4 avril 2022.

PAVEAU, Marianne, « J'irai cracher sous vos tombes : Discours d'outrage aux emblèmes et symboles de l'État », dans *Outrages, insultes, blasphèmes et injures : violences du langage et polices du discours, Paris*, L'Harmattan, 2008, p. 109-135.

PAVEL, Thomas, *Univers de la fiction*, Paris, Le Seuil, 1988.

PECQUEUX, Anthony, *Le Rap. Idées reçues*, Paris, Le Cavalier bleu, 2009.

PÉRAS, Delphine, « Éric Reinhardt mis en cause pour atteinte à la vie privée et contrefaçon », *L'Express*, 23 mars 2015, en ligne, URL : http://www.lexpress.fr/culture/livre/eric-reinhardt-mis-en-cause-pour-atteinte-a-la-vie-privee-et-contrefacon_1664155.html, consulté le 4 avril 2022.

PERELMAN, Chaïm, *Droit, morale et philosophie*, préface de Michel Villey, 2e édition revue, Paris, Librairie générale de droit et de jurisprudence, 1976.

PERELMAN, Chaïm, avec P. Foriers (dir), *La Motivation des décisions de justice*, Bruxelles, Bruylant, 1978.

PERRIER, Philippe, « Minutes du procès Houellebecq », *Quelquesplumes.info*, 6 septembre 2020, en ligne, URL : https://www.quelquesplumes.info/index.php/plumes/item/38-minutes-du-proces-houellebecq, consulté le 4 avril 2022.

PIERRAT, Emmanuel, *Guide du droit d'auteur à l'usage des éditeurs*, Paris, Éditions du Cercle de la Librairie, 1995.

PIERRAT, Emmanuel, *Le Sexe et la Loi*, Paris, Arléa, 1996.

PIERRAT, Emmanuel, *Le Droit d'auteur et de l'édition* [1998], Paris, Éditions du Cercle de la Librairie, 2005.

PIERRAT, Emmanuel, « Littérature et faits divers », *Livres hebdo*, 18 mai 2014, en ligne, URL : http://www.livreshebdo.fr/article/litterature-et-faits-divers, consulté le 2 novembre 2014.

PIERRAT, Emmanuel, *La Liberté sans expression ? Jusqu'où peut-on tout dire, écrire, dessiner*, Paris, Flammarion, 2015.

PIERRAT, Emmanuel, *Nouvelles morales, nouvelles censures*, Paris, Gallimard, 2018.

PIERRAT, Emmanuel, « L'autocensure à l'ère des nouvelles morales », *Tire-lignes* 2019, en ligne, URL : https://www.occitanielivre.fr/lautocensure-lere-des-nouvelles-morales, consulté le 4 avril 2022.

PIERRAT, Emmanuel, *L'auteur, ses droits, ses devoirs*, Paris, Gallimard, Folio, 2020.

PIERRAT, Emmanuel et CHAPAUX, Béatrice, *Le Livre noir de la censure*, Paris, Le Seuil, 2008.

PIERRAT, Emmanuel et GOUDEMARE, Sylvain, *L'Édition en procès*, Paris, Léo Scheer, 2003.

PIERROT, Denise, « Jugement Droz/ Garnier », *Carnet de recherches du groupe Cahiers*, en ligne, URL : https://cahier.hypotheses.org/files/2012/09/Jugement-Droz-Garnier.pdf, consulté le 4 avril 2022.

PIGNARD, Isabelle, *La Liberté de création*, thèse de droit, Université Nice Sophia Antipolis, 2013.

PIOT, Philippe, « De l'interprétation du rap par le juge judiciaire », *Gazette du palais*, 12 février 2019, n° 341, p. 25.

PIOTRAUT, Jean-Luc, *Droit de la propriété intellectuelle*, Paris, Ellipses, 2010, 2e édition.

PORTIER, Philippe, « La question du droit au blasphème en France. Genèse et structure d'une controverse », dans Amandine Barb et Denis Lacorne (dir.), *Les Politiques du blasphème*, Paris, Karthala, 2018.

RAMOND, Denis, « Liberté d'expression : de quoi parle-t-on ? », *Raisons Politiques*, Vol. 4, n° 44, 2011, p. 97-116.

RAMOND, Denis, « L'ironie de la liberté d'expression », *Raisons Politiques*, Vol. 4, n° 52, 2013, p. 123-141.

RAMOND, Denis, (dir) « Liberté d'expression : à quelles conditions », *Raisons politiques*, n° 63, août 2016.

RAMOND, Denis, *La Bave du crapaud. Petit traité de liberté d'expression*, Paris, l'Observatoire, 2018.

RAMOND, Denis, « Comment défendre la liberté d'offenser ? », dans Michel Hastings, Bruno Villalba (dir.), *L'Impunité*, Lille, Presses Universitaires du Septentrion, 2017.

RAMOND, Denis, *Images défendues. La pornographie face à la liberté d'expression*, Paris, Garnier, 2019.

RENAULT, Charles-Édouard, « Le contrôle des fictions du réel par le juge des référés, un impossible processus », *Legipresse* n° 238, Janvier-février 2007.

RENAULT, Charles-Édouard, « Le roman de non-fiction sanctionné par le droit de la presse », *Legipresse* n° 247, décembre 2007.

RENAUT, Laurène, ASCONE, Laure et LONGHI, Julien, « De la trace langagière à l'indice linguistique : enjeux et précautions d'une linguistique forensique », *Études de linguistique appliquée : revue de didactologie des langues-cultures*, Klincksieck 2017, Linguistique de corpus appliquée, en ligne, URL : https://www.klincksieck.com/livre/3455-etudes-de-linguistique-appliquee-n42017, consulté le 4 avril 2022.

RÉROLLE, Raphaëlle, « Emmanuel Pierrat, maître en provocations. », *Le Monde*, 14 avril 2019, en ligne, URL : https://www.lemonde.fr/m-le-mag/article/2019/04/14/emmanuel-pierrat-maitre-en-provocations_5450002_4500055.html, consulté le 4 avril 2022.

REVAULT D'ALLONNES, Olivier, *La Création artistique et les promesses de la liberté*, Paris, Klincksieck, 2007.

RIEGEL, Martin, PELLAT, Jean-Christophe et RIOUL, René, *Grammaire méthodique du français* [1994], Paris, PUF, 2009.

RIFFATERRE, Michel, « L'illusion référentielle » [1978], *Littérature et Réalité*, Paris, Le Seuil, coll. « Points », 1982, p. 91-118.

ROBERT-DIARD, Pascale, « Au procès de Michel Houellebecq pour injure à l'islam, les écrivains défendent le "droit à l'humour" », *Le Monde*, 9 septembre 2010, en ligne, URL : https://www.lemonde.fr/societe/article/2010/09/09/au-proces-de-michel-houellebecq-pour-injure-a-l-islam-les-ecrivains-defendent-le-droit-a-l-humour_1409172_3224.html, consulté le 4 avril 2022.

ROBERT-DIARD, Pascale, « La chambre des libertés », *Le Monde*, 29 novembre 2013, en ligne, URL : https://www.lemonde.fr/m-actu/article/2013/11/29/17e-chambre-un-tribunal-tres-mediatique_3521728_4497186.html, consulté le 4 avril 2022.

ROBERT-DIARD, Pascale, « Édouard Louis, "Reda"et la féroce leçon de droit du juge Bourla », *Le Monde*, 19 mars 2016, en ligne, URL : https://www.

lemonde.fr/societe/article/2016/03/19/edouard-louis-reda-et-la-feroce-lecon-de-droit-du-juge-bourla_4886270_3224.html, consulté le 4 avril 2022.

ROETS, Damien, « La loi du 29 juillet 1881 sur la liberté de la presse à l'épreuve du racisme anti-français », *Recueil Dalloz*, n° 26, Dalloz, 2017, p. 904.

ROOSE, Grégory, « Éric Zemmour, condamné pour blasphème envers l'islam », *Valeurs actuelles*, 27 septembre 2020, en ligne, URL : https://www.valeursactuelles.com/societe/roose-eric-zemmour-condamne-pour-blaspheme-envers-lislam-124058, consulté le 4 avril 2022.

SAINT-MARTIN, Isabelle, « Christ, Pietà, Cène, à l'affiche : écart et transgression dans la publicité et le cinéma », *Ethnologie française*, vol. 36, n° 1, 2006, p. 65-81, en ligne, URL : https://www.cairn.info/revue-ethnologie-francaise-2006-1-page-65.htm, consulté le 4 avril 2022.

SAINT-MARTIN, Isabelle, *Art chrétien/ art sacré. Regards du catholicisme sur l'art (France, XIXe-XXe siècle)*, préface de F. Boespflug, Rennes, PUR, 2014.

SAINT-MARTIN, Isabelle, « Sensibilités catholiques et réactions militantes devant les blasphèmes en images », dans *Catholicisme et identité 1980-2016*, Karthala, 2017.

SAINT-VINCENT, Bertrand (de), « Michel Houellebecq. Interview », *Le Figaro magazine*, 25 août 2001.

SALAS, Denis (dir.), *La Plume et le Prétoire. Quand les écrivains racontent la justice*, Paris, La documentation française, « Histoire de la justice », n° 23, 2014.

SALAÜN, Élise, « Érotisme littéraire et censure : la révolution cachée », *Voix et Images*, vol. 23, n° 2, 1998, p. 297-313.

SALLES, Alain, « Polémique autour de *L'Adversaire* », *Le Monde*, 07 janvier 2000, en ligne, URL : https://www.lemonde.fr/archives/article/2000/01/07/polemique-autour-de-l-adversaire_3594356_1819218.html, consulté le 4 avril 2022.

SAPIRO, Gisèle, *La Guerre des écrivains : 1940-1953*, Paris, Fayard, 1999.

SAPIRO, Gisèle, « De la responsabilité pénale à l'éthique de responsabilité », *Revue française de science politique*, vol. 58, n° 6, 2008, p. 877-898.

SAPIRO, Gisèle, *La Responsabilité de l'écrivain. Littérature, droit et morale en France (XIXe-XXIe siècles)*, Paris, Le Seuil, 2011.

SAPIRO, Gisèle, « Droits et devoirs de la fiction en régime démocratique : du réalisme à l'autofiction », *Revue Critique de Fixxion Française Contemporaine*, 2013, p. 97-110.

SAPIRO, Gisèle, « Punir la violence des mots : les procès des intellectuels français au sortir de la deuxième Guerre mondiale », *L'Esprit Créateur*, vol. 50, n° 4, hiver 2014, p. 4-19.

SAPIRO, Gisèle, *Les Écrivains et la politique en France. De l'affaire Dreyfus à la guerre d'Algérie*, Paris, Le Seuil, 2018.

SAPIRO, Gisèle, « Repenser le concept d'autonomie pour la sociologie des biens symboliques », dans Pacouret Jérôme et Hauchecorne Mathieu (dir.), *Autonomies des arts et de la culture*, revue *Bien symboliques* n° 4, 27 juin 2019, en ligne, URL : https://revue.biens-symboliques.net/327, consulté le 4 avril 2022.

SAPIRO, Gisèle, *Peut-on dissocier l'œuvre de l'auteur ?*, Paris, Le Seuil, 2020.

SCHAEFFER, Jean-Marie, *Pourquoi la fiction ?*, Paris, Le Seuil, 1999.

SCHAEFFER, Jean-Marie, « De l'imagination à la fiction », *Vox Poetica*, en ligne, URL : http://www.vox-poetica.org/t/articles/schaeffer.html#::text=a)%20La%20feintise%20ludique&text=Cette%20fonction%20agonistique%20a%20donc,et%20non%20pour%20de%20vrai%C2%BB, consulté le 4 avril 2022.

SCHNEDECKER, Catherine, *Nom propre et chaînes de référence*, Paris, Klincksieck, 1997.

SCHNEDECKER, Catherine, « De l'intérêt de la notion de *chaîne de référence* par rapport à celles d'*anaphore* et de *coréférence* », *Cahiers de praxématique*, n° 72, 2019, en ligne, URL : http://journals.openedition.org/praxematique/5339, consulté le 4 avril 2022.

SÉNÉCAL, Didier, « Michel Houellebecq. Interview », revue *Lire*, 1er septembre 2001, en ligne, URL : https://www.lexpress.fr/culture/livre/michel-houellebecq_804761.html, consulté le 4 avril 2022.

SERFATY, Vidal, « Les fictions du réel à l'épreuve de la balance des intérêts fondamentaux », *Journal spécial des sociétés*, 2018, n° 32, p. 3 et s., en collaboration avec Cédric Monnerie.

SERFATY, Vidal, « La liberté de création dans le piège des fictions du réel » (Cass. civ. 1re, 30 septembre 2015, pourvoi n° 14-16273, publié au Bulletin), *Légipresse* n° 335, février 2016.

SERFATY, Vidal et MONNERIE, Cédric, « Fictions du réel : pour un droit à l'oubli… des décisions Muller », (TGI Paris, réf. 27 février 2014, n° 14/51822 et Paris, 28 février 2014, n° 14/04355), *Dalloz Actualités*, 4 juin 2014.

SIMONET, Mathieu « L'autofiction : un malentendu entre le droit et la littérature », *Légipresse* n° 299, 1er octobre 2012, en ligne, URL : https://www.legipresse.com/011-46715-Autofiction-un-malentendu-entre-le-droit-et-la-litterature.html, consulté le 4 avril 2022.

SIOUFFI, Gilles, « Du sentiment de la langue aux arts du langage », *Éla. Études de linguistique appliquée*, 2007/3 (n° 147), p. 265-276, en ligne, URL : https://www.cairn.info/revue-ela-2007-3-page-265.htm, consulté le 4 avril 2022.

SIREDEY-GARNIER, Fabienne, « Le regard du juge de presse sur la liberté de création », *LEGICOM* 2017/1, n° 58, p. 65-73.

SIRINELLI, Pierre, « Premières vues sur la loi Création », Dalloz IP/IT 2017, p. 193.

SPERBER, Dan et WILSON, Deirdre, *Relevance*, Oxford, 1986 (trad. fr. *La Pertinence*), Paris, 1989.

SYNDICAT NATIONAL DE L'ÉDITION, *Livre blanc – Justice et édition : plaidoyer pour une justice adaptée*, 2003.

TALON-HUGON, Carole, *Goût et dégoût : l'art peut-il tout montrer ?*, Nîmes, éd. J. Chambon, coll. « Rayon art », 2003.

TALON-HUGON, Carole, *Avignon 2005 : le conflit des héritages*, Paris, Actes Sud, juin 2006.

TALON-HUGON, Carole, *Morales de l'art*, Paris, P.U.F., mai 2009.

TALON-HUGON, Carole, *L'Art sous contrôle. Nouvel agenda sociétal et censures militantes*, Paris, PUF, 2019.

THIBAUD, Cécile, « Le camping *new age*, le maire et l'écrivain », *L'express*, 10 septembre 1998, en ligne, URL : http://www.lexpress.fr/informations/le-camping-new-age-le-maire-et-l-ecrivain_630152.html, consulté le 4 avril 2022.

THIÉBLEMONT-DOLLET, Sylvie, « De quelques processus communicationnels du mouvement *Ni Putes Ni Soumises* », *Communication & langages*, 2009/1, n° 159, p. 111-122, en ligne, URL : https://www.cairn.info/revue-communication-et-langages1-2009-1-page-111.htm, consulté le 4 avril 2022.

TODD, Emmanuel, *Qui est Charlie ? Sociologie d'une crise religieuse*, Paris, Le Seuil, 2015.

TREPPOZ, Édouard, « Pour une attention particulière du droit à la création : l'exemple des fictions littéraires », *Recueil Dalloz*, 2011, p. 2487.

TREPPOZ, Édouard, « Contrefaçon – Photographie – La liberté de création, nouvelle limite au droit d'auteur ? », *Juris art etc.*, n° 26, 2015, p. 6.

TREPPOZ, Édouard, « Black M indigne de la France ! », *Juris art etc.*, n° 36, 2016, p. 3.

TREPPOZ, Édouard, « L'œuvre en droit et en littérature », dans *Le Démon de la catégorie – Retour sur la qualification en droit et en* littérature, dans Anna Arzoumanov et Arnaud Latil (dir.), Mare et Martin, 2017, p. 101-115.

TREPPOZ, Édouard, « Retour sur la liberté de création : à propos de l'affaire Koons », *Juris art etc.*, 2017, p. 3.

TREPPOZ, Édouard, FERRARI-BREEUR, Christine et KAHN, Anne-Emmanuelle, « La création artistique est libre ou le législateur nu », *Juris art etc.*, n° 29, 2015, p. 3.

TRESCH, Nathalie, *Le Dévoilement littéraire de la vie d'autrui*, Göteborgs universitet, 2013.

TRICOIRE, Agnès, *Du chaos social à l'ordre moral*, Lormont, Le Bord de l'eau, 2004.

TRICOIRE, Agnès, « La censure en toute légalité », article publié sur le site de la *LDH* au moment de la création de l'observatoire le 31 mars 2003, en ligne, URL : http://www.ldh-france.org/La-censure-en-toute-legalite/, consulté le 4 avril 2022.

TRICOIRE, Agnès, « Les œuvres doivent rester libres », *Libération*, 27 décembre 2006.

TRICOIRE, Agnès, « Quand la fiction exclut le délit », *Légipresse*, n° 240, avril 2007, p. 72-79.

TRICOIRE, Agnès, « Les œuvres et les visages : la liberté de création s'affirme contre le droit à la vie privée et le droit à l'image », D., 2008, p. 57-63.

TRICOIRE, Agnès, « L'honneur sauvé de Jean-Marie Le Pen », *Légipresse*, n° 255, octobre 2008, p. 179-184.

TRICOIRE, Agnès, « *L'enfant d'octobre*, "roman", face à son "sujet", les époux Villemin », *Légipresse*, n° 261, mai 2009.

TRICOIRE, Agnès, « Les dangers du relativisme pour la liberté de l'art », *L'Étrangère*, n° 21-22, 2009, p. 120-156.

TRICOIRE, Agnès, *Petit traité de la liberté de création*, Paris, Éditions la Découverte, 2011.

TRICOIRE, Agnès, « L'art, la censure et les droits de l'homme », *Légipresse*, n° 196, novembre 2012, p. 148-157.

TRICOIRE, Agnès, « Christine Angot et Lionel Duroy versus leurs personnages », *Légipresse*, n° 310, 1er novembre 2013, en ligne, URL : https://www.legipresse.com/011-47178-Christine-Angot-et-Lionel-Duroy-versus-leurs-personnages.html, consulté le 4 avril 2022.

TRICOIRE, Agnès, « Liberté de création : quelles menaces ? quelles avancées ? » Entretien avec Agnès Tricoire, propos recueillis par Lisa Pignot, Observatoire des politiques culturelles, *L'Observatoire*, 2015/1, n° 46, p. 3-9.

UNEF, « Non au *blackface* dans nos facs : la nécessité d'une lutte antiraciste au quotidien », 23 mars 2019, en ligne, URL : https://twitter.com/UNEFsorbonneU/status/1109456904093351936/photo/1, consulté le 4 avril 2022.

UPINSKY, Arnaud-Aaron, *Enquête au cœur de la censure*, Éditions du Rocher, 2003.

VARNEROT, Valérie, « La fictionnalisation de la vie privée », *Revue interdisciplinaire d'études juridiques*, vol. 64, n° 1, 2010, p. 183-244.

VIALA-GAUDEFROY, Jérôme, « Le culte de la liberté d'expression aux États-Unis », *The Conversation*, 19 février 2021, en ligne, URL : https://theconversation.com/le-culte-de-la-liberte-dexpression-aux-etats-unis-155577, consulté le 4 avril 2022.

VIART, Dominique, « Fictions en procès », dans *Le Roman français au tournant du XXIe siècle*, Paris, Presses Sorbonne Nouvelle, 2004, en ligne, URL : http://books.openedition.org/psn/1673, consulté le 4 avril 2022.

VIART, Dominique et Vercier, Bruno (dir.), *La Littérature française au présent. Héritage, modernité, mutations*, Paris, Éditions Bordas, 2005.

VIENNOT, Camille, « Les croyances, symboles et rites religieux en droit de la presse : réflexions autour de l'absence d'incrimination de blasphème on droit français », *Archives de politique criminelle*, 2014, n° 36, p 53-78.

VIENNOT, Camille, « Les caricatures de Mahomet appréciées par les juridictions françaises », *Les Cahiers de la Justice*, 2015/2, n° 2, p. 265-282, en ligne, URL : https://www.cairn.info/revue-les-cahiers-de-la-justice-2015-2-page-265.htm, consulté le 4 avril 2022.

VINCENT, Diane, « Mésinterprétation, plagiat, insulte et diffamation : objets de litiges et matériaux de linguistes », *Langage et société*, vol. 2, n° 132, 2010, p. 35-50.

VINCENT, Diane et Bernard-Barbeau, Geneviève, « Insulte, disqualification, persuasion et tropes communicationnels. À qui l'insulte profite-t-elle ? », *Argumentation et analyse du discours*, n° 8, 15 avril 2012, en ligne, URL : http://aad.revues.org/1252, consulté le 4 avril 2022.

WELZER, Gérard, « Les docu-fictions : entre respect de la vie privée et liberté d'expression », *AJ Pénal*, 2007, p. 12.

ZENETTI, Marie-Jeanne, *Factographies : l'enregistrement du réel en littérature*, Classiques Garnier, collection « Littérature, histoire, politique », 2014.

ZUFFEREY, Sandrine et MOESCHLER, Jacques, « La référence », dans *Initiation à l'étude du sens*, Paris, Éditions des sciences humaines, 2012, p. 67-82.

INDEX NOMINUM

Pour des raisons de commodité, les auteurs et autrices qui utilisent un pseudonyme sont recensés sous ce dernier. Il en est de même pour les membres de groupes de musique qui apparaissent sous le nom de leur groupe.

Certaines affaires où les discours litigieux sont publiés dans un journal apparaissent sous le nom du directeur de sa rédaction. Par exemple, l'affaire des *Caricatures* de Mahomet apparaît dans la rubrique V, sous le nom de Philippe Val.

TABLE DES MATIÈRES

DEUXIÈME PARTIE

LA LIBERTÉ DE CRÉATION À L'ÉPREUVE DU DROIT

PANORAMA GÉNÉRAL